U0915801

2020—2021年

厦门发展报告

厦门市发展研究中心　编著

厦门大学出版社
XIAMEN UNIVERSITY PRESS
国家一级出版社
全国百佳图书出版单位

图书在版编目(CIP)数据

2020—2021年厦门发展报告/厦门市发展研究中心编著.—厦门：厦门大学出版社，2021.6
ISBN 978-7-5615-8214-5

Ⅰ.①2… Ⅱ.①厦… Ⅲ.①区域经济发展—研究报告—厦门—2020—2021 Ⅳ.①F127.573

中国版本图书馆CIP数据核字(2021)第089790号

出 版 人 郑文礼
责任编辑 许红兵
封面设计 李嘉彬
技术编辑 朱 楷

出版发行 厦门大学出版社
社 址 厦门市软件园二期望海路39号
邮政编码 361008
总 机 0592-2181111 0592-2181406(传真)
营销中心 0592-2184458 0592-2181365
网 址 http://www.xmupress.com
邮 箱 xmup@xmupress.com
印 刷 厦门集大印刷有限公司

开本 787 mm×1 092 mm 1/16
印张 20.25
插页 2
字数 584千字
版次 2021年6月第1版
印次 2021年6月第1次印刷
定价 128.00元

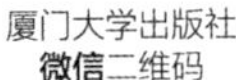
厦门大学出版社
微信二维码

厦门大学出版社
微博二维码

《2020—2021年厦门发展报告》编委会

2020年是极为不平凡的一年。面对严峻复杂的形势、前所未有的挑战，厦门市贯彻落实党中央的决策部署和省委省政府的工作要求，统筹疫情防控和经济社会发展，扎实做好“六稳”工作，全面落实“六保”任务，坚定“抓招商促发展、抓项目增后劲”，经济运行持续回稳、稳中向好。全年实现地区生产总值6384.02亿元，增长5.7%，增速在15个副省级城市中排名第一，在全省9个设区市中排名第二。

“十四五”规划是开启全面建设社会主义现代化国家新征程的第一个五年规划。《厦门市国民经济和社会发展第十四个五年规划和二〇三五年远景目标纲要》绘就了厦门未来发展新蓝图：立足新发展阶段，贯彻新发展理念，构建新发展格局，以打造“高素质标杆、高颜值典范、现代化前沿、国际化枢纽”为方向，以全方位推动高质量发展超越为主题，致力推进国际航运中心、国际贸易中心、国际旅游会展中心、区域创新中心、区域金融中心和金砖国家新工业革命伙伴关系创新基地等“五中心一基地”建设，推动城市综合竞争力大幅提升，中心城市发展能级显著增强，努力建成高质量发展引领示范区；到2025年，在质量效益显著提升的基础上实现经济持续健康发展，全市地区生产总值突破万亿元；到2035年，厦门将成为高素质高颜值现代化国际化中心城市，率先实现全方位高质量发展超越，率先基本建成社会主义现代化强国的样板城市。

2021年是中国共产党成立100周年，是第二个百年奋斗目标和“十四五”规划的开局之年，也是厦门经济特区建设40周年。国际环境日趋复杂，不稳定性不确定性明显增加。厦门要坚持以习近平新时代中国特色社会主义思想为指导，全面贯彻落实党的十九大和十九届二中、三中、四中、五中全会精神，认真学习贯彻落实习近平总书记来闽考察重要讲话精神，坚持稳中求进工作总基调，坚持新发展理念，深化供给侧结构性改革，注重需求侧管理，以满足人民日益增长的美好生活需要为目的，推动改革创新，加快构建现代产业体系，纵深推进跨岛发展，不断优化提升营商环境，推进更高水平开放，主动服务以国内大循环为主体、国内国际双循环相互促进的新发展格局，全方位推动高质量发展超越，更高水平建设高素质高颜值现代化国际化城市。

《2020-2021 年厦门发展报告》围绕运行分析、双循环发展、产业创新、市域治理、民生幸福等方面，全面总结 2020 年厦门市经济社会发展状况，展望 2021 年发展前景，提出相应的对策建议。希望本书的出版有助于读者加深对厦门发展的了解和认识，同时也为有关部门决策和研究提供参考，为厦门更高水平建设高素质高颜值现代化国际化城市提供智力支持。

厦门市人民政府副市长
厦门市发展和改革委员会主任

2021 年 3 月

目 录

第一篇 运行分析篇

第二篇　双循环发展篇

第三篇　产业创新篇

第四篇 市域治理篇

第五篇　民生幸福篇

第一篇　运行分析篇

第一章　2020 年厦门市发展评述与 2021 年展望

一、2020 年厦门发展评述

（一）发展综述

2020 年面对突如其来的新冠肺炎疫情，厦门市统筹推进疫情防控和经济社会发展，经济运行持续回稳、稳中向好。2 月份率先实现省重点在建项目复工率达 100%，3 月份规上工业、限上服务业企业复工率达 100%，5 月份固定资产投资超去年同期水平，6 月份 GDP 同比增长实现由负转正。全年实现地区生产总值 6384 亿元，增长 5.7%，比一季度和上半年分别回升 8.9 个和 5.1 个百分点，在 5 个计划单列市和 15 个副省级城市中均排名第一位，居全省第二位；社会消费品零售总额、实际使用外资和外贸进出口总额增速居全省首位。全年新增设商事主体 13.2 万户，增长 8.8%。详见图 1-1。

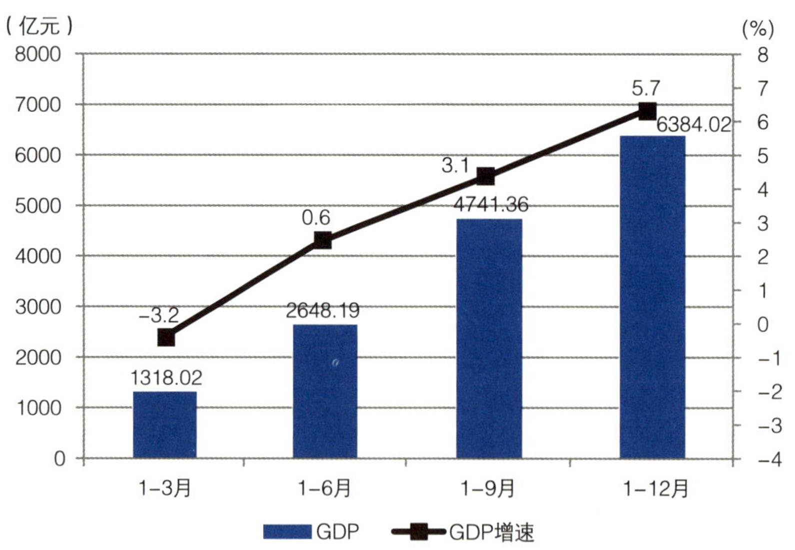

图 1-1　2020 年厦门市地区生产总值情况

1. 疫情防控有力有效，复工复产快速推进

厦门市自 2020 年 2 月 17 日起无新增本土病例，并在最短时间内实现了本地病例全面“清零”，实现确诊病例“零死亡”、医务人员“零感染”。GDP 增速在一季度虽下降 3.2%，但好于全国下降 6.8% 和全省下降 5.2% 的水平；随着生产生活秩序快速重启，上半年 GDP 增速实现由负转正。面对疫情，厦门坚决做好“外防输入、内防反弹”工作，建立“人物同防”体系，实现境外输入疫情“零扩散”、境外关联病例“零发生”。在做好疫情防控的前提下，厦门第一时间引导、帮扶企业复工复产，出台“共渡难关 15 条”以及金融、外贸、消费等 200 余条惠企措施，全面推进复工复产。全年为企业减负近 400 亿元，协助企业融资 5500 亿元，兑现扶持资金超百亿元。

根据对厦门市 366 家各类企业开展的经营状况问卷调查，至 2020 年年底超九成调查企业的员工到岗率达到 80% 以上，其中第二产业中电力热力燃气及水生产和供应业、建筑业、制造业员工完全到岗率分别为 100%、91.4% 和 76.8%，第三产业完全到岗率为 80%。详见图 1-2。

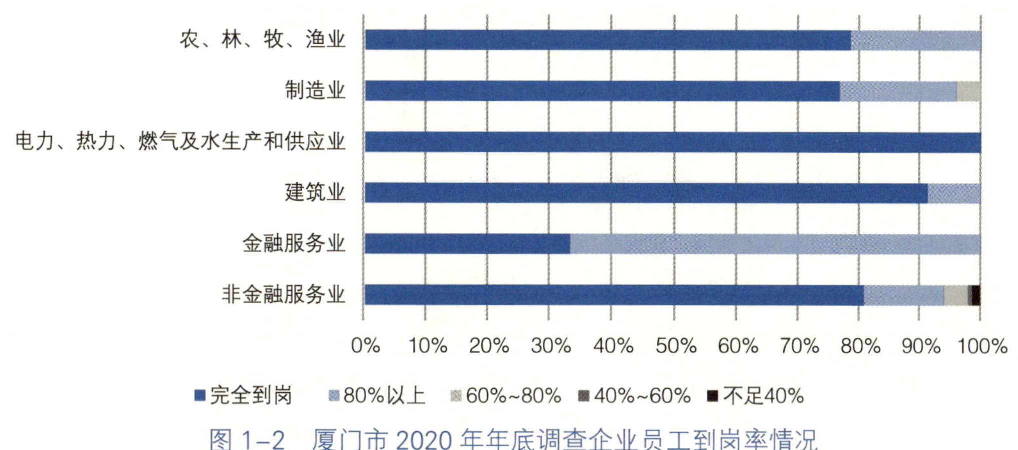

图 1-2　厦门市 2020 年年底调查企业员工到岗率情况

问卷调查结果显示，企业经营状况回升态势明显。营业收入指数从一季度的 12.6 回升至年底的 47.3，综合产能利用率从一季度的 65.9% 回升至年底的 75.6%。至 2020 年年底，第二产业企业产能利用率超 50% 的企业占比超八成，其中产能利用率超 70% 的企业占比达 66.7%；第三产业企业闲置资源在 20% 以内的企业占比达 79.9%，其中满负荷运转和超负荷运转的企业占比达 42.9%。得益于疫情的良好控制，调查企业对未来发展普遍较为乐观，企业发展信心指数从一季度的 −3.2 增至年底的 86.5。详见图 1-3、表 1-1。

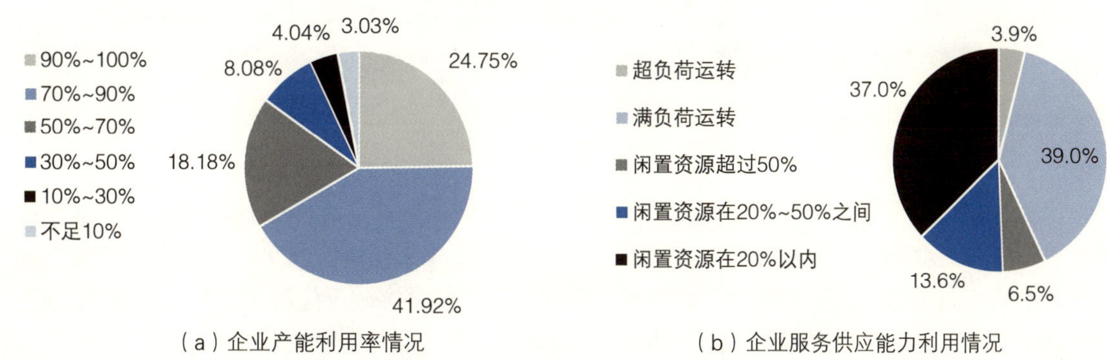

图 1-3　企业生产能力利用情况

表 1–1 厦门市 2020 年调查企业经营情况表

调查时间		3 月	6 月	9 月	12 月
营业收入指数		12.6	29.0	36.3	47.3
调查企业产能利用率（%）	第二产业	62.2	67.5	69.2	71.5
	服务业	70.5	72.1	77.0	80.3
	综合	65.9	69.5	72.4	75.6
企业发展信心指数		−3.2	0.0	36.3	86.5

数据来源：根据问卷调查数据计算

2. 产业持续高质量发展，创新动能不断增强

2020 年厦门市三次产业结构调整为 0.5:39.5:60.1；第二、三产业各拉动经济增长 2.4 个和 3.3 个百分点。分行业看，对经济拉动作用最大的行业是批发零售业、工业、建筑业以及以软件信息为主的其他服务业，分别拉动 GDP 增长 2 个、1.6 个、0.9 个和 0.8 个百分点（表 1–2）。

表 1–2 2020 年厦门市 GDP 核算结构表

指标名称	增加值（亿元）	同比增速（%）	占 GDP 比重（%）	拉动 GDP 增长百分点（个）
地区生产总值	6384.0	5.7		
第一产业	28.9	2.5	0.5	0.0
第二产业	2519.8	6.1	39.5	2.4
工业	1892.2	5.4	29.6	1.6
建筑业	655.9	8.6	10.3	0.9
第三产业	3835.3	5.5	60.1	3.3
交通运输、仓储和邮政业	251.6	−7.4	3.9	−0.3
批发和零售业	746.8	17.1	11.7	2.0
住宿和餐饮业	91.7	−6.3	1.4	−0.1
金融业	783.7	5.3	12.3	0.7
房地产业	590.5	7.4	9.2	0.7
其他行业	1336.1	3.8	20.9	0.8

数据来源：《厦门统计月报》

（1）产业加快转型升级。先进制造业提质发展，启动金砖国家新工业革命伙伴关系创新基地建设；2020 年规模以上工业增加值增长 6%；其中高新技术制造业占比 39.8%，增长 8.9%，高于规上工业增幅 2.9 个百分点。主要产业链群中，平板显示、计算机与通讯设备产业链突破千亿规模，分别实现工业总产值 1501 亿元和 1215 亿元；生物与新医药、运动器材、输配电及控制设备产业链实现较快增长，产值分别增长

117.6%、31.4% 和 11.9%。天马六代线等 39 个投资亿元以上项目开工建设，浪潮产业园等 35 个重点项目竣工投产。现代服务业快速发展，全年实现服务业增加值 3835.3 亿元，增长 5.5%；成功举办第 33 届金鸡百花电影节，带动影视产业蓬勃发展，厦门影视拍摄基地落成；金融业加快发展，人民币存贷款余额突破 2.5 万亿元，增长 14%；数字经济发展迅速，软件园入选首批国家数字服务出口基地，全国首个鲲鹏超算中心落地厦门，引进字节跳动、京东数科等；旅游人气回升，举办各类展会近 3000 场。

（2）创新能力持续提升。国家自主创新示范区推出 25 项创新事项，新增国家级企业技术中心 4 家、全国质量标杆 3 家、国家级专精特新“小巨人”企业 49 家、国家高新技术企业 354 家。高标准建设嘉庚创新实验室，引进中科院苏州医工所、广州呼吸研究所等重点平台，与国防科技大学合作建立“智能空天”“先进光电”技术工程研究中心。发明专利授权增长 30.8%。新增国家级众创空间 13 家，累计拥有各级众创空间 227 家。

（3）招商引资成效显著。成功举办生物医药、电子信息、总部经济、海洋经济等系列产业招商大会，组织赴北上广深杭等开展大型招商推介活动，开展“线下 + 线上”同步招商，建立全链条全周期立体化工作体系，健全招商落实、工作协同、督查问效等工作机制。全年新增招商落地项目 8411 个，总投资 1.6 万亿元；实际利用外资 166.1 亿元，增长 23.8%，占全省总量近一半。

3. 内外需求逐步回暖，国内国际双循环相互促进

在疫情影响下，2020 年年初厦门市消费、投资、进出口等需求侧指标均出现了不同程度的负增长，1−2 月固定资产投资、社会消费品零售总额、外贸进出口总额分别下降 22.8%、10.2% 和 1.6%。随着疫情防控形势好转以及各项政策措施有力作用下，厦门市积极融入国内国际双循环新发展格局，呈现出消费市场韧性较强、潜力较大，投资领域大项目建设持续推进，外贸进口大力拉动、出口逐步回暖等态势，为经济持续恢复提供了有力支撑。详见图 1−4。

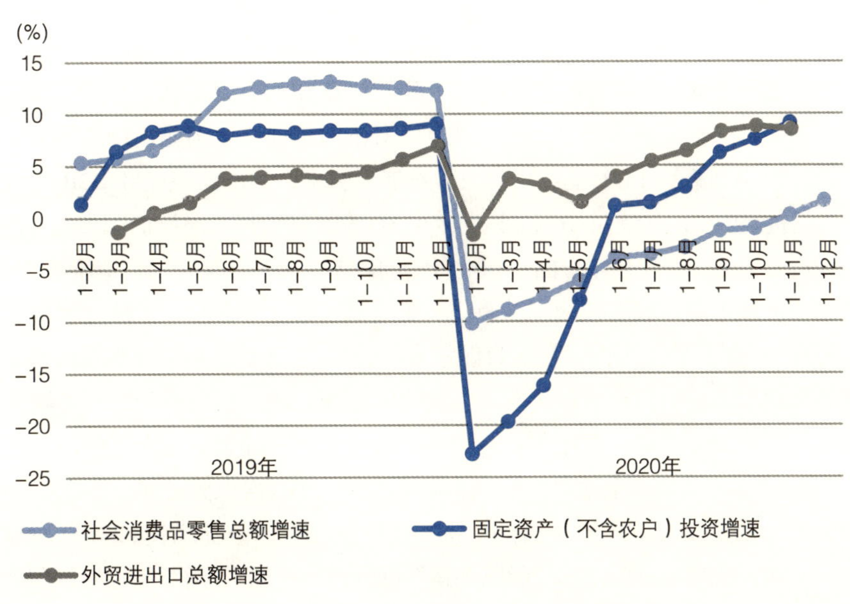

图 1−4　2020 年厦门市消费、投资、进出口增长情况

（1）消费增速居全省首位。2020 年全市累计实现社会消费品零售总额 2293.9 亿元，增长 1.6%，增速排名全省第一，较全省平均水平高 3 个百分点，较全国平均水平高 5.5 个百分点。线下消费不断提升，砂之船奥特莱斯、苏宁极物等新商业综合体相继开业，中山路步行街入选全国第二批步行街改造提升试点。厦门在 2020 年中国城市便利店指数中居全国 36 个重点城市榜首，成为国家体育消费试点城市。线上消费提速增长，2020 年累计实现网络交易额 1805.2 亿元，增长 30%；直播经济迅猛发展，阿里巴巴直播电商园等 20 余家基地落地开播，全年累计直播 23.3 万场，吸引消费者观看 9.2 亿次，10 家机构获"全国百强直播机构"称号，"厦门带货"为企业应对疫情开通了新渠道、新市场。

（2）有效投资不断扩大。2020 年全市固定资产投资增长 8.8%，增速排名全省第二位，高于全省平均水平 9.3 个百分点。三次产业投资全面提速，第一产业投资增长 210%，第二产业投资增长 12.3%，第三产业投资增长 8.1%。重点领域投资持续推进，全市工业投资增长 12.9%，突破 400 亿元；社会事业投资增长 29.8%；水利、环境和公共设施管理业投资增长 18.9%；房地产开发投资增长 17.4%。"两新一重"项目建设全面推进，建成 5G 基站超 4000 个，实现岛内室外区域基本覆盖、岛外中心城区及重要室外核心区域覆盖。

（3）外贸进出口稳定增长。2020 年厦门贸易进出口总额达 6915.8 亿元，增长 7.8%，高于全国、全省增速 5.9 个和 2.3 个百分点；其中出口 3572.9 亿元，增长 1.2%；进口 3342.9 亿元，增长 16%。积极打通国内国际双循环通道，一方面积极举办外贸优品周末集市、乘风破浪外贸集市等线下活动，对接阿里巴巴、京东、建发等电商平台，线上线下促进以外贸拓内销，进口煤炭、棉纱线、啤酒、鞋靴、体育用品等多项数据领跑全国；另一方面，推动建发、国贸、象屿等一批实力企业"走出去"，参与全球产业链重塑，促进供应链、产业链国内外联动，建发 LIFT 供应链体系等成功经验在全国复制推广。

4. 深化改革扩大开放，释放市场新活力

（1）营商环境优化提升。获评全国营商环境标杆城市，营商环境建设继续走在全国前列，公共服务质量满意度排名全国第三，城市信用监测列全国第五。深化"放管服"改革，83.4% 的市级审批服务事项实现"一趟不用跑"，60 个事项实现"秒批秒办"。"e 政务"自助服务被国务院评为优化营商环境典型案例，建设项目环评审批告知承诺制、"信易贷"信用创新应用等改革创新经验在全国推广。

（2）自贸试验区先行先试。全国首创"互联网 + 公证"等 18 项改革举措，获批全国深化服务贸易创新发展试点、全国进口贸易促进创新示范区、国家数字服务出口基地，象屿保税物流园区、海沧保税港区获批成为综合保税区。航空维修等 14 个重点平台成为发展新引擎，启动跨境电商 B2B 出口试点，全国首个金融区块链平台海运费境内外汇转支付场景上线，首个 5G 全场景应用智慧港口远海码头建成投用。

（3）对台融合持续推进。产业合作方面，新批台资项目 577 个，合同使用台资增长 88.1%；获批建设海峡两岸数字经济融合发展示范区、海峡两岸（厦门）直播电商产业合作园；大陆首家两岸合资全牌照券商金圆统一证券公司开业。贸易物流方面，厦金直航贸易额超 1.1 亿美元，对台海运快件增长 13%，五通码头成为大陆首个无纸化自动通关的对台客运码头。人文交流方面，成功举办第十二届海峡论坛、两岸企业家峰会年会、文博会等两岸交流活动；直接采认台湾地区技术士、医师等专业人才的职业资格，台湾人才来厦就业 1864 人。融合建设方面，厦金通电、通气、通桥前期工作取得积极进展。

（4）建设"海丝"战略支点。中欧（厦门）班列发货量和货值分别增长 33% 和 34%，海铁联运完成 5.2 万标箱，增长 40.5%。成功举办第二届"丝路海运"国际合作论坛，"丝路海运"联盟吸纳境内外成员超 200 家、开行航次增长 35.6%。对"一带一路"沿线国家和地区进出口增长 12.1%。新增对外投资项目 116 个，实际投资 10.6 亿美元。与马来西亚联合申报的"送王船"项目成功申遗。

5. 跨岛发展稳步推进，加快区域协同发展

（1）"岛内大提升、岛外大发展"全面推进。岛内积极开展老旧小区改造、市政提升工程实施、交通骨干路网完善，东坪山整治提升成效明显，滨北超级总部基地和湖滨、开元、沙坡尾等片区提升项目加快推进，中山路片区主要街巷改造有序开展。岛外建设取得重大进展，新机场立项和总规获批，"两环八射"快速路网基本成形，地铁 2 号线开通运营、3 号和 4 号线加快建设、6 号线开工，海沧隧道基本贯通，福厦高铁关键节点取得突破，远海码头铁路专用线开建；软件园三期新增研发空间 52 万平方米，东部体育会展新城新体育中心、新会展中心全面动工，同翔高新城建设有序推进，环东海域新城初步形成滨海高端酒店群。

（2）乡村振兴战略深入实施。2020 年实现乡村振兴项目投资 295 亿元，加快建设 20 个省级试点村、10 个市级重点示范村及 8 条乡村振兴动线。都市现代农业全产业链产值 1021 亿元，乡镇级物流节点覆盖率达 100%，农民人均可支配收入居全省第一。全面开展农村人居环境整治，完成 24 个山区农村饮用水安全改造全面提升，农村自来水普及率达 97.8%；推进 28 个自然村生活污水治理；洪塘、顶村、田头 3 个村庄获"福建省森林村庄"称号，古坑村入选中国美丽休闲乡村，海沧获"全国农村社区治理试验区"，军营和田头村获"全国乡村治理示范村"称号。

（3）闽西南协同发展有力推进。协同发展项目加快推进，闽西南协同发展区 27 个涉厦重大项目完成投资 252.5 亿元，厦漳泉城市联盟路全线贯通，规划建设城际铁路 R1 线，长泰枋洋水利枢纽工程下闸蓄水试运行。协同发展机制实现突破，制定并实施闽西南协同发展区平台总体建设方案，签署厦龙经济合作区深化合作补充协议，建立厦漳、厦泉、厦明经济合作区建设联合招商机制。

6. 发展成果普惠共享，环境质量优化提升

（1）公共服务水平持续优化。召开全市教育大会、健康厦门建设大会。教育均等化持续推进，建成 56 个中小学幼儿园项目，新增学位 4.3 万个；名校跨岛战略深入实施，双十中学翔安校区、外国语中学集美校区加快建设。完善公共卫生服务体系，四川华西厦门医院、市妇幼集美院区启动建设，全国首个区域医疗中心试点在复旦中山厦门医院正式揭牌。文体设施不断完善，新增 36 所学校对外开放体育设施。

（2）社会保障有力有效。2020 年城镇新增就业 35.6 万人，城镇登记失业率 3.8%，控制在目标线以内；累计发放稳岗补贴、稳岗返还 14.5 亿元。深化医保基金监管"厦门模式"，基本养老、医疗保险参保率位居全省前列。启动婴幼儿照护服务和普惠托育服务试点。获评全国优秀居家和社区养老改革试点地区，新增 9 家居家社区养老服务照料中心、34 家农村幸福院、养老床位 1642 张，每千名老人养老床位数达 41 张。建设保障性住房 9726 套，马銮湾、新店、祥平保障房地铁社区一期建成交付使用；新增市场化租赁住房 5.4 万套（间）。

（3）绿色发展深入实施。空气质量优良率达到 99.7%，空气质量综合指数在全国 168 个重点城市中排名第四；开展入河入海排放口溯源整治，饮用水源地水质达标率 100%；垃圾分类工作考评保持全国第一，在全国率先实现原生生活垃圾"零填埋"，危险废物处置率 100%；筼筜湖生态治理、五缘湾片区生态修复与综合开发等 5 项经验在全国推广。

（二）存在问题

2020 年厦门市经济社会基本实现平稳健康发展，但受疫情冲击和外部环境变化等因素影响，仍存在不少困难和问题：

1. 实体经济下行压力大，供应链、订单受冲击

对厦门市 366 家各类企业开展的问卷调查结果显示，在疫情冲击下，89.1% 的调查企业供应链受到不同程度的影响，其中受到严重冲击和较大影响的占比高达 46.5%；特别是非金融服务业、农林牧渔业和制造业，受影响程度非常大和比较大的企业比重分别达到 72.7%、42.9% 和 38.8%。详见图 1–5。

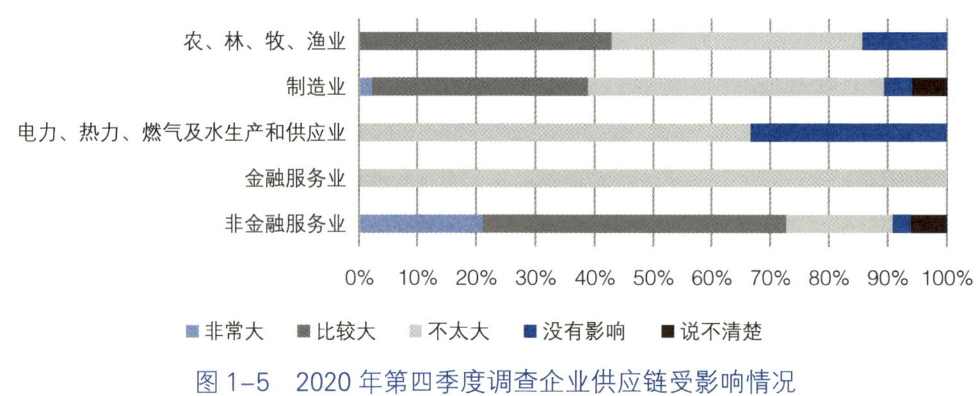

图 1–5　2020 年第四季度调查企业供应链受影响情况

调查企业中订单同比下滑的企业占比高达 42.3%，比订单增长企业的占比（26.2%）高 16.1 个百分点；72% 的订单下滑企业为员工人数 100 人以下的小微企业。分行业看，制造业订单下滑企业占 40.8%，第三产业订单下滑企业占 52.6%。企业普遍面临市场需求不足问题。详见图 1–6。

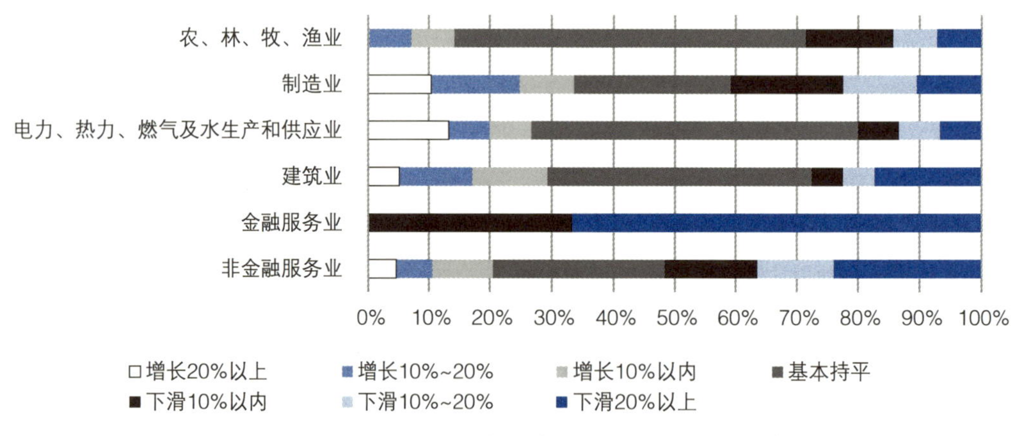

图 1–6　2020 年第四季度调查企业订单同比变化情况

2. 民营企业资金较紧张，企业投资普遍谨慎

问卷调查结果显示，私营企业和个体工商户的现金流压力较大。私营企业中，39.1% 的企业资金仅可维持 1~3 个月，10.3% 的企业资金仅可维持 1 个月，4.4% 的企业已无现金流。个体工商户中，资金仅可维持 1~3 个月的占比 60%，资金仅可维持 1 个月的占比 20%。详见图 1–7。对于未来经营计划，暂不增加投入的企业占 45.9%，适当增加投入的企业占 44.3%，计划缩减投入的企业占 7.9%，投资普遍谨慎需引起关注。

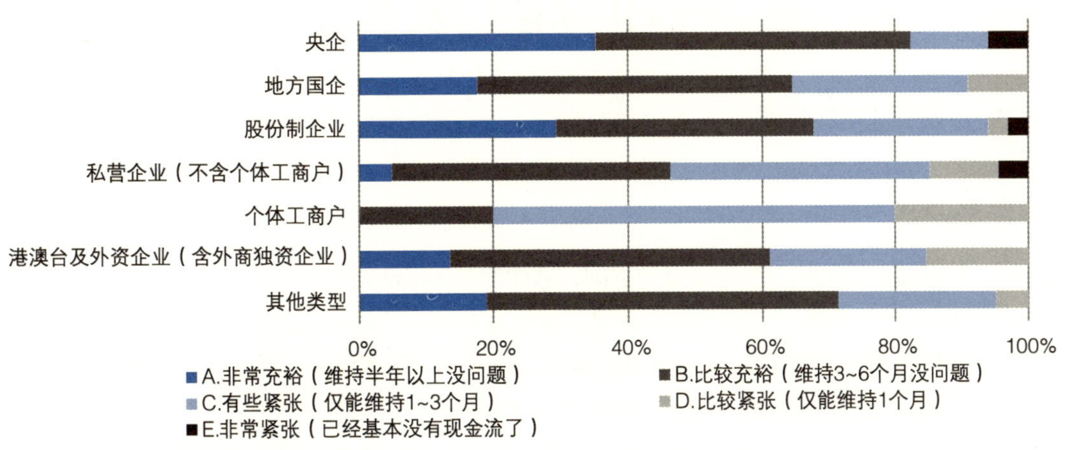

图 1-7　2020 年第四季度调查企业现金流情况

3. 发展后劲需增强，稳外资不确定性较多

从产业发展情况看，目前厦门具有引领作用的龙头企业不多、大项目特别是亿元以上产业项目接续不足、创新活力不强、产业链群规模及集聚度不够等问题仍然存在，转型升级任务仍较艰巨。实体经济投资不足。从招商引资情况看，一方面新冠肺炎疫情在全球持续蔓延，国际人员、资金流动受阻，来访的外商团组和出国招商团组取消或推迟，导致部分在谈的外商投资项目延缓；另一方面，单边主义、保护主义抬头，逆全球化回潮，世界经济和外部环境不稳定、不确定性显著增加，外资企业生存与发展也面临不少困难和压力，稳外资形势更加复杂严峻。

4. 财政收支压力凸显，民生领域有待加大投入

2020 年厦门地方级财政收入 783.9 亿元，与此同时全市财政支出 976.9 亿元，财政收支存在 193 亿元的缺口。一方面虽然随着经济恢复性增长，下半年财政收入降幅逐渐收窄，但仍难以恢复至疫情前水平；另一方面，跨岛发展、招商引资、城市建设等重点领域资金需求快速增长，给地方财政带来巨大压力。与此同时，民生领域发展不平衡、不充分的问题仍较突出，幼儿园、中小学学位不足，高水平优质医疗资源相对紧缺，托幼、养老服务设施建设相对滞后，亟须进一步加以解决，也给财政收支平衡带来较大压力。

二、“十四五”期间厦门发展展望

“十四五”时期，厦门将更高水平建设高素质高颜值现代化国际化城市，致力推进国际航运中心、国际贸易中心、国际旅游会展中心、区域创新中心、区域金融中心和金砖国家新工业革命伙伴关系创新基地等“五中心一基地”建设，推动城市综合竞争力大幅提升。预计到“十四五”末，全市地区生产总值将突破万亿元，人类发展指数（HDI）达到 0.9 的极高水平，创新成为驱动发展第一动力，科技创新能力显著提升，实现产业链现代化发展，“岛内大提升、岛外大发展”实现新跨越，成为闽西南协同发展区建设的核心引擎，中心城市辐射带动功能显著增强，高质量发展水平居全国前列。

三、2021年厦门发展展望

（一）国内外宏观环境分析

1. 国际环境

2020年，新冠肺炎疫情使全球经济遭受重创，造成的全球经济衰退程度远超2008-2009年金融危机期间，为20世纪30年代大萧条以来最严重的衰退。2021年疫情变化仍具不确定性，世界经济依然将笼罩在疫情的阴霾下，由于出现变异病毒，各国不得不再次进入更为严苛的封锁阶段，给全球经济和贸易复苏带来了更多挑战。国际货币基金组织（IMF）测算2020年全球经济萎缩3.5%，其中发达经济体和发展中经济体分别萎缩4.9%和2.4%；预计2021年全球经济增长率将反弹至5.5%，发达经济体中美国、欧元区、日本将分别实现5.1%、4.2%和3.1%的增长，发展中经济体中中国、印度、俄罗斯、巴西、南非将分别增长8.1%、11.5%、3%、3.6%和2.8%。世界贸易组织（WTO）和经合组织（OECD）分别预测2021年世界贸易量将增长7.2%和3.9%。

中美两国在众多领域的博弈将会持续展开。拜登上台执政后虽必将摒弃特朗普的激进政策，减少中美发生严重冲突的可能性，但其仍将中国定位为美国的“最大的竞争对手”，不会改变中美博弈加剧的趋势。一方面，拜登政府将致力于修复盟友关系，主导重塑多边国际经贸规则，通过重返TTIP、CPTPP谈判以及主导WTO改革等方式，联合西方国家制定高标准经贸规则，以从制度源头上限制和削弱中国对外开放和经济进一步的发展。另一方面，拜登政府将维持特朗普时期对中国科技领域实行的针对性强硬措施，并设立更严格的国家安全标准和技术门槛以限制中国科技企业尤其是头部企业的对外投资和进出口业务；同时将通过保留和利用特朗普政府的对华关税杠杆继续施压中国，作为推进下一阶段协议谈判的筹码，迫使中国在谈判中做出更多让步。

2. 国内环境

2020年中国经济复苏领先全球，全年GDP总量突破百万亿大关，达到101.6万亿，较上年增长2.3%，成为疫情冲击下全球主要经济体中唯一逆势增长的经济体。2020年全国规模以上工业增加值增长2.8%，服务业生产指数与上年持平，固定资产投资增长2.9%，出口总额增长4.0%，社会消费品零售总额下降3.9%。可见除社会消费品零售总额小幅下降外，其他主要指标均实现正增长，经济运行稳定恢复。国际货币基金组织（IMF）、经合组织（OECD）和亚洲开发银行（ADB）分别预测中国2021年经济将增长8.1%、8.0%和7.7%。

虽然中美贸易摩擦不断升级，我国仍积极扩展贸易伙伴关系，推动多边贸易格局发展。2020年11月，与东盟10国、日本、韩国、澳大利亚、新西兰共15个亚太国家正式签署了《区域全面经济伙伴关系协定》（RCEP），将构建起全球最大的自贸区；12月完成中欧投资协定（CAI）谈判，为推动“一带一路”建设提供巨大助力；2021年1月，中国和毛里求斯自由贸易协定正式生效实施，弥补了我国中非地区自贸区网络格局的空白。这些贸易伙伴关系的达成，为中国应对复杂严峻局面赢得了主动，也将为中国构建国内国际双循环新发展格局提供有力支撑。

2021年，我国将继续保持宏观政策的连续性、稳定性和可持续性，为经济恢复提供必要支持。实施积极的财政政策，保持适度支出强度，增强国家重大战略任务财力保障，积极促进科技创新，加快经济结构调整，合理调节收入分配，化解地方政府隐性债务风险。实施稳健的货币政策，货币供应量、社会融资规模增速与名义经济增速基本匹配，宏观杠杆率基本稳定，同步处理好经济恢复和风险防范，多渠道补充银行资本金，完善债券市场法制，加大对科技创新、小微企业、绿色发展相关企业的金融支持，深化利率、汇率市场化改革，保持人民币汇率在合理均衡水平上。

（二）厦门2021年经济走势分析

疫情在短期内给厦门经济造成冲击，但从长期来看，厦门经济恢复整体较好，各项指标保持平稳运行，未出现大范围的企业倒闭和员工流失现象。2021年，厦门经济整体将持续向好发展，虽然国外疫情反弹及中美贸易摩擦的影响较大，但我国对外开放的网络格局不断完善，有利于厦门扩展更多出口贸易对象，减轻欧美国家可能出现的出口下滑带来的负面影响；我国稳定的宏观经济和政策环境，将为厦门持续推进创新创业、产业升级和深化改革创造稳定外部环境；金砖国家领导人第十二次会晤上决定在厦门建立金砖国家新工业革命伙伴关系创新基地，开展政策协调、人才培养、项目开发等领域合作，也为厦门进一步推动高质量发展创造了重大机遇。

由于2020年厦门GDP增长为5.7%，2021年的GDP基数效应为1.5个百分点左右。若国内延续目前良好的疫情防控和经济发展态势，外部环境不出现剧烈动荡变化，那么在经济复苏、基数效应等因素影响下，2021年厦门经济增长预计将呈现出“前高后低”走势，一季度GDP增速将超过15%，此后逐步恢复到趋势性运行轨道，预计2021全年GDP增长8.5%以上。

四、2021年厦门发展对策建议

2021年厦门市应立足新发展阶段，在做好疫情防控的前提下，积极融入国内国际双循环，深化供给侧结构性改革，注重需求侧管理，不断优化提升市场和开放环境，以满足人民日益增长的美好生活需要为目的，更高水平构建新发展格局，全方位推动高质量发展超越。

（一）促进产业高质量发展

1. 建设国家自主创新示范区

一是培育创新主体，充分发挥企业作为研发主体、创新主体的作用，加快培育创新型领军企业，支持领军企业与科研院校联合组建创新联合体，加大核心技术攻关力度；发挥领军企业带动作用，打造大、中、小、微梯次分布的创新企业集群，支持大中小企业协同开展“卡脖子”关键技术攻关。二是建设创新平台，推动建设未来科技城，加快嘉庚创新实验室、健康工程与创新研究院等创新平台建设，做强做大集成电路双创平台、生物材料特殊物品出入境公共服务平台；积极争取大院大所名校来厦建设分支机构，积极争取布局国家重点实验室、国家技术创新中心等，加快谋划“平台 + 基地”等重大科研基础设施建设；大力培育众创空间、科技企业孵化器等创业孵化载体，激发大众创业万众创新活力。三是引育创新人才，深入实施双百计划、海纳百川工程，大力引进高层次科技领军人才和高水平创新团队。

2. 提质发展高端制造业

一是积极推进稳链强链补链，争取集成电路和半导体产业进入国内第一梯队，提升联芯、士兰明镓产能，围绕三安光电、翰天天成等企业加速布局第三代半导体；推动平板显示、计算机与通讯设备产业技术迭代升级，加快建设天马 6 代柔性 AMOLED 生产线、电气硝子三期等项目，打造“服务器产业之都”。二是培育壮大制造业企业，深入推进“三高”企业倍增行动，提高制造业质量竞争力水平，打造行业示范、标杆企业，培育形成一批“科技小巨人”、瞪羚企业和独角兽企业。三是推动制造业智能升级，围绕航空维修、汽车、输配电、工程机械等厦门优势领域，加强智能制造能力建设，创建一批智能车间和智慧工厂，促进“厦门制造”向“厦门智造”转变；支持工业大数据平台建设，争创工业互联网示范区。四是推动产业链供应链多元化，强化要素支撑，促进与全球的产业安全合作，提升产业链供应链稳定性和竞争力。

3. 加快发展现代服务业

一是积极建设国际航运中心，建设港口型国家物流枢纽城市和新机场、物流产业集聚区等项目，发展供应链物流、电商物流、城市配送、冷链物流、智能仓储等新业态。二是建设区域金融中心，推进法人银行理财子公司、金融科技产业园等项目建设，大力引进各类金融机构。三是大力发展文化产业，充分发挥金鹰电影节、国际时尚周等平台作用，发展壮大影视产业，打造时尚创意品牌，提升发展沙坡尾文化创意港、龙山文创园等文化创意产业基地。四是提升发展旅游会展业，打造国际滨海花园旅游名城，推进植物园、园博苑创建 5A 景区，建设滨海旅游浪漫线三期；推动新会展中心、会展五期项目建设，推动中国国际广告界、中国医院大会等展览会议项目落地。

4. 培育发展新经济

一是加快推动数字产业化和产业数字化，推广应用 5G、大数据、区块链、云计算、人工智能等新技术新产品新模式，打造国家级信创适配中心，加快鲲鹏超算中心、工业互联网标识解析节点建设。二是大力发展生物医药、新型功能材料两大国家战略新兴产业集群，推动厦门生物医药港、翔安数字经济产业园等园区载体建设，厦钨新能源、金达威维生素等项目尽快投产，中航锂电等项目增产增效。三是积极发展平台经济，培育工业互联网平台，建设共性技术服务平台，做大做强供应链综合服务和交易平台，打造国内领先的健康医疗大数据平台，发展网络教育产业平台等。

（二）积极扩大国内外需求

1. 加快发展新消费

一是打造消费中心城市，全面提升中山路等传统商业街区品位，培育发展观音山、五缘湾等新兴高端消费商圈，建设马銮湾 SM、集美大悦城等商业综合体。二是培育消费新热点，引进培育具有影响力和代表性的品牌首店和创新商业模式的全新旗舰店、概念店、体验店、融合店，提供国际化、品质化消费体验；发展繁荣夜间经济，打造夜间旅游景区、深夜食堂、购物潮地、文化演艺等消费品牌。三是创新消费新模式，支持商品消费融合创新，发展智慧零售、直播带货，推进“互联网+流通”线上线下一体化发展；拓展服务消费“云体验”空间，鼓励应用短视频、直播、VR/AR 等技术，打造沉浸式全景在线产品，发展“云娱乐”“云医疗”“云教育”等新业态。

2. 扩大有效投资

一是围绕“两新一重”，推进新型基础设施建设，加快 5G 基站、数据中心、充电桩等新型基础设施布局，激发新消费需求，助力产业升级；推进城市更新，力争 3 年完成 2000 年前建成的老旧小区改造，加强新型城镇化建设，提升公共设施供给和服务能力，满足人们的生活需求；推进重大工程建设，加快新机场、福厦高铁、地铁 3 号线和 4 号线等项目进展，建设翔安大桥、海沧隧道、海沧水厂三期等。二是创新项目策划生成机制，精准化解项目建设过程中的审批环节、要素保障、项目融资、征地拆迁等堵点难点，完善项目分级协调服务机制。三是健全投融资机制，用好政府债券、中央直达资金、市场化投融资等模式，支持民营企业和社会资本平等参与厦门经济社会各领域投资，形成市场主导的投资内生增长机制。

3. 稳定外资外贸

一是抓住 RCEP、CAI 机遇，促进外经外贸联动发展，引导优势企业逐步融入全球供应链、产业链、价值链，引进跨国公司、知名供应链企业及在厦门口岸进出口达 1 亿美元以上的企业落户厦门，架构融入国内国际双循环的战略通道。二是加快建设跨境电商综合实验区，完善线上跨境电商公共服务平台，推动橙联等线下园区建设，打造跨境电商国际物流新通道和跨境货物集聚中心；鼓励有条件的企业在重点市场建设海外仓，探索前置仓模式。三是争创国家进口贸易创新示范区，进一步推进厦门自贸片区燕窝、酒、水产品、机电等重点进口平台建设，探索建设进口优品展销中心，打造台湾特色进口商品集聚区。

（三）优化市场发展环境

1. 建设一流营商环境

一是争创国家级营商环境创新试点，推进优化营商环境立法，对标国家营商环境评价指标和国际前沿水平，探索贴近企业实际和市场需求的营商环境改革创新举措，保障市场主体在市场经济活动中权利平等、机会平等、规则平等，推进土地、劳动力、资本、技术、数据等要素市场化改革。二是深化“放管服”改革，加快商事登记、建筑审批、纳税、政务服务等改革，开展涉企收费清理整治，实现市本级行政许可事项全流程网办和“零跑腿”比率提高到 80%；优化市场监管体系，建立以信用为基础的新型监管机制，全面推行“双随机、一公开”监管。三是发展智慧政务，推进政务服务数字化，加强电子证照、电子印章、电子档案的推广应用，促进政务服务跨部门、跨层级数据共享和业务协同，打造智能“秒批”事项体系。

2. 全力帮扶市场主体

一是落实“五个一”和“六必访”制度，适时出台新的帮扶措施，简化企业纾困政策适用兑现程序，提高无审批、免申报政策比例，增强企业生存和发展能力。二是强化对企业的金融支持，鼓励金融机构加大信贷力度。通过进一步引导贷款利率下行、发放优惠利率贷款、实施中小微企业贷款延期还本付息、支持发放中小微企业信用贷款等，用足用好中小企业融资增信基金，重点解决中小微企业融资需求。三是帮助企业拓展市场，出台政策支持鼓励企业创口碑、树品牌、建渠道，积极组织外贸云拓展、网上展销会等活动支持企业开拓外销，加大出口转内销服务力度。

3. 提升招商引资成效

一是发挥平台招商优势，借助“9·8”投洽会、海峡论坛、金鸡百花电影节、国际时尚周、两岸文博会、厦大百年校庆等节庆活动开展城市营销和产业对接。二是拓宽招商网络渠道建设，强化“以商引商”，用好龙头企业招商，拓展基金招商、知识产权招商、中介招商等招商方式，突出“智力”招商，以产学研用一体化创新提升招商质量。三是完善招商机制，强化领导挂钩协调、专班一线服务机制，以产业链关键领域和缺失环节为招商重点，滚动更新招商地图和目标企业库，强化全要素保障和全链条服务，加快项目签约至开工建设中间环节进度。

4. 积极防范系统风险

一是强化反垄断和防止资本无序扩张，全面落实公平竞争审查制度。二是完善地方金融监管体系，健全金融风险预防、预警、处置、问责制度，严厉打击非法金融活动。三是加强政府债务管理，管好用好地方政府专项债。四是坚持“房子是用来住的，不是用来炒的”这一定位，加强房地产市场监测分析和跟踪预警，促进房地产市场平稳健康发展。五是强化国有资本监管，有效防范投资经营风险。

（四）积极推动开放发展

1. 打造金砖创新基地

一是按照“部市共建、项目引领、机制联动、跨境发展”模式，构建服务金砖创新基地建设的投资贸易体系，对接金砖国家创新资源，打造国家科技创新、工业与数字经济、贸易投资、人才培养四大合作中心和政策协调平台。二是推动成立中俄数字经济研究院、金砖国家工业创新研究院、金砖国家大宗商品交易中心、金砖特色跨境电商综合服务平台、国际互联网数据专用通道、金砖国家工业能力提升培训基地等项目建设。

2. 推进自贸试验区建设

一是构建高层次开放发展新格局，落实外商投资负面清单，完善通关一体化机制，推动生产、监测、航运、通关等数据共享和业务协同，探索建设自由港。二是加快建设数字自贸试验区、跨境电商综合试验区，发挥综合保税区高水平开放平台作用，推进航空维修、融资租赁等14个重点平台建设，培育区块链金融服务、艺术品保税仓储等新业务。三是深化自贸区、自创区“双自联动”，完善象屿、海沧综保区产业布局，开展空港综保区规划研究。

3. 促进闽西南协同发展

一是加快推进厦漳、厦泉、厦明和厦龙经济合作区建设，建设厦泉科技创新走廊、翔安云霄产业园等，创新合作园区开发模式，引导产业链跨市布局，开展联合招商，打造区域优势产业链群。二是推进闽西南城市协作开发集团、闽西南发展投资基金实质化运作，加强项目储备、洽谈投资。三是打造智能制造、科技金融、人力资源等共享平台建设，以平台促进协同发展。四是建设高效便捷的综合交通网络，建设福厦高铁、厦漳泉城际铁路R1线等，以国际航运中心为核心构建厦漳临港产业区。

4. 深化两岸融合发展

一是加强经贸合作，加快建设海峡两岸集成电路产业合作试验区，探索“海运邮快件 + 跨境电商”模式，做大厦金直航贸易和闽台海铁多式联运，支持台企参与新基建、新型城镇化和重大工程建设。二是促进厦台交流和人员往来，办好第十三届海峡论坛，深化拓展厦台各领域交流合作和基层民间交流交往；扩大台湾人才在厦就业范围，深化台湾人才专业技术资格认定工作，健全台湾青年就业创业支持保障机制。三是加快厦金一体化发展，争取厦金大桥项目纳入国家战略规划，启动第三东通道建设；加快厦金电力联网项目和向金门供气项目的厦门侧工程建设，开建大嶝岛应急气源站和燃气管道。

5. 建设“海丝”支点城市

一是打造互联互通枢纽，完善推广“丝路海运”现代综合物流服务标准体系和综合信息服务平台，实现与“海丝”沿线国家的标准互通、资质互认和信息互联；推动中欧班列稳定运行，拓展海铁联运空间，力争成为中欧班列的重要节点城市。二是打造经贸合作枢纽，拓展与“海丝”沿线国家的经贸往来和双向投资，加强招商推介力度，鼓励企业“走出去”开展国际产能合作、跨境并购等。三是建设海洋合作枢纽，办好厦门国际海洋周，加快厦门邮轮母港综合体建设。

（五）打造高颜值幸福家园

1. 实施跨岛发展战略

一是推进岛内大提升，积极推动城市更新，推进湖滨、何厝岭兜、开元创新社区、滨北超级总部、五通高端商务区、沙坡尾等片区更新，加快忠仑蔡塘、高崎渔港、厦门之眼等片区建设；实施交通、市政、教育、医疗、文化等提升工程，实现环境品质和城市功能提档升级。二是推动岛外大发展，以“四高”标准组团式推进岛外新城和重大片区建设，加快建设东部体育会展新城、翔安航空新城临空经济示范区、新经济产业园、同翔高新城等产业集聚区；统筹地铁沿线综合开发，完善机场高速、第三东通道等快速路网。

2. 坚持绿色低碳发展

一是改善环境质量，打好蓝天碧水净土污染防治攻坚战，开展空气质量提升、污水处理设施高质量高标准建设等行动，推进 PM2.5 与臭氧协同治理，开展九龙湾和厦门湾生态综合治理，加快高崎污水厂一期建设，加强土壤辐射监督检查监测。二是开展二氧化碳排放达峰行动，编制 2030 年碳排放达峰行动方案，践行碳中和；推广绿色生产生活方式，推进建筑、出行等领域绿色行动，推动企业绿色低碳转型。三是持续推进国家生态文明试验区建设，严格执行生态保护红线、环境质量底线、资源利用上线和生态环境准入清单要求，强化山海廊道管控修复、海域海湾生态修复，加强重要生态功能区保护，加快全市生态环境大数据平台、资源承载力检测预警系统建设。

3. 优化民生服务保障

一是抓好“稳就业”，争取城镇新增就业 15 万人以上，实施“十个一批”扩岗行动，拓宽高校毕业生就业渠道，精准帮扶就业困难群体就业，多渠道支持灵活就业。二是加大公共服务供给力度，建设一批婴幼儿照护服务示范单位，新建居住区每千人拥有 3 岁以下托位数不少于 4 个；加快建设厦门二中集美校区、厦门六中同安校区等教育项目，四川大学华西厦门医院、马銮湾医院、环东海域医院等医疗项目，泰康医养综合体、太保家园等养老项目。三是提升社会保障水平，健全完善城乡居民基本医疗保险筹资机制，完善最低生活保障制度和特困人员供养制度，以及重特大疾病、罕见病医疗保险和救助制度。深化住房租赁改革试点，加快新店、祥平、马銮湾等保障房地体社区二期建设，推进住房租赁市场试点工作。

4. 提升城市治理水平

一是做好疫情防控，将常态化精准防控和局部应急处置有机结合，切实做到“外防输入，内防反弹”。严格执行入境人员闭环管理措施，落实进口冷链食品“全面检测、全面追溯、全面消毒”的要求，加强国内重点地区来厦人员健康管理工作。二是推动“平安厦门”“爱心厦门”建设，完善城乡社区治理体系，推动社会治理共建共治共享。三是建设“城市大脑”，推动新一代信息技术与城市公共基础设施融合发展，在城管、交通、应急管理、市场监管等领域推出一批数字化应用，推动城市管理手段、管理模式、管理理念创新。

【参考文献】

[1] 厦门市政府 .2021 年政府工作报告 [R].

[2] 厦门市发展和改革委员会 . 关于厦门市 2020 年国民经济和社会发展计划执行情况与 2021 年国民经济和社会发展计划草案的报告 [R].

[3] 厦门市统计局 .2020 年厦门市经济稳步向好 [R].

[4] 厦门市统计局 . 厦门统计月报 [R].

[5] 国际货币基金组织（IMF）. 世界经济展望 [R].

课 题 组 长：许　林

课题组成员：彭朝明　彭梅芳　欧阳元生

黄榆舒　王成龙

课 题 执 笔：许　林　彭梅芳　王成龙

第二章　2020 年思明区发展评述与 2021 年展望

一、2020 年思明区发展评述

（一）发展综述

2020 年，思明区面对新冠肺炎疫情的严峻考验，攻坚克难、主动作为、聚力发展，坚持稳增长、抓项目、优环境、惠民生，GDP 增速呈现“一季好于一季”的良好态势，财政总收入连续五年全省领先，“十三五”实现完美收官。

1. 经济发展稳中向好

2020 年，思明区经济保持平稳较快发展，实现地区生产总值（GDP）2053.04 亿元，GDP 增速在三季度由负转正，增长 4.5%，占全市 GDP 的比重达 32.16%，总量稳居全市第一。招商引资成果丰硕，实际利用外资 30.12 亿元，总量位居全市各区第一。财政收入逆势增长，实现财政总收入 390.66 亿元，增长 12.5%，在连续 5 年雄踞全省各县市区首位的同时，进位超越 6 个设区市，紧跟厦福泉。区级财政收入 63.01 亿元，增幅位居全市各区第一。详见表 2–1、图 2–1、图 2–2、图 2–3。

表 2–1　2020 年思明区主要经济指标及排名

指　　标	总量	增速（%）	总量排名	增速排名
GDP（亿元）	2053.04	4.5	1	5
其中：第一产业	2.99	13.4	4	1
第二产业	327.15	8.3	5	3
第三产业	1722.90	3.7	1	5
规模以上工业增加值（亿元）	–	4.4	–	5
社会消费品零售总额（亿元）	823.68	0.7	1	4
固定资产投资额（亿元）	–	11	–	4

（续表）

指　　标	总量	增速（%）	总量排名	增速排名
财政总收入（亿元）	390.66	12.5	1	2
区级财政收入（亿元）	63.01	7.5	1	1
实际利用外资（亿元）	30.12	44.9	1	1
全体居民人均可支配收入（元）	74012	4	1	3

资料来源：思明区发改局、思明区统计局

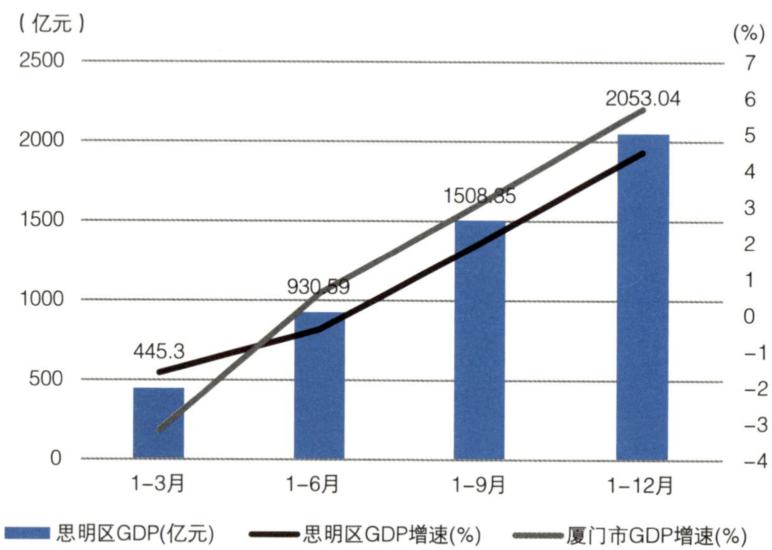

资料来源：思明区发改局、厦门市统计局

图 2-1　思明区 2020 年 GDP 情况

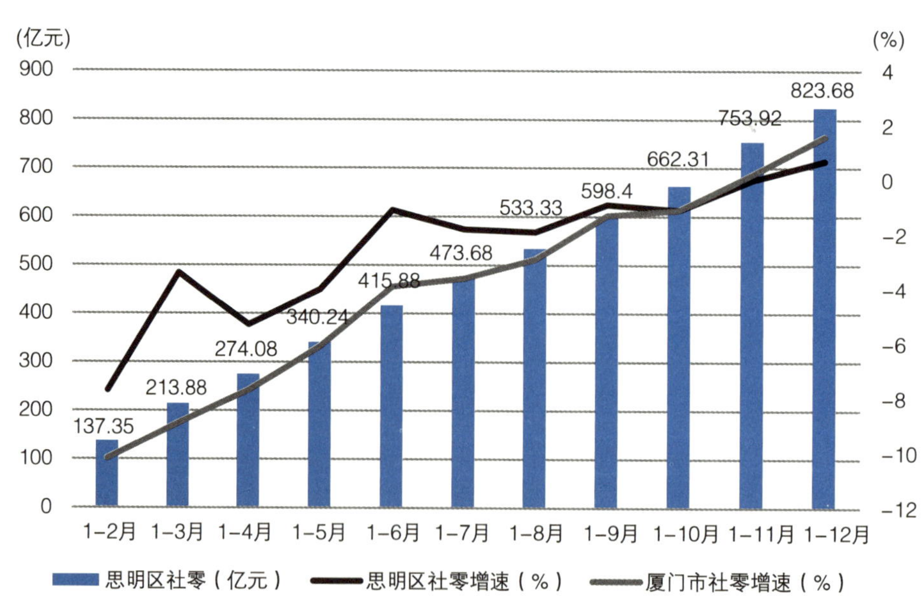

资料来源：思明区发改局、厦门市统计局

图 2-2　思明区 2020 年社会消费品零售总额情况

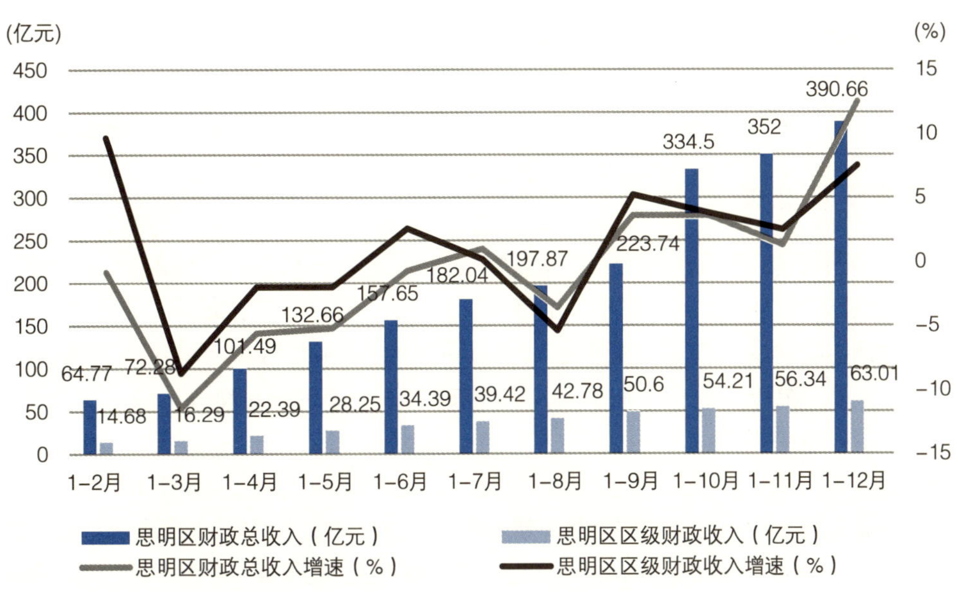

资料来源：思明区发改局、厦门市统计局

图 2-3 思明区 2020 年财政收入情况

2. 产业发展韧性十足

纾困惠企成效明显。精准出台“稳六条”等系列政策，累计减税降费 43 亿元，兑现各类扶持资金 12.4 亿元，组织配售防疫物资 587 万元。推广“掌上办”“邮寄办”“不见面审批”等新模式。率先全省发放消费券 1030 万元，直接撬动居民消费超 2.5 亿元。主要行业景气逐步复苏，批发零售销售额、固定资产投资逆势上扬，分别增长 17.2%、10%，其中互联网销售增长 19.8%，民间投资增长 109%。全区新增商事主体 2.7 万家，增长 6%，市场主体信心有力提振。

产业动能充分释放。以全市总部经济大会为契机，先行配套区级五条措施，吸引优必选、达尔威等区域总部落户，202 家总部企业占全市半壁江山。出台金融科技产业园专项政策，金融业增加值 440 亿元，同比增长 6%，包揽全市 2 家新增法人金融机构，区产业引导基金总规模突破 500 亿元。软件信息业实现营收 296 亿元，同比增长 6.5%，4 家企业入选“中国互联网百强”，占全省近七成。“金鸡效应”更加凸显，引进融创文化、恒业影业等优质影视项目 30 个，投资规模 109.8 亿元。获评全省首批全域生态旅游示范区，华尔道夫、安达仕等高级星级酒店开业运营，力促厦鄂四地开通“2 小时航空旅游通道”。引进抖音文化等头部企业，中国国际广告节永久落户思明。打造才子汇大健康产业楼宇，51 社保、上海师域等专业机构相继落户，高端专业服务业提质增效。

招商引资成果丰硕。思明区持续优化“1+10+N”招商机制，大力开展“云招商”，通过不见面方式与能链集团、中科招商等优质项目顺利签约。2020 年，合同利用外资 96 亿元，实际使用外资 28.5 亿元，生成招商项目 1434 个，总投资 3477.2 亿元，项目落地率较上年提升 36%。紫金矿业物流、新希望集团等 64 个高能级项目落户。与自贸区、火炬管委会合作引进元气森林、中融三桥消防科技等项目，联合德屹长青基金投资引入鲸准、京颐科技等企业，持续为产业发展注入新动能。

创新资源加速集聚。加快建设区域性科技创新中心，打造众创空间、科技孵化器、技术转移中心等重大创新平台，与厦门大学等高校深化产学研协作，高技术企业产值增长14%。拥有国家高新技术企业590家、市级科技小巨人领军企业171家、“三高”企业665家，均居全市第一，新增上市企业3家。强化人才支撑，率先全省开展大数据专业职称评审，创新“CSO携手CLO”人才服务机制，打造全省首个“扎堆”人才社区，在四川大学、华中科技大学等30所高校建立首批引才基地，加快以人才集聚厚植发展优势。

3. 城区品质提档升级

重点片区建设全面铺开。开元创新社区建设强势推进，泥窟、石村片区仅用24天实现预签约95%，湖滨片区首轮预签约突破99.6%，创厦门建市以来单一项目征迁工作牵涉户数最多、签约速度最快的历史纪录。何厝、岭兜片区拆除房屋1173栋，面积达53.4万平方米。滨海片区26天即实现黄厝会议中心项目整村签约。中山路片区改造提升工程按下加速键，东山东坪山片区基础设施全面升级，滨北超级总部基地、沙坡尾等片区改造提升顺利推进。

市政基础设施不断完善。开展第四轮市政设施提升，实施植物园南门入口等4个片区配套道路建设，完成大厝山路等9条道路改造，打通东坪山路等断头路。改造提升安平里等27个老旧小区、20座公厕、4个公园，实施健步道沿途及铁路沿线285栋立面改造。新建前埔工业园等5个停车场，增加停车位891个，在厦港等老城街区推广错峰停车模式，提供共享车位567个。推动五大领域、25个新基建项目建设，实现全区重点场所5G通信广域全覆盖。

城区管理精细高效。组建思明城建集团，与万科集团合作试点鼓浪屿“城市空间整合服务”，城区服务功能迈向市场化、专业化。启用全省首座区级垃圾分类科普展示中心，在嘉莲街道试点其他垃圾精细化分类管理，在96个小区试点定时定点投放。深化“裁执分离”模式，拆除违建65万平方米。坚持疏堵结合，新增“摊规点”摊位数297个。积极助力厦门夺取全国文明城市“六连冠”，“思明习惯”蔚然成风。

4. 民生福祉日益增进

社会保障持续改善。2020年新增就业4.5万人，失业再就业4.2万人，城镇登记失业率控制在4.5%。引进大中专院校毕业生2.6万人，占全市40%。联合新东方、安踏等名企开展“直播带岗”6场，提供4100个就业岗位。思明早教湖东托育中心成为首家省级普惠托育试点机构，源泉山庄老年公寓建设市级医养结合试点，滨海、梧村等街道照料中心提升改造，塔埔社区紫云尚城项目正式开工，打造全区首个集体发展用地建设租赁住房。发放各类救助资金2.4亿元，惠及43.6万人次，社会综治险新增疾病医疗救助项目。开展“爱心结对”等志愿活动，新建31个爱心驿站、10个爱心屋，推动爱心厦门建设走深走实。

公共服务提质提量。入选国家级信息化教学实验区。新建、改扩建学校7所，新增中小学、幼儿园学位3750个。完成32个小区配套幼儿园整治，有效规范校外培训机构经营。公益性体育智慧健身房试点经验在全省推广，与厦门大学共建人民体育场全民健身指导示范基地，群众文化艺术中心竣工投用。鼓浪屿华侨文化展馆获评中国华侨国际文化交流基地。开元、梧村等社区卫生服务中心提档升级，建成区疾控中心新冠病毒核酸检测实验室，核酸检测能力提升一倍。

社会治理不断创新。“雪亮工程”纵深推进，建成212个智慧安防小区。率先全省打造“诉源治理中心”，搭建全市首个区级社会治理协同平台。食品外卖信息实现全程可追溯。开展安全生产专项整治三年行动，首创应急自救原创游戏“逃生宝”，居民防灾减灾意识和自救互助能力有效提升。2.6万栋房屋安全隐患排查覆盖率、202栋D级危房长效处置率均达100%。

5. 三大攻坚战取得新成绩

防范化解重大风险。积极参与市金融司法协同中心建设，有效处置涉众型金融案件 16 起，挽回群众经济损失 1.5 亿元。开发森林防灭火应急指挥系统，启动林火监测预警系统建设。三年扫黑除恶战果显著，打击成效位居全市第一。全区刑事治安总警情连续 7 年保持下降趋势，群众安全感满意率达 99.3%。

提升精准脱贫实效。安排对口帮扶资金 9371 万元，实施教育医疗基础领域扶贫项目 135 个，通过就近、就地、输转来厦等方式解决就业 3238 人。实现临夏县挂牌督战贫困村帮扶全覆盖，圆满完成临夏市、临夏县、彭阳县、武平县对口帮扶任务。

污染防治加快推进。全面落实双总河（湖）长制，启动污水“两高”建设，完成全区雨污管网溯源排查，39 个排海口整治到位。加强土壤污染防治，建立污染地块名录及负面清单，提升危险废物处置监管能力，切实打好污染防治攻坚战。稳步推进三轮守护蓝天百日攻坚行动，在莲前街道东坪山片区建成全省首个近零碳排放区示范工程，空气质量优良率达 100%。

（二）主要问题

1. 产业实力不强

思明区规模以上工业实现总产值 371 亿元，工业总体规模偏小，缺乏带动力强的龙头企业和大型项目。高技术产业实现产值 98 亿元，高新技术产业规模较小，关键核心技术和前沿领域创新引领能力不足。旅游、文体娱乐、会展等受新冠疫情冲击降幅较大，软件和信息服务业、平台经济、人工智能等新经济、新业态尚未形成新的支柱产业。

2. 城市更新亟须提升

思明区老城区面积较大，改造提升难度大。城中村数量众多，基础设施不完善，道路环境及居住环境较为落后。老旧小区改造历史欠账较多，老工业区改造提升未能全面推动。因此，思明区急需通过城市更新释放存量土地资源，对空间资源进行整合改造，提升潜力，以激活“土地增量”释放“发展增量”。

3. 公共服务不均衡不充分

中小学学位不足，国际化教育短缺，优质教育资源难以匹配人口需求，优质教育资源相对短缺。高水平和国际化医院以及重点专科缺乏，基础医疗服务机构质量不高，供给质量有待优化。高水平文体设施不足，市民多样化的需求难以得到充分满足。

二、“十四五”期间思明区发展展望

到 2025 年，实现经济发展提质升级、创新能力显著增强、生态颜值更加靓丽、民生福祉持续增进、城市治理全面跃升，走在高水平开放最前沿、高质量发展最前列，努力建设成为高素质排头兵、高颜值新样板、现代化示范区、国际化先行区，撑起全方位高质量发展超越中流砥柱。

高素质排头兵。在质量效益明显提升的基础上实现经济持续健康发展，到 2025 年，地区生产总值达到 3100 亿元，人均地区生产总值达到 3.4 万美元。发展新动能加速迸发，创新能力显著提升，基础设施连通水平大幅提升，现代化经济体系初步形成。

高颜值新样板。岛内大提升取得显著成效，城市更新取得突破，城市管理更加精细化品质化。绿色发展进一步深化，生态空间规模与品质得到新提升，生态花园城区展现更高颜值。

现代化示范区。实现更加充分更高质量就业，人民生活水平和富裕程度进一步提升，分配结构明显改善，数字化、多样化、高品质、个性化公共服务供给更加丰富便利，国际化、绿色化、智能化、人文化、现代化城区初步建成，城区吸引力显著提升。

国际化领跑者。城区国际知名度、美誉度进一步提升，国际旅游会展名区影响力进一步增强，国际化营商环境进一步优化，在建设“海丝”支点城市中发挥更大作用，两岸融合进一步深化。

三、2021 年思明区发展展望

（一）影响因素

1. 有利因素

国内国际大循环相互促进新发展格局加快形成。以国内大循环为主体，着力打通国内生产、分配、流通、消费的各个环节，发挥中国超大规模市场优势，有助于思明区扩大内需。积极融入国际大循环，有利于思明区加深与“一带一路”沿线国家以及金砖国家的经贸联系，对思明区的进出口产生积极影响。

现代化产业体系加快构建。以产业质量变革为主线，聚焦产业中高端，推动存量整合提升、集聚发展，强化主导产业关键支撑作用，提升产业链供应链现代化水平，加快构建高端高质高新的现代化产业体系，有利于思明区高水平打造以数字经济为核心、新经济为引领、传统优势产业为支撑的现代化产业体系。

新基建加快建设。加快新型基础设施建设有助于消除疫情冲击带来的产出缺口，对冲经济下行压力，为经济高质量发展拓展了新空间，有利于思明区抢抓 5G 产业历史性机遇，加快吸引人工智能、大数据、云计算、物联网、工业互联网、智能机器人等产业在思明区集聚发展。

岛内大提升加快推进。通过岛内大提升，为新产业新业态腾出发展空间，为岛内大招商大发展创造条件，提供要素保障，推动城市增值、品位增值、品质增值，有利于思明区加快城市更新步伐，进一步提升中心城区功能品质。

2. 不利因素

投资不足。工业项目少，基建投资项目不多，服务业投资大项目不多，新引进大项目少、大企业少，思明区固定资产投资后劲不足，稳投资的压力加大。

疫情影响。受全球性新冠肺炎疫情影响，从需求侧来看，居家隔离导致消费骤减，对总需求造成巨大负面影响；从供给侧来看，产业链和供应链出现断裂；未来疫情拐点的不确定性，给经济带来巨大的不确定性。新冠肺炎疫情将对思明区进出口贸易产生较大影响。

成本上升。思明区房地产价格高达 6 万元 ~8 万元 / 平方米，写字楼租金达到 80 元 ~100 元 / 平方米，由此导致企业商务成本高，大量企业外迁到岛外或周边城市。

综合判断。2021 年，受全球性新冠肺炎疫情持续影响，思明区坚持应对外部风险和克服内部挑战相结合、有效市场和有为政府相结合、尽力而为和量力而行相结合，推动岛内大提升，招大引强，加快新旧动能转换，全年保持经济中高速增长的可能性较大。

（二）2021 年发展展望

2021 年，思明区将全力实施产业能级、功能品质、民生保障等提升行动，主动融入和服务国内大循环为主体、国内国际双循环相互促进的新发展格局，强化金融、商贸、总部、新经济企业集聚态势，提高全球高端要素的配置能力、内需消费的引领能力，勇当新时代全国改革开放和创新发展的标杆。强化创新核心地位，拓展优化发展空间，做优做强优势产业。精心打造城市作品，精准补强基础设施，做优做美城区环境。提升优质教育辐射能力，打造韧性健康城区。构建文化高地，创建高水平体育城区。2021 年，思明区在坚持高质量发展的前提下，GDP 目标增长 7.5% 左右，考虑全球性新冠肺炎疫情影响，固定资产投资增长 15% 左右。

四、2021 年思明区发展对策

2021 年，紧扣全面建设社会主义现代化国家新征程，坚持新发展理念，坚持全方位推动高质量发展，大力推进城市更新，着力空间再造，提升产业能级，推动品质跃升，不断满足人民对美好生活向往的需求，努力把思明区建设成为厦门高素质高颜值现代化国际化城市的排头兵。

（一）提升产业竞争力

坚持创新在现代化建设全局中的核心地位，加快推进产业基础高级化、产业链现代化，提高产业质量效益和核心竞争力。

1. 推动产业做大做强

加快发展“五型”经济。加快产业链供应链锻长板、补短板，努力掌握产业链核心环节，占据价值链高端地位。大力发展具有引领策源作用和指数级增长潜力的创新型经济。大力发展辐射区域大、附加值高、具有品牌优势的服务型经济。大力发展兼具国内外影响力和产业控制力的更多功能、更高能级的总部型经济。大力发展融入全球产业链价值链中高端、体现高水平投资贸易便利化自由化的开放型经济。大力发展要素资源高频流动、高效配置、高效增值、线上线下融合联动的流量型经济。

做大做优三大战略性新兴产业。一是金融业。大力引进各大银行的金融科技子公司、金融科技赋能的私人银行和财富管理机构、供应链与消费金融领域的金融科技平台。支持金融机构和互联网新经济领军企业设立金融科技企业、研发中心、实验室，扶持培育金融科技细分领域的新锐企业和底层技术创新企业。着力推进金融科技产业园建设。二是软件和信息服务业。进一步做大行业应用、数字内容、系统集成、移动互联、电子商务等为特色的软件信息产业集群。培育动漫游戏、信息安全、移动互联等细分领域“单项冠军”，打造厦门游戏出口产业基地。三是人工智能业。在金融、交通、医疗、物流等领域，推出一批智能经济标杆性应用场景，吸引人工智能产业领军企业、核心团队入驻。拓展应用行业智能化解决方案，瞄准智慧医疗、智慧交通、智慧教育、智慧旅游等领域，加快人工智能技术的深度应用，形成一批代表性的综合解决方案。

做高做精三大优势传统产业。一是旅游业。抓好世界文化遗产地鼓浪屿的保护和活化利用，进一步提升中山路、南普陀、厦大、沙坡尾、曾厝垵等旅游品牌，加快推进东坪山生态休闲旅游区开发建设，推动市园林植物园争创5A级景区。二是会展业。引进国际会展合作组织；加强与拥有资源的全国性行业协会、学会对接合作，积极招揽境内外高端会展主体和国家级行业协会办展办会；策划培育“生根型”专业会展。三是商贸业。培育跨境电商综合服务平台企业，大力发展“海丝电商”；积极发展首店经济，鼓励全球性、国家化高端知名商业品牌入驻；实施新型特色商圈创建提升行动，全面提升中山路等重点商圈、传统商业街档次，积极发展夜间经济。

培育壮大三大区域特色产业。一是文化创意产业。推动创意设计、数字内容、影视时尚等产业发展，打造具有全球吸引力和竞争力的文化强区。二是高端专业服务业。提升法律、会计、咨询、广告、人力资源等行业优势，促进专业服务高质集聚发展，打造服务闽西南乃至东南沿海的专业服务业集聚区。三是大健康养老产业。大力发展养老服务、母婴护理、康复服务、病患关怀等健康管理服务；发展互联网＋医院、智慧医疗、疾病预防、慢病管理、健康评估等个性化健康管理服务业；打造大健康产业楼宇/园区，建设医药研发中心、健康数据中心和营销结算中心；引入社会资本参与养老服务，加快推动更多社会化养老项目落地。

2. 推动企业做大做强

推动现有规模以上企业做大做强。加大规模以上企业调研和服务力度，及时协调解决企业生产经营中的困难和问题，对有市场、有效益的重点企业搞好要素保障服务，加大政策激励。指导帮助骨干企业加大技改投入，实施品牌战略，提升创新能力。鼓励龙头企业积极开展与国内外大公司大集团挂靠联合、兼并重组，利用外来技术、资金、信息、管理、人才、品牌等优势，实施强强联合。引导企业通过资金注入、品牌运作、技术输出等方式，推进企业跨行业、跨地区兼并、控股、参股。加快企业股份制改造步伐，加强企业上市辅导，大力培育上市后备企业，引导企业开辟直接融资渠道，推动企业跳跃式发展。

促进中小企业提升规模。提升服务水平，拓宽融资渠道，引导和支持中小企业开拓国内外市场。对科技含量高、就业贡献大、市场前景好的规模以下企业加大政策引导和扶持力度，按照分档爬坡、梯次推进原则，逐步扩大企业规模，使其尽快成长为规模以上企业。

加快实施品牌战略。积极引导企业走品牌化发展之路，进一步强化企业品牌创建工作。扶持现有品牌企业做强做大，带动相关行业争创“三名商标”（中国驰名商标、福建省著名商标、厦门市知名商标）和“三名产品”（中国名牌产品、福建省名牌产品、厦门市名牌产品）。鼓励品牌产品出口，引导企业拓展国际市场，提高出口产品的市场占有率和竞争力。

培育企业家精神。从组织培养、实践培养、知识培养入手，特别是营造有利于企业家成长的社会氛围和人文环境，千方百计培养一批具有世界眼光和发展睿智的企业家群体。引导企业建立现代企业制度，完善法人治理机构，积极参与国际竞争，高度重视企业文化建设，进一步提高职工的向心力，增强企业的凝聚力。

3. 强化创新核心地位

加快创新载体建设。对接国家级创新（服务）平台、研发机构，积极引进研发创新中心、实验室、院士工作站或技术转移中心等。瞄准人工智能、大数据、物联网等产业前沿，引进和培育一批具备投资主体多元化、建设模式多样化、运行机制市场化、管理制度现代化等特质的新型研发机构。支持与“一带一路”沿线国家和地区以及金砖国家共建联合实验室、创新中心和研发机构。大力吸引国外一流高校院所、新型研发机构、跨国公司区域研发总部和科技中介机构等落地或开展合作，支持企业技术引进和开展技术攻关。

提升企业技术创新能力。推动企业技术创新，加大全社会对新产品、新技术研发投入力度，大力引进、吸收、转化国际国内先进科技成果。引导企业技术中心、工程技术研究中心的提档升级，加快建立企业院士工作站、博士后工作站等研发机构。强化企业在产品设计、原料采购、仓储运输、订单处理与生产制造环节的管理创新，推动产业链的高效整合。探索建立产学研用深度融合的新机制、新模式。大力推动应用场景和公共资源开放共享，推动产业链上中下游、大中小企业融通创新。

培育创新人才。扩大高层次人才培养规模，加强重点关键领域拔尖创新人才、基础研究人才、产业技术研发人才培养，实施青年英才集聚系列行动，实施新一轮企业家素质提升行动。壮大创新型、应用型、技能型劳动者大军。健全以创新能力、质量、实效、贡献为导向的科技人才评价体系，构建充分体现知识、技术等创新要素价值的收益分配机制，探索人才价值资本化、股权化有效路径。围绕思明区产业体系要求，大力引进一批掌握核心关键技术的海外领军人才，汇聚一批国外大企业、大集团的高管团队，邀请一批世界著名的业内专家学者，以国际化的理念、全球化的视野、现代化的管理，助推思明经济国际化。

（二）建设高质量的精致城区

聚焦高质量发展，把精准规划细化到每一个项目，把精美建设体现到每一个片区，把精致管理融入每一个细节，做精做优片区开发，建设更有颜值、更有气质、更有内涵、更有格调、更有品位的中心城区。

1. 高标准推进重大片区建设

开展中心城区赋能升级行动，增强高端要素、高端产业、高端功能、人口承载和辐射带动能力。高标准推进开元国际科创城、滨北超级总部基地、何厝岭兜、湖滨一至四里、厦港沙坡尾、中山路、东坪山等七大重点片区开发建设，提升城区功能品质和服务能级，加快建设高能级中心城区。

2. 有序推进城市更新

推进中山路、沙坡尾、鼓浪屿等片区景观改造、业态提升和空间开发，提升整体品质。完成湖滨片区、泥窟石村拆除，推进何厝、岭兜片区安置房及公共配套项目建设，加快启动浦南、将军祠、百家村等片区改造。进一步丰富提升曾厝垵片区商业业态。推进黄厝茂后片区改造。加快推进滨北超级总部基地、原开元工业园等旧厂房片区的改造。加快提升龙山工业园，同步谋划海燕橡胶厂、夏商小商品批发市场等旧厂区改造。进一步推动老旧商场、老旧商务楼宇更新改造。

3. 建设现代化基础设施网络

完善轨道 1 号线、2 号线、3 号线辖区站点及周边配套建设，推进建设多层次综合交通枢纽和无缝化换乘体系。加快 5G、工业互联网、大数据中心建设和下一代互联网规模部署，推进新技术、算力和融合型智能化基础设施建设，推动传统基础设施升级，建设新一代信息基础设施体系。引导市政设施隐形化、地下化、一体化建设，加快老旧住宅区及城中村市政设施改造。鼓励社会单位利用自有用地、待开发空地建设公共停车场，加快停车泊位智能引导系统建设。高效利用地下空间资源，加快建设地下商业街、地下步行道、地下停车库等。

4. 加快推进智慧城区建设

推动 5G 网络商用试点，率先开展无人驾驶、智能交通控制、智能公交、智能安全风险管控等各类人工智能场景应用。建设数字孪生城区，高标准构建城市大脑和网格化管理体系。运用大数据、云计算、区块链、人工智能等前沿技术，推动城市管理理念、手段等创新。持续治理交通拥堵，坚持公交优先，优化公交线路，优化拥车、用车管理策略，加强停车综合治理。

5. 深入推进环境优化

持续推进小型水库及筼筜湖片区提升，持续推进道路扬尘、工地扬尘、露天烧烤、餐饮油烟等治理，严控高排放非道路移动机械尾气排放，维护高水平空气质量。改造提升莲花公园、中山公园东半园等城市公园，利用边角地、插花地等建设一批街心公园，完善公园游憩和服务设施，提高公园绿地服务半径。加快东坪山整治提升。系统推进水生态治理与修复，加快补齐污水污泥收集和处理处置、初期雨水调蓄等短板，强化生态保护红线管控和环境风险防范。建立生态环境资源界定和评估、绿色审计制度。

（三）加快融入国内国际双循环

依托强大国内市场，促进产业、人口及各类生产要素合理流动和高效集聚，在更高水平上充分利用国内国际两个市场两种资源，打造联结国内国际双循环的战略枢纽。

1. 主动融入国内大循环

突出抓好疫情防控。深化落实“及时发现、快速处置、精准管控、有效救治”的常态化防控措施。严格实施入境人员全程闭环管理，强化重点人群信息登记和健康跟踪管理。加强常态化核酸检测，全面落实重点人群“应检尽检”、重点行业人群“适时抽检”和其他人群“愿检尽检”。严格落实进口冷链食品全周期全流程管理，常态化开展进口冷链食品、经营场所环境、销售加工从业人员核酸检测和场所消杀，严防“由物输入”疫情风险。

推动消费扩容提质。大力培育新一代消费热点，加快实物消费、服务消费提质升级，适当增加公共消费，促进消费向绿色、健康、安全发展。鼓励发展新零售、首店经济、宅经济等新业态新模式，大力发展线上消费、体验消费、健康消费等新型消费，积极发展高端消费。推动汽车等消费品由购买管理向使用管理转变，促进住房消费健康发展。实施高品质商业步行街改造提升工程，加快形成若干主题鲜明的体验中心。健全鼓励消费的政策体系，创新消费金融。

扩大精准有效投资。优化投资结构，保持投资合理增长，扩大重大科创平台、战略性新兴产业、现代化产业链投资，加快新基建、新经济建设投资，补齐基础设施、市政工程、生态环保、公共卫生、物资储备、防灾减灾、民生保障等领域短板。更好发挥政府投资作用，大力激发民间投资活力，鼓励民营资本参与公用事业和新基建建设。增强投资有效性，让更多基础设施投资形成优质资产，产业投资形成实体企业，民生投资形成消费潜力。

加快融入闽西南协同发展区。继续推进厦门泉州（安溪）经济合作区思明园建设，不断提升园区合作水平和发展的质量效益。加强与龙岩、漳州等城市合作，积极拓展新的飞地空间。积极推进思明区重点企业跨区域布局，夯实总部办公在思明区、生产在飞地的产业布局。

2. 积极融入国际大循环

更大力度“请进来”。锁定地区，锁定产业，锁定目标，锁定项目，积极探索会议招商、“以企引企”、“以商引商”、“无地招商”等新型招商方式，重点瞄准总投资 1 亿美元以上的投资项目，进一步加大招引力度，不断做大利用外资规模，力争在招引世界 500 强及跨国公司项目上实现新突破，在引进跨国公司地区总部、投资性公司及采购、结算中心等外资功能性机构上取得新进展。

更大步伐“走出去”。鼓励和支持外贸企业参加层次高、影响力大的境内外展会，巩固欧美、香港主导市场，积极开拓拉美、东盟、非洲等新兴市场。鼓励我区境外投资企业挖掘欧美国家和港台等地市场潜力，积极开拓非洲、东欧、中亚市场。大力扶持思明区优势产品出口，抢占境外主流市场。引导加工贸易向自主品牌、自主知识产权方向发展。积极扩展境外投资领域，做大做强境外营销链条，开拓境外市场先机。

积极对接厦门自由贸易试验区。主动融入厦门自贸试验区建设，加快发展离岸贸易、保税研发、汽车贸易、保税维修等国际贸易业态，大力发展融资租赁、商业保理、产业基金等供应链金融，推动开展符合市场需求的离岸、跨境等金融创新业务。参与跨境电商综合试验区建设，发展跨境电子商务、保税展示交易等新业态。探索实施自由港政策，加快构建投资、贸易、金融、人员、数据、运输等要素跨境自由流动制度政策体系。抓住 RCEP 协议签订契机，积极培育跨境电商、市场采购、外贸综合服务等新业态。

打造台胞台企登陆第一家园。对接台湾优势产业，积极引进金融、文化创意、旅游、养老等台湾新领域现代服务业，吸引台湾创新型中小企业来思明区发展。提升龙山等两岸青创基地，加快建设更多台青公寓和台胞驿站联谊点。落实推广台湾人才执业资格、技能等级匹配互认。鼓励台胞参与社区事务管理。

加快融入“21 世纪海上丝绸之路”建设。推动与海丝沿线国家地区的移动互联、智慧城市等数字经济合作。发挥思明区文化旅游优势，吸引海丝沿线国家来思明区旅游和进行文化交流。支持思明区重点企业拓展海丝国家市场，引导更多企业“走出去”做大产业规模。

加强与金砖国家友好合作。以金砖国家新工业革命伙伴关系创新基地落地厦门为契机，加强与金砖国家合作。创新与金砖国家政府及其重点企业间合作机制，在通关、资金进出和人员往来便利化等方面先行先试。聚焦工业设计、金融服务、医养健康、影视动漫等现代服务业，深化与金砖国家经济合作。建立面向金砖国家的高水平金融开放与合作机制，探索开展跨境人民币贷款、资本项目收入结汇支付便利化等人民币业务。

（四）建设高水平的富裕城区

尽力而为、量力而行，提升公共服务质量和水平，扎实推动共同富裕，不断增强人民群众获得感、幸福感、安全感，促进人的全面发展和社会全面进步。

提高就业质量和城乡居民收入。坚持经济发展就业导向，扩大就业容量，提升就业质量。支持和规范发展新就业形态，完善创业带动就业、多渠道灵活就业保障制度。促进高校毕业生等青年群体多渠道就业创业。健全终身职业技能培训制度，全面提升重点群体职业技能水平和就业创业能力。加大稳企稳岗力度，推进实施技能提升行动计划，完善失业风险防范机制，健全人力资源市场供求信息系统和失业监测预警机制。完善有利于提高居民消费能力的收入分配制度，着重保护劳动所得，增加劳动者特别是一线劳动者劳动报酬，健全工资合理增长机制，增加低收入群体收入，扩大中等收入群体。通过土地、资本等要素使用权、收益权增加中低收入群体要素收入，提高居民财产性收入。

建设现代化教育强区。坚持教育优先发展，坚持教育创新发展，坚持教育内涵发展，缩小义务教育城乡差距和校际差距，推动义务教育优质均衡发展。完善普惠性学前教育和特殊教育、专门教育保障机制。科学实施高中阶段分类分层教学，探索建立优质高中教育孵化、创建、评估和支持保障机制。促进高等教育高质量内涵式发展，加快推进厦门大学“双一流”建设，推进一流本科和研究生教育。巩固提升职业教育，推进职普融通、产教融合、校企合作，深化现代学徒制试点，打造新时代职业教育创新发展标杆。支持和规范民办教育发展，规范校外培训机构。健全学校、社会、家庭协同育人机制。进一步加强全区教师队伍建设，全面提升教师专业素养和职业幸福感。持续推进名师名校长工作室建设，选聘大学教授、教科研院所专家加入名师名校工作室。高效能推进智慧教育建设，在全省率先实现更高水平的教育现代化。

建设健康思明。把保障人民健康放在优先发展战略地位，建立稳定的公共卫生事业投入机制，完善公共卫生服务项目，强化基层公共卫生体系，落实医疗机构公共卫生责任。完善重大突发公共卫生事件监测预警机制，健全医疗救治科技支撑和物资保障体系。加快建设区公共卫生大楼、中山医院门急诊楼等医疗机构，推动厦港、滨海等老旧社区卫生服务中心新址建设，增设虎溪、塔埔等一批社区卫生服务站点。推动思明区中医药调理中心运营，推动中医门诊部、中医诊所和中医坐堂诊所规范建设和连锁发展。推进医疗、医药、医保联动改革，推进基层服务模式转型，深化家庭医生签约服务，提高签约履约质量，提高常见多发病诊疗能力，提升基层医疗服务水平，提高为老年人、残障人员等就诊就医服务水平。推进“互联网＋医疗健康”服务体系建设，推广远程医疗。强化公立医院建设管理考核，推进药品和耗材采购使用改革。

建设国际文化名城。进一步提升鼓浪屿历史国际社区的内涵，扩大国际影响力和辐射力。统筹推进中山路整体风貌保护，让老城风貌创造性融入现代生活，形成具有国际影响力的特色街区。从海洋文化、闽南文化中提炼国际元素，加强对具有历史性、纪念性、标志性的道路、建筑等公共设施的梳理，充分展示其人文历史内涵和文化元素，提升国际影响力。吸引更多的国内外文化名人和文化团体来思明交流、演出、比赛，推动异域风情和海外文化元素注入思明区传统文化，实现国际要素与思明本地文化的有机结合。鼓励海内外优秀文化产品在思明区首发、首演、首映、首展。大力培育基于大数据、云计算、人工智能等新技术的新型文化业态和文化消费模式。

完善养老服务体系。落实优化生育政策，健全普惠托育服务体系，提高人口素质。加快完善居家社区机构相协调、医养康养相结合的养老服务体系。健全完善“互联网＋养老”，打造智慧养老服务新模式。夯实居家养老基础，支持家庭承担养老功能，充分发挥居家养老服务支撑作用。推进公办养老院改扩建。探索互助性养老。开展长期护理保险制度试点。发展银发经济，培育发展老年教育、老年体育、老年旅游等多元服务业态。推进基础设施适老化改造，构建老年人友好型社区，发展智慧养老。

【参考文献】

[1] 厦门市人民政府 .2021 年厦门市政府工作报告 [R].2021
[2] 思明区人民政府 .2021 年思明区政府工作报告 [R].2021
[3] 思明区发改局 . 思明区经济运行情况 2020 年分析 [R].2020
[4] 思明区统计局 . 思明区 2019 年 1—12 月经济运行情况 [R].2020

课 题 组 长：刘飞龙
课题组成员：戴松若　林汝辉　陈国清
　　　　　　孙　博
课 题 执 笔：刘飞龙　孙　博

第三章 2020 年湖里区发展评述与 2021 年展望

一、2020 年湖里区发展评述

（一）发展综述

2020 年湖里区紧扣高质量发展要求，统筹推进疫情防控和经济社会发展，坚持立体施策，扎实做好“六稳”工作，全面落实“六保”任务，持续加力招商引资，深入推进创新驱动，全力推进“岛内大提升”，发展态势持续向好，发展效益持续提升，发展品质持续优化。

1. 经济发展稳中向好

2020 年湖里区完成地区生产总值 1360 亿元，经济增速呈现稳步回升势头，由一季度的 −5.5% 增长到全年的 6.4%。与其他区对比看，主要指标排名全市靠前。其中，规模以上工业增加值、固定资产投资额增速等指标排名全市第 1，GDP、社会消费品零售总额、财政总收入、区级财政收入、全体居民人均可支配收入等指标排名全市第 2，GDP 增速、财政总收入增速等指标排名全市第 3。受疫情等因素影响，社会消费品零售总额、实际利用外资、全体居民人均可支配收入等三个指标增速排名全市靠后，位居第 5。详见表 3−1、图 3−1、图 3−2、图 3−3。

表 3−1　2020 年湖里区主要经济指标及排名

指　标	总量	总量全市排名	增速（%）	增速全市排名
GDP（亿元）	1396	2	6.4	3
规模以上工业增加值（亿元）	8267	1	27.5	4
社会消费品零售总额（亿元）	473	2	0.2	5
固定资产投资额（亿元）	−	−	26.1	1
财政总收入（亿元）	259	2	8.6	3
区级财政收入（亿元）	51	2	2.9	4

（续表）

指　　标	总量	总量全市排名	增速（%）	增速全市排名
实际利用外资（亿元）	22.6	3	15.6	5
全体居民人均可支配收入（元）	60263	2	3.9	5

资料来源：厦门统计月报

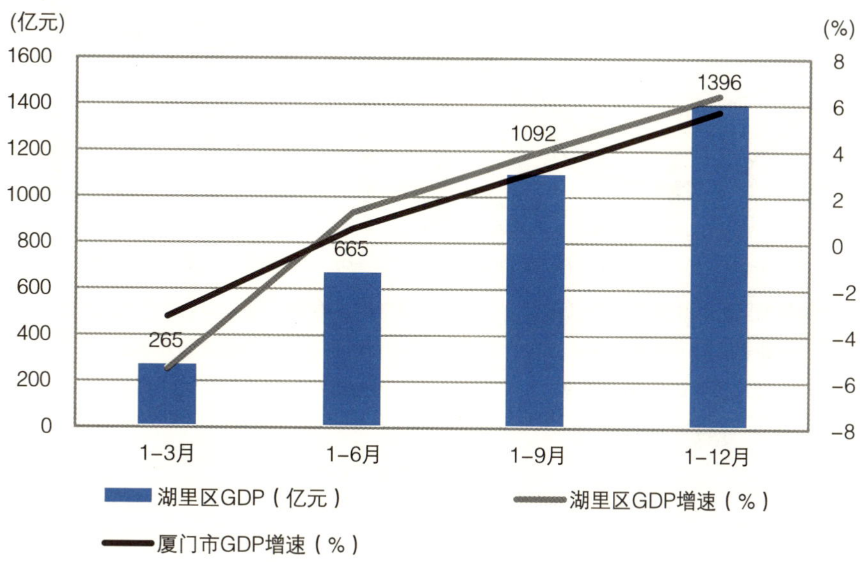

资料来源：厦门统计月报

图 3–1　湖里区 2020 年 GDP 情况

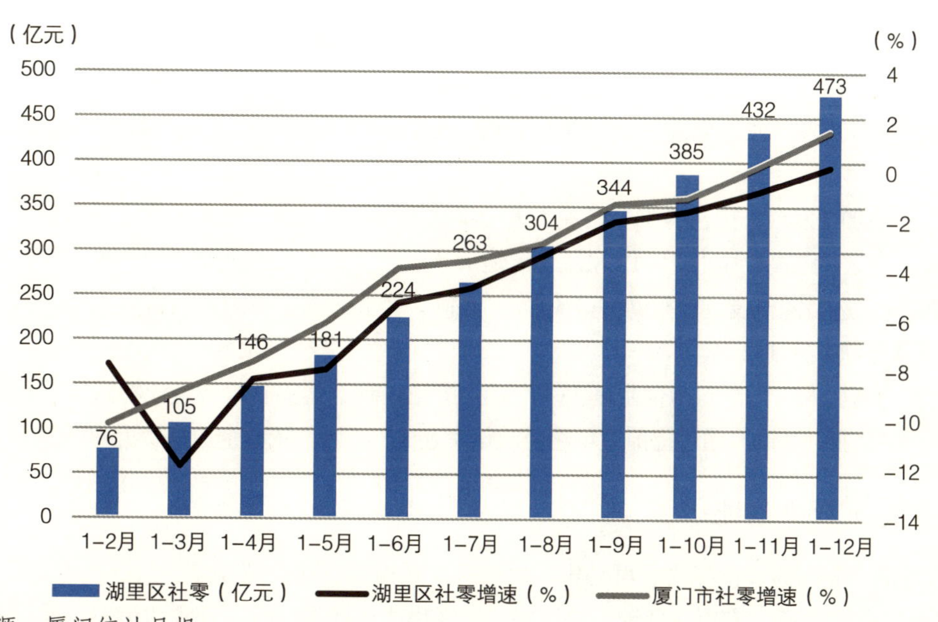

资料来源：厦门统计月报

图 3–2　湖里区 2020 年社会消费品零售总额情况

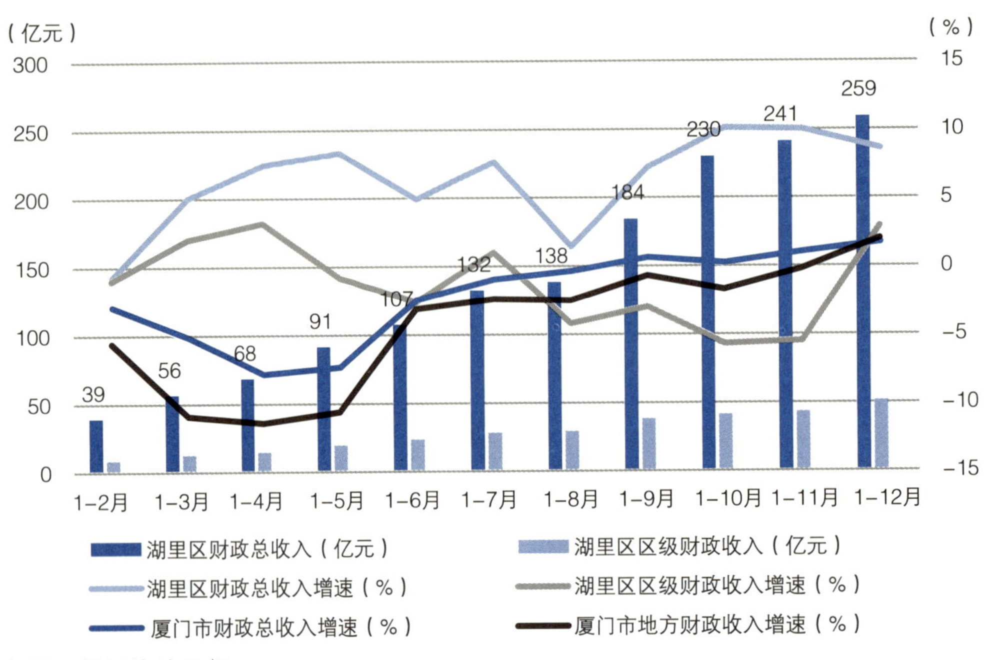

资料来源：厦门统计月报

图 3–3　湖里区 2020 年财政收入情况

2. 产业升级持续推进

产业结构持续优化。平板显示、计算机通讯设备先进制造业稳步发展，平板显示产业增长 13.0%，浪潮、宸鸿等龙头企业增产 102.5 亿元。现代服务业平稳发展，第三产业增加值占 GDP 比重达 60.9%，同比增长 8.7 个百分点。设立区级产业引导基金，建成古地石基金小镇，吸引京东数科等行业龙头拓展新设金融业务。接待游客 1843.6 万人次，实现旅游总收入 248.4 亿元。批发零售业销售总额跃居全市首位。软件信息、创新创意等新兴产业蓬勃发展，湖里创新园、五缘湾营运中心、五通金融商务区等园区持续发展壮大。

“三高”企业加快发展。出台《湖里区关于进一步完善服务“三高”企业工作机制的意见》，新增 87 家“三高”企业，全区“三高”企业达 413 家（含火炬），“三高”规上工业企业产值占辖区规上工业产值比重达 94%。辖区捷信达精密科技、雷霆网络等 18 家“三高”企业进入全市上市后备企业库。引进和培育“双百人才”6 等高层次人才 132 名。

服务企业力度加大。出台支持企业复工复产八条措施，制定落实“服务企业特派员”制度，开展“千名干部深入万家企业”活动。通过提前兑现惠企政策资金 1.7 亿元，减免企业税费近 60 亿元。

3. 城市更新加快推进

在全市首创“先商谈、预签约、再公告、后选房”新模式，建立“规划先行、安置先行、发展先行”机制，即片区规划先明确、安置住房地址先选好、社区集体用地先留好、征收政策先知道。出台安置房建设标准和管理办法，优先保障安置房和社区发展用地项目供地。湖里东部旧村整村改造加快推进。2020 年完成签约400万平方米，拆除601万平方米。23个自然社完成整村拆除，提交净地2918亩，推出6幅地块挂牌出让。规划安置房项目29个，总建筑面积601.29万平方米，全区4个安置房项目竣工，14个安置房项目和高林—金林社区发展中心项目加快建设。

4. 城市管理持续提升

“大城管委+国有企业”决策、执行体制持续巩固深化，“数字湖里”公共管理集成平台和“城管指挥中心”高效运行，日均受理城市管理事件3000多件，结案率达99.9%。拆除违建8.7万平方米，实现新增“两违”“零形成”。创新建立共享单车常态长效管理机制，新增公共停车泊位1350个。在每月市对区垃圾分类考评中连续11次位居第一，在2次市对区城市综合管理考评、文明城区测评中均名列榜首。

5. 生态保护严格落实

第二轮中央生态环保督察反馈问题整改有序推进，在全市率先办结销号中央督察组交办的40件信访件。打造“全区排水管网一张图”的数字化管理系统，完成管网溯源排查2887公里，新建污水管网13.7公里、雨污分流改造78.7公里，基本实现68个排海口晴天污水“零排放”。积极创建国家生态文明建设示范区，完善落实河（湖）长制，空气质量持续改善，打好打赢蓝天、碧水、净土保卫战。空气质量优良率达100%，地表水实现100%达标，涉疫医废实现100%日产日清、100%安全处置。

6. 社会民生加快发展

编制全区教育发展专项规划和2020–2035年教育发展空间规划，召开建区以来首次全区教育大会，实施“十大教育发展工程”，新开办5所公办校（园），新增5466个学位。全国首批国家区域医疗中心落户复旦中山厦门医院，“5+3+8”基层医疗卫生机构体系完成全面布局，微医集团互联网医院项目加快推进，“互联网+医疗健康”生态圈初步构建。辖区60周岁以上贫困人口全部享受基本养老保险，街道、社区居家养老服务照料机构实现全覆盖，各类养老机构总床位数3444张，每千名老年人养老床位数78张，均居全市各区第一。促进2.1万失业人员再就业，接收高校毕业生1.6万人。开展各类社会救助6.2万人次，发放救助金9432万元。“爱心厦门”建设加快推进，率先在全市建成8座证照齐全的“爱心屋”。

7. 社会治理加快推进

小区治理体系持续完善。扎实开展“四门四访”，全面普及“最多投一次”阳光信访，1048件信访件实现100%及时受理、100%按时办结。党建引领小区治理持续深化。全区367个小区全部成立党支部，现有小区秘书339名、小区调解员1105名、小区医生212名、小区警察143名、小区城管121名、小区律师161名，小区居民获得感幸福感安全感持续提升。

平安湖里扎实推进。扫黑除恶纵深推进，定期调度和“六个一”工作机制有效建立，“六清行动”扎实开展。创新“10+2+5”重点行业领域突出乱象问题整治工作模式，铲除黑恶势力滋生土壤。平安湖里扎实创建，安全生产三年行动全面启动，生产安全事故起数和死亡人数同比分别下降39.5%和9.1%。

8. 重大项目有序推动

招商引资成效明显。深入开展“招商引资与项目建设攻坚年”活动，开展“线上+线下”招商活动

22场次。推动京东数科、百雀羚等163个总部、金融、先进制造、科创等高能级项目签约落户。新策划生成招商项目1473个项目、总投资2389.73亿元，落地项目数1029个、落地投资额1372.65亿元，总投资890.51亿元，投资1亿元以上的项目367个、总投资2164.77亿元。在全市招商引资实绩竞赛中，位列全市各区第一。

重点项目有序推进。“1+3+8”工作体系初步构建，重点项目服务效率持续提升。制定推进落地项目前期工作实施办法，118个落地项目进入前期储备库，63个省市重点项目、42个区重点项目有序推进，完成年度投资计划114.4%。

（二）存在问题

在取得成效的同时，也存在着一些矛盾和问题。

1. 经济下行压力较大

受疫情影响，2020年区属工业整体仍处于降幅区间，占比最大的航空维修业产值仅为84.9亿元，降幅达35.7%。2020年湖里区交通运输业下降明显。全区167家规上交通运输业企业实现营收451.75亿元，增速−8.4%。交通运输业增加值增长−6.4%，占全区GDP的10.4%，倒拉全区经济1个百分点。从指标排名看，市对区考核的10项指标中，缺少优势指标，区级财政收入、城镇居民人均可支配收入、限上批零、工业增加值等4项指标排名靠后。

2. 产业发展不优不强

经济体量相对较小，2020年地区生产总值仅为思明区的68%，深圳南山区的21%。工业整体竞争力和抗风险能力较弱，产值主要依赖火炬园（占比超过80%），工业、建筑业、交通运输业等传统动能仍然占主导地位。高端服务业占比低，总部经济尚未形成规模效应，金融业体量较小。创新主体动力不足，2020年“三高”企业数413家，仅占全市总数的16.5%。

3. 民生保障亟待完善

公共服务资源配置不均衡、不完善。教育学位不足、教育资源难以匹配教育需求，优质教育资源相对短缺；完善的医疗服务市场尚未建立，基础医疗服务机构数量较少、质量不高、覆盖面不足；大型文体设施不足，缺乏区级“一场两馆”，人均公共文化设施用地仅为规范要求的25%。

4. 城市更新亟须提升

老旧城区及城中村数量众多，基础设施不完善，道路环境及居住环境较为落后；老旧小区改造历史欠账较多，老工业区改造提升未能全面推动，城市形象提升压力较大；非核心功能疏解不够有力，空间资源优势尚未完全转化为发展潜力优势。

二、“十四五”期间湖里区发展展望

到 2025 年，湖里区将以全面提升数字产业竞争能力、科技创新能力、环境亲和能力、社会治理能力为战略驱动力，在更高起点上建设“两高两化”中心城区，岛内大提升取得重大成效，城区发展能级和综合竞争力大幅提升，努力建成高质量发展引领示范城区。

经济发展持续优化。实现地区生产总值突破 2000 亿元，人均生产总值达到 18.5 万元。持续做优做强二产，推动传统工业向先进制造业发展，生产向高端环节跃升，产品向高附加值集聚。调整优化三产结构，以软件与信息服务、数字创意和新兴金融等为代表的现代服务业集群规模不断壮大，带动作用充分显现。

创新体系不断完善。科技创新引领带动作用更加凸显，人才优势和创新动力显著增强，创新能级和科技竞争力跻身区域前列。每万人发明专利拥有量达到 50 件，R&D 经费支出占 GDP 比重达到 3.8%。

城市价值跃级提升。城市更新和生态修复成效明显，市政基础设施支撑能力和运营水平有效加强，环境治理和保护力度持续加大，城市形象和品质大幅提升。“十四五”期末，城市更新成效显现，基本建成岛内东部新城。生态环境持续向好，单位 GDP 能耗持续下降。

公共服务优质发展。大力推进公共服务优质均衡发展，公共服务设施支撑能力有效加强，教育、医疗、养老、就业、住房等百姓需求得到优质保障。“十四五”期末，新增义务教育学位 2.7 万个，城镇居民人均可支配收入年增长率保持在 6% 以上，居民平均期望寿命 81.5 岁。

治理能力显著提高。加强政府自身建设，创新政府服务管理体系。畅通社会公众参与公共事务的渠道，构建行之有效的治理模式。城市治理体系和治理能力现代化水平显著提高，形成众多包容性社区，创造更具活力的创新生态系统。

三、2021 年湖里区发展展望

（一）影响因素

1. 有利因素

产业发展方面，随着金砖创新基地和进口贸易促进创新示范区等国家政策战略的实施，有利于湖里区发展航空维修产业、设备制造、电子信息、国际贸易供应链数据服务业务、供应链金融与离岸金融等产业，推动湖里区产业基础高级化，产业链现代化。厦门市生物医药创新发展大会、电子信息产业发展大会、总部经济发展大会、海洋发展大会等重要会议的召开，为湖里区实施精准招商，着力科技服务、软件与信息服务、生物医药产业、旅游、商务、现代物流等现代服务业提供了重要平台，有利于提升湖里区产业能级。

城市建设方面，闽西南协同发展区联席会议第三次会议的召开，为湖里区加快发展飞地经济提供了新的平台。随着厦门市第二东通道、第二西通道（海沧隧道）、轨道 3 号线的建设和开通，以及湖里七大片区、北部高崎机场片区等重点区域的开发和功能提升，将为湖里新一轮发展提供重要的战略储备空间。

进出口方面，RCEP 的正式签署，使得 RCEP 成员国之间商品实现零关税或大幅关税减免，这势必推动湖里和其他 RCEP 成员国的经济联系更加紧密。全国进口贸易促进创新示范区获批，有利于湖里区引进民生改善类产品（医疗设备、康复设备、养老机构护理设备等）及消费品等重点商品（日用消费品、医药产品等）进口，打造进口通道优势，加快形成以国内大循环为主题、国内国际双循环相互促进的新发展格局，构建区域性消费中心城区。

2. 不利方面

产业发展方面，国内外新冠疫情特别是国外新冠疫情的蔓延将对湖里的航空产业、旅游会展业等服务业造成较大不利影响。创新主体动力不足，研发与创新载体偏少，创新型人才不足，对湖里区发展高新技术产业带来不利影响。

城市建设方面，地方财政及固投增长有限，且受制于老旧城区、城中村和老工业区改造等城市更新的进程，将对湖里区城区建设和管理带来较大挑战。

进出口方面，随着境外疫情的蔓延及国内疫情的严峻复杂，以出口导向型为主的湖里区经济仍将承受较大的增长压力。中美关系的重塑及中美贸易战的持续冲击和影响，将对湖里区的进出口产生不利影响。

（二）发展展望

2021 年是中国共产党建党 100 周年，是“十四五”规划开局之年。湖里区将以习近平新时代中国特色社会主义思想为指导，深入贯彻习近平总书记重要讲话重要指示批示精神，全面落实市委十二届十二次全会、市委经济工作会议各项部署要求，坚持新发展理念，主动融入新发展格局，重视疫情对湖里区经济社会的负面影响，在确保疫情防控和推动经济高质量发展方向不变的前提下，抢抓时代机遇，推进岛内大提升，不断开创发展新局面。全区发展能级和综合竞争力持续提升，深化改革、创新驱动取得较大进展，高新技术产业、战略性新兴产业、现代服务业发展质量较大提升，中心城区功能快速提升，生态文明建设取得新成就，公共服务更加完善，努力建成高质量发展引领示范城区，为实现全面建设高素质高颜值现代化国际化中心城区的发展目标奠定坚实的基础。

2021 年湖里区经济社会发展主要预期目标为：地区生产总值比增 9% 以上，规模以上工业增加值比增 7%，批发零售贸易业销售总额比增 10%，财政总收入比增 5%，全社会固定资产投资比增 8%，完成省市下达的节能减排任务。

四、2021 年湖里区发展对策

（一）建设创新创业高地

做强创新资源平台。依托“芯火”双创基地两岸集成电路产业园等园区，加强与自贸片区、自创片区“双自联动”。创建一批市级以上的工程技术中心，鼓励企业设立区域研发中心和开放式创新平台，支持新加坡（创士锋）科技园、清华海峡研究院加速器等科技孵化平台建设。鼓励区内有实力的创新企业融入国际创新协作网络。

提升企业创新能级。强化企业创新主体地位，促进各类创新要素向企业集聚。大力实施“三高”企业倍增计划，完善科技企业成长加速机制，构建“科技型中小企业—高新技术企业—科技小巨人领军企业”的全周期梯次培育体系。支持企业技术创新，开展关键工艺环节技术攻关和新产品研发，提升企业技术中心研发创新能力。拓展企业商业模式创新，加强产业技术综合集成。培育一批具有自主知识产权和核心竞争力的科技企业。

集聚创新创业人才。深化“智汇湖里”人才战略，完善“一站式”人才服务。引进创新创业人才和创业孵化团队，支持科技企业加大人才开发投入和培养力度，鼓励和规范高校、科研院所人才等到企业兼职，建立更加开放的创新创业人才引进和培育机制。构建充分体现知识、技术等创新要素价值的收益分配机制，完善科研人员职务发明成果权益分享机制。健全住房保障、医疗服务、子女教育等人才政策体系，做好政策的承接落地和跨前服务，打造“近者悦、远者来”的人才环境。

完善创新服务体系。强化知识产权保护和运用，推动知识产品成果化、成果产业化，完善知识产权信用服务体系。健全科技金融服务体系，成立区级产业引导基金，加大科创板、创业板上市扶持。支持举办各类创业大赛、创业培训等活动，努力营造鼓励创新、宽容失败的创新创业氛围。优化科技中介服务，引进一批专业品牌服务机构，大力发展创业孵化、技术转移等科技服务业。

（二）推动产业优化升级

做大做强先进制造业。深化与火炬高新区联动发展，大力推进制造业高端化、绿色化、智能化、融合化发展。重点发展平板显示、计算机与通讯设备、集成电路等电子信息产业，以国家新基建战略为契机，打造具有全国影响力的触控显示屏研发生产基地和服务器制造基地，“串联”起本地相关产业链上下游企业，支持企业技术改造，鼓励本地高端制造企业参与数据中心建设，推进本地企业进一步发展壮大。

提升优化现代服务业。推动现代服务业向精细化和高品质转变，优化升级总部经济，大力推动五通超级总部区建设；创新发展文旅影视产业，开创影视与文化、旅游、体育、科创相融合的新格局；提升发展商贸服务，重点发展免税商业、电子商务、连锁零售等高端商贸；集聚发展现代物流，重点培育商贸物流、保税物流、供应链管理三个核心产业。

扩大发展新兴产业。立足产业基础和资源优势，重点培育发展新兴金融、信息产业、大健康等新兴产业。以两岸金融中心为载体，抢抓金融业开放新机遇，高起点打造新兴金融产业；以湖里忠仑科创园、湖里创新园为载体，以“智慧城市”和“数字互娱”为双重驱动力，以“数字出口服务”和“新一代信息技术”为关键环节突破点，推动数字经济和实体经济深度融合，构建“2+2”信息产业体系；以五缘湾医疗园区为载体，重点培育复合型康养产业，发展信息化、高端化、融合型大健康产业体系。

推进新型基础设施建设。坚持需求导向，积极布局5G大数据中心、人工智能、工业互联网等新型基础设施建设。坚持融合发展，对交通、能源、物流、教育、医疗、生态等传统基础设施进行数字化、网络化、智能化升级。突出“两新一重”项目，加快推动中国电信5G网络、亿晶光电等项目，构建系统完备、高效实用、智能绿色、安全可靠的新型基础设施体系。

（三）打造高颜值城区

编制城区规划。充分发挥规划引领作用，编制湖里区国土空间利用规划，坚持宜居则居、宜业则业、宜商则商，统筹生产、生活、生态三大空间布局，构建“大疏大密、大开大合”的城区发展空间格局，深化提升东部新城规划，综合考虑安置房和社区发展用地空间，一次性规划补齐基础设施、公共服务配套等民生短板，打造产城融合示范。

拓展城市空间。推进东部旧村改造，打造“产城融合、宜居宜业、现代化、国际化”东部新城，成为厦门科创中心建设的重要承载区和宜居宜业的示范区域。实施西部更新提升，推动城中村的综合改造和有机更新，促进产业园区、商业街区、居住社区等“三区”联动发展。稳步推进机场片区开发，发展总部结算型航空产业，加强与国内航空企业在研发、飞机改装、业务培训等领域的合作，提前布局配套产业园区和总部空间。疏解非核功能，加快推动商品交易市场和非必需公共服务项目向岛外有序转移，缓解城区承载能力、腾挪新的发展空间。

推进城市更新。分批有序推进老旧小区、旧工业区、城中村等改造，探索社会参与、多方共赢的“城市更新”开发模式。加快补齐基础设施短板，持续完善城区路网，加快水电气网等市政管网改造，积极规划建设一批公共停车设施，着力构建设施齐全、功能完备、运行稳定、维护及时的市政基础设施体系。

优化城区管理。以“绣花”功夫管理城市，巩固深化“大城管”机制，全方位拓展“数字湖里”公共管理平台使用功能，在市政绿化、“门前三包”、“两违”治理等方面，提升精细化管理水平，形成“网格化管理、标准化实施、数字化运行、高效化执法、社会化参与”的长效管理体制，构建开放、可持续的城市管理体系。

推动绿色发展。牢固树立绿水青山就是金山银山理念，通过加快推动绿色低碳发展、坚决打赢污染防治攻坚战、深入开展美化家园行动等，促进经济社会发展全面绿色转型，形成人与自然和谐发展新格局，建成高颜值生态文明典范城区。

（四）打造国际化城区

建设进口贸易促进创新示范区。以贸易促进和贸易创新为核心，以先进技术、设备、服务进口为重点，积极鼓励民生改善类产品及消费品等重点商品进口，打造湖里区进口贸易促进创新示范区。创新进口业态。发展跨境电商进口、保税进口、国际转口、融资租赁进口、国际租赁、保税维修等进口贸易新业态，以及线下线上融合的新模式，积极引进工业设计、建筑设计、咨询服务、影视制作、医美康养护理等服务进口，培育新的增长点。创新金融保险。积极探索进口金融保险业务新产品，有序推进进口贴息、进口信贷、进口专项支持、进口贸易融资、进口风险管理、跨境人民币结算。创新主体培育。创新进口主体引进机制和扶持政策，承接厦门国际投资贸易洽谈会溢出效应，发挥特色优势，培育重点进口平台和企业，形成面向周边区域、闽西南乃至全国的进口商品集散地。创新管理体制。加强进口规划、设施建设与政策引导，建立多部门协同进口促进工作机制，推进国际贸易“单一窗口”建设，创新通关、查验、检验检疫等监管制度，提高进口监管效率和便利化水平。创新公共服务。加强人才培训、信息服务、技术研发、检验检疫认证、品牌培育、市场开拓、宣传推广等服务，发挥口岸基础设施、仓储物流、融资、信保、营销等供应链服务对进口的促进作用。

建设“海丝”支点中心城区。积极参与“一带一路”建设，在经济、教育、文化、旅游、体育等多领域加强国际友好城区间的合作与交流。利用多种渠道，加大对“海丝”沿线地区的招商力度。鼓励有条件的企业开展境外投资合作，拓展国际市场，积极融入全球产业链和创新链。加快吸引国际知名企业、跨国公司地区总部及研发中心、营运中心、结算中心等功能性机构落户。

打造国际一流营商环境。创新政府管理和服务能力，加快构建法治化、国际化、便利化的营商环境。全面服务和参与自贸试验区建设，做大融资租赁、跨境电商等重点平台。建立健全政企常态化沟通机制，深化政银企对接机制，落实减税降费政策。大力支持民营经济发展，弘扬企业家精神，为各类市场主体投资兴业营造公平公正的法治环境。

开拓两岸关系新格局。深度对接台湾优势产业，加快建设两岸金融中心、海峡旅游服务中心等重大涉台平台载体，打造海峡两岸有较大影响力的集成电路产业集聚区，拓展对台经贸合作深度。提升厦金航线服务保障能力，推动对台宗亲和宗教信仰交流，扩大涉台体育赛事影响力，激发交流交往热度。落细落实“惠台 25 条措施”，推进台青公寓和台胞驿站建设，引进一批台湾专业人才和柔性人才，扩大惠台利民广度。推广兴隆社区对台服务工作站，设立社区两岸交流议事厅，打造基层交流示范点，提升两岸同胞融合温度。

（五）增进社会民生福祉

提升公共服务水平。大力实施家门口的优质学校、优质教育资源集团化办学、随迁子女学位供给保障等十大教育发展工程。开办湖里实验学校和穆厝幼儿园等 3 所幼儿园，新增学位 3120 个。积极推进国家区域医疗中心（儿科）配套设施厦门市儿童医院科研楼项目建设，大力发展五缘湾医疗园区，加快建设微医（厦门）国际数字医疗中心。完善疫情防控长效机制，加强疾控体系和公共卫生应急体系建设。积极发展大健康产业，推进公共体育设施免费或低收费开放，探索医养结合模式，打造升级“15 分钟养老生活圈”，完善老年健康服务体系。建设特区图书馆，推进文化馆、图书馆总分馆制建设。

着力加强民生保障。加强精准就业帮扶，支持创业带动就业，实现更加充分就业。扩大社会保障覆盖范围，推动城乡居民养老保险参保工作。加快推动东部旧村改造安置房建设项目和坂尚、江村、钟宅、金湖、围里等一批社区发展用地项目，打造“富民工程”。践行“爱心厦门”理念，扶持“爱心屋”建设，落实“爱心济困”行动。确保特困、低保、事实无人抚养儿童等困难群众的基本生活。

（六）推动社会现代治理

创新基层社会治理。深化“党建引领小区治理”工作，推动小区党支部和业委会深度融合，增强基层治理能力。补齐无物业小区、老旧小区和城中村治理短板，在“城中村”社区探索推广小区治理经验，推动“村民”真正向“市民”转变。健全社区工作人员“六统一”制度体系，推进社区工作者职业化建设。构建多元化纠纷解决体系，创新发展新时代“枫桥经验”，推广“最多投一次”阳光信访做法，营造和谐的社会环境。

加强疫情防控力度。落实各环节常态化防控。加大“交通入口—小区卡口—楼道家门口”防控力度，落实从“国门”到“家门”的全链条闭环管理。强化入厦人员健康管理。严格执行境外入厦人员“14+7”医学观察措施，对结束 21 天医学观察的人员、治愈后的感染者加强社区随访健康管理。有序推进核酸检测和疫苗接种。全面落实重点人群“应检尽检”、重点行业人群“适时抽检”和其他人群“愿检尽检”。有序推进疫苗接种，做到“应种尽种”。落实进口货物全流程管理。统筹做好境外、省外入厦冷链食品的集中监管，强化全链条追溯管理，严防“由物输入”疫情风险。

推进“平安湖里”建设。开展治乱创安行动，深化“10+2+5”整治模式和“六个一”治理机制，深入实施“主动创稳”“铸魂创安”“强基创先”三大工程，健全扫黑除恶长效机制。健全应急管理体制机制，加强应急队伍建设和应急物资保障，提升应急管理能力。开展安全生产专项整治，常态化开展各重点行业领域安全隐患大排查大整治，切实防范化解重大安全隐患，打造最具安全感城区。

（七）强化重大项目支撑

完善招商工作机制。形成全动员、全领域、全方位大招商工作格局，深化联动招商、以商引商，完善提升产业链。按照“严格筛选、滚动更新”原则做好中长期项目储备，实现项目储备常态化、网格化。紧盯国内外 500 强、上市公司、央企国企、大新民企和新锐企业，梳理目标企业清单，瞄准总部、科创、金融三大重点，积极引进高能级项目。

推进重大项目建设。依托“企业大数据管理服务系统”等，强化重点招商项目全链条、全周期服务，推动招商项目尽快转化为落地项目。重点推进厦门之眼、厦门金融大街等“岛内大提升”重大项目和厦门银行总部等一批需加快落地的项目，推动湖里公交生产生活基地等 30 个项目尽快开工，加快英蓝集团、西海湾邮轮城和 SM 商业城三期四期等一批重点建安项目建设进度。

【参考文献】

[1] 厦门市人民政府 . 厦门市人民政府工作报告 [R].2021−01.

[2] 湖里区人民政府 .2021 年湖里区人民政府工作报告 [R].2021−01.

[3] 厦门市发展研究中心 . 厦门市湖里区国民经济和社会发展第十四个五年规划和二〇三五年远景目标纲要 [R].2020−12.

课 题 组 长：张振佳
课题组成员：戴松若　林　红　梁子升
　　　　　　董世钦
课 题 执 笔：张振佳

第四章 2020 年海沧区发展评述与 2021 年展望

一、2020 年海沧区发展评述

2020 年是全面建成小康社会决胜之年，也是“十三五”收官之年。海沧区面对错综复杂的国际形势，有效应对突如其来的疫情冲击，扎实做好“六稳”工作，全面落实“六保”任务，坚持产业立区，全方位推动高质量发展超越，全力建设高素质高颜值的国际一流海湾城区，国民经济社会持续稳步健康发展。

（一）综合评述

1. 经济运行企稳回升

2020 年，全区地区生产总值 815.75 亿元，增长 4.5%，经济增速呈现稳步回升势头。从完成全年目标看，因受新冠疫情影响，仅规模以上工业增加值增速与年度预期较为接近，其余主要指标均落后年度预期目标较多，特别是社会消费品零售总额、区级财政收入等指标增速与年度预期目标差距较大。从与其他区对比看，规模以上工业增加值、农村居民人均可支配收入总量位居全市第 1 位，三产增速居全市第 1 位，规模以上工业增加值、实际利用外资增速位居全市第 2 位。详见表 4–1、图 4–1、图 4–2、图 4–3。

表 4–1 2020 年海沧区主要经济指标及排名

指　标	总量	总量排名	增速（%）	增速排名
GDP（亿元）	815.75	4	4.5	5
其中：一产	1.75	5	10.5	2
二产	458.59	3	1.8	6
三产	355.41	4	8.9	1
规模以上工业增加值（亿元）	433.89	1	8.4	2
固定资产投资额（不含农户）(亿元）	—	—	3.5	5
社会消费品零售总额（亿元）	289.29	4	−1.6	6

（续表）

指　　标	总量	总量排名	增速（%）	增速排名
实际利用外资（亿元）	14.97	6	44.6	2
财政总收入（亿元）	188.85	3	2.9	6
区级财政收入（亿元）	33.98	4	−14.7	6
全体居民人均可支配收入（元）	54704	3	4.0	4
其中：城镇居民人均可支配收入	55989	3	3.8	3
农村居民人均可支配收入	32781	1	7.3	4

资料来源：厦门 2020 年统计月报、海沧区 2020 年统计公报

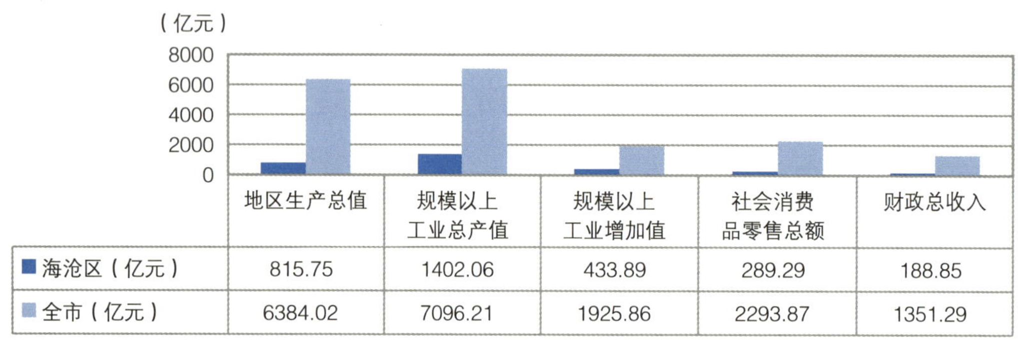

	地区生产总值	规模以上工业总产值	规模以上工业增加值	社会消费品零售总额	财政总收入
海沧区（亿元）	815.75	1402.06	433.89	289.29	188.85
全市（亿元）	6384.02	7096.21	1925.86	2293.87	1351.29

资料来源：厦门 2020 年统计月报、海沧区统计局

图 4−1　海沧区主要经济指标与全市对比

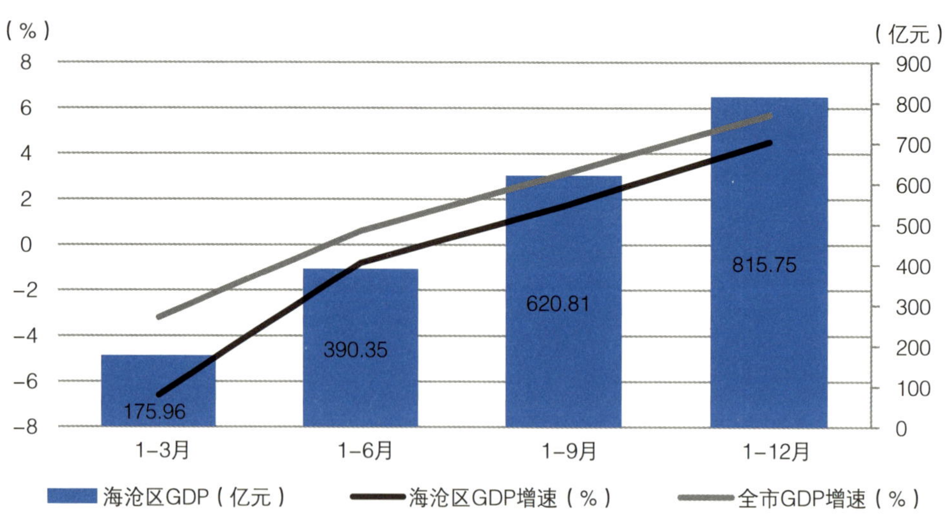

资料来源：厦门 2020 年统计月报、海沧区统计局

图 4−2　海沧区 GDP 增速与全市对比

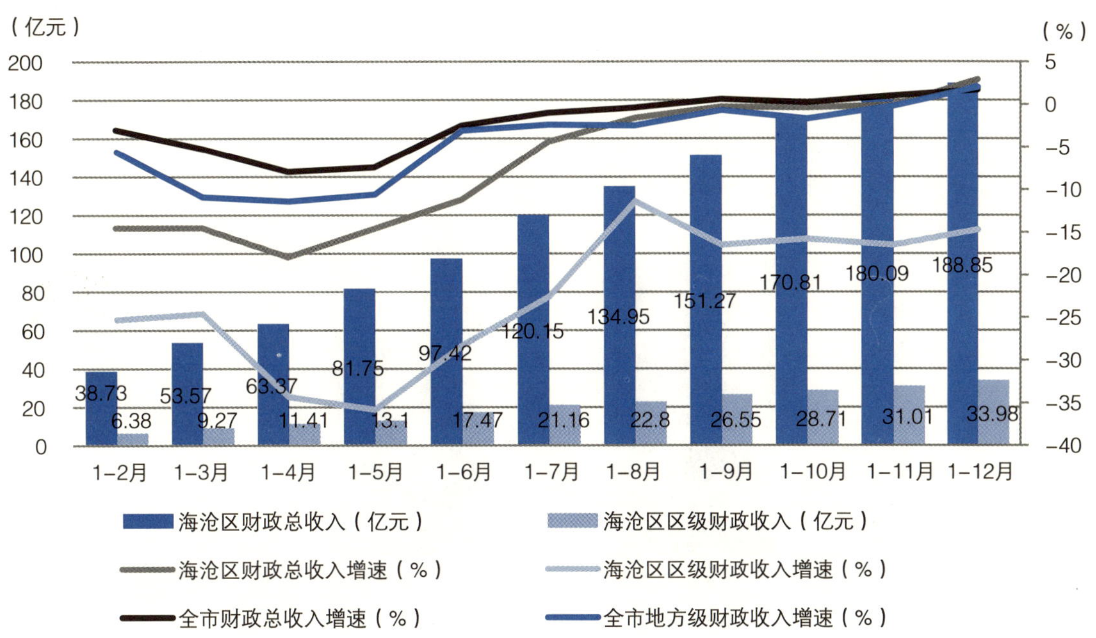

资料来源：厦门 2020 年统计月报、海沧区统计局

图 4-3　海沧区财政总收入增速与全市对比

2. 现代化产业体系加快构建

主导产业发展全面提速。集成电路产业稳步壮大。通富、士兰化合物投产，宏富达半导体、和芯微电子、四合微电子等 15 个总投资超 150 亿元产业链上下游项目落户海沧，产业集群化、规模化优势明显。第四届集微半导体峰会成功举办，与清华大学微电子学研究所签约共建 SiP 公共技术平台，国产化信息技术生态体验与适配中心项目签约揭牌，开源嵌入式处理器暨 SoC 设计技术服务平台正式上线。生物医药产业加速发展。生物医药港综合竞争力位列全国第 12 位，厦门生物医药产业协同创新创业中心正式开园，生物医药创新创业基地再次获评国家级小微企业创新创业示范基地。欧米克、富立康泰等项目顺利投产，福建盛迪生产线获得生产许可证。中科院苏州医工所落地并引进高精尖人才，带动医疗器械产业聚集和转型升级。新材料产业链条逐步完善。厦钨新能源保持良好发展态势，产能、订单恢复正常水平；长塑双向拉伸薄膜项目竣工，厦钨年产 4 万吨锂离子电池材料产业化项目、金鹭硬质合金项目加快建设；当盛新材料闪蒸法特种纸产业基地项目有序推进。

现代服务业积蓄动能。现代物流快速发展。稳定开行中欧班列，1-11 月发运 172 列，累计货值 46.3 亿元，增长 36.9%；1-11 月港口物流业完成集装箱吞吐量 762.8 万标箱，货物吞吐量 1.12 亿吨。现代商贸加快培育。加快培育发展新型消费，引导重点商圈、商贸企业创新举办线上线下深度融合促销活动，提振市场信心。得益于阳光、必达、海投、石油交易中心等企业大幅增长带动，以及翱隽国际大宗贸易、福建三木供应链等新落地企业，全区批零业实现 50% 以上增幅。营利性服务业较快增长。蓝色光标等企业增长显著，保时捷销售中心投入运营，一批知名特型演员影视工作室顺利落地，支撑其他营利性服务业实现 30% 以上增幅。

传统优势工业做大做强。黄金产业园产值翻番，厦门烟草稳健增长，宏发、通达等电子信息行业企业受惠于“宅”家抗疫需求维持增长，一点科技、铱科卫浴等龙头企业带动水暖卫浴行业扎实发展，丰泰汽车等新能源汽车制造企业快速发展。铂联科技、新正兴机械、扬森数控、盈趣科技、捷太格特等项目竣工验收；美驰二期、佳浴陶瓷、力鼎光电等项目加快建设；通达四期、海嘉面粉、沙迪克二期等项目开工建设；协富光洋三期、一点科技扩产等项目加快办理前期手续，夯实产业发展基础。

海沧区与全市的比较，详见图4-4、图4-5。

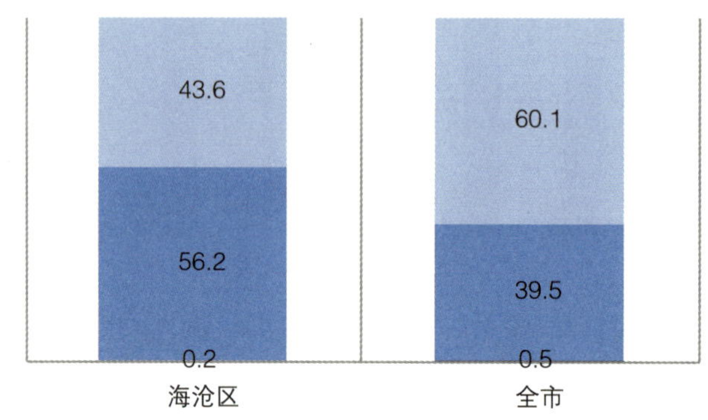

资料来源：厦门2020年统计月报、海沧区2020年统计月报

图4-4　海沧区三次产业结构与全市对比

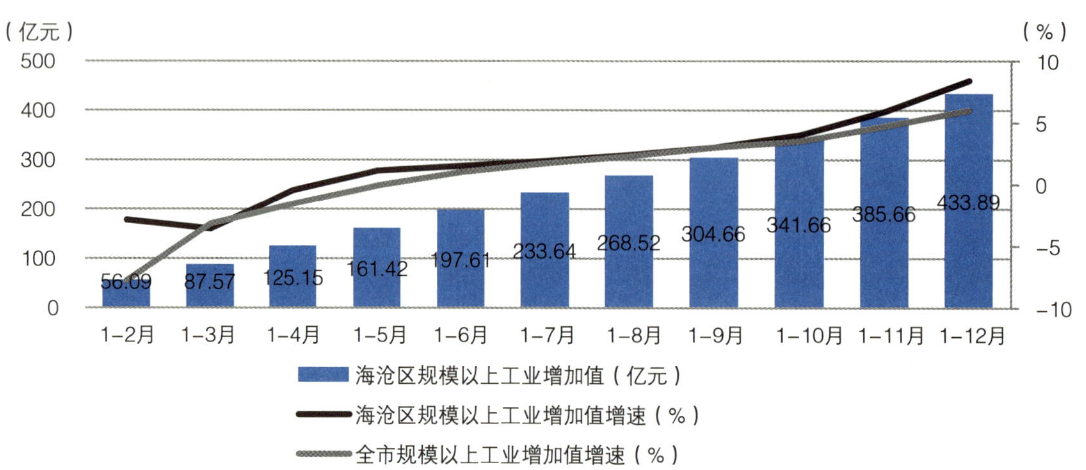

资料来源：厦门2020年统计月报、海沧区统计局

图4-5　海沧区规模以上工业增加值增速与全市对比

3. 城乡建设持续推进

交通路网加快完善。海沧隧道（第二西通道）左线隧道全线贯通；海疏立交（海新路主线）顺利通车，有效连接海沧生活区和马銮湾片区；海沧疏港通道项目、芦澳路（马青路—翁角路段）等项目加快建设。轨道六号线林埭西站加快施工，轨道四号线加快前期工作进展。

市政设施加快配套。持续推动轨道二号线周边道路、东屿北路、东屿东路、滨湖路（CBD段）道路建设，重点推进信息产业园、住宅产业园、东屿 CBD 等重点片区及轨道二号线沿线项目建设，进一步完善片区市政基础。马銮湾新城开发建设不断加快，SM 等一批大项目好项目相继落地，鳌冠新城规划编制加速推进，临港新城产城融合稳步推进。

生态环境更趋优良。辖区空气质量优良率 100%，全市排名第二。全面深化河湖长制，过芸溪省控断面过芸溪地表水为Ⅳ类，达标率 100%，整治成效获水利部肯定。两二水库、溪头水库、古楼水库水质均达到考核要求。新阳主排洪渠稳定消除黑臭，入选住建部典型案例汇编。超额完成植树造林任务，全区生活垃圾直运率达 100%。强化土壤污染风险管控，落实危险废物全程监管，危险废物安全处置率、医疗废物集中处置率均达 100%。

乡村振兴加快建设。青礁村入选第二批全国乡村旅游重点村。过坂社区绿盈乡村建设入选福建省案例选编。举办“穿山越海　云游海沧”海沧文旅大型云展播活动，发展农家乐、城市菜地、花卉观光等休闲农业和乡村旅游业，打造天竺山以北片区精品乡村旅游路线。推进淘宝福建绿植花卉产业带直播项目建设，加快谋划洪塘、过坂等村居建立直播站，打造直播小镇。加大推动农村集体经济项目建设力度，策划生成温厝、鳌冠等一批村居集体经济发展项目。

4. 公共服务持续提升

教育资源扩量提质。佳芸安置房配套幼儿园、芸景实验小学、海沧中学扩建等 8 个项目竣工，新增学位 3060 个。信息产业园幼儿园、新阳西中学等项目加快建设，鳌冠学校二期、进修附校霞光北路校区等项目顺利开工，扶持国企开办公益普惠性幼儿园，城建集团手拉手幼儿园、七彩幼儿园启动运营。启动新学年发展中学校提升工程，通过管理团队提升、教师能力提升等项目逐步提升办学水平。中考成绩保持岛外领先，高考成绩持续提升，区属高中本科上线率创历史新高，与岛内差距进一步缩小。

医疗服务优化提升。积极协助海沧医院开展三甲综合医院创建，帮助长庚医院积极申报全科医学规范基地。深化分级诊疗，积极与复旦中山厦门医院开展医疗协作，丰富会诊医师团队，让百姓在家门口就能看好病。完善社区卫生服务中心“中医馆”建设，再次获评“全国基层中医药工作先进单位”，东孚街道社区卫生服务中心投入使用，临港新城社区健康服务中心加快完成主体工程建设，马銮湾医院装修加快推进。

社会保障有力有效。简化企业失业稳岗补贴申请流程，实现“零材料”办理。推动佳芸花园等 15 个项目建设，东坑安居房、兴钟林安置房二期等竣工验收。制定《海沧区爱老敬老行动方案》，为全区 60 周岁以上户籍老年人购买幸福安康险。政府购买投保全民大病医疗保险实现全覆盖，居民自付合理医疗费用 5000 元以上部分可获 50% 保险理赔。

5. 营商环境持续优化

政务服务创新升级。首创因疫情逾期办理免责机制。大力推行“不见面审批”，免费双向邮寄覆盖所有审批服务事项。目前 99% 政务服务事项实现“一趟不用跑”和“最多跑一趟”。下放 75 项便民服务到全区街道服务站，全力推进服务事项实现“全区域”办理，优化办事流程，将办理时限压缩至法定时限的 19.5%。积极开展就近办、马上办服务，部署 33 个“厦门 E 政务”自助服务机，打造多点位多领域的“24 小时不打烊”政务服务站。

企业服务有效提升。加快兑现扶持政策，为企业降本减负。推动服务“三高”企业工作常态化，建立分行业、分区域、分层级的领导挂钩服务“三高”企业服务机制。积极搭建政企交流平台，主动进行“1

对 1”“面对面”专业化企业辅导，涵盖金融服务、统计培训、科技扶持、招商需求、排污许可、生态监管等领域，进一步完善服务企业长效机制，帮助企业做大做强。精准施策推进企业改制上市，海沧境内上市企业达 13 家。

招商引资成效显著。落实“招商引资与项目建设攻坚年”，有效破解项目引进以及企业在增资扩产、生产、销售、人才引进等问题，全力提供从项目洽谈到落地运营全流程的跟踪服务。固杰科技半导体项目实现“当年用地出让、当年开工、当年投产”，再创海沧新速度，达产后预计年产值超 60 亿元。采用视频、云签约等“不见面”招商方式，推动宏富集成电路、东南智慧供应链产业园、“SM 新生活广场 +”等项目落地。推动高能级企业落地，东岭、三木等 38 个项目实现当年落地、当年入统。

（二）存在问题

1. 产业转型有待加快

传统制造业受疫情影响产值下滑，新兴产业发展规模初具，体量有限，尚不足以支撑经济快速增长。服务业受疫情冲击增长受阻，航运物流、旅游会展、商贸服务有待加快发展，社会零售行业增长点不足。企业实力有待增强，龙头企业较少。

2. 城区功能有待完善

新城建设有待加快，产城融合需要进一步深化，市政配套、公共服务、商业配套等设施有待进一步完善。城区商贸业发展滞后，城乡差异、南北差异仍然较大。征地拆迁难仍制约城区的发展，城中村违章建筑增多，制约着城区环境和品质提升。

3. 公共服务有待提升

优质教育、医疗、养老等公共服务还有缺口，文体设施层次不高、布局不均，公共文化供给缺乏多样性，与人民群众对美好生活的需求存在差距。公共服务不够均衡，公共资源配置不够合理，公共服务城乡差距、群体差距仍较为明显。

二、“十四五”期间海沧区发展展望

到 2025 年，海沧区将成为全方位高质量发展超越的排头兵、国际化海湾城区的样板、生态文明建设的示范，基本建成高素质高颜值的国际一流海湾城区。

经济发展质量更优。地区生产总值突破 1350 亿元，五年累计完成投资 2000 亿元。集成电路、生物医药和新材料三大支柱产业壮大发展。自主创新能力不断增强，科技进步对经济增长的贡献显著提升，产业体系质量明显提高。

城区宜居水平更高。科学统筹生产、生活、生态空间和发展，纵深推进跨岛发展，环海湾城区框架基本形成，最美滨海半马赛道建成开跑，由南向北串起的海湾城区国际形象进一步凸显。

改革开放更深入。全面深化改革扩大开放，专业化市场化的产业发展机制更加成熟。市场化法治化国际化营商环境水平进一步形成。对台先行先试、示范引领作用进一步凸显。

人文生活更美好。就业规模和就业结构实现双提升，居民收入稳步增长。教育、医疗、养老、城乡基础设施等领域短板明显改善。敢闯敢创、崇文尚武、文明自强、开放包容的海沧人文精神进一步凝聚。

治理体系更完善。政府职能加快转变，民主法治更加健全，城乡社区共建共治共享的治理水平明显提高，建成最具安全感城区。

三、2021 年海沧区发展展望

（一）有利因素

产业方面，新冠疫情加速产业变革，人工智能、集成电路产业、5G 及其相关产业、互联网相关产业、新材料产业等高新技术产业都将获得进一步的大发展，传统产业加快向智能化和网络化转型，给海沧产业发展带来新机遇。

投资方面，随着疫情得到有效控制，国家将继续加快推进基建项目建设，特别是在新型基础设施上投入力度将加大，岛外大发展将加速推进，围绕建设高素质高颜值的国际一流海湾城区，产城融合步伐进一步加快，带动新城、轨道交通 4 号线和 6 号线、第二西通道等重大项目建设，基础设施投资预计较快增长，制造业投资则随着国内外需求转好和产业链的完善，迎来投资增长。

消费方面，构建以国内大循环为主体、国内国际双循环相互促进发展的新格局，进一步激活国内市场。随着消费升级时代的到来，消费新模式新业态层出不穷，减税、居民收入增加等政策配套持续跟进，城区功能配套完善和商贸旅游会展体育等产业不断发展，人气、商气不断集聚，将有助于推动海沧消费较快增长。

（二）不利因素

世界正经历百年未有之大变局，不稳定性不确定性明显增加。全球新冠疫情冲击深刻影响经济社会发展，全球产业转移及升级步伐将进一步放缓，发达国家对芯片、集成电路、高端软件等“卡脖子”技术钳制，对海沧发展战略性新兴产业带来不利影响。疫情短期内对餐饮住宿、文化娱乐、商贸、交通物流等的影响仍会存在。此外，周边城市和各区加快发展的机遇意识和责任意识增强，使得海沧区面临着与周边地区更为激烈的竞争。

（三）2021 年发展展望

综合考虑，基于 2020 年运行基数较低的实际，预计 2021 年海沧区经济将呈现较快发展，GDP 增长 7.5% 左右，固定资产投资增长 5% 左右。集成电路、生物医药、新材料等支柱产业加快发展壮大，产业链创新链加快融合、加快完善。第二西通道建成通车，轨道 2 号线沿线商业加快建设，城区商业等服务功能加快完善，海沧现代服务业迎来黄金机遇。城区教育、医疗、就业、养老、住房等公共服务体系提档升级，人民生活幸福感、获得感持续提升。

四、2021 年海沧区发展对策

2021 年，海沧区全面贯彻落实习近平总书记对福建、厦门工作的重要指示精神，立足新发展阶段，贯彻新发展理念，积极服务并深度融入新发展格局，统筹疫情防控和经济发展，深入实施岛外大发展战略，扎实推动高素质、高颜值的国际一流海湾城区建设，确保经济社会持续稳定健康发展。

（一）着力提能级调结构，构建现代产业体系

集聚发展主导产业。集成电路方面，推动通富、士兰明镓、士兰集科等企业量产上轨，加快半导体产业基地发挥效益，推动金柏、安捷利美维等项目建设。生物医药方面，启动厦门海沧医疗器械产业园通用厂房建设，进一步拓展产业发展空间；推进海峡西岸医疗器械研发检测中心落地海沧，依托省药监局工作站、中科院苏州医工所研究院等载体，加强产品申报注册与产品研发检验服务水平；推动大博二期、万泰凯瑞等项目竣工投产，加快一批项目入驻厦门生物医药产业协同创新创业中心。新材料方面，推动厦钨年产 4 万吨锂离子电池材料产业化项目竣工投产，金鹭硬质合金项目加快工程进度，当盛新材料项目、中兴氢能项目落地开工，支持厦钨新能源、厦顺、长塑等企业聚焦优势领域，延伸产业链条。

助力升级传统制造业。围绕智能家居、汽车及零配件、食品等优势产业，以智能化和信息化为导向，鼓励企业加强核心技术研发，加快自有品牌建立。做大做强黄金珠宝产业园、东南燕都产业园，推动铱科卫浴、瑞尔特、钢宇等智能家居企业提升品牌影响力。发挥通达、宏发等龙头企业作用促进电子信息行业发展。培育壮大捷太格特、正新轮胎等汽车及零配件企业。引导企业深耕细作，积极培育细分行业“隐形冠军”和“单项冠军”。整合各类产业扶持资金，支持一批龙头制造业和高成长性企业加快发展。

加快发展商贸零售业。释放“地铁经济”红利，加快轨道 2 号线沿线商贸业布局，高标准规划建设马銮湾、东屿新商圈，加快提升桥南商圈、新阳商圈，力促马銮湾 SM 商圈动工建设。持续做好《海沧区推动商贸流通业发展若干措施》政策兑现，为全区服务业招商引资提供有力保障。适应新需求，打造网红经济、小店经济等新亮点，加快发展直播电商。充分利用自贸区跨境电商、汽车平行进口等优势平台，加快培育发展新型消费。围绕“聚人气、商气”，做足“游购娱”文章，努力引进国内一流文旅项目，拉动高端旅游消费。

加强自主创新。紧抓金砖国家新工业革命伙伴关系创新基地建设机遇，营造工业创新创业氛围。实施科技企业“全周期”培育工程，做大做强“三高”创新企业群，为海沧区实体经济创新发展提供强劲动能。鼓励企业建设重点实验室，重点在集成电路、生物医药、新材料、智能装备、电子商务等领域，支持行业骨干企业与高校、科研机构共同建设一批重大研发公共服务平台，扶持民营企业、中小微企业创新发展。

（二）着力提功能优品质，建设国际一流海湾城区

有序推进道路建设。推动第二西通道项目建成通车，加快翁角路（孚莲路—厦漳界段）改造提升等项目建设，完善道路交通体系。推进海新路与疏港通道立交、海沧疏港通道、芦澳路（马青路—翁角路段）、马青路（石塘立交—翁厝立交段）提升改造工程等项目建设，推动疏港交通、南北城区交通和过境交通有效衔接。持续推进东屿北路、东屿东路道路建设、滨湖路（CBD 段）等市政道路建设项目早日完工。

加快完善基础设施。推动南部集成电路产城融合示范区、东屿 CBD、鳌观片区等重点片区及轨道 2 号线沿线项目建设，进一步完善片区市政基础。推进信息产业园电力管廊工程、宁店 110kV 变电站回外线工

程等片区电力配套工程竣工。进一步优化公交线路，提升公共交通便利性。全面完善供水、供电、供气、供热等市政设施，建设一批公共停车泊位、充电桩等。加大海绵城市建设，统筹做好海沧马銮湾试点区海绵设施的运营维护管养。

全力加快乡村建设。加快推进试点示范村和动线建设，推动莲花等在建集体经济项目建设，策划东埔等一批农村集体经济项目，推动洪塘等乡村旅游项目建设。力促农业观光等一批特色农业项目落地开工，做大做强花卉、农村电商产业，促进农民增收致富。紧盯蓝色海湾生态修复目标，推动鳌冠新城规划建设，加快完成清淤、沙滩修复、红树林种植等工作。持续完善乡村交通配套，加快推进鳌观环湾线工程建设。全力开展农村环境攻坚，持续推进“一革命四行动”，抓好重点、节点、亮点建设和动线沿线村容村貌整治提升。

优化宜居生态环境。践行“绿水青山就是金山银山”理念。全面落实中央生态环保督察反馈问题整改。坚持绿色导向，积极鼓励企业开展污染防治设施提升改造、清洁生产和绿色循环利用。持续深化河湖长制，巩固提升小流域和黑臭水体治理成效，持续改善近岸海域水质。精细市容环境管理，进一步提高全区生活垃圾基础设施和分类质量。加快多层级公园体系建设。开展造林绿化与环境恢复治理，加快“花海片林”建设。

（三）着力补短板促均衡，提升群众幸福感获得感

着力扩充教育资源。加大教育补短扩容力度，全面推进南部优质教育资源向北部辐射，促进优质均衡发展。推进新阳西中学、马銮西小学、双十海沧附校扩建工程等项目竣工投用，加快鼎美高中、马銮西二小、信息产业园 6 号地块配套幼儿园等项目建设，推动临港高中、临港小学、西园幼儿园等项目开工。深化各级各类骨干教师、名优教师、教研员的培养工作，整合本区名师工作室资源，适应未来教育发展需求。

全面改善医疗服务。增加优质医疗资源供给，加快推动马銮湾医院、临港社区健康服务中心竣工，力促长庚医院护理院开工建设。持续高位嫁接，力促长庚医院成为清华大学医学院附属医院，全面深化基层医疗机构与复旦中山厦门医院合作，从单一技术协作发展为临床合作、教学培养、医企联合创新等全方位合作，全面提升医疗卫生水平。做好家庭医生签约服务，扩增精细化管理病种，提升签约居民获得感。夯实中医药服务基础，进一步发挥中医药在基本医疗和预防保健中作用，提升基层中医药服务能力。

发展壮大文体事业。完善公共文体设施建设，推进海沧街道文体活动中心、金沙书院等重点项目建设，推动基层文化服务中心建设和图书馆总分馆制建设。提升体育赛事影响力，继续开展厦门（海沧）国际半程马拉松赛、厦门（海沧）天竺山徒步大会、厦门（海沧）斯巴达勇士赛等活动。加强海沧文旅品牌营销，积极组织对外推介活动，引进客源。推动旅游公共服务设施提升，指导 A 级景区完善旅游环境和公共服务设施，提升游客满意度。

切实做好社会保障。坚持尽力而为、量力而行，全面打造公平正义的社会保障体系。落实稳就业各项政策，精准做好重点人群就业帮扶。完善多渠道的社会救助体系，扎实做好困难群众的帮扶解困工作。健全救助发现机制，整合政府、社会、社区等多方面资源，加强非物质救助，解决社会救助服务和资源分散的问题。优化养老服务体系，做好居家社区改革试点，开展农村幸福院运营专项整治及困难家庭老人适老化改造工作，改善老人生活环境。推动安置房项目建设，加快佳美安置房等项目进度，力促兴东花园等交付使用。

（四）着力强要素优服务，打造国际一流营商环境

优化升级审批服务。落实“最多跑一趟”“一趟不用跑”。持续深化工程建设项目审批制度改革工作，进一步减少审批事项、环节和时间，提升企业获得感。继续推动街道便民服务改革，推行上门办理、预约办理、自助办理、委托代办和网上办证、快递送达等服务方式，丰富便民服务形式。建设区行政服务中心一体化平台，拓展各类应用服务，提升政务服务信息化智慧化水平。

切实降低企业成本。完善“事前告知、事中提醒、事后跟踪”的减免税落实工作机制，落实中央、省市对创业创新、中小微、科技型等企业的各项减税政策，严格管理涉企收费。推进工业用地长期租赁、先租后让、租让结合供应，降低企业初始用地成本。促进政银企对接常态化，解决民营企业融资难、融资贵等问题，降低企业融资成本。规范港口收费行为，完善港铁集疏运体系建设，提高码头岸线与后方陆域利用效率，降低物流成本。搭建企业和劳务中介机构的互动平台，发挥劳务中介机构在招工方面的灵活性，帮助企业解决临时性用工难题。

加快打造人才高地。聚焦集成电路、生物医药、新材料等重点产业，引进带技术、带项目的创新创业团队，孵化和培育高新技术企业。面向教育、医疗等社会民生领域，引育一批紧缺拔尖人才，带动社会事业发展。对标深圳、苏州等地人才政策，进一步完善“海纳百川”人才政策体系。继续改进人才信息平台，构建人才数据库，引导更多企业注册申报，进一步实现人才数据信息化。通过“政企共建、成本共担、资源共享”模式，建立海沧区人才实训基地。

积极开展招商引资。利用好马銮湾、自贸区两个重点片区，黄金产业园、燕窝产业园两个重要平台以及其他中介渠道资源，通过小分队外出招商、中介招商、联动招商、驻点招商、以商引商等多种招商方式，加快落地一批行业头部企业，引进一批总部经济企业。优化完善招商服务机制，从项目管理、指标认定、绩效考核等方面统筹好全区招商引资工作。配齐配强招商队伍，提升招商精准度，强化全要素、全链条、全过程服务保障，力促项目早落地、早见效。

【参考文献】

[1] 海沧区人民政府 .2021 年海沧区政府工作报告 [R].2020

[2] 海沧区人民政府 . 海沧区国民经济和社会发展第十四个五年规划纲要 [R].2021

[3] 海沧区统计局 .2020 年厦门市海沧区国民经济和社会发展统计公报 [R].2021

[4] 关于海沧区 2020 年国民经济和社会发展计划执行情况与 2021 年国民经济和社会发展计划草案的报告 [R].2020

课 题 组 长：陈国清
课题组成员：戴松若　林汝辉　刘飞龙
　　　　　　孙　博
课 题 执 笔：陈国清

第五章 2020 年集美区发展评述与 2021 年展望

一、2020 年集美区发展评述

（一）发展综述

2020 年，集美区以习近平新时代中国特色社会主义思想为指导，深入贯彻习近平总书记对福建、厦门工作的重要指示精神，按照省委推动高质量发展落实赶超以及市委抓招商促发展、推动“岛外大发展”的战略部署，坚持稳中求进工作总基调，统筹新冠疫情防控和经济社会发展，经济总量突破 800 亿元，较好完成了全年各项任务目标，荣获中国工业百强区、全市首个国家全域旅游示范区、全市唯一入选全省县域集成改革试点等荣誉。

1. 经济发展企稳回暖

2020 年，全区实现生产总值 822.4 亿元，同比增长 5.5%，总量领跑岛外各区；全社会固定资产投资增长 16.7%，比全市平均水平高出 7.9 个百分点，居全市第 3；社会消费品零售总额增长 1.4%，增速全市第 3；区财政总收入 145.0 亿元，增长 8.5%，其中区级财政收入 40.2 亿元，增长 6.0%，总量、增速均居全市第 3。

详见表 5-1 及图 5-1 至图 5-4。

表 5-1　2020 年集美区主要经济指标及排名

指　标	总量（亿元）	总量排名	增速（%）	增速排名
GDP	822.4	3	5.5	4
其中：一产	3.1	3	2.4	3
二产	400.1	4	9.2	1
三产	419.2	3	1.5	6
规模以上工业增加值	–	–	6.9	3
社会消费品零售总额	192.8	5	1.4	3

（续表）

指　　标	总量（亿元）	总量排名	增速（%）	增速排名
固定资产投资额	–	–	16.7	3
财政总收入	145.0	4	8.5	4
区级财政收入	40.2	3	6.0	3
实际使用外资	15.2	5	15.4	6

资料来源：厦门统计月报

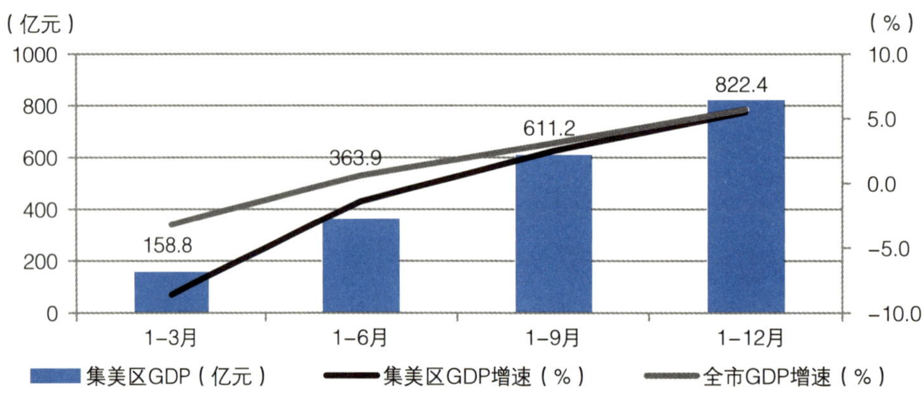

资料来源：厦门统计月报

图 5–1　集美区 2020 年 GDP 情况

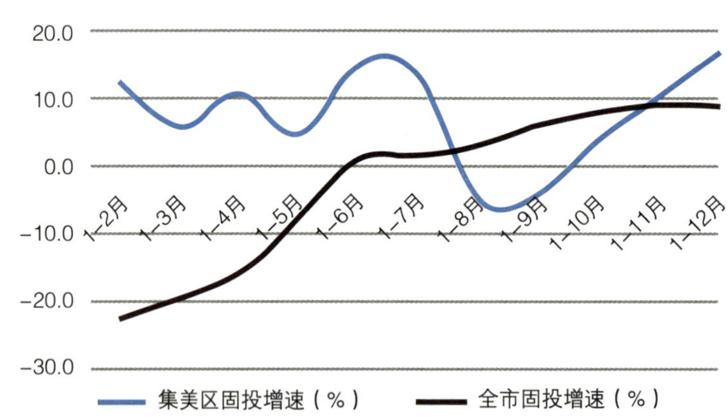

资料来源：厦门统计月报

图 5–2　集美区 2020 年固定资产投资情况

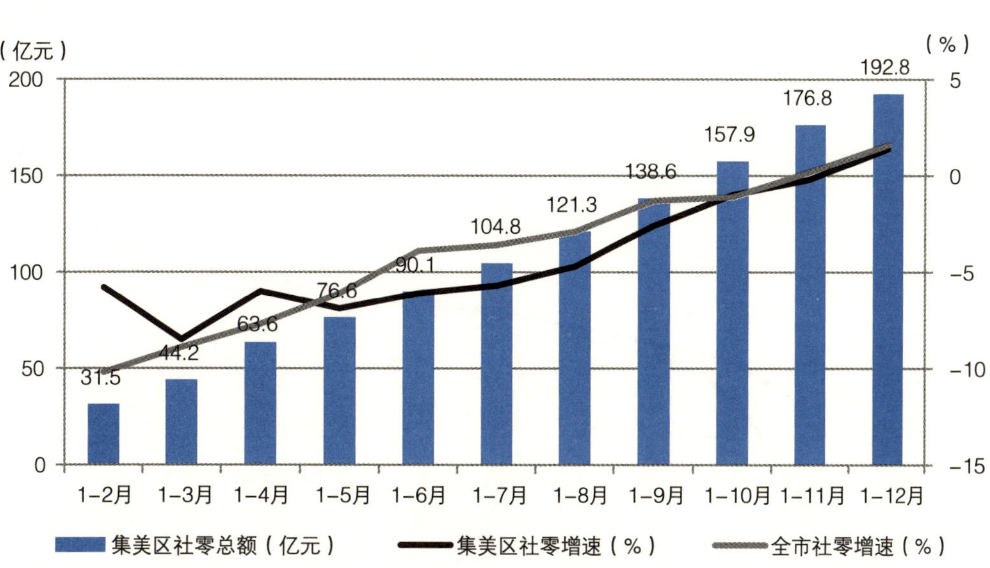

资料来源：厦门统计月报

图 5−3 集美区 2020 年社会消费品零售总额情况

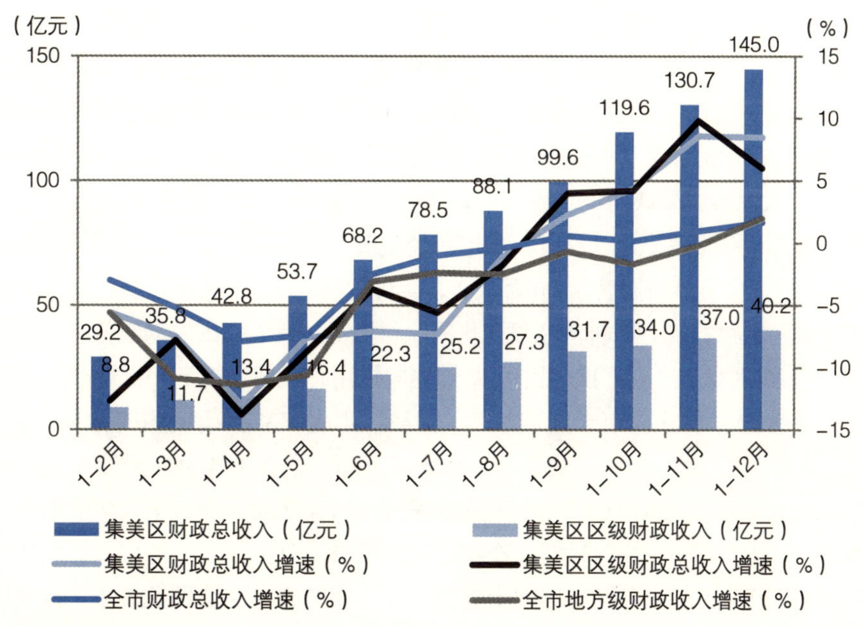

资料来源：厦门统计月报

图 5−4 集美区 2020 年财政收入情况

2. 产业转型提质增效

工业强基量质齐升。二产增加值突破 400 亿元，增速居全市各区首位；规模以上工业增加值同比增长 6.9%，居全市第 3，实现营业利润增长超过 40%。奥佳华、厦晖气门嘴等行业龙头项目竣工，耐德电气、美科安防等项目用地顺利出让。康柏机械、扬森数控等 10 家企业入围工信部“专精特新”小巨人榜单。后疫情经济成为新增长点，纳丝达无纺布、波生生物等防疫物资生产企业增速超过 100%。受益于订单转移等因素，金龙、路达、宝宸等 24 家企业增量均超 1 亿元。详见图 5–5。

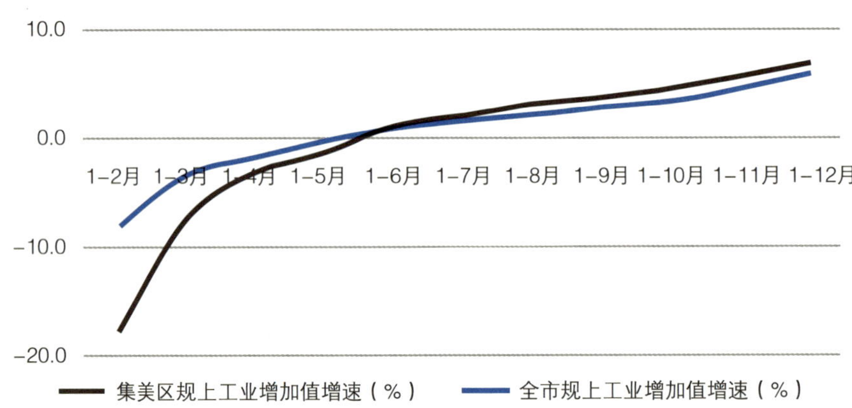

资料来源：厦门统计月报

图 5–5　集美区 2020 年规上工业增加值情况

现代服务业快步提速。三产增加值实现 419.2 亿元，总量居岛外各区首位。软件信息增势强劲，预计全年完成营收 334 亿元，同比增长 38%。软件园三期新增交付研发楼 52 万平方米，入驻企业超 2500 家，员工超 3.8 万人。电子城·国际创新中心一期交付使用，神州鲲泰厦门生产基地等一批高能级项目签约入驻，石头城、宇信科技等一批新兴龙头迅速成长。商贸物流飞跃发展，闽南首家特斯拉中心开业，云城万科里全面开街，中粮·大悦城、海峡两岸（厦门）直播电商产业合作园等项目成功落户，“云逛街”直播带货、“集美欢乐购”等活动撬动消费超 7 亿元。橙联跨境电商产业园即将完工，德邦智慧物流产业园顺利落地。文创旅游稳步回暖，全年接待游客 1100 万人次，实现旅游收入 66 亿元，助力全市成为旅游人气恢复最快城市。“夜游集美”品牌打响，杏林湾水舞光影秀、科探奇妙夜成为夜游网红打卡点。影视产业渐成规模，成功举办首届电视制片大会，厦门影视拍摄基地建成投用，凤凰卫视等一批影视企业落地，累计注册影视企业近 700 家，税收入库约占全市比重一半，已成为影视拍摄热门取景地和产业投资聚集区。

创新要素加速集聚。“三高”企业加快集聚，新增“三高”企业 103 家，累计入库 488 家，修订出台“三高”企业、软件信息企业发展奖励政策，兑现奖补资金超 1.4 亿元。产城学人深度融合，成立“高校产业技术联盟”，组建“高校专家技术问诊团”，连续五年新增市“双百”人才落户数、人才专项投入、市对区目标责任制考核全市第一。东南金融高地逐步成型，区产业引导基金参股子基金数量及规模继续保持全市第一，鼎晖、阳光融汇等一批国内知名基金总部落地，杏林湾基金聚集区基金管理规模突破 600 亿元。政府性融资担保各项考核指标稳居全市各区第一。新增境内上市公司 4 家，占全市增量三成，年度上市企业数创历年之最。

发展后劲加快夯实。招商引资硕果累累，创新“云招商”“云签约”，全年新增洽谈项目 2094 个、落地项目 1136 个、落地投资总额 2119 亿元，分别是 2019 年的 4.7 倍、12.4 倍、12.8 倍。央企项目完成投资总得分及招商项目落地率均排名全市第一。项目建设跑出加速度，实施百日冲刺行动，福厦客专、闽南戏曲艺术中心等 165 个重点项目投资超额完成全年计划，新增“五个一批”项目 155 个，总投资 1270 亿元，创历史新高。征拆工作再掀新高潮，基本完成蔡林、潮瑶等 8 个整村征收任务，全年完成征地 8550 亩、房屋征收 160 万平方米，市对区重点项目和征收项目考核综合排名全市第 2。

3. 城区品质全面跃升

城区面貌焕然一新。“一心四片”加速融合，集美新城成为跨岛发展样板，人气商气全面集聚；马銮湾新城全面拉开框架，进入产业项目落地阶段；汽车小镇、动漫小镇两个省级特色小镇成绩排名全省前列，城市建成区增至 90 平方公里，人口集聚规模保持岛外各区首位。市政建设逐步完善，“两纵三横”对外联系主骨架路网基本成形，轨道 4、6 号线加快建设，新增备案停车场 46 个，投用停车场 4 个，新增停车位 8400 个。城市更新刷新颜值，明达玻璃厂、糖厂片区提升改造有序推进，航海生活区等 5 个老旧小区改造项目顺利完成，投资 9500 万元提升已建安置房和公租房。“大城管”格局基本形成，全区“两违”管控持续保持高压态势，新增违建趋零。

生态文明建设成效显著。空气质量保持领先，开展三轮“守护蓝天百日攻坚”行动，重拳整治涉气“散乱污”企业，空气质量优良率达 99.4%。水环境质量达近年最好水平，河湖长制工作走在全市前列，全区入河排水口、排水管网溯源排查工作基本完成，入海排放口完成整改。杏林湾及九天湖水质明显改善，国、省控断面水质保持稳定达标，坂头—石兜水库水质年均值达Ⅱ类标准。海域养殖清退工作顺利完成并通过验收。土壤污染防治更加有力，开展危险废物专项排查整治，垃圾分类示范小区户数占比提高至 92%。实施覆盖城乡的立面改造和绿化景观提升，第三轮绿化提升改造 19.3 万平方米，公园绿地服务半径覆盖率超 90%，人均绿地面积全市最高，完成铁路高速沿线环境整治超 10 万平方米。区、镇、村居、宗地四级“林长制”管理体系常态化运行。全力推进中央生态环保督察反馈问题整改，中央生态环保督察信访件全部办结。

乡村振兴纵深发展。基本建成新 324 国道和许溪溪林两条乡村振兴示范动线，全面串联沿线 9 个省级乡村振兴试点村和 19 个乡村特色景区。村容村貌根本逆转，“一革命四行动”深入推进，新改建农村公厕 19 座，完成农房整治超 3300 栋。农民增收收获实效，完成许庄、双岭等 17 个农田水利基础设施建设，培育壮大品诚源花卉等一批现代农业项目，塔斯曼中药材、仙景芋等特色农产品加快产业化，三李城商业中心等村集体发展项目有序推进。乡风文明蔚然成风，后溪镇蝉联三届、后溪村首次获评“全国文明村镇”。

4. 民生福祉日益增进

民生事业全面发展。民生支出占财政一般公共预算支出 78%，居民收入增速保持高于经济增速，36 项为民办实事项目全面完成。嘉庚精神领航发展，集美大学航海学院、财经学院、集美工业学校和乐安小学纪念办学 100 周年，华侨大学迎来 60 周年校庆。新增建设学位 10620 个，建成集美区实验小学、鱼孚幼儿园等 14 所中小学、幼儿园，华锐莱普顿双语学校北校区建成投用，厦门二中集美校区、苎溪高中开工。161 所民办园实现分级普惠性收费管理。52 所中小学全部通过义务教育管理标准化验收。“健康集美”加快建设，四川大学华西厦门医院进入主体结构施工，市妇幼保健院集美院区开工，“互联网 + 家庭医生”签约服务平台、专科专病医联体建设进一步深化。逐步形成“基本有保障、中端有市场、高端有选择”养老服务格局，开工建设太保家园国际颐养社区，建成集美区老年人养护中心，新增投用 3 家老人日间照料中心，养老服务体系硬件设施实现全覆盖。文体活动深入开展，集美区人文馆、集美新城体验馆对外开放，成功承办全国健身锦标赛、中国乒协国青国少集训选拔等品牌赛事。

社会保障精准兜底。全面强化就业优先政策，新增城镇就业登记1.9万人次，失业人员再就业1.5万人。开展农村富余劳动力和失业人员等重点群体项目制培训44期，培训合格人员数居全市第1。累计为10015名被征地人员提供贷款担保。积极推进低保扩面，率先全省实施“农村大病防贫救助”项目，全区特困人员全部由政府兜底供养。全面落实“爱心厦门”建设，建成6家助残“爱心屋”、4个儿童关爱示范点。助力脱贫攻坚事业，清流县、和政县按期实现脱贫摘帽，市对区考核8项指标居全市第1。与龙岩市新罗区建立“山海协作对口帮扶”对子，新增挂点大池镇北溪村（老区村）。

基层治理走深走实。全区刑事警情数同比下降31.8%，降幅连续四年居全市首位。扫黑除恶专项斗争提前取得“四清”成果，《未接来电》荣获第八届亚洲微电影艺术节“金海棠奖”。完善社会矛盾纠纷多元调处、源头化解工作机制，创新驻所“公证+”警调联动模式，调处成功率达99.5%，被公安部评为全国年度优秀行政执法制度。挂牌成立全市首家退役军人法律援助工作站和首家未成年人一站式办案中心。12345热线答复满意度全市第1。“五安”工程扎实推进，围绕创建国家食品安全示范城市中心工作，深化实施食品安全战略；安全生产形势总体保持平稳，全区未发生较大及以上生产安全事故；道路交通亡人事故起数、亡人数降幅均居全市第1；持续开展房屋安全隐患排查整治，382栋存量危房全部清人封房。

5. 营商环境不断优化

精准施策助力企业复工复产，第一时间出台20条政策帮扶企业渡难关，累计兑付疫情期间企业扶持资金超亿元，全年减税降费超5亿元，率先全市开通省外务工人员“返厦直通车”。深化“放管服”改革，承接“强区放权”审批服务事项32项，“一趟不用跑”“最多跑一趟”事项占比达98.4%，67个高频事项实现秒批秒办，审批承诺压缩至法定时限的25.7%。率先实现新设立企业“一窗通办”。推出“阿集在线”“集美i企宝”“在线坐席+不见面审批”等创新举措，获人民网等中央媒体关注。全年新增商事主体19128家，累计数量达98342家，居岛外各区第1。加强政务公开，区政府官网在区县政府网站绩效评估中排名全市第一。

（二）存在问题

1. 经济下行压力加大

GDP增长低于全市平均水平。全年GDP增长5.5%，位居全市各区第4，比全市平均水平低0.2个百分点。影响GDP增速滞后最突出原因的是工业、营利性服务业和房地产业对GDP的拉动作用减弱。工业增长基础不牢，规上工业主要依靠存量企业增长拉动，今年新投产的规上工业企业仅2家，全年预计完成产值共1.3亿元，对全区规上工业产值增长贡献率有限。受疫情影响文化旅游等行业负增长，1—10月接待游客803.4万人次，同比下降57.6%，实现旅游收入45.4亿元，同比下降56. 4%。其他营利性服务业增速持续放缓，前三季度同比增长0.3%，较上半年下降3.5个百分点，对GDP增长基本无贡献。受政策性因素影响，前三季度房地产业对GDP增长零拉动，同比下降0.7个百分点。

固投增长后劲乏力。全年房地产类项目完成约150亿元，占全区固投57%，大部分项目已完成85%以上投资，后续投资总量有限。招商项目实际投资量少，受招商、征拆及前期手续等因素影响，云知声、大悦城、北大青鸟等项目尚处于洽谈阶段。已落地大项目开工偏慢，厦门大桥到集美大桥岸线整治工程、集美污水处理厂四期等项目未开工入统。

2. 新旧动能转换不畅

产业发展层次不高。制造业有龙头缺活力，重点企业减产面继续扩大，半数企业产值较去年减少。服务业有活力缺龙头，软件信息服务业规模偏小、龙头偏少，且主要专注细分领域，缺乏如腾讯、阿里等灯塔式企业；文化旅游等资源优势和巨大社会消费潜力还未能高效开发利用。

创新活力尚待激发。产城学人融合的深度和广度不足，有研发投入的行业和企业占比偏低，文教区导出的供辖区企业产业化、商业化应用的科研成果偏少，依托高校院所的公共创新服务平台机制不活，集聚人才等创新要素资源也面临房价高企、工资薪酬不高等实际困难。

3. 城区发展能级待提升

发展空间受限。区域功能划分不清，工业区、村庄、城区与居住区混而不融、形连神散。城市有机更新进展较慢，机械工业集中区、杏林老工业区、软件园三期及新城核心区城中村拆迁数量多、补偿需求差异大，村集体用地如何支持产业发展方向不明。

示范带动作用不强。融入厦漳泉、闽西南的深度和广度不够，与周边长泰等地的产业转移以企业自发为主。台商投资区制度优势不再，与火炬同翔高技术产业基地、自贸区等产业载体的政策差距大。

精细化管理水平不高。交通拥堵、停车难等问题愈发明显，外来流入人口占常住人口比重全市最高，协调多方面利益关系的难度加大。

生态建设仍存短板。水环境治理任务依然繁重，杏林湾水库、后溪大桥、后溪水闸、瑶山溪监测断面仍为劣 V 类。杏林工业区、集美北部工业区、灌南工业区等“邻避效应”引发的投诉较多。

4. 民生保障仍存短板

教育、医疗、养老等公共服务供给的质量、数量和布局，与群众期盼仍有差距。中小学办学水平和教学质量不均衡，一定程度上存在大校额、大班额问题，学位供给缺口较大。医疗资源总量不足，每千人医疗床位数低于全国、全省和全市平均水平，四川大学华西厦门医院等优质医疗项目仍处于建设期，基层医疗项目受规划调整等影响进展不快。

二、“十四五”期间集美区发展展望

到 2025 年，集美区将在金砖国家新工业革命伙伴关系创新基地建设中走在最前列，在率先实现全方位高质量发展超越中争当排头兵，基本建成高素质高颜值跨岛发展最美新市区。

经济实力更强。到 2025 年，GDP 总量达到 1330 亿元，居岛外各区前列。现代化经济体系建设取得重要进展，三次产业结构进一步优化，确立全省高端制造业示范区地位。

创新动能更劲。全社会研发投入占 GDP 比重达 3.5%，每万人有效发明专利拥有量突破 50 件，形成以创新驱动为主引擎的发展动力机制，文教区支撑功能进一步强化。

城区品质更优。城市副中心集聚能力和辐射带动作用显著提升，三大新城建设连片成势，“人文集美”魅力凸显，常住人口规模与结构双优化，生态文明治理体系更加完善，空气优良天数比例在全市各区保持前列，确保消除劣 V 类水。

民生福祉更进。城乡居民收入稳步提高，年均增速 6.6%，基本公共服务和民生保障水平不断提升，人均预期寿命达到 82 岁，社会文明程度达到新高度。

三、2021 年集美区发展展望

（一）影响因素

产业发展方面，有利的因素主要包括，覆盖厦门全域、联动福建全省的金砖国家新工业革命伙伴关系创新基地建设全面推进，全方位高质量发展超越战略深入实施，为集美推动工业转型升级，加快数字化发展，打造区域创新高地注入新动能。聚焦“十四五”发展，高质量策划一批“三个重大”（重大工程项目、重大政策、重大改革举措），突出项目支撑，为全年高质量发展夯实了基础。不利的因素主要包括，新冠疫情全球大流行、中美经贸摩擦持续影响下，集美必须有效应对金属制品、纺织、橡胶和塑料制品业等出口比重较高的行业面临的严峻挑战；国内消费需求不足，金龙、正新等存量工业企业难有较大幅度增长；两岸格局深刻变化，两岸关系存在较大不确定性，对经贸合作产生负面影响；各区全方位推动高质量发展超越的使命意识越来越强，争取项目、人才、政策的竞争更加激烈。

城市建设方面，有利的因素主要包括，中心城市、都市圈、城市群发展取得新突破，深化闽西南经济协作区合作、建设厦漳泉都市区摆上重要议事日程，集美新城、马銮湾新城、东部新城三大新城交汇，福厦客专投用、轨道交通 4、6 号线建成助力集美打造高素质高颜值跨岛发展最美新市区。不利的因素主要包括，集美新城建设已进入中后期，叠加房地产调控政策效应，固定资产投资增速难以实现新突破。资源环境约束日益趋紧，破解发展空间不足、土地集约利用效率不高等问题的迫切性突出。

（二）发展展望

综合考虑内外部环境因素，以及全区经济主要支撑点、增长点、财税点，预计 2021 集美区经济继续保持稳中有进的态势，地区生产总值增长 7.5%，固定资产投资增长 8%，财政总收入、区级财政收入分别增长 5.1% 和 6%；三次产业结构由 0.4:48.6:51.0 调整为 0.4:46.9:52.7，规上工业产值稳步增长 11.5%，软件信息、新材料等新兴产业提速发展；城乡发展的系统性、协调性进一步增强，集聚力、辐射力进一步提升，城乡居民收入稳步提高，基本公共服务和民生保障水平不断提升，人民日益增长的美好生活需要更好的得到满足。

四、2021 年集美区发展对策

2021 年是中国共产党建党 100 周年，也是第二个百年奋斗目标和“十四五”规划的开局之年，集美区应围绕建成高素质高颜值跨岛发展最美新市区，在率先实现全方位高质量发展超越中争当排头兵的目标，突出“人文集美”的特色和优势，着力抓招商促发展，着力激发全社会创新创业创造活力，着力推动城市规模品质双提升，着力加强普惠性、基础性、兜底性民生建设，为全省全市发展大局做出更大贡献。

（一）创新驱动，构建现代产业体系

坚持创新引领发展，强化文教区创新支撑功能和企业创新主体地位，着力把创新资源富集的潜在优势

转化为高质量发展的竞争优势，促进产城学人深度融合。坚持双轮驱动，全面实施产业链精准招商，着力促进新旧动能加快接续转换，加快构建具有较强创新力、竞争力的现代产业体系。

1. 打造区域创新高地

集聚创新主体。积极争取金砖国家新工业革命伙伴关系创新基地更多园区落户，积蓄区域创新动能。打造“三高”企业集聚区，大力培育“单项冠军”“专精特新”企业、瞪羚企业和独角兽企业，健全完善各行业“隐形冠军”企业库，“三高”后备企业培育库，助力更多企业跻身“三高”行列。加强产学研合作，支持“三高”企业联合高校、科研院所申报国家级、省级重点研发计划项目，促进“三高”企业科技成果加快形成产能。完善“聚贤集美”人才计划，实施更加积极、更加精准的人才政策，保持集美人才政策竞争优势。引进一批杰出科学家、顶尖科技人才和创新创业团队，精准对接重点产业链群多层次人才需求。

强化文教区支撑功能。发挥文教区人才、技术、设备等资源优势，推进“文教区”提升为“创新极”。支持集美大学、华侨大学、厦门理工学院等高校建设“双一流”和高水平应用型本专科院校，扶持校企合作建设实验中试基地、实训基地，推动产学研结合、科技成果转移转化，释放高校院所创新活力。健全集美区高校产业技术联盟、教育部“蓝火计划”中国高校（厦门）科技成果转化中心、厦门国际协同创新中心等平台运行机制，发挥其在推动产学研结合、科技成果转移转化中的纽带作用。部署和建设新一轮创新基础设施，围绕辖区重点产业，有针对性引进高端科研院所落地发展，提升基础研究和应用研究能力。

厚植创新创业创造土壤。加快完善创新创业服务体系建设，提高专业化服务能力。依托百度、腾讯、阿里云等优质众创空间，探索双创升级融合新路径，推进台湾青年创新创业基地建设。健全科技金融服务体系，积极培育天使投资、创业投资等科技金融服务产品，推动杏林湾“千亿基金聚集区”建设，助推产业发展、招商引资和科技成果转移转化。鼓励金融机构支持辖区制造业企业发展，提高制造业中长期贷款投放比例。强化知识产权保护，加强专利、商标、版权等“多合一”的知识产权综合保护和管理。

2. 推动先进制造业提档升级

巩固提升机械装备。着眼建设全省智能制造示范区，力促汽车、工程机械、输配电、智能制造装备与系统等产业数字化、自动化、智能化发展。大力发展新能源客车及关键零部件研发制造，培育发展智能网联汽车，推动金龙智能网联新能源客车产业化项目建设；支持国安达锂电池智能灭火装置发展。支持厦工开拓新型智能工程机械、特种工程机械等业务，探索发挥国有上市公司资本运作功能，开展海内外先进机械技术、项目引进和并购。扶持宏发优化产品结构，开发高压直流继电器、智能继电器等输配电新产品。做大做强工业机器人产业，推广机器人及数控技术应用研发平台，培育本土工业机器人和智能服务机器人企业；积极推动智能制造、工业互联网应用示范，推进机器换工，引导工业企业“上云”，提升企业生产智能化水平。

发力培育新材料。做大特种金属及功能材料、先进碳材料、先进高分子材料等产业规模。加快推进厦钨稀土永磁电机产业园建设及以商招商，支持金鹭特种合金、华懋新材、虹鹭钨钼、春保钨钢、新凯等重点企业发展。充分发挥中科院厦门稀土材料研究所的创新引领作用，初步形成新材料产学研共进格局。

3. 推动现代服务业量质齐升

推动软件信息提速增效。持续完善软件园三期园区建设，力促再建成 50 万平方米研发楼，力争全年新增入驻企业500家。加快马銮湾智慧产业组团（集美）、公安部一所南方技术基地等载体建设步伐。加快打造鲲鹏创新应用生态基地，构建鲲鹏软硬件生态和联盟，推动大中小企业、产业链上下游集聚发展、协同创新。力促神州信创研究院、柯达等新龙头落地，推动齐悟智能、唯一网络、易点生活等项目投入运营，为产业增长注入新活力。抢抓5G发展机遇，加快5G网络基站建设，积极探索5G垂直行业应用新业态。扶持培育好园区现有“准独角兽”企业，力促尽快上市。

推动商贸物流提质扩容。繁荣集美新城核心商圈、同集路商业带、北站商圈三大商圈，加快建设大悦城、IOI棕榈城、世茂等大型综合体，力促尽早建成投产；跟进大明广场、王府井生活广场等已建成商业体的招商进度，引入先进商业资源和知名特色餐饮。培育家政、康养、文旅、教育等新兴消费，探索推动建设中日康养产业示范基地。依托厦门北站和轨道1、4、6号线运营，繁荣站前商业等道口经济。扩大汽车、餐饮等传统消费，发展多元化消费业态，全面增强消费增长新动力。做强前场铁路大型货场、集美物流园、北站片区等三大物流产业集聚区，推动德邦智慧物流产业园开工建设，力促橙联跨境电商产业园建成投用。

推动文化旅游提量扩面。全力发展全域旅游，力促佳龙蓝地球文旅产业总部、集美山地旅游项目建设，助力园博苑创建国家5A级景区。整合文教区、旅游拓展体验等资源，推进研学课程、研学路线、研学基地建设升级迭代，推动嘉庚艺术中心城市研学营地投入运营。培育“夜游、夜娱、夜秀、夜购、夜宴”等夜间旅游品牌，重点丰富集美新城夜间演艺旅游资源，探索发展深夜影院、音乐俱乐部、驻场秀等夜间演艺业态。深化“以节促产”，依托“集美集”影视产业园、厦门影视拍摄基地、软件园三期，集聚影视公共服务、内景摄影和后期制作上下游企业。全力推进中国（厦门）智能视听产业基地建设，引进培育内容生产、交易、服务为一体的数字内容与新媒体产业。

（二）连片成势，展现高颜值城区形象

全面融入“岛外大发展”大局，高标准推进集美新城、马銮湾新城集美片区建设，谋划启动集美东部新城建设，加快杏林老工业区、老旧小区等城市更新，打造连片成势、环湾布局的城市发展新空间。注重建管结合、持续提升城市承载力，高标准完善市政交通设施，高水平谋划城乡融合发展，高站位推进生态文明建设，高要求提升城市管理水平。

1. 拓展城市发展空间

促进集美新城集人气聚商气，重点围绕“一心、两片、两园区”，加大招商力度和投资强度，做大做强各片区产业功能，促进产城学人深度融合。加力加速建设马銮湾新城集美片区，完善骨干路网建设和公建配套，力促蓝地球主题岛等产业项目落地建设，推动新城建设出形象见成效。谋划推动集美东部新城建设，带动集美北部工业区转型升级。加快推进杏林老工业区城市更新，启动四季芳园、集美花园等30个老旧小区改造。加快实施旧村整村拆迁，重点围绕新城范围内及轨道交通的急需用地，加快推进后溪墩上、灌口陈井、杏滨西滨等村庄整村拆迁。

2. 高标准完善市政交通设施

推动对外交通和内部路网体系持续完善，重点推进轨道交通4、6号线集美段及福厦客专等项目进度，持续优化各大组团、重大片区间的交通联系，优化轨道交通与其他交通系统之间的换乘，大力推动进岛通

道等堵点治理。推进集灌路桥下停车场、嘉庚纪念馆地下停车场等项目建设，推广“互联网 +”智慧停车模式，缓解停车难题。继续推动第三轮绿化提升项目建设，推动绿化提升从中心城区向外围延伸。

3. 高水平谋划城乡融合发展

大力发展乡村旅游，加快双岭、田头等 11 个首批市级乡村民宿试点村建设，推动形成“山水林田湖海”大环线串联格局。夯实都市农业发展基础，推进蔬菜、水果、花卉等特色产业发展，引导加工产能向黄地脐橙、新村蜜柚等农产品主产区和优势区集聚，加快建设文源山种植专业合作社。继续落实“一革命四行动”，完善乡村水、电、路、气、通信、广播电视、物流等基础设施。谋划一批村集体发展项目，探索被征地人员补偿资金参与村集体发展项目新模式。

4. 高站位推进生态文明建设

全力推进生态文明建设示范区创建工作。巩固蓝天保卫战，聚焦臭氧污染防控，狠抓 NO_2、颗粒物协同减排。强化挥发性有机物专项整治，加强城市扬尘综合治理。打好碧水保卫战，实现全区水质监测断面稳定达标，实施九天湖综合治理工程，推动厦门大桥—集美大桥、杏林大桥—新阳大桥岸线整治项目建设。推进净土保卫战，抓好重点企业土壤隐患风险排查复查，建立污染地块名录，推进土壤污染治理与修复试点。

5. 高要求提升城市管理水平

加快城市立体化发展，深化空中线缆、建筑立面、市政道路、公园绿地、地下管网等综合整治。推进杏林湾周边区域海绵城市建设，试点排水管理进小区。实施燃气标准化信息化建设，协同开展“瓶改管”工作。推动垃圾减量、资源回收增量，打造“线上 + 线下”回收体系。坚持城市管理综合执法资源重心下移，保持拆违高压态势，抓好拆后利用、新增“两违”治理等工作，逐步清理整治历史违建问题。有序推进“摊规点”设置，打造特色“小吃街”等小商品市场。强化土地资源管理，合力推进违建别墅、乱占耕地建房等整治，推进“批而未供”和“供而未用”土地整改。

（三）人民至上，打造民生幸福新家园

聚焦群众“急难愁盼”问题，把改善民生、解决民需作为工作的出发点和着力点，按照普惠性、保基本、均等化、可持续方向，推动各项社会事业和民生保障同步发展，加强和创新社会治理，让人民群众获得感成色更足、幸福感更可持续、安全感更有保障。

1. 补齐公共服务短板

擦亮“教育强区”金字招牌。加大学前教育、义务教育学位供给，确保满足户籍人口就学需求，解决随迁子女入学难的问题。继续开办公办园，提高普惠性幼儿园覆盖率。力促柏涛学校、凤山小学等 4 个项目开工、厦门外国语学校集美校区等 6 个项目竣工。继续抓好新高考综合改革工作，确保杏南中学和乐安中学通过“达标高中复评”。成立集美区教育基金会。高位嫁接福建教育学院等优质教育资源，推进名师名校长培养工程，促进教育优质均衡发展。

扩大“健康集美”优质供给。优化医疗卫生资源布局，推进川大华西厦门医院、市妇幼保健院集美院

区、杏林医院改扩建等项目建设，持续跟进“一村一所”建设，鼓励社会资本兴办康复、老年病、儿童等专科医疗机构或高端服务机构。打造新型养老格局，高效推进建成太保家园高端养老项目，推进医养服务进社区，大力推进居家养老服务。推动体医融合，实施全民健身行动，深入开展健康素养促进行动。

筑牢兜底保障防线。强化就业优先政策，支持多渠道灵活就业，加大公益性岗位兜底力度，培育发展零工经济、共享经济，挖掘新的就业增长点。着力抓好高校毕业生、失地失海农渔民等重点群体就业，健全重点群体就业的精准帮扶机制，激发创业带动就业的倍增效益。逐步健全社保体系，完善“一窗通办”“多窗联办”服务，实现社保业务网上可申报率 100%；落实区级参保补助政策及扩面工作，基本养老保险参保率指数不低于 96%。继续完善“绿洲计划”社会救助运行机制，适度扩大社会救助覆盖面，建立健全统一的救助信息平台。进一步完善多层次住房保障体系，加快安置房产权证办理进度。持续巩固东西部扶贫协作及对口帮扶工作成效，高标准打造“爱心集美”。

2. 创新基层社会治理

深入开展“平安集美”创建，持续巩固“七位一体”主动创稳集美模式，健全城市公共安全管理平台、三级综治中心、“大数据 +”立体化防控体系，推进“智慧安防小区”建设。深入贯彻食品安全三年发展战略，打造集美食安名片。增强矛盾纠纷化解能力，完善信访矛盾联合调处，推进重访积案化解攻坚。绷紧疫情防控“安全”弦，科学精准做好监测预警，充分发挥发热门诊、药店、诊所的哨点作用，保持社区联防联控常态化运作，建立防控散发病例和聚集性疫情应急处置预案。开展第一次自然灾害综合风险普查，健全防灾减灾体制机制。坚持社会治理重心下移，深入实施网格精细化智能化治理，运用物联网、云技术、大数据、人工智能等现代信息技术，推动实现“微事不出网格、小事不出社区、大事不出街道”。维护退役军人合法权益，扎实开展“双拥模范城区”创建活动。

（四）内外联动，丰富“人文集美”内涵

1. 提升融合开放水平

扩大嘉庚论坛影响力，积极打造嘉庚精神领航基地，引领人文集美发展。建设中国“最美侨乡”，谋划筹建侨乡博物馆，提升集美学村历史文化街区整体风貌，推进大社文创旅游街区建设，保护和修缮特色侨房。以签署区域全面经济伙伴关系协定为契机，深度融入共建“一带一路”，提升在国际国内两个市场配置资源的能力。抢抓金砖国家新工业革命伙伴关系创新基地机遇，探索推动成立金砖创新合作研究院并争取落地集美，探索加强与金砖国家在软件信息、文化演艺等优势产业上的合作。深化两岸融合县域集成改革，重点加强与台湾在智能制造、冷链物流、健康养老等高新技术产业和现代服务业领域的合作，促进台企、台胞享受同等待遇。深度融入闽西南协同发展，推动重点产业龙头企业共建及联建产业研究院、重点实验室、工程研究中心等，促进区域各类创新资源开放与共享；加快福厦客专、渝长厦高铁等骨干交通建设，推进基础设施对接。

2. 繁荣文化体育事业

建成投用闽南戏曲艺术中心，加快集美体育中心规划建设，完成灌口镇铁山村等 7 个村居综合文化服务中心的场馆设备完善改造。持续推进文化遗产保护，深化闽南文化生态保护实验区建设，健全非遗项目

保护传承体系。提升学村品位，推进集美学村历史文化街区建设，办好集美学村文化艺术节、集美学村周末音乐会。

【参考文献】

[1] 集美区人民政府 .2020 年集美区政府工作报告 [R].2020

[2] 集美区人民政府 . 集美区国民经济和社会发展第十四个五年规划纲要 [R].2020

[3] 集美区人民政府 . 集美区“十四五”经济社会发展基本思路研究 [R].2020

[4] 集美区人民政府 . 集美区经济运行分析会议汇报材料 [R].2020

[5] 集美区人民政府 . 集美区国民经济和社会发展第十四个五年规划和二〇三五年远景目标纲要 [R].2020

[6] 集美区人民政府 . 集美区面向 2035 年发展规划 [R].2020

课 题 组 长：陈菲妮

课题组成员：戴松若　谢　强　李　婷　林　智

课 题 执 笔：陈菲妮

第六章　2020 年同安区发展评述与 2021 年展望

一、2020 年同安区发展评述

2020 年，面对疫情防控和经济下行压力，同安区紧紧围绕高质量发展超越目标，坚持统筹推进疫情防控和经济社会发展，着力落实"六稳""六保"任务，经济运行呈现持续复苏、稳中有进的良好态势，多项主要经济指标增幅名列全市前茅。

（一）发展综述

1. 经济运行稳中向好

2020 年，同安区坚持统筹推进疫情防控和经济社会发展各项工作，全区经济运行情况持续好转，全年 14 项高质量发展指标中 12 项高于全省、全市平均水平。全年完成地区生产总值 591.21 亿元，同比增长 7.9%，增速排名全市各区第二。规模以上工业总产值达 1097.96 亿元，同比增长 6.8%，增速排名全市各区第一。社会消费品零售总额达 394.64 亿元，同比增长 8.1%，增幅位居全市各区第一。详见表 6–1 及图 6–1 至图 6–5。

表 6–1　2020 年同安区主要经济指标及全市排名

指　标	总量	总量全市排名	增速（%）	增速全市排名
地区生产总值（亿元）	591.21	6	7.9	2
其中：一产	11.42	1	0.9	4
二产	309.41	6	8.9	2
三产	270.38	5	6.9	4
规模以上工业增加值（亿元）	278.13	6	8.5	1
固定资产投资（亿元）	—	—	−24.7	6
社会消费品零售总额（亿元）	394.64	3	8.1	1

（续表）

指　　标	总量	总量全市排名	增速（%）	增速全市排名
实际利用外资（亿元）	18.90	4	15.8	4
财政总收入（亿元）	104.26	5	3.3	5
区级财政收入（亿元）	26.26	5	2.3	5
全体居民人均可支配收入（元）	45016	5	6.4	2
其中：城镇居民人均可支配收入	51775	5	3.9	3
农村居民人均可支配收入	24619	5	7.3	2

资料来源：厦门统计月报

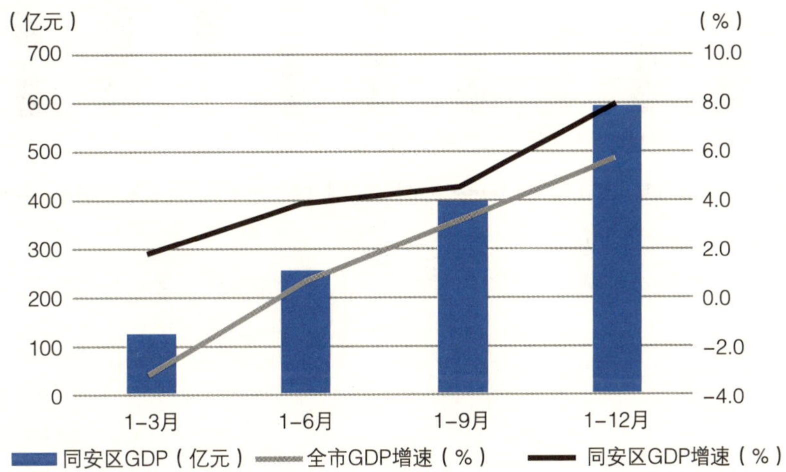

数据来源：同安区统计局、厦门市统计局

图 6-1　同安区 2020 年 GDP 与全市比较

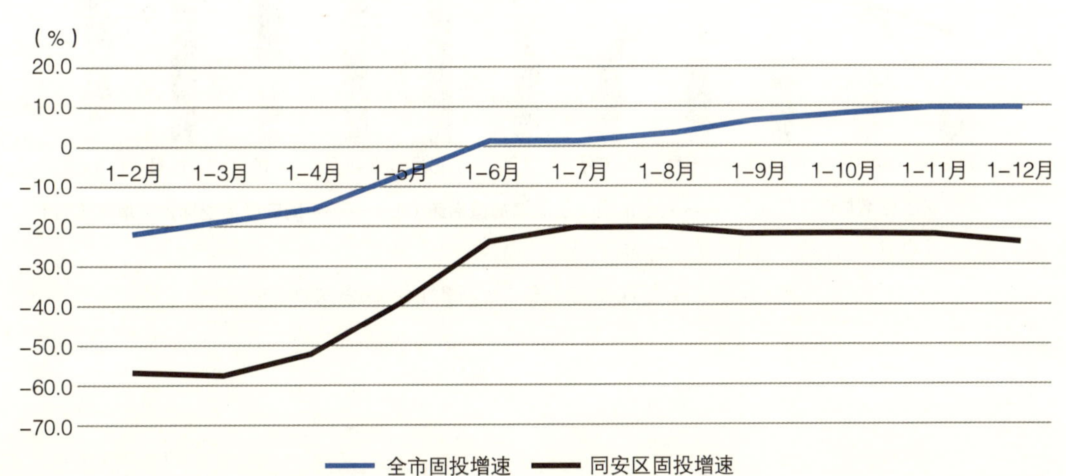

数据来源：同安区统计局、厦门市统计局

图 6-2　同安区 2020 年固定资产投资增速与全市比较

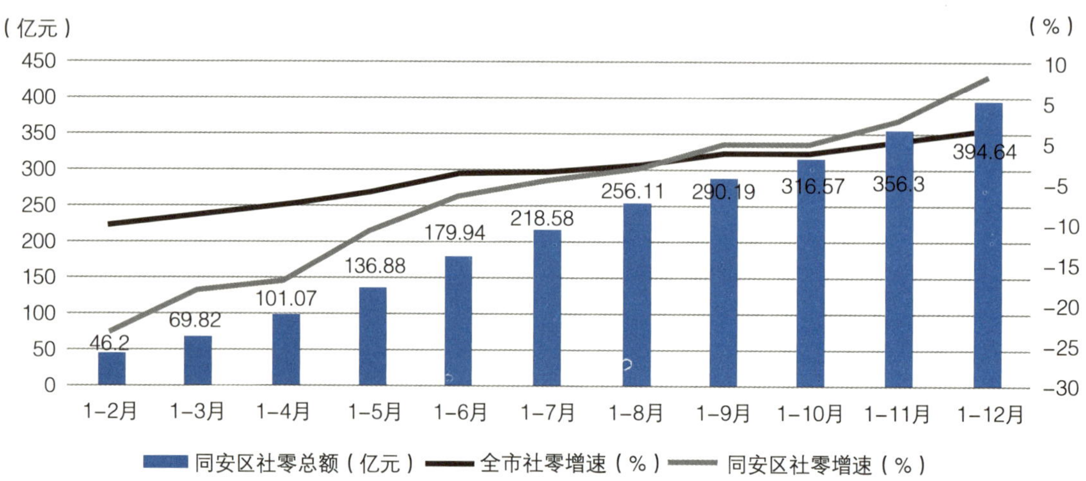

数据来源：同安区统计局、厦门市统计局

图 6-3　同安区 2020 年社会消费品零售总额与全市比较

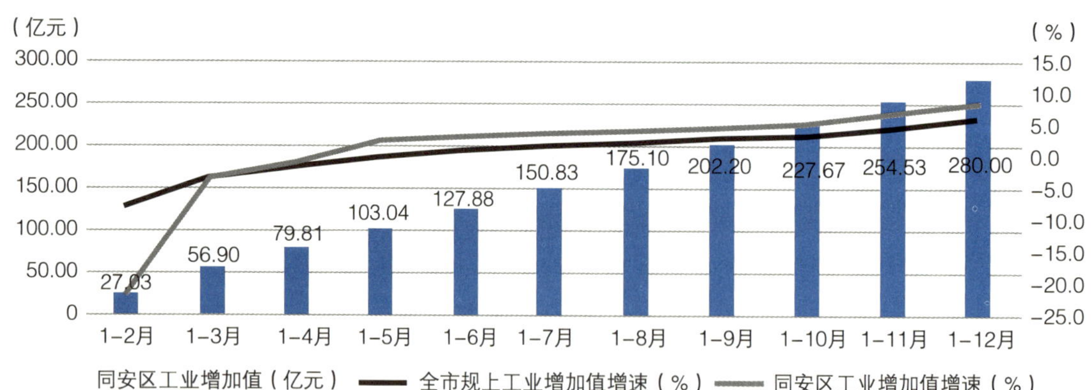

数据来源：同安区统计局、厦门市统计局

图 6-4　同安区 2020 年工业增加值与全市比较

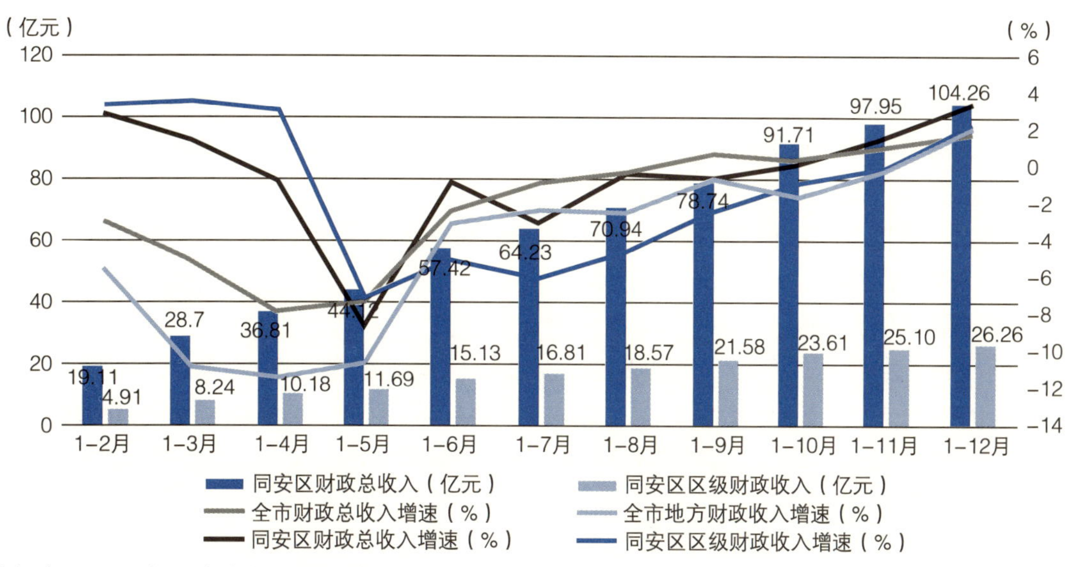

数据来源：同安区统计局、厦门市统计局

图 6-5　同安区 2020 年财政收入与全市比较

2. 产业转型有序推进

一是创新驱动有效实施。2020 年全区规模以上工业企业研发投入占 GDP 比重达 3.65%，新增省、市级“科技小巨人领军企业”60 家，省市级企业技术中心 11 家。支持高新技术企业加大研发投入，获国内专利授权 2871 件，增长 7.6%。引进网易研究院、福建中医药大学研究生院等创新平台，全市首个智能创新中心开工建设。“才聚银城”人才战略扎实推进，新引进培育高层次人才 52 名，柔性引进人才 435 名。

二是工业经济稳步提升。新增规模以上工业企业 116 家，746 家规模以上工业企业完成工业增加值 278.13 亿元，同比增长 8.5%。重点产业链发展稳健，生物医药、健康家居、机械装备、新材料、半导体、通讯与移动设备等重点产业链增长 13%。高技术产业龙头带动作用明显，234 家规模以上高新技术企业产值同比增长 13% 以上。“三高”企业培育成效良好，“三高”企业增至 346 家，晋大纳米科技项目被列入国家“科技助力经济 2020”重点专项，康乐佳获评“国家体育产业示范单位”。

三是现代服务业创新发展。第三产业对经济拉动作用持续增强，占 GDP 比重提高到 45.7%。商贸业保持良好发展态势，“互联网 + 消费”新模式加快发展，批发零售贸易业销售额完成 1063 亿元，同比增长 43.2%。旅游业发展逐月恢复，住宿餐饮业实现大幅增收，全年接待游客 1141 万人次，限上餐饮业营业收入增长 22%，限上住宿业营业收入增长 9.5%。现代物流业进一步做大做强，顺丰创新产业基地、京东电子商务产业园、东纶智创物流园等项目加快建设。金融服务综合改革试点工作加快推进，厦门大家居投资并购基金等行业子基金项目正式落地。

四是都市现代农业稳步发展。全年完成农业产值 23.2 亿元，同比增长 2.9%。食粮生产实现丰收，全区完成粮食种植面积 3.3 万亩，总产量 1.28 万吨。禾沣、康喜福、九龙谷等都市现代农业建设项目竣工投产，500 亩高标准农田工程动工建设。推进厦门同安闽台农业融合发展（种子种苗）产业园建设，入驻种苗企业 10 家。休闲观光农业加快发展，军营村入选全国乡村旅游重点村，莲花镇获评省“全域旅游生态小镇”，顶村村获评省“金牌旅游村”，中国美丽休闲乡村增至6个，省、市级休闲农业示范点增至17个。

3. 城乡发展更加协调

一是产城融合加快推进。环东海域同安新城和同翔高新城（同安片区）开发提速，全年实现投资200亿元以上。环东海域同安新城建设加快推进，环东海域医院、同安一中滨海校区高中部等民生项目全力实施，爱琴海购物公园“双MALL”等大型商业综合体动工建设，环东海域半程马拉松赛、全国青少年帆船赛等高端赛事顺利举办，人气商气加速集聚。同翔高新城（同安片区）启动建设，“五横五纵”等骨干路网进展顺利，洪新路综合管廊、龙泉公寓等市政基础设施和公建配套项目快速推进，海辰新材料、中国移动数据中心等产业项目有序实施。

二是城市更新力度加大。老城区改造提升加快，完成乌涂商业街等城区立面改造，提升凤祥片区等12条市政道路，改造西安片区等18个老旧小区。建成7个停车场，新增停车位464个。优化调整11条公交线路，增设公交站点15对，城市交通微循环进一步完善。建设燃气管道20公里，新增市政给水管网47公里，市政管网承载力进一步优化。

三是乡村振兴深入实施。打造莲花镇、汀溪镇乡村振兴动线，推进15个省级“千村试点、万村推进”试点村项目建设，汀溪镇入选“全省乡村振兴特色乡镇”。积极探索“订制式”“合作社三统一”“国企示范+村集体带动+村民合作入股”等村集体经济发展模式，培育新型农业经营主体861个，有效推动农民转产增收。深入实施“一革命四行动”，全年完成649栋农房整治、绿化美化面积约9000平方米。探索乡村社会治理新模式，建设省级家风家训乡贤馆，五显镇、莲花镇获评“省乡村治理示范镇”。

4. 生态环境持续优化

一是环境治理成效明显。实施流域治理“一本账”，启动正本清源三年行动，城市水质综合指数（CWQI）6.03，东西溪流域水质100%达标，龙东溪、官浔溪流域水质大幅提升。同安污水处理厂四期、西柯污水处理厂（一期）通水运行，同安工业园区污水处理厂工程启动建设，新增日污水处理能力15万吨，城市污水处理能力不断提升。全区空气质量持续改善，空气质量优良率100%，空气质量综合指数2.18，均位列全市第一。土壤环境持续保持安全稳定，危险废物处置利用率、医疗废物集中处置率100%。

二是城乡环境持续改善。加快推动城市公园绿地建设，建设苏颂公园等3座公园，打造西池社区等7座邻家公园，新增改造公园绿地面积31万平方米。推进同安绿道动工建设，新增绿道长度11公里，“连海段”绿道全面打通，完成南镇山周边慢行系统。持续推动富有绿化、绿韵、绿态、绿魂的乡村生态振兴建设，截至2020年年底，创建“绿盈乡村”65个，莲花镇军营村、白交祠村和汀溪镇顶村村入选全省“绿盈乡村”典型示范村。

三是生态文明改革成果丰硕。同安生态产品市场化改革试点成功纳入福建省第三批生态产品市场改革试点，着力探索以市场化改革为主的“多元化”生态产品价值实现路径。生态环境保护监管体系进一步完善，创新环境监管网格化制度，建立了全市最大的环保网格员队伍。

5. 民生保障有力有效

一是社会事业全面发展。教育供给持续增加，新增学位9270个，区教育发展公司投入运营，厦门一中与汀溪中学、国祺中学，厦门六中与五显中学合作办学实质落地。深入实施“健康同安”行动，基本公共卫生服务项目增至 29 项，完成家庭医生签约 15.1 万人。高位嫁接优质医疗资源，与福建中医药大学签署校地战略合作协议，环东海域医院引入浙江大学邵逸夫团队合作运营。文体事业繁荣发展，“送王船习俗”列入世界级非遗名录，完成同安影剧院和 12 个村级综合文化服务中心提升改造，推进人民体育场设施升级。

二是社会保障更加健全。就业保障积极落实，帮助 8400 余名失业人员再就业。社会保险体系更加健全，城乡居民基本养老保险、基本医疗保险参保率均达 100%。养老服务体系逐步健全，新增镇级照料中心 2 家，农村幸福院 19 家，基本实现机构养老、社区养老、居家养老三级养老服务体系全覆盖。安居工程建设继续推进，建设保障性住房 22854 套，祥平地铁社区（一期）交付使用。

三是社会治理不断创新。深化新时代文明实践中心试点建设，深入开展“爱心厦门·同安在行动”，建设厦门首个“新时代文明实践中心智慧云平台”。推进平安同安建设，“雪亮工程”实现区域全覆盖，成立全市首个社会治安综合治理中心。扫黑除恶专项斗争纵深推进，排查矛盾纠纷化解率超过 97%，接报刑事警情下降超过 30%。广泛开展民法典普法工作，持续发挥房东协会在社区治理中的协同作用，推广凤祥社区“商居共融、诚信凤祥”社区工作法和溪林村微法典“双向自治”治理模式。

（二）存在问题

1. 经济增长下行压力加大

2020 年受新冠肺炎疫情冲击影响，全年经济增速较 2019 年回落 0.4 个百分点，其中服务业增速同比下降 3.5 个百分点，规上服务业营收增幅持续放缓，全年增幅分别较 1−6 月和 1−9 月回落 7.5 个和 0.4 个百分点。经济增长后劲乏力，受土地供应节奏放缓、新开工项目不足、缺乏大项目支撑等因素影响，全区固定资产投资同比下降 24.7%，增速分别低于全省和全市平均增幅 24.2 和 33.5 个百分点。财政收入增长面临前所未有的挑战，财政总收入及区级财政收入均未能完成年初增长目标。

2. 产业层次质量有待提高

同安区工业以传统制造业为主，龙头企业不强，中小微企业居多，产业附加值低、竞争力不强，规上高新技术产业产值只占规上工业总产值 44%，远落后于全市平均水平。服务业整体层次较低，传统服务业占比较大，高端服务业发展仍然滞后，生产性服务业、专业服务业等新增长点有待进一步培育。战略性新兴产业尚处于培育阶段。创新创业活力不足，企业创新力不强，公共创新平台建设、创新人才队伍建设、科技成果转移转化能力亟待加强。

3. 城乡发展不够均衡协调

城乡二元经济依旧突出，农村的交通、卫生、医疗、教育等基础设施建设和公共服务水平还远低于城区，城乡居民收支差距依旧较大，产业融合步伐不够快、农业产业组织化程度较低，乡村治理体系和治理能力还需强化。农村内部发展不均衡，北部生态区集中大部分生态控制线用地和水源保护区，生猪、牛蛙、畜禽等传统养殖业已完成全面退养，耕地种植面积也逐年减少，各村居大多未找到市场前景看好的替代产业，产业发展方向不明确、项目也难以落地。

4. 公共服务和商业服务配套存在短板

医疗卫生、义务教育、养老服务等基本公共服务领域供给的数量、质量和布局有待优化。给排水、天燃气、电力等市政设施建设仍较为滞后。全区商业服务配套整体层级不高，工业区、环东海域同安新城、同翔高新城（同安片区）等商业服务配套不足，产城人深度融合未取得较好突破。

二、“十四五”期间同安区发展展望

“十四五”时期，同安区将围绕“建设高素质高颜值现代化国际化的富美新同安”发展目标，突出“创新驱动”和“深化改革”两条工作主线，紧盯“产业兴、百姓富、生态美”三大战略任务，坚定“创新活区、工业强区、文化兴区、生态立区”四大发展定位，大力推进产城融合示范区、未来科技城核心区、乡村振兴样板区、生态人文名胜区和金砖未来创新基地“四区一基地”建设，全区城市综合竞争力和发展能级将持续提升。

一是经济发展取得新成效。预计到2025年全区地区生产总值突破1100亿元，产业链迈向现代化，形成9大产业链群，经济结构不断优化升级。二是创新能力实现新提升。预计到2025年全区研发经费投入强度达3.8%，科技创新及成果转化应用能力明显提升，未来科技城核心区基本成形，依靠创新驱动的内涵型增长加快实现。三是城乡建设展现新面貌。老城区在有机更新中焕发新的生机与活力，环东海域同安新城全面形成人产城融合态势，同翔高新城基本建成同安起步区。乡村振兴战略深入推进，实现“业兴、家富、村美、人和”。四是生态颜值实现新跃升。生态文明治理体系更加完善，绿色发展理念深入人心，“一屏一湾三廊”生态安全格局基本成形，全面建成国家生态文明建设示范区，生态环境质量居全市前列。五是改革开放迈出新步伐。积极融入“海丝”支点城市建设，金砖未来创新基地建设取得显著成效，成为以国内大循环为主体，国内国际双循环相互促进的新发展格局中的重要链接点。六是人民生活达到新水平。实现更加充分更高质量就业，城乡居民收入稳步提高，现代化教育强区和高水平健康城区建设取得重大进展，多层次社会保障体系更加健全，人民群众获得感、幸福感、安全感更加充实。

三、2021年同安区发展展望

（一）影响因素

1. 有利因素

一是国内外发展环境有望继续改善。随着新冠肺炎疫苗大规模上市接种，2021年全球经济有望重回增长轨道，IMF、世界银行分别将2021年全球GDP实际增长率预测上调到5.2%和4.2%，较2020年提高9.5个、9.4个百分点。我国新冠肺炎疫情防控已取得阶段性成效，经济运行进入常态化的增长轨道，国内复工复产有序推进，产业链、供应链保持稳定，给国内扩大内需和增强出口供给能力和进口需求能力提供了强有力的基础。

二是同安正处于加快发展的机遇叠加期。“一带一路”建设、闽西南协同发展区、金砖国家新工业革命伙伴关系创新基地、厦漳泉都市圈同城化、跨岛发展等重大国家、省市战略为同安带来空前的宝贵机遇和强大战略支撑，随着同翔高新城、环东海域新城建设以及未来科技城的谋划推进，同安区空间腹地优势将进一步凸显。

2. 不利因素

一是新冠肺炎疫情仍存在不确定性。从全球范围来看，2021 年新冠肺炎疫情变化仍存在高度不确定性，全球经济恢复和政策转向节奏仍不明朗，我国经济恢复基础尚不牢固，国内市场人员流动、商品流通、服务供应等依然面临不同程度的限制，国际交流和人员流动继续受限，国内市场流通效率仍将受一定影响，对交通运输、仓储和邮政业，以及文化、体育和娱乐业等服务业增长可能产生不利影响。

二是同安区交通短板较为突出。与岛外海沧、集美、翔安三个区相比，同安区交通短板明显，缺乏直达本岛的快速通道（跨海大桥、隧道），交通可达性相对弱化；与全市“两环八射”快速路网互联互通性不够，交通骨干路网有待完善；新老城区存在断头路，农村公路需要提升改造，交通微循环亟待畅通。

（二）发展展望

2021 年同安区经济将继续保持平稳较快增长，经济结构不断优化升级，新一代电子信息、生物医药与健康、新经济等 9 大产业链群加快形成；岛外大发展战略深入实施，乡村振兴战略持续推进，城乡建设展现新面貌；“蓝天、碧水、蓝海、净土”的高颜值生态示范区加快建设，生态文明治理体系更加完善；各项社会事业全面进步，人民群众的获得感、幸福感、安全感进一步增强。综合考虑内外部环境因素，预计 2021 年全区地区生产总值增长 8.0% 左右；财政总收入和区级财政收入增长 6%；规模以上工业总产值增长 11%；全社会固定资产投资增长高于全省全市平均水平；社会消费品零售总额增长 8%；城镇居民可支配收入增幅高于全省平均水平，农村居民可支配收入增长 8.5%。

四、2021 年同安区发展对策

2021 年，同安区应统筹做好疫情防控和经济社会发展，坚持“创新活区、工业强区、文化兴区、生态立区”定位，加快推进产业融合示范区、未来科技城核心区、乡村振兴样板区、生态人文名胜区、金砖未来创新基地等“四区一基地”建设，为建设高素质高颜值现代化国际化的富美新同安开好局、起好步。

（一）坚持扩大内需，深度融入新发展格局

1. 推动消费扩容提质

一是建设新型消费集聚区。依托环东海域休闲旅游带等优势资源，加快培育发展健康、养老、文化、体育、旅游等服务型消费产业，着力打造阳光小镇、同安影视城－梵天寺片区、钟楼片区及乌涂商业街等优质夜间经济圈。二是加快消费融合创新。培育壮大新城网红直播基地、工业集中区产业直播基地、莲花抖音小镇等直播电商经济，增强同安“网红”打卡地影响力和产品优势，推动直播带货和“网红经济”发展。三是培育发展新型消费。进一步培育零售新业态、“互联网＋医疗健康”、数字文旅、在线教育、智能体育等新型消费。

2. 积极扩大有效投资

一是加大招商引资力度。全面实施“大招商招大商”行动，紧盯世界500强、中国500强、大型央企等行业领军企业，突出以商引商、联动招商、平台招商，大力引进一批高能级项目。二是加快项目生成落地。坚持“前期论证”，强化项目策划生成，推进项目审批改革，进一步完善供地、资金等保障体系，力促腾讯云区域总部、国铁吉讯等一批总部项目及京东智谷、美瞳生产基地等重点项目落地建设。三是激发民间投资活力。优化民间投资环境，推动解决民间投资用地、用能、人才引进、报建审批等问题，鼓励民间资本参与新型城镇化、社会民生及新型基础设施等领域投资。

3. 打造“国内大循环、国内国际双循环”重要链接点

一是以高质量供给融入国内大循环。积极实施质量提升和自主品牌建设，培育和扶持一批“专、精、特、新”品牌产品和具有高价值品牌企业，鼓励外贸企业创新商业模式，增加内销优质商品供给。完善现代物流体系，促进流通和生产对接融合、商品和服务消费互动融合、线上线下深度融合，建立健全高效物流配套体系。二是以高水平开放参与国内国际双循环。推动外贸转型发展，开拓多元化出口市场，积极发展跨境电子商务，打造完整跨境电子商务产业链和生态圈。借助中国国际投资贸易洽谈会、“丝路海运”国际合作论坛等平台，推动一批在全球范围内配置资源要素、具备跨国经营能力的外资企业来同安投资，推动本地企业制定中长期国际化发展战略，依法合规有序地“走出去”。

（二）坚持创新活区，建设高素质创新高地

1. 提升企业技术创新能力

一是加快培育创新企业群。深入实施“三高”企业倍增计划，大力培育科技型中小企业，形成“科技型中小企业—国家高新技术企业—科技小巨人领军企业”的全周期梯次培育体系。二是强化企业创新主体地位。通过研发经费补助、技改补助、企业上云补助等扶持措施，鼓励和引导企业加大研发费用投入，引导规模以上企业普遍设立研发机构。三是推动产学研协同创新。鼓励中小企业通过股权合作等方式与高等学校、科研院所合作建立研发机构，共同实施国家及省、市、区级科技重大专项计划，鼓励高校、科研院所通过许可、转让、入股等方式推动技术向中小企业转移。

2. 做强科技创新载体平台

一是建设金砖未来创新基地。依托同翔高新城和凤南高端制造业基地，围绕数字化、工业化、创新等方面，加快引进金砖及“金砖+”国家高端创新资源和高端制造业项目，推动金砖科技创新成果产业化。二是建设未来科技城核心区。依托环东海域同安新城，以美峰科创园、新经济产业园、银城智谷为重点，加速创新资源集聚，引进“大院大所”和顶尖科研机构，谋划建设未来虚拟大学园。三是打造创新平台体系。在集成电路、新材料、生物医药等重点产业领域，加快引进、建设一批关键、共性技术创新平台，积极争取国家、省市重大科研基础设施和重大创新平台在同安布局，加快建设厦门智能创新中心、网易数字产业中心、新松智能研究院等创新平台。

3. 完善科技创新生态体系

一是健全创新体制机制。改革科研项目立项和组织实施方式，强化成果导向，完善第三方专业机构管理项目机制。鼓励科技企业广泛开展科技成果路演，建立健全科技咨询制度。推进跨区域科技创新合作，支持有条件的企业建设离岸孵化器、区外研发中心等。二是加强知识产权保护。积极培育和发展具有自主知识产权的科技型企业，鼓励企业开发和申报专利技术，支持企业加快专利成果转化，积极推动企业参与国际、国内行业标准制定，努力抢占高新技术产业竞争制高点。三是培育壮大创新服务组织。支持科技和人才中介服务发展，积极培育引进为企业创新提供全覆盖、全链条、全天候的科技服务企业，完善技术转移服务体系，推进科技创新链与产业链精准对接。

（三）坚持工业立区，加快构建现代产业体系

1. 做强做大支柱产业

新一代信息技术产业：加快发展半导体和集成电路、智能终端、新型显示等电子信息硬件产业，推动以大数据与云计算、区块链、物联网等为基础的软件与信息服务业发展壮大，培育“软件 + 硬件 + 应用 + 服务”一体化生态体系。高端家居智造：推动水暖厨卫、健身器材、现代照明等家居产业智能化、高端化发展，支持智能传感、物联网等技术在智能家居产品中的应用，发展智能安防、智能家具、智能照明、智能洁具等产品。现代流通产业：创新物流业发展模式和服务模式，发展电商快递物流、制造业联动物流、冷链物流、城市配送及供应链管理等多种业态，提升物流全流程智能化水平和增值能力。食品与都市现代农业：加强同安国家农业科技园、闽台农业融合发展产业园等平台载体建设，延伸农副食品加工龙头企业精深加工产业链，壮大同安红三角梅、莲花高山茶等特色优质农业品牌，促进农村一二三产业融合发展。

2. 培育发展战略性新兴产业

生物医药与健康产业：重点发展生物医药、高端医疗器械、健康器材、健康管理服务等产业，加快健康 + 旅游、医疗、养老、温泉养生融合发展，加快泰康之家鹭园医养健康综合体、京东产业生态岛等项目建设。新材料与新能源产业：重点发展新型显示、第三代半导体材料、石墨烯等新兴产业，推动新材料在下游产业的示范应用，推进宸鸿科技纳米银、百路达石墨烯等产业项目建设投产。高端机械制造业：加快发展机器人、无人机、高端装备、智能装备等高端机械制造业，推动传统机械制造业向集成创新和高端化转型，加快东亚机械空压机制造基地等项目建设，打造国家先进制造业基地。新文旅产业：加快推动文化旅游产业数字转型、智能升级、融合创新，积极培育在线、智能、体验式文化旅游新业态、新模式，加快特房波特曼酒店（二期）、爱琴海购物公园等项目建设。

3. 加快聚集新经济产业

加快推动新经济产业园、银城智谷、美峰科创园等载体建设，同步做好产业园商业配套规划，为项目落地提供发展空间。强化园区精准招商，建立健全协同招商和联动服务体制机制，大力引进金融科技、区块链、人工智能、大数据等新经济企业，促进数字经济、平台经济、体验经济、分享经济、智能经济、金融科技、“总部 + 基地”等新业态、新模式发展。加强新经济扶持引导，对新经济实施包容审慎监管，面向企业发布新经济场景清单，支持企业围绕清单需求开展应用场景建设。成立新经济产业引导基金，打造产

业金融合作平台，拓宽企业投融资渠道。

（四）坚持协调发展，增强城乡发展实效

1. 实施乡村振兴战略

一是推进乡村产业振兴。加快农业转型升级，提升种养业、设施农业、农产品加工业等机械化水平。发展壮大农村集体经济，完善“龙头企业＋合作社＋基地＋农户”农业产业化体系，持续推进“党建富民强村”工程，深化“跨村联带”“订制式开发”“合作社三统一管理”等村集体经济发展模式，增加农民收入。二是完善农村基础设施。推进“四好农村路”建设，继续新建和改造一批农村公路项目，不断扩大乡村公交覆盖面。实施农村公共服务、村容村貌、自来水网、污水设施、卫生公厕、垃圾转运、乡村路灯等“清单式”改造。三是改善农村人居环境。深化“一革命四行动”和美丽乡村建设，持续做好农房、铁路、高速沿线环境综合整治提升及村容村貌提升，确保村庄环境干净、整洁、有序。四是提升乡村治理水平。充分发挥基层党组织引领作用，完善“五位一体”农村基层治理架构，推行“邻长制”和乡村治理“红黑榜”，提升乡村治理水平。深化移风易俗，健全村规民约，倡导文明新风，全力筑牢核心价值观之“基”，深植乡村文化之“根”，涵养公序良俗之“风”。

2. 打造产城融合新城

一是加快环东海域新城大发展。进一步完善新城交通体系，完成滨海西提升改造工程，打造新城“五横七纵”路网。加快同安一中滨海校区高中部、环东海域医院等社会事业项目建设。推动西柯北等片区整村搬迁步伐，为新城加快产业发展、加速片区开发提供用地支撑。二是加速同翔高新城大融合。加快洪新路、城东中路等骨干路网建设，推动同新路地下综合管廊、洪塘水厂扩建等片区水、电、气、通讯和管廊等市政基础设施建设，加快厦门六中同安分校、新厝小学、龙泉中学等学校建设，完善医疗、文体等公共服务资源配置。加快实施“一核三园”高新城核心区建设，打造产城融合示范区。

3. 优化提升老城功能

一是推进片区有机更新。编制老城片区空间活化与更新改造规划，分类推进同安中城、溪边片区和同莲路祥桥片区等片区改造，推动振兴片区、城西片区等8个老旧小区环境提升。二是完善老城区公建配套。建设苏颂书院、人民体育场等一批公建设施，加快同安绿道“通山连海”全线贯穿，推动管道燃气从城区向周边村庄延伸，提升管道燃气覆盖率。三是优化老城区交通路网。加快打通朝晖路、城北八号路等城区断头路，全面完成道路“白改黑”，加快建设公共停车场，推广停车位智慧化管理，缓解老城区交通压力。四是增强城市精细化管理能力。加快城区综合治理，深化提升“街长制”，强化“门前三包”巡查、执法、考评，开展流动摊贩、户外广告店招等专项整治，加强住宅小区物业管理，不断提升居民生活品质。

（五）坚持生态立区，加强生态文明建设

1. 加强生态环境治理

一是加强大气污染防治。落实清洁空气行动计划，严格执行大气污染排放限值管理，强化建设工地、

道路扬尘、工业粉尘和餐饮油烟等点源治理，深化机动车污染防治。二是开展水环境综合整治。强化河湖长制工作，加强养殖业污染防治，加快补齐城乡污水收集和处理设施短板，加大城中村和城区雨污分流改造力度，全力推动管道截污工程，全面提升水环境安全质量。三是开展土壤污染防治行动。强化土壤环境监管力度，完成重点行业用地土壤污染状况调查，落实农业“三减计划”，推进农业面源污染防治，加强固体废弃物处置。四是开展近岸海域水质污染治理。建立“湾（滩）长制”，实施“蓝色海湾”工程建设，健全“岸上管、流域拦、海面清”的海漂垃圾综合治理机制。

2. 推动绿色低碳发展

一是加快绿色产业发展。加快传统产业智能化、清洁化、生态化转型，用先进环保技术和工艺改造提升传统产业。培育壮大先进绿色制造业，加快发展科技含量高、资源消耗低、环境污染少的高端制造、智能制造和绿色制造。提升现代服务业绿色发展水平，大力发展研发设计、科技服务、信息咨询、现代金融和软件信息等服务业。二是塑造绿色生活方式。加强生态环境宣传教育，培育生态文明良好社会风尚，积极开展节约型机关、绿色家庭、绿色社区、绿色学校、绿色商场、绿色建筑等创建活动。大力发展绿色交通，加快新能源充电基础设施建设，推动节能和新能源汽车普及使用。

3. 深入推进生态价值转化

推进生态产品市场化改革试点，探索政府主导、企业和社会各界参与、市场化运作、可持续发展的生态产品价值实现路径，开展埭头溪下游生态综合治理等生态产品市场化项目，建设生态产品价值转化工程示范。加强生态产品产业化，依托地热资源、海洋资源，差异化发展“生态 +”产业，打通“绿水青山”向“金山银山”转化通道，做精大旅游、大健康、生态农业等深绿产业，推动生态旅游产业发展。

（六）坚持共享发展，增进社会民生福祉

1. 完善社会保障体系

一是完善社会保险制度。深入实施全民参保计划，持续推进“幸福晚年计划”，稳步提高社保待遇、低保救助标准、征地人员和海域退养渔民等特殊群体的社会保险待遇。二是优化社会救助制度。完善“精准帮扶”社会救助信息共享平台，建立健全特困群众因病因灾返贫帮扶长效机制，建立最低生活保障标准与最低工资标准、居民消费支出双挂钩的自然增长机制。三是提高住房保障供应能力。全面推进祥平保障房地铁社区二期竣工验收、三期工程开工以及龙泉公寓等保障性住房建设，扩大住房保障覆盖面。探索四统房等建设机制，推进瑶头村、古庄村、下溪头村及禾山村等一批“四统房”建设试点项目。

2. 打造优质教育高地

一是加强学位供给。实施“补短扩容”“腾笼换凤”行动，新、改、扩建第二外国语学校高中部、文笔塔学校等 28 个项目，持续增加学位有效供给。二是提高办学质量。引进优质教育品牌，与华中师大、新教育等名校（机构）开展合作办学。深化名校跨岛行动，努力打造滨海新城、北部山区等教育品牌。三是加强师资队伍建设。建立“金字塔”式教师专业发展体系，实施青年教师成长工作计划和名师名校长培育工程，完善师德师风建设长效机制，引导教师争当“四有”好老师。

3. 提升医疗服务水平

一是筑牢健康卫生防线。完善公共卫生重大风险、重大疫情防控救治体系，坚持“外防输入、内防反弹”，持续开展常态化疫情防控工作。深入开展爱国卫生运动，加强健康促进和健康教育，促进公众健康素养和健康水平整体提升。二是扩大优质医疗资源与服务供给。推动环东海域医院建成投用，加快福建中医药大学科教综合楼、莲花卫生院新建等项目建设，加强第三医院肿瘤、儿科、血管外科、创伤外科等重点专科建设。三是深化医药卫生体制改革。推进分级诊疗服务体系建设，完善家庭医生签约服务工作机制，提高家庭医生签约覆盖率和服务效率。深化紧密型医共体改革，加快同安区总医院区域医疗资源中心建设，促进优质医疗资源下沉。

4. 完善养老服务体系

一是加快养老服务设施建设。编制同安区 2021–2035 年养老专项规划，落实新建住宅小区与配套养老服务设施“四同步”，确保每个社区（含村改居）建有 1 个以上面积不低于 200 平方米的居家养老服务站，新建社区配套建设居家社区养老服务照料中心。二是提升养老服务质量。推进医养深度融合，支持养老机构按规定开办医疗机构，推动二级以上综合医院开设老年医学科，推动中医医院与老年护理院、康复疗养机构等开展合作，提高老年人医疗服务的可及性。三是积极培育养老新业态。做好老年食堂试点工作，深化互联网 + 养老服务，开展居家智慧养老服务试点，促进养老服务与家政餐饮、文化旅游、保健康复等行业融合发展，推动养老事业和养老产业协同发展。

5. 推动社会治理创新

一是健全基层治理机制。进一步开展村民自治实践，完善村规民约，充分发挥民间自治组织和达人贤人能人的作用，提升乡村自治水平。建立社区、社会组织、社会工作、社区志愿者、社会慈善资源“五社联动”机制，推动形成多个社会力量共同参与的多元共治格局。二是创新市域社会治理方式手段。依托区综治资源整合平台，打通各部门间数据壁垒，打造社会综合治理“空间站”，构筑“大整合、深应用、重实战”的智能治理格局。加强智慧法院、智慧检务、智慧公安、智慧海防、智慧交通、智慧城管、智慧应急等行业领域智能化应用建设。三是深化平安同安建设。加强治安综合治理，加快推进“雪亮工程”，推进治安防控立体化、城乡社区服务管理网格化、矛盾纠纷调解多元化。深入开展扫黑除恶专项斗争，推动扫黑除恶由治标转向治本。加强公共安全治理，进一步强化“三品一械”监管。

（七）坚持文化兴区，塑造新时代文明城区

1. 深化文明城区建设

一是推动理想信念教育制度化常态化。持续推动理想信念教育、核心价值观培育、文明风尚建设，大力弘扬民族精神和时代精神，加强党史、新中国史、改革开放史、社会主义发展史教育，加强爱国主义、集体主义、社会主义教育。二是广泛开展群众性精神文明创建活动。完善创建为民惠民靠民长效机制，深入开展文明单位、文明村镇、文明校园、文明家庭创建，培育打造一批文明创建示范项目，提升文明创建水平。三是深化志愿服务工作。深化新时代文明实践中心全国第二批试点区建设，深化“志愿者服务超市 + 星火工程”，打造“920”志愿服务品牌，推出志愿服务“订制服务”，打造“同安样板”。

2. 优化公共文化服务供给

一是广泛开展文化惠民活动。精心组织“文化进公园进乡村”“高雅艺术进同安”等系列活动，打造“莲花褒歌”“竹坝一台戏”等一批具有同安特色的文化品牌。建强用好区级融媒体中心，深化“同安发布”平台等宣传矩阵建设，做强主流媒体，讲好同安故事。二是加强文化遗产传承与保护。深入实施历史文化遗产集中保护修缮工程，推动非物质文化遗产项目整体保护。深入挖掘同安历史文化价值与特色，加快同安历史陈列馆、竹坝华侨史迹馆等平台载体建设，推动闽南文化、华侨文化、南洋文化等传统文化创造性传承发展。

【参考文献】

[1] 同安区人民政府 .2021 年政府工作报告 [R].2021

[2] 同安区发改局 . 同安区 2020 年国民经济和社会发展计划执行情况与 2021 年国民经济和社会发展计划草案的报告 [R].2021

[3] 姚厚忠 . 同安区 2019 年发展述评及 2020 年展望 [R].2020

课 题 组 长：黄光增

课题组成员：彭朝明　姚厚忠　兰剑琴

曾　峰　龚小玮

课 题 执 笔：黄光增

第七章 2020 年翔安区发展评述与 2021 年展望

一、2020 年翔安区发展评述

2020 年，在复杂严峻的外部发展环境下，翔安区紧紧抓住"岛内大提升、岛外大发展"等重要战略机遇，牢牢把握"一体双线两翼"的工作总思路，统筹抓好疫情防控和经济社会发展，扎实做好"六稳""六保"工作，全区经济发展呈现加快向好态势。

（一）发展综述

2020 年，翔安区坚持高质量发展，落实赶超任务，全年完成地区生产总值 705.87 亿元，增长 8%，高于全市 2.3 百分点，增速较上半年回升 4.4 个百分点，经济运行稳步复苏。财政总收入 80.65 亿元，增长 12.9%；区级财政收入 22.46 亿元，增长 7.5%，三产比例为 1.4:67.8:30.8。地区生产总值、财政总收入、区级财政收入、批发零售业销售额、城镇和农村居民人均可支配收入等 6 项指标增幅领跑全市，固定资产投资、社会消费品零售总额等 2 项指标增幅排名全市前二，全区综合实力稳步提升，高质量发展成效显著。详见表 7-1 及图 7-1、图 7-2。

表 1　2020 年翔安区主要经济指标完成情况表

指　　标	总量	总量排名	增速（%）	增速排名
地区生产总值（亿元）	705.87	5	8	1
其中：第一产业	9.66	2	-1.1	5
第二产业	478.93	2	8	4
第三产业	217.27	6	8.5	3
规模以上工业增加值（亿元）	—	—	6.9	3
固定资产投资额（亿元）	—	—	20.7	2
社会消费品零售总额（亿元）	120.49	6	1.6	2
批发零售贸易业销售额（亿元）	798.70	5	77.9	1

（续表）

指　标	总量	总量排名	增速（%）	增速排名
实际利用外资（亿元）	22.58	2	21.6	3
财政总收入（亿元）	80.65	6	12.9	1
区级财政收入（亿元）	22.46	6	7.5	1
全体居民人均可支配收入（元）	36402	6	7.5	1
其中：城镇居民人均可支配收入	43816	6	4.4	1
农村居民人均可支配收入	24206	4	7.7	1

数据来源：《厦门统计月报》

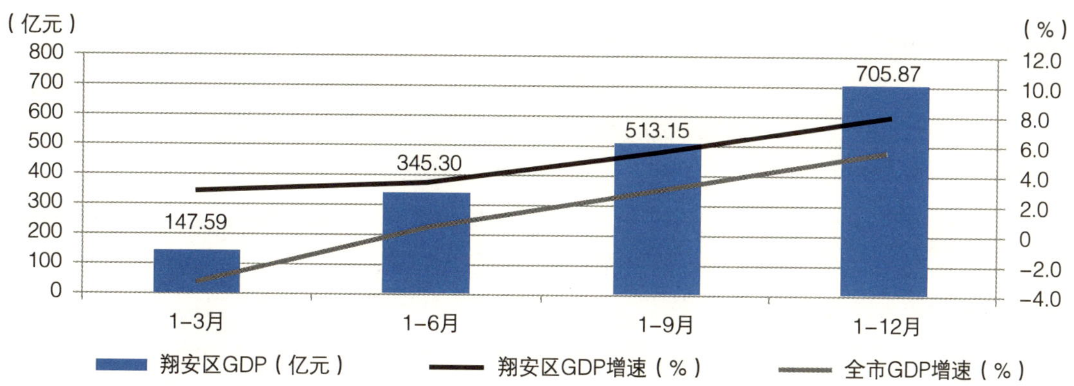

数据来源：厦门统计月报

图 7–1　翔安区 2020 年各季度 GDP 与全市比较

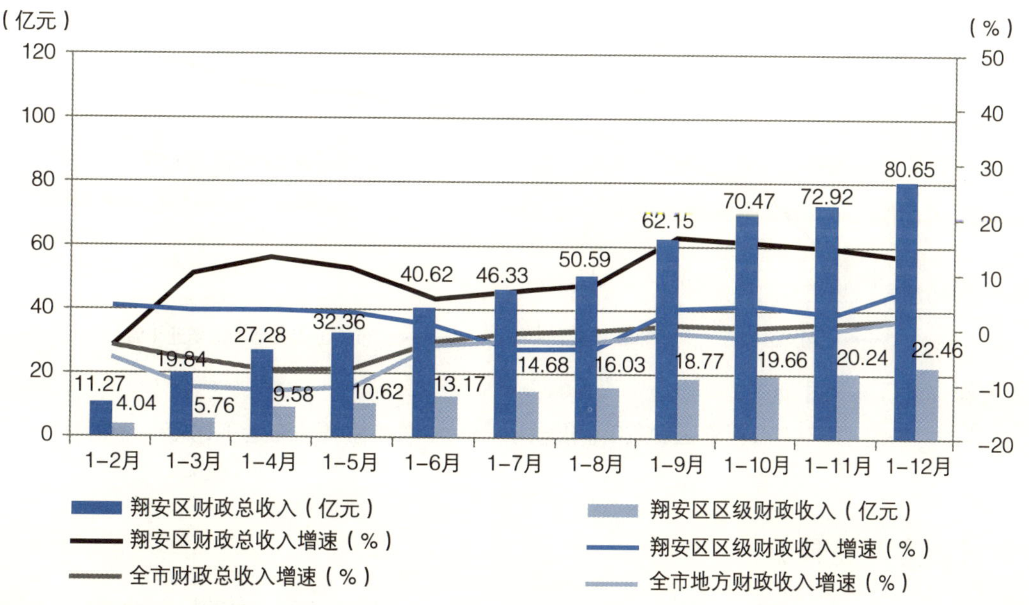

数据来源：厦门统计月报

图 7–2　翔安区 2020 年财政总收入与全市比较

1. 实体经济持续壮大

先进制造业不断壮大。2020 年，翔安区实现规模以上工业增加值 406.8 亿元，增长 6.9%，增速较上半年回升 3.7 个百分点。平板显示产业完成产值 729.50 亿，增长 1.6%，占全市比重 48.6%，天马微电子、电气硝子产能稳定释放，天马微第 6 代 LTPS 生产线实现量产、二期建成投产，祥达光学、合联胜利等技改项目顺利进行，强力巨彩 LED 显示屏产业园等项目开工建设。半导体和集成电路产业链不断延伸。半导体和集成电路产业完成产值 229.02 亿，增长 7.8%，占全市比重 32.6%，目前已具备晶圆制造、芯片制造和和 LED 应用等生产能力，其技术和工艺的先进性、成熟性在国内处于领先水平。见图 7–3。

服务业稳定增长。2020 年，受疫情影响，翔安区服务业增加值增速有所回落，全年实现服务业增加值 217.27 亿元，比增 8.5%，增速较上半年回升 2.9 个百分点，高于全市 3 个百分点。其中商贸业保持强劲增长势头，批发零售业销售额 798.7 亿元，比增 77.9%，增长态势强劲，高于全市增速 49.7 个百分点。全区首家五星级标准酒店—悦华酒店正式营业，高端商业综合体—奥特莱斯全面封顶，“翔安全城消费季”等促销活动成效显著，消费市场继续回暖，以 910 万元财政补贴带动 30 亿元消费。

新经济加快发展。夜间经济、直播电商发展势头强劲，全年电子商务销售额增长 34%。金融产业加速集聚，落地国务院唯一授权的中小微企业融资信用平台“信易贷”等 92 个金融项目。数字经济、健康医疗蓬勃发展，数字经济产业园入驻了钟南山院士团队领衔的厦门联合呼吸健康研究院、张文宏教授任首席科学家的珐瓒实验室、医疗大数据独角兽零氪科技等 280 家优质企业。

现代都市农业融合发展。成立全省首家农业产业研究院。9 个试点示范村和 3 条乡村振兴动线加快建设，澳头、大帽山等乡村游景点人气火爆，全区接待游客 420 万人次、旅游收入 10.5 亿元，乡村旅游蓬勃发展。

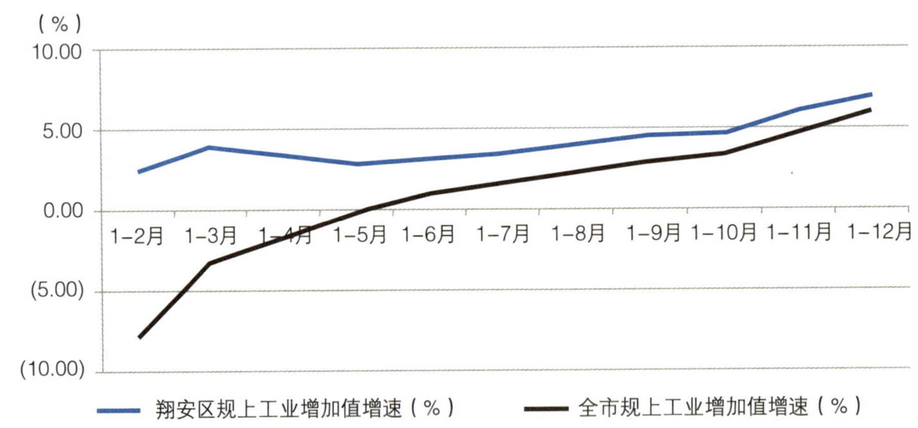

数据来源：厦门统计月报

图 7–3 翔安区 2020 年规模以上工业增加值增速与全市比较

2. 创新活力加速释放

2020 年，翔安区 R&D 经费占 GDP 比重达 3.7%，万人有效发明专利拥有量达到 52 件。翔安区政府与厦门大学、哈工大签署合作协议，未来将在共建共享、聚才引才、科研合作、配套设施等方面建立长期、全面的战略合作关系。建成厦门南方海洋研究中心，落地厦大嘉庚创新实验室、哈工大大数据产业园。新入库三高“企业”52 家，规上国家级高新技术企业数增至 124 家，占全区规上工业企业数 33.6%。2020 年规上国家高新技术企业完成产值 558.53 亿元，占全区规上产值的 36.3%；高技术产业增加值 216.41 亿元，占全区规上增加值的 53.2%，高于全市 13.4 个百分点。成功举办由科技部指导的中国创新创业大赛。

3. 项目建设加快推进

固定资产投资额创历史新高，总量位居全省各县（区）首位，全年固定资产投资同比增长 20.7%，高于全市 11.9 个百分点，增速较上半年回升 3.6 个百分点，总量居全市第一（见图 7-4）。机场、东部体育会展等重大片区建设全面提速，完成投资 590 亿元，占全区固定资产投资总量的 87%，新机场航站区综合交通枢纽加快建设，新体育中心、新会展中心全面动建，天马六代主厂房核心区封底，双十中学初中部、实验小学翔安校区顺利竣工。109 个省市重点项目完成投资 588 亿元，项目数及投资额全市“双第一”。征地拆迁强势推进。创下机场高速公路 45 天、天马六代 40 天、新体育会展中心 30 天整村搬迁的“翔安新速度”，大嶝阳塘、新店东山提前完成签约任务，马巷琼头片区实现突破。完成土地交地 1.26 万亩（不含海域退养）、房屋拆除 92 万平方米，在省市重点项目土地房屋征收工作综合考评中位居全市第一。

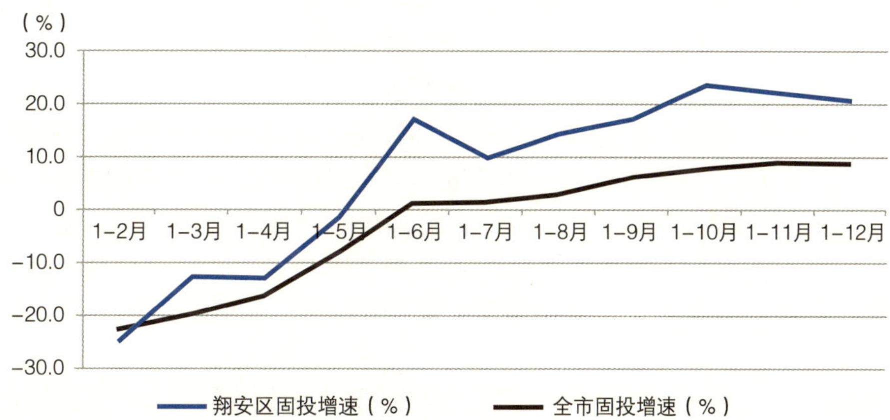

数据来源：厦门统计月报

图 7-4 翔安区 2020 年固定资产投资额增速与全市比较

4. 城乡建设有力推进

基础设施建设加快推进。交通设施加快建设。轨道 3 号线（火车站—蔡厝站）实现轨通、4 号线翔安段区间完成过半，城际轨道 R1 线机场段预留工程桩基完工，福厦高铁、第二东通道等重大线性工程被央视集中报道 31 次。机场高速公路（内厝段）提前三个月动工，机场快速路南段、滨海浪漫线二期建成使用，海翔大道连接泉州“最后一公里”、舫山东二路等“断头路”成功打通。启用 2 个公交场站、42 座公交候车亭，优化 17 条公交线路，开通 15 条校园定制专线。

城乡环境持续改善。近 5 万亩海域养殖全面完成清退。环境空气质量优良率达 99.4%。首创“排口长”制、小微水体“星级”管理机制，整治 107 个入海（河）排污口，建成 4 个生态补水工程，日补水达 5 万吨，省控断面溪边后水质全年稳定达标，内田溪、内垵溪等昔日"臭水沟"蜕变为水清岸绿的景观带。文明创建取得扎实成效，整治占道经营、环境脏乱等问题2000个，新设停车泊位3万个。完成巷西路市政改造、铁路及高速公路沿线环境整治，新增改造园林绿地110公顷。严厉整治农村乱占耕地建房、违建别墅问题，拆除"两违"224万平方米，对新增"两违"坚持"零容忍"。

5. 民生福祉显著改善

人民生活水平显著提高。2020年，城镇居民人均可支配收入43816元，增长4.4%，农村居民人均可支配收入24206元，增长7.7%，农村居民人均可支配收入增速继续快于城镇居民人均可支配收入增速，城乡居民收入差距进一步缩小。通过"三加三送"即"政策 + 对策""就业 + 创业""输血 + 造血"，多措并举拓宽收入渠道。今年来完成失业人员再就业17063人，城镇就业困难人员再就业2335人，本市农村富余劳动力转移就业2827人。

公共服务持续优化。社会事业和民生项目投资120亿元，投资增长38.3%。蔡厝高中、翔安职校新校区等28所学校开工建设，宋坂小学等14所学校顺利建成，新增学位13560个。新开办7所小学幼儿园，24所学校获评省级义务教育管理标准化学校，与福建教育学院、福建幼高专开展合作办学，聘任中国科学院院士韩家淮为厦大附属翔安实验学校总校长。家庭医生签约服务12.9万人，设立市级婴幼儿照护服务托位100个，投入2.3亿元建设市第五医院医技科教综合大楼等项目。《马巷厅志（点校版）》通过评审，拍胸舞等5个项目入选省级非物质文化遗产项目，举行首届厦门环东半程马拉松赛。

民生保障水平稳步提升。民生支出52亿元、占全区财政支出的81%，64项各级为民办实事项目全部见效。全面推进"爱心厦门"建设，做好困难群众兜底保障，发放各类补贴4.5亿元，被征地农民新增参保1.5万人，符合条件的低保对象全部享受延保渐退政策。房屋安全排查整治工作获国务院安委办检查组高度评价，长效处置D级危房1857栋、处置率达96%，农村五类重点对象住房安全问题全面消除。创新医疗补充商业保险试点项目，率先试点精神障碍社区康复服务，新开建15家幸福院，为120个村（居）购买居家养老服务。田墘"四统房"开工建设，莲塘"联体连片"项目封顶，新店地铁社区一期、黎安居住区等保障房项目交付使用。

社会治理成效显著。扫黑除恶专项斗争三年行动成效显著，累计打掉黑社会性质组织1个、恶势力犯罪集团和团伙9个、黑恶势力成员及其他涉恶类犯罪嫌疑人700余人，上半年群众安全感率、扫黑除恶好评率、政法部门执法工作满意率三项指标均排名全市第一，其中群众安全感率、扫黑除恶好评率位列全省前十。

（二）存在问题

1. 经济增长压力较大

受疫情和外部环境的变化影响，经济形势仍然严峻复杂，部分行业和中小微企业发展仍面临不少困难。2020年，翔安区规上工业增加值增长6.9%，增幅仅全市第三，分别落后同安1.6个百分点、海沧区1.5个百分点。区属规上工业增长乏力，全年完成产值237.75亿元，比增2.7%，低于火炬（翔安）1.3个百分点，区属规上工业企业规模偏小、数量偏少、且主要集中在食品加工、建材、纺织等传统行业，增加值率较低，转型升级难度大。火炬方面，龙头带动作用弱化，受贸易摩擦影响，平板显示龙头企业冠捷、友达持续羸弱表现。中航锂电、天马6代线等大项目建成投产仍需时间，数字经济、健康医疗等新兴产业仍处于培育阶段，经济发展短期内新增长点不足。

2. 经济发展质量不高

光电、电子等支柱工业企业仍停留在加工装配环节，处于全球价值链中低端环节，附加价值低。各行业之间关联度低，产业互补性不强。服务业总量偏小，比重、层次偏低，远远落后于全市整体水平。

3. 城区建设较为滞后

建区之初忽视产业发展与城市功能的协同，存在“重产业、轻城市”的现象，以产业需求确定空间资源配置，导致产业布局与城市发展需求不匹配，产业空间与城市空间分割、离散，城市化滞后于工业化，“有区无城”“有业无城”问题依然十分突出。

4. 人气集聚不足

翔安区人口规模偏小，截至2019年年末，全区户籍人口数378168人，登记在册流动人口数为265547人。从流入人口在翔居住时间来看，居住5年以上的仅占22.7%，处于全市最低水平。商品房住宅入住率不高，区内人员和游客呈现昼夜潮汐式迁徙；“引才留才聚才”的人文环境尚不成熟，无法有效地“集人气、育商气”。

5. 民生短板较多

学前教育学位不足，呈现“镇区紧缺、农村剩余”的特点，高中阶段教学水平与岛内差距依然明显，教育教学质量与现实需求仍有较大差距。医疗卫生、养老服务、公共交通等基本公共服务与全市其他区的差距还比较大。随着翔安区建设发展的加快，征地、退海工作不断推进，民生保障经费支出负担重。

二、“十四五”期间翔安区发展展望

“十四五”期间，翔安区全方位高质量发展超越将迈上新台阶，成为跨岛发展最强“增长极”、岛外大发展“排头兵”。综合经济竞争力显著增强，持续提高经济发展的质量和效益持续提高，到2025年全区地区生产总值突破1200亿元。高质量发展平台建成聚能。航空新城、体育会展新城、环东海域新城翔安片区、同翔高新产业新城、未来科技城等重大片区和平台加快建设，翔安成为闽西南区域重要的国际人员往来枢纽、产业创新策源地、数字资源交流中心和高端商务会展活动集聚地。城区品质形象显著提升。基本完成机场、轨道交通等重大交通设施建设和优质教育、医疗、文化资源布局；城区功能配套完善、智能设施先进、人气商机集聚。生态和民生水平不断提高。生产生活方式向绿色低碳转变，生态环境质量水平和可持续发展能力显著提升。乡村振兴全面推进，城乡发展更为均衡。人得到全面发展，居民人均可支配收入保持与经济同步增长，基本公共服务和社会治理水平持续提高，成为让群众拥有更多获得感的“幸福翔安”。到2025年，人类发展指数（HDI）达到中等发达国家水平。

三、2021 年翔安区发展展望

（一）影响因素

1. 有利因素

科技创新和产业变革机遇。以 5G、人工智能、大数据、新一代信息技术等为代表的新一轮技术革命打破了以往产业变革由少数发达国家主导、垄断的局面，全球创新版图逐步向多中心发展，将深刻改变生产组织方式，带来新一轮工业革命。这为翔安推动传统产业转型升级、发展具有全球竞争力的新产业带来了良好的机遇。

金砖国家新工业革命伙伴关系创新基地建设机遇。国家主席习近平在金砖国家领导人第十二次会晤上宣布，将在厦门市建立金砖国家新工业革命伙伴关系创新基地，开展政策协调、人才培养、项目开发等领域合作。金砖创新基地是翔安区融入国家战略、服务国家战略的一个新平台，为翔安推进全方位高水平对外开放提供了新的契机。

“双循环”新发展格局机遇。新时期国家提出“推动形成以国内大循环为主体、国内国际双循环相互促进的新发展格局”，鼓励充分利用国内国际两个市场两种资源，将给翔安区带来以新基建、新型城镇化和重大工程“两新一重”为主的“新投资”机遇，以新场景、新模式带动的“新消费”机遇，以及同时开辟国内外新市场的“新贸易”机遇。

闽西南经济协同区建设向纵深推进。厦门加大与泉州、漳州、龙岩、三明等地的区域合作，城市发展空间进一步拓展，也为翔安区产业发展提供了新的空间和机遇。

“岛外大发展”机遇。全市跨岛布局“多中心”发展，其中厦门东部市级中心、航空新城城市副中心、翔安区级中心均位于翔安区；全市八大重大片区开发建设中五大片区与翔安密切相关，包括新机场片区、环东海域新城翔安片区、东部体育会展新城片区、同翔高新产业新城、轨道交通等，这些重大发展平台载体加快建设，将高质量推动翔安区经济发展和城市建设。

2. 不利因素

从外部环境看，当今世界面临百年未有之大变局，新冠肺炎疫情使变局进一步加速，经济全球化遭遇逆流，美国多方面遏制中国发展，保护主义、单边主义上升，世界经济低迷，国际贸易和投资大幅萎缩，供应链、产业链不稳定性加剧。翔安区经济以制造业为主动力、外向度处于 66% 的较高水平，将面临可以预见和难以预见的全球产业分工、贸易格局、地缘政治等各方面的风险和严峻挑战。

从内部环境看，国内经济仍存在结构性、体制性、周期性问题，以及社会矛盾深层次转化的风险；全国重要区域发展规划、开放政策相继获批，新一轮的区域改革开放竞争将更加激烈，使翔安区未来发展面临更大的竞争压力。翔安区自身还存在着产业结构发展不均衡且层次质量不高、城区建设滞后导致“有区无城”“有业无城”以及公共服务水平与人民群众期望尚有差距等问题，亟须进一步改善。

（二）发展展望

综合考虑上述影响翔安区发展的各类因素，2021 年翔安区经济下行压力加大，经济保持加快增长难度加大，预计地区生产总值增长 8.3% 以上，规模以上工业增加值增长 8.5%，固定资产投资增长 10%。

2021 年，在喜忧参半、利弊并存的国内外经济形势下，翔安区的综合发展实力将持续增强。天马六代加快建设，中航锂电、博泰车联网即将投产达产，西人马、南京高光落地动建，平板显示、集成电路等高端制造业规模将不断扩大。环东海域新城、航空新城、同翔高新产业新城、东部体育会展新城等“四座新城”建设进度持续加快，市政设施、保障性安居工程、商业配套设施进一步完善，产城融合将持续深化。乡村振兴建设持续深入推进，农业农村现代化水平将逐步提升，群众获得感将进一步增强。“绿盈乡村”建设持续推进，生态环境保护力度持续增强，节能减排降碳、污染治理和生态环境质量水平将进一步提升。

四、2021 年翔安区发展对策

2021 年翔安区应立足新发展阶段，贯彻新发展理念，服务融入厦门新发展格局，坚持稳中求进工作总基调，扎实做好“六稳”工作，全面落实“六保”任务，确保完成全年各项目标任务，为“十四五”规划开好局、起好步。

（一）增强发展能级，推进产业转型发展

1. 做强做大产业链群

不断做强平板显示、集成电路等高端制造业，推动天马六代加快建设，推进中航锂电、博泰车联网投产达产，加快西人马、南京高光落地动建。围绕平板显示、半导体和集成电路、机械装备、航空工业、新能源新材料等优势产业领域，对照产业链图谱，突出“补链”“延链”“强链”，确保产业链供应链安全。同时，主动融入全球的产业链和价值链的体系，全面增强翔安产业链的国际的竞争力。

2. 培育数字经济新增长极

抢抓新经济密集创新和高速增长的战略机遇，促进数字经济和实体经济深度融合。加快推进 5G 网络、大数据中心、物联网、工业互联网等新型基础设施建设，推进数字产业化、产业数字化，持续壮大 5G、人工智能、健康医疗大数据等产业规模，推动传统基础设施数字化赋能改造，布局打造一批数字平台、数字走廊、发展基础硬件、基础软件、应用软件等产业，推动形成集“硬件 + 软件 + 服务”为一体的产业生态。加快企业数字化赋能，支持企业“上云用数赋智”，促进平台经济、共享经济健康发展，拓展消费空间和消费领域。持续拓展金砖国家合作新空间，鼓励企业与金砖国家在智能制造、智慧农业、智慧医疗、智慧教育、智慧物流、金融科技等合作潜力大、成长性高的领域深化合作，共建智慧产业生态。

3. 促进产业基础高级化

发挥厦大翔安校区、国家大学科技园在地优势，推动金砖国家新工业革命伙伴关系创新基地布局翔安区，探索建设多片区联动的“未来科技城”，支持厦大嘉庚创新实验室、生物医药制品省级重点实验室、厦大国家集成电路产教融合创新平台建设。鼓励龙头企业组建创新联合体，围绕关键核心技术与科研机构加强产学研合作。推动“三高”企业倍增发展，加快培育具有国际竞争力的创新型龙头企业和“单项冠军”企业、“专精特新”企业、瞪羚企业、独角兽企业等。深化校企合作联盟机制，探索校地产学研人才培养模

式，大力引育创新型、应用型、技能型人才。深入推进金砖国家新工业革命伙伴关系创新基地建设，加强与金砖国家在技术创新、产业发展、人才培养等方面的合作力度，策划落地更多标志性、引领性、旗舰型的产业合作项目。

4. 提升现代服务业发展水平

聚焦服务业重点领域和关键环节，促进企业深化业务关联、延伸链条、技术渗透，不断提升服务业发展质量。推动生产性服务业向专业化和价值链高端延伸，大力发展信息服务、研发设计、创意服务、商务服务、供应链服务、节能与环保服务、检验检测认证服务等新兴行业，进一步壮大生产性服务业产业规模，大力发展金融科技、智慧物流、数字贸易、平台经济等新型新业态，支持传统生产性服务业创新升级。推动生活性服务业向高品质和多样化升级，积极发展旅游会展、文化创意、体育产业、健康服务、家政服务等服务业，满足个性化、多样化和优质化消费需求。促进服务业与制造业、农业融合发展，支持龙头企业、骨干企业、专精特新企业，由有形产品提供者向“产品＋服务”提供者转变，积极发展农村金融、农村科技、农村旅游开发、农村电商等产业。深化服务业内部融合，促进金融、文化、旅游、会展等业态的相互深度融合，创新发展影视产业、网络视听、文化创意、文化旅游、体育会展等产业，催生新技术、新产品、新业态、新模式不断涌现。

5. 推动产业招商精准化

围绕“服务最优、政策最好、兑现最快”目标，深化完善“四个一”招商工作机制，拓展活动招商、基金招商、敲门招商、飞地招商等方式，强化片区联动招商，加力引进一批强链补链延链的高能级项目和总部经济项目。优化提升“招商一张图”，聚焦产业发展和企业需求，制定完善更精准更灵活更实效的招商政策。拓展招商空间，坚持以用地促项目落地，建设数字经济产业园三期、内厝鸿渐工业园，探索创新离岸产业孵化器、“飞地”产业园区等机制。着力打造高素质专业化招商引资和企业服务队伍，推进招商引资和企业服务一体化建设。

（二）拓展内需空间，融入双循环大格局

1. 促进消费提质升级

增强消费对经济发展的基础性作用，提升传统消费，培育新型消费。重点培育一批高品质商业综合体，依托文化、美食、自然等资源，规划建设具有翔安特色的消费街区，加快建设苏宁广场、首创奥特莱斯、马巷老街等商业项目，规划建设新机场片区、环东海域新城等核心商圈。鼓励消费新模式新业态发展，围绕汽车、生鲜、农产品、日用品等领域，推动传统零售和渠道电商整合资源，促进线上线下消费融合发展，开拓城乡消费市场。鼓励开展直播电商、社交电商、“小程序”电商等智能营销新业态。

2. 培育发展服务消费

大力推动文化旅游体育消费，谋划一批商旅文体联动项目，打造沉浸式、体验式消费，培育夜间消费集聚区。培育健康养老家政消费市场，建立和完善预防保健、疾病治疗、康复护理、长期照护等健康服务体系。促进教育培训托幼消费，提升线上线下教育资源服务供给能力，开发研学旅行、实践营地、特色课

程等教育服务产品，引导社会力量按照规范要求提供托幼服务。加快推动信息消费，支持企业建设信息消费体验中心，运用虚拟 / 增强现实、交互娱乐等技术，优化动漫游戏、数字娱乐、数字视听等产品供给。

3. 精准推动有效投资

积极发挥投资对优化供给结构的关键作用，保持有效投资合理增长。大力支持科技创新和产业升级投资，加大科技创新设备投资扶持力度，推动企业设备更新和技术改造，扩大战略性新兴产业投资。推动重大片区开发再提速，深化联合攻坚机制，全力攻坚一批整村搬迁项目，为“四座新城”提供充分的要素保障，确保四大市级片区如期完成投资任务。加快完善同翔高新城配套设施，保障电气硝子三期等项目竣工投产。推动房地产市场平稳健康发展，有序出让经营性地块。支持调结构、增后劲、促消费、惠民生的“两新一重”建设，推动基础设施配套再提升，推进新型基础设施建设，发展新一代信息网络、拓展 5G 应用、建设充电桩，激发新消费需求、助力产业升级；加强新型城镇化建设，着力提升镇改街后的公共设施供给和服务能力，满足人们生活需求。推动乡村振兴建设再提质，加快有利于城乡区域协调发展的重大项目建设，大力发展现代都市农业和乡村旅游、休闲农业，推动联成渔业等现代农业项目落地，推进澳头海洋经济示范区发展、内厝商业街改造、大帽山休闲农业文旅项目建设，打造一批品牌旅游村镇。健全市场化投融资机制，支持民营企业和社会资本平等参与翔安区经济社会各领域投资，形成市场主导的投资内生增长机制。

（三）推进改革创新，提高对外开放水平

1. 持续推进改革创新

坚定全面深化改革开放，高质量推动营商环境优化实现超越，积极服务并深度融入新发展格局，坚持扩大内需战略与深化供给侧结构性改革有机结合，注重需求侧管理，提高对外开放水平，营造市场化法治化国际化的营商环境。持续深化“放管服”改革，加快相对集中行政许可权改革试点，推动“一门式一网式”政务服务改革，探索“一枚印章管审批”的有效形式。健全“马上办、网上办、一次办”常态化机制，全面推行“不见面审批”，深化“一件事”集成服务，提升行政审批服务水平。构建亲清新型政商关系，完善常态化挂钩帮扶企业“四五六”机制，推动民营经济健康发展，支持本土品牌做强做大，更加主动帮扶中小微企业解决融资、用工、用地等困难。稳步抓好农村集体产权制度、财政投融资体制、国资国企等改革。加强知识产权保护，完善知识产权纠纷多元解决机制，建设质量强区。

2. 推进“海丝”开放平台建设

更深融入“一带一路”建设，积极开展国际竞争与合作，打造“海丝”互联互通、经贸合作、人文交流枢纽。打造“丝路飞翔”枢纽，依托厦门新机场，建设面向海峡两岸、辐射“海丝”沿线国家和地区的空中开放门户。提升“海丝”航线的网络通达性和洲际航线的网络密度，提高国际中转水平；主动融入国际物流大通道、“丝路海运”离岸转运中心建设，积极配合外籍人员出入境改革试点工作，建设“海丝”互联互通核心枢纽。打造“海丝”经贸合作枢纽，积极参与多元化国际市场开拓，沿“海丝”航线拓展新兴市场，扩大先进技术、关键设备及零部件、紧缺性产品进口，建设进口贸易创新示范区和国际商品交易集散中心；提升双向投资水平，加强对“海丝”沿线国家和地区的招商推介与项目促进力度，拓展与东南亚、

欧洲等地区市场的国际产能合作；支持优势产业“走出去”，鼓励企业建立境外产业集聚区，推动本地产品、标准、品牌走向世界；争取厦门自贸试验区范围扩大到翔安，实施具有较强国际市场竞争力的投资、贸易、金融、人员往来开放举措。打造“海丝”人文交流枢纽，大力推进与“海丝”沿线国家和地区在科研、教育、文化、体育、医疗及社区管理等领域的交流合作；发挥东部体育会展中心载体优势，争取举办大型“海丝”主题活动、国际性会议和重大体育赛事；推动厦门大学马来西亚分校二期建设，吸引更多留学生来翔；建立常态化交流平台，丰富交流内容形式，密切与海外华侨华人联系，拓展“海丝”友城友区资源。

3. 扩大对外交流协作

主动服务融入新发展格局，引导企业开展产能对接、配套协作等活动，构建上下游、大中小、产供销紧密协作的区域产业生态体系，深化对内经济联系。提升对外开放水平，争取自贸区在翔安扩区，推动新机场综合保税区建设，积极参与建设具有自由港特征的经济特区。办好第十二届世界大同安联谊大会。发挥区位优势，加强区域协作，积极融入闽西南协同发展区建设，加快基础设施互联互通，推动与周边城市机场、高铁、城际轨道、公路等区域交通设施的整合联通，构建与泉州、漳州中心城区“一小时交通圈”。持续抓好东西部扶贫协作、省内帮扶、援藏援疆各项工作，严格落实“四不摘”要求，巩固拓展脱贫攻坚成果。

4. 服务两岸融合发展

积极探索新形势下两岸融合发展新模式、新途径、新领域，推进翔台经济领域融合，建设台胞台企登陆第一家园，着力打造两岸融合发展示范区。持续在“产、通、惠、情”下功夫，深化电子信息、文创影视、现代农业等优势产业协同发展，引进优质台资台企和高端人才，力促两岸新兴产业和现代服务业综改示范区建设。打造两岸共同市场，实行更加开放灵活的对台贸易政策，大力发展服务贸易，促进翔台两地货物、服务、资金、人员、技术、数据等要素有序流动。围绕“应通尽通、能通先通”，配合做好厦金电力联网、向金门通气工程前期工作。落实惠台利民举措，设立台胞台企服务专窗和台胞服务中心，支持台湾青年来翔创业就业。加强文化传承交流，拓展对台特色交流平台，推动各种形式“文化入岛”。扩大两岸文化交流的参与度、覆盖面、影响力，推动两岸居民理念趋近、价值观趋同、增强“海峡同根、文化同源、两岸一家亲”的情感认同。推动建立两岸社区、村里常态化交流机制。

（四）坚持人民至上，持续增进民生福祉

1. 推进“爱心翔安”建设

坚定文化自信，坚持以社会主义核心价值观引领文化建设，持续提高社会文明程度，推动形成适应新时代新要求的思想观念、精神面貌、文明风尚、行为规范。构建文明城区创建常态化长效工作机制，大力开展移风易俗、文明交通、文明餐桌、文明旅游、文明礼仪等行动，深化双拥共建，推动志愿服务制度化规范化常态化，促进市民文明素质、行业文明水平和城市文明程度同步提升。全面建设“爱心翔安”，深化群众性社会主义精神文明创建活动，深入实施爱心助残、爱心敬老、爱心济困、爱心扶幼、关爱特殊岗位工人等系列行动，完善最低生活保障、社会救助、社会福利、慈善事业、优抚安置等制度。保障老年人和

妇女儿童合法权益，健全进城务工人员随迁子女关爱服务体系。发展残疾人事业，加强残疾康复服务。大力发展社会公益慈善事业，加强社会慈善组织管理，弘扬乐善好施传统美德，树立扶贫济困良好风尚。充分展示翔安开放包容性格、海纳百川气度和开拓进取、敢拼会赢的精神，引导广大市民树立强烈的家国情怀和高度的城市自信，让翔安更有人文关怀、更有爱心温度，打造美誉远扬的“爱心翔安”。

2. 完善社会保障体系

深入实施全民参保计划，深化“爱心飞翔”工作机制，强化五类重点对象动态分类管理和精准兜底保障，巩固动态管理下的最低生活保障对象“应保尽保”，抓好“一老一幼”服务。强化镇（街）社会救助责任和相关保障条件，村级设立社会救助协理员，困难群众较多的村（社区）建立社会救助服务站（点），提高救助覆盖面。大力发展机构养老，推动溪尾村南侧地块高端养老项目建成投入使用，形成覆盖高、中、低端的养老服务市场。推进学前教育优质普惠发展，支持国企兴办普惠性幼儿园，规范扶持民办幼儿园，探索发展婴幼儿托管、照护服务。做好保障房的用地保障工作，推动新店地铁社区二期、后滨安置房等竣工交付，推广“四统房”建设，创新区级闲置边角地、安置房利用模式。做好新一轮省级双拥模范城考评迎检，支持驻翔部队练兵备战，加强退役军人服务保障。完成第七次全国人口普查。

3. 拓宽惠民生就业渠道

设立工作专班，统筹开展被征地农民和海域退养渔民转产就业行动。深化“5110”精准就业帮扶机制，完善手加工业扶持、公益性岗位开发、职业技能培训等就业支持体系，大力帮扶高校毕业生、退役军人等重点群体实现稳定就业。支持发展农村电商、网红直播等新业态，加大创业政策扶持，实现多渠道灵活就业。结合重大片区开发，加大农村发展用地、农村集体经济项目策划建设力度，推动农民共享土地增值收益，探索各类经营模式，拓展农民创收渠道，促进富民增收。

4. 提升公共服务优质度

全力创建教育强区，大力引进优质教育资源，深化合作办学机制，推动岛内名校跨岛发展，继续主动对接“名校跨岛”战略，推动更多优质教育资源实质落地。加快推进厦大附属翔安实验学校、双十中学翔安校区、实验小学翔安校区等学校建设。支持厦大办好百年校庆。加大医疗资源供给力度，支持市第五医院、翔安医院等医疗机构提升医疗服务水平。推动九溪高端养老项目、妇幼保健院落地。健全基层医疗卫生服务，合理布局基层卫生服务网点，推进社区卫生服务中心建设。深化医药卫生体制改革，提升家庭医生签约服务水平。推进更高水平医疗联合体建设，促进优质医疗资源共享，深入推进分级诊疗体系建设。深入开展全民健身活动，加强体育健身指导的人才队伍建设，进一步提高居民身体素质和健康水平。做好文化遗产保护工作，提高特色文体赛事活动影响力。

（五）提升治理能力，建设安全稳定城区

1. 加强生态环境治理

全面践行绿水青山就是金山银山理念，坚持“多规合一”一张蓝图，落实主体功能区，严格落实生态保护红线有关规定，牢筑城市生态屏障。健全中央、省生态环保督察整改长效机制，实施“蓝天、碧水、

蓝海、净土”四大工程，坚决打好蓝天、碧水、净土和海洋生态保卫战，确保空气、水质、土壤达到功能区高标准水平。严格落实河（湖）长制、排口长制，深化小流域综合整治，统筹开展水生态保护等工作，完成入河（湖）排口和受污染小微水体治理，继续实施一批生态补水工程，推动流域水质稳定达标。加快垃圾末端处理设施建设，不断提升改善生态环境质量。强化大气污染精准监测防治，稳步提升空气质量。巩固海域退养、入海排口治理成果，推动海域及海岸线保洁全覆盖，加强海岸带保护和海洋生态保育，加强湿地保护和可持续利用发展，严防问题反弹。持续提高城市森林和建成区绿化覆盖率。建设全覆盖生态廊道、城市慢行绿道系统和多层次公园体系，形成“山水林田湖草”有机衔接的高品质生态体系。

2. 提升城乡管理水平

开展景观环境和村庄建筑风貌大整治大提升，完成厦大翔安校区夜景工程、翔安南路两侧村庄立面整治，推进马巷古镇历史文化风貌修缮。建成下潭尾湿地公园二期，建设大嶝环嶝步道，新建一批城市公园、“口袋”公园，推广“市民园长”制。开展工业园区标准化建设，设立“新城大管家”，补齐新城和工业区配套短板。建立常态化文明城区创建机制，加强共享单车、建筑废土、收储用地等规范管理，有计划改造农贸市场。系统推进垃圾分类减量和资源化利用，提升城乡的污水治理能力，提高垃圾分类水平。严厉打击农村乱占耕地建房行为，坚决遏制新增“两违”。推进数字化建设，提升城乡治理信息化水平。

3. 维护社会安全稳定

大力实施“主动创稳”“铸魂创安”“强基创先”工程，深入推进社会治安防控体系建设，不断提升维护国家政治安全和社会稳定的能力。坚持和发展新时代“枫桥经验”，健全社会矛盾综合治理机制，依法打击信访违法行为，做到小事不出村、大事不出镇。深化“平安翔安”建设，完善社会治安立体防控体系，建立扫黑除恶专项斗争长效机制，保持扫黑除恶治乱高压态势。创建平安海防，维护翔金海域安全稳定。扎实推进安全生产专项整治三年行动，坚决遏制重特大事故。强化应急管理体系和能力建设，建立“大应急”机制，优化主要应急物资产能保障和区域布局，提高防灾减灾救灾水平，增强保障应对能力。完善重大疫情防控和应急响应机制，健全突发重特大疫情防控规范和应急救治管理办法，提升疫情快速检测、应急保障、综合救治能力。深入实施食品安全战略，确保群众“舌尖上的安全”。严厉打击非法集资等非法金融活动，防范化解金融风险。推进社会治理体系和治理能力现代化，稳步完成撤镇设街、村（居）换届选举工作，全面开展村（居）专兼职工作人员规范整合。完善社区网格化管理体系，构建“党委政府主导，政法综治协调，全域整体联动，服务管理高效，社会平安和谐”的网格化服务管理新格局，推动信用在网格化服务管理领域的创新应用，提升社会治理的科学化、规范化、精细化水平。

【参考文献】

[1] 翔安区人民政府 .2021 年翔安区政府工作报告 [R].2021
[2] 厦门市人民政府 .2021 年厦门市政府工作报告 [R].2021
[3] 翔安区人民政府 . 翔安区国民经济和社会发展第十四个五年规划 [R].2021
[4] 翔安区人民政府 . 翔安区“十四五”经济社会发展基本思路研究 [R].2020

课 题 组 长：黄榆舒
课题组成员：彭朝明　彭梅芳　许　林
欧阳元生
课 题 执 笔：黄榆舒　欧阳元生

第八章　2020 年 15 个副省级城市经济运行比较分析

一、2020 年副省级城市经济运行的主要特点

（一）企稳回升势头向好

2020 年，15 个副省级城市有 11 个 GDP 增速高于全国平均值；与上半年相比，15 个副省级城市 GDP 增速均比上半年增速有所提升（降幅收窄），说明副省级城市在全国经济恢复稳定增长的过程中，发挥了重要支撑作用。详见表 8-1。

表 8-1　2020 年副省级城市 GDP 比较

城市	GDP（亿元）	同比增速（%）	增速排名
厦门	6384	5.7	1
西安	10020	5.2	2
济南	10141	4.9	3
南京	14818	4.6	4
成都	17717	4	5
杭州	16106	3.9	6
青岛	12401	3.7	7
长春	6638	3.6	8
宁波	12409	3.3	9
深圳	27670	3.1	10
广州	25019	2.7	11
大连	7030	0.9	12

（续表）

城市	GDP（亿元）	同比增速 (%)	增速排名
沈阳	6572	0.8	13
哈尔滨	5184	0.6	14
武汉	15616	−4.7	15

数据来源：各城市统计局网站

（二）区域经济分化加剧

1. 东部地区领跑

东部沿海地区 2020 年 GDP 增速达到或超过 4% 的城市有厦门（5.7%）、济南（4.9%）、南京（4.6%）3 个城市；除广州外，其余城市 GDP 同比增速均超过 3%，表现抢眼。见表 8–2。

表 8–2　2020 年副省级城市 GDP 同比增速（按区域分）

城　市		GDP 增速（%）
东部沿海地区	厦门	5.7
	济南	4.9
	南京	4.6
	杭州	3.9
	青岛	3.7
	宁波	3.3
	深圳	3.1
	广州	2.7
中部地区	西安	5.2
	成都	4
	武汉	−4.7
东北地区	长春	3.6
	大连	0.9
	沈阳	0.8
	哈尔滨	0.6

数据来源：各城市统计局网站

2. 中西部地区两极分化

西安由于全市经济较快从疫情冲击中恢复，全年 GDP 增速达 5.2%，居副省级城市第二位。而武汉因遭受疫情冲击最为严重，GDP 增速由 2019 年正增长 7.8%，大幅下降至 2020 年负增长 4.7%。

3. 东北城市仅长春一枝独秀

4 个东北城市仅长春 GDP 增速超过 3%，不仅成为 2020 年增长最快的东北城市，而且也是与 2019 年同期增速相比，进步最快的城市。大连、沈阳、哈尔滨因经济低迷叠加疫情严重冲击，2020 年至第三季度 GDP 增速仍未能由负转正，全年 GDP 仅分别微增长 0.9%、0.8% 和 0.6%。

（三）工业恢复势头明显

副省级城市中除广州（2.5%）、深圳（2.0%）、武汉（−2.6%）外，其余城市规模以上工业同比增速均达到或超过全国平均水平。其中，济南（12.2%）、长春（10.4%）增幅超过 10%，电子、汽车等主导产业复工复产情况良好，有力支撑了工业经济恢复增长。见图 8−1。

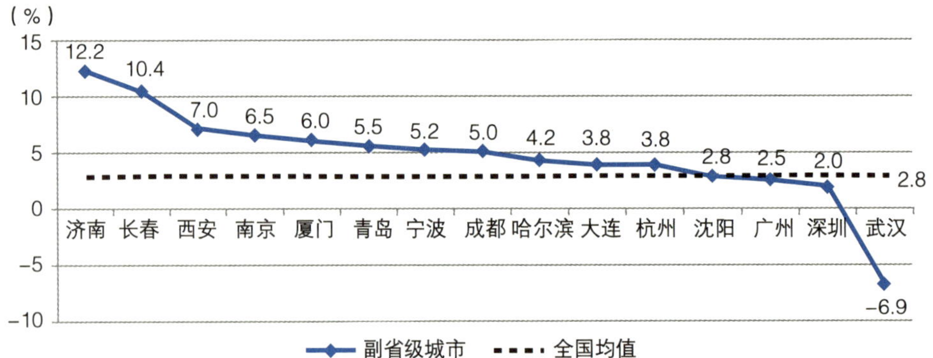

数据来源：各城市统计局网站

图 8−1　2020 年副省级城市规模以上工业增加值增速比较

（四）全社会固定资产投资增速较快

2020 年，除哈尔滨（2.8%）、大连（0.1%）、武汉（−11.8%）外，其余副省级城市全社会固定资产投资增速均高于全国平均水平（2.9%），其中西安（12.8%）、广州（10%）等地固定资产投资增速达到或超过 10%。见图 8−2。

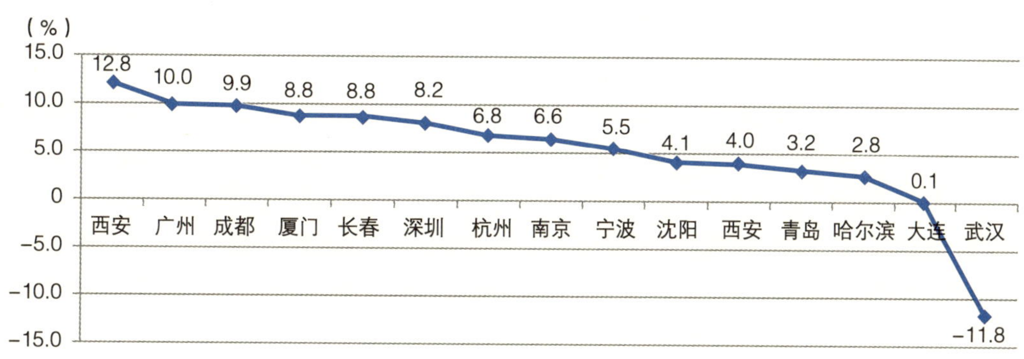

数据来源：各城市统计局网站

图 8-2　2020 年副省级城市固定资产投资增速比较

武汉（-11.8%）、大连（0.1%）等城市固定资产投资增速居副省级末位，主要在于经受了疫情对投资领域的较大冲击，制造业、基础设施、房地产开发三大领域投资增速下降明显。

二、厦门在副省级城市经济运行中的亮点与不足

（一）亮点

1. 经济增速蝉联副省级城市首位

2020 年厦门 GDP 同比增长 5.7%，增速连续两年居副省级城市之首，与第二名西安（5.2%）、第三名济南（4.9%）拉开差距分别达 0.5 个和 0.8 个百分点。见图 8-3。

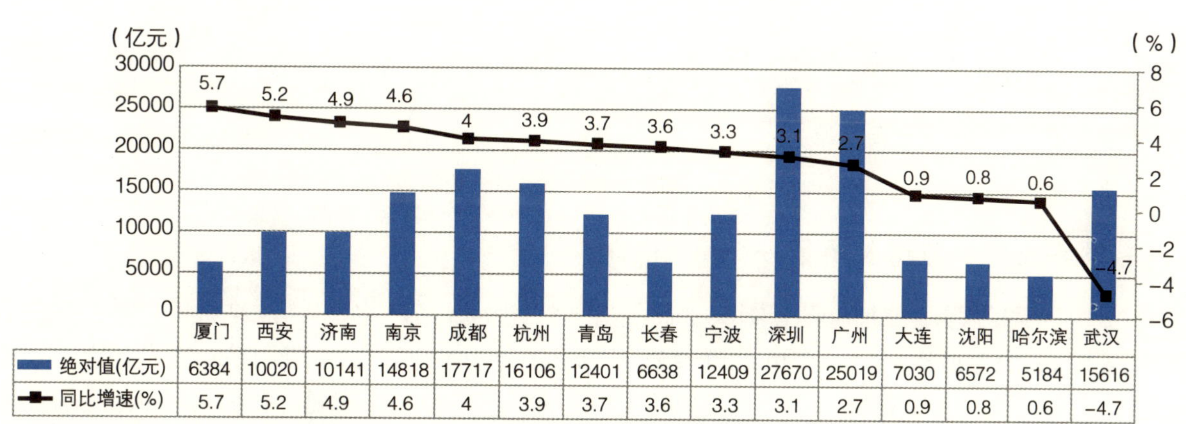

	厦门	西安	济南	南京	成都	杭州	青岛	长春	宁波	深圳	广州	大连	沈阳	哈尔滨	武汉
绝对值(亿元)	6384	10020	10141	14818	17717	16106	12401	6638	12409	27670	25019	7030	6572	5184	15616
同比增速(%)	5.7	5.2	4.9	4.6	4	3.9	3.7	3.6	3.3	3.1	2.7	0.9	0.8	0.6	-4.7

数据来源：各城市统计局网站

图 8-3　2020 年副省级城市 GDP 比较

2. 社会消费品零售总额增速最快

2020 年，厦门社会消费品零售总额同比增长 1.6%，居副省级城市第一位，与第二名青岛（1.5%）仅拉开 0.1 个百分点的差距。今年以来，新冠肺炎疫情对消费造成较大冲击，从全年数据看，副省级城市中仅厦门（1.6%）、青岛（1.5%）、济南（1.1%）、南京（0.9%）4 个城市社会消费品零售总额实现正增长；从进度数据看，上半年，厦门社会消费品零售总额下降幅度最小（3.9%），增速已居副省级城市第一位，至 11 月厦门成为社会消费品零售同比增速实现正增长的首批城市之一。从细分领域看，岛外零售、网络零售等细分领域增长强劲，餐饮业积极探索线上经营新业态，推动了厦门消费品市场快速回暖。详见表 8–3。

表 8–3　2020 年副省级城市社会消费品零售总额增速比较

城市	同比增速（%）	排名
厦门	1.6	1
青岛	1.5	2
济南	1.1	3
南京	0.9	4
宁波	−0.7	5
成都	−2.3	6
西安	−2.9	7
杭州	−3.5	8
广州	−3.5	8
深圳	−5.2	10
沈阳	−5.4	11
长春	−6.5	12
哈尔滨	−11.3	13
大连	−11.5	14
武汉	−20.9	15

数据来源：各城市统计局网站

3. 服务业增加值增长率第一

2020 年，厦门服务业增加值同比增长 5.5%，增速居副省级城市第一名，与第二名杭州（5%）、第三名西安（4.2%）拉开差距分别达 0.5 个和 1.3 个百分点。主要在于一是社会消费持续回暖，在副省级城市中增长最快，对服务业发展形成硬核支撑。二是规模以上服务业复苏较快，全市规上服务业企业实现营业收入 1889.2 亿元，同比增长 3.1%，增速比大部分副省级城市高。详见表 8–4。

表 8-4　2020 年副省级城市服务业增加值增速比较

城市	同比增速（%）	排名
厦门	5.5	1
杭州	5.0	2
西安	4.2	3
青岛	4.1	5
南京	4.1	4
深圳	3.9	6
济南	3.7	7
宁波	3.6	9
成都	3.6	8
广州	2.3	10
长春	0.3	11
哈尔滨	−0.4	12
沈阳	−0.6	13
大连	−2.5	14
武汉	−3.1	15

数据来源：各城市统计局网站

4. 外贸进出口形势较好

其中，外贸进出口总额居副省级城市第五位，同比增速居第六位，外贸进口额及同比增速均居第四位。主要得益于疫情期间，市商务局、海关、边检总站等相关部门，分别从鼓励开拓国际市场、便利通关、降低费率等方面出台具体政策，及时帮助外贸企业渡过难关，带动了中小型外贸企业进出口快速增长。详见表 8-5。

表 8-5　2020 年副省级城市外贸增长情况比较

城市	进出口总额（亿元）	排名	进出口总额同比增速（%）	排名	进口总额（亿元）	排名	进口总额同比增速（%）	排名
深圳	30502.5	1	2.4	11	13529.9	1	3.6	10
宁波	9786.9	2	6.7	8	3379.9	3	5.6	8
广州	9530.1	3	−4.8	14	4102.4	2	−13.6	15
成都	7154.2	4	22.4	2	3047.4	5	20.7	2
厦门	6915.8	5	7.8	6	3342.9	4	16	4
青岛	6407.0	6	8.2	5	2530.2	6	0.7	11

（续表）

城市	进出口总额（亿元）	排名	进出口总额同比增速（%）	排名	进口总额（亿元）	排名	进口总额同比增速（%）	排名
杭州	5934.0	7	5.9	9	2241.0	7	12.9	5
南京	5340.2	8	10.6	4	1941.3	9	6.6	7
大连	3854.2	9	−11.7	15	2181.6	8	−10.0	14
西安	3473.8	10	7.2	7	1697.9	10	12.3	6
武汉	2704.3	11	10.8	3	1282.6	11	19	3
济南	1382.7	12	23.0	1	627.6	14	30.7	1
沈阳	1028.1	13	−4.2	13	753.7	13	−0.4	12
长春	1027.6	14	3.0	10	892.2	12	5.2	9
哈尔滨	255.9	15	1.5	12	119.0	15	−9.9	13

数据来源：各城市统计局网站

5. 固定资产投资增长较快

2020 年厦门固定资产投资同比增速为 8.8%，与长春并列居副省级城市第四位，分别比西安（12.8%）、广州（10%）、成都（9.9%）低 4、1.2 和 1.1 个百分点，比深圳（8.2%）高 0.6 个百分点。主要在于新增项目投资增长强劲，1−11 月同比增速达 85%，有力拉动了全市固定资产投资快速增长。见图 8−4。

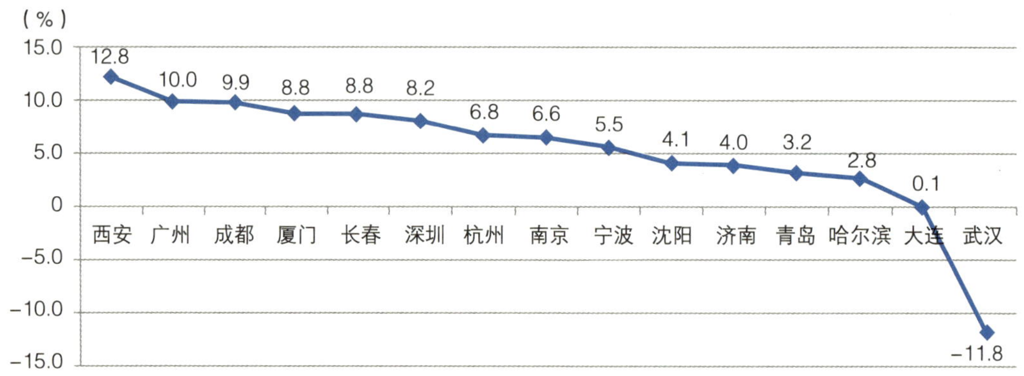

数据来源：各城市统计局网站

图 8−4　2020 年副省级城市固定资产投资增速比较

（二）不足

1. 总量规模仍然偏小

2020 年，厦门首次实现 GDP 总量突破 6000 亿元大关，达 6384 亿元。但由于长春城市扩容，厦门 GDP 总量规模被实现超越，在副省级城市中居倒数第二位。见图 8−5。

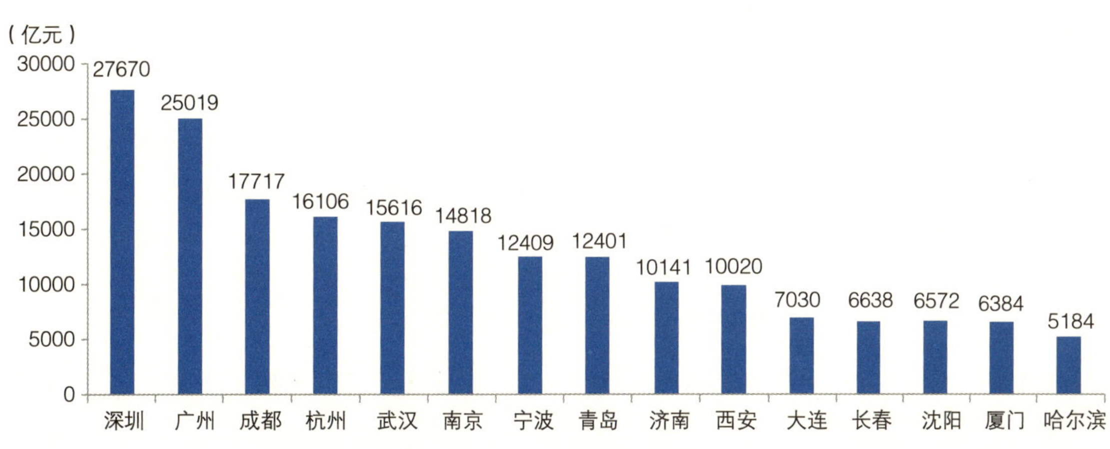

数据来源：各城市统计局网站

图 8-5　2020 年副省级城市 GDP 比较

2. 经济发展质量有待提高

与济南、西安、杭州等城市相比，2020 年厦门规模以上工业增加值增速、固定资产投资增速、外贸进出口尤其外贸出口增速有待加快；与杭州相比，厦门数字经济发展质量不够优，软件信息等核心产业收入增速与杭州相当，但收入总额厦门仅为杭州约 35%。见表 8-6、表 8-7。

表 8-6　2020 年厦门、西安、济南部分指标比较

城市	规上工业增加值同比增速（%）	排名	固定资产投资同比增速（%）	排名	外贸进出口总额同比增速（%）	排名	出口总额同比增速（%）	排名
厦门	6.0	5	8.8	4	7.8	6	1.2	12
西安	7.0	3	12.3	1	7.2	7	2.6	9
济南	12.2	1	4.0	11	23.0	1	17.2	2

数据来源：各城市统计局网站

表 8-7　2020 年厦门与杭州软件业务收入比较

城市	软件业务收入（亿元）	同比增减（%）
厦门	1972.6	13.9
杭州	5664.9	13.7

数据来源：工信部网站

3. 财政收入形势不佳

2020 年厦门地方级财政收入总额仅 783.9 亿元，同比增长 2%。速度上，从横向对比看，厦门居副省级城市第八位，与居前三位的杭州（6.5%）、南京（3.7%）、济南（3.6%）分别相差 4.5、1.7 和 1.6 个百分点；从纵向看，厦门地方级财政收入前 11 个月呈负增长，至 12 月才实现增速转正。规模上，厦门地方级财政收入居副省级城市第十位，总量不足 800 亿元。详见表 8–8。

表 8–8　2020 年副省级城市地方级财政收入比较

城市	地方财政一般预算收入（亿元）	排名	同比增速（%）	排名
深圳	3857.4	1	2.2	7
杭州	2093.4	2	6.5	1
广州	1721.6	3	1.4	10
南京	1637.7	4	3.7	2
成都	1520.4	5	2.5	6
宁波	1510.8	6	2.9	5
青岛	1253.8	7	1.0	12
武汉	1230.3	8	−21.3	15
济南	906.1	9	3.6	3
厦门	783.9	10	2.0	8
沈阳	736.1	11	0.8	13
西安	724.1	12	3.1	4
大连	702.7	13	1.4	10
长春	440.4	14	1.5	9
哈尔滨	339.6	15	−8.4	14

数据来源：各城市统计局网站

厦门财政收入增长状况不理想，本质原因是产业发展速度和效益有待提升。近年来，厦门服务业对一般公共预算收入的贡献比率大致为 65% 左右，是财政收入的主要来源。但与杭州、南京等地相比，厦门服务业的主要支柱软件信息服务业，发展质量却有待提高，具体如杭州软件百强企业比厦门多 5 家，南京、杭州两地软件业务收入均为厦门的 3 倍。

三、对策建议

2021 年，是“十四五”规划的开局之年，也是厦门经济特区建设 40 周年再出发的第一年，为实现全方位推动高质量发展超越、更高水平建设高素质高颜值现代化国际化城市目标，应继续坚持疫情防控和经济建设两手抓两不误，着力补短板、强弱项、促提升，在副省级城市经济发展中提速进位，夯实经济高质量发展根基。

（一）持续推动产业高质量发展

1. 大力发展数字经济

加快建设数字强市。主动融入福建国家数字经济创新发展试验区建设，加快建设 5G、物联网、大数据中心、人工智能、工业互联网等信息基础设施，加速推进鲲鹏超算中心、工业互联网标识解析综合型二级节点等项目。

推动数字经济与实体经济深度融合发展。围绕 5G、人工智能、大数据、区块链等重点领域，不断优化智慧交通、智慧海洋、智慧停车、智慧政务等行业应用运营管理，推动策划并建设一批新的应用场景示范工程，依托西瓜视频等龙头项目带动，持续深化与字节跳动、滴滴等新经济头部企业合作，推动一批数字经济领域投资项目落地。

加快发展信息技术应用创新产业。以浪潮等龙头企业为依托，加快建设神州鲲泰厦门生产基地，充分发挥信创应用适配中心优化产业生态的带动作用，吸引一批国内信创产业上下游龙头企业落户厦门，培养星数科技、统信软件等一批本地优质企业，提高厦门市信创产业集聚度。

2. 加快发展高端制造和智能制造

分业施策推进强链、补链、延链。平板显示领域，加快建设天马 6 代柔性 AMOLED 生产线、电气硝子三期，积极发展新型显示元器件、核心材料和关键元组件项目。计算机与通讯设备领域，依托神州鲲泰厦门生产基地龙头项目，加快引进鲲鹏系列产品服务器、PC 终端应用等硬件配套项目，鼓励机器人、AR/VR 设备、智能终端等产品研发制造。半导体与集成电路领域，推动联芯集成电路、士兰明镓进一步提升产能，以三安光电、瀚天天成等企业为龙头加速布局第三代半导体，力争集成电路和半导体产业进入国家第一方阵。机械装备产业领域，加快推进厦工智能电传控制系统、太古新机场维修基地搬迁、施耐德增扩产能等重点项目，以机械工业集中区四期、马銮湾智慧科技产业园等为空间载体，招引一批工业机器人、新能源及智能网联汽车等项目，促进机械装备智能化。

推动传统产业智能化。探索设立大数据智能化专项基金，鼓励和支持建霖等水暖厨卫、食品加工传统产业企业加快运用互联网、大数据、人工智能新技术，以工艺、装备、产品和管理创新为重点，组织实施智能化技术改造项目，鼓励和支持有条件的企业开展关键零部件生产线智能化改造。加大力度深化“机器换人”和“企业上云”，打造一批“数字车间”应用示范和智能制造样板工厂，鼓励大中小微企业深度应用工业互联网提升产出效率。

3. 提升发展现代服务业

创新发展现代物流业。加快建设港口型国家物流枢纽城市，鼓励和支持企业开展供应链模式创新探索，积极发展供应链一体化物流、智慧物流、金融物流等新模式。

开放发展金融业。深入推动金融对外开放先行先试，加快建设金融科技产业园等项目，争取境内外金融机构总部在厦设立商业银行理财子公司、风险管理子公司、金融投资子公司、资产管理公司等。

加快发展旅游会展业。策划培育面向医疗、消费等市场的专业展会，加快建设新会展中心、会展五期等项目，支持以 AR 技术打造 5G 时代“云”上展会等新业态；积极发展全域旅游，加强文化旅游深度融合，加快推进植物园、园博苑等新一批 5A 景区创建，全力打造国际滨海花园旅游名城。

做强文化创意产业。鼓励和支持影视产业发展，紧抓中国金鸡百花电影节落户契机，加快建设“一基地多中心”空间载体，推动一批高能级影视总部企业落户。做大做响数字内容与新媒体、创意设计、高端艺术品、文化娱乐休闲等文化业细分领域。

聚力发展软件信息服务业。支持美图、美柚等互联网平台不断做大，创新“市场 + 平台 + 服务”模式，增强定制化生产、一体化服务功能。推动 5G 与人工智能、物联网、云计算、大数据、边缘计算等新技术融合发展，加速布局云计算结点。加快壮大动漫游戏、信息安全、移动互联、人工智能等细分领域领头羊，打造厦门游戏出口产业基地。

（二）夯实经济发展后劲

1. 促进招商引资提质增效

加大重点领域招商力度。聚焦万亿产业集群和千亿产业链，积极开展组团型、链群式招商，推动产业链核心环节和关键配套项目整体同步引进。加大高能级企业总部招商力度，强化领导挂钩协调、专班一线服务机制，完善企业落户、中介招商、股权投资机构招商等方面奖励政策，促进高能级 500 强企业集聚厦门。加强软件园四期、航空工业园、生物医药港、同翔高新技术产业基地等重点集聚区推介力度，瞄准优势产业技术前沿领域，加快谋划引进一批带动性强的龙头大项目。

多平台多渠道推进招商。充分发挥厦门企业家投资顾问、招商顾问示范效应，用好用足龙头企业招商、基金招商、展会招商、反向飞地招商、银行招商、平台招商等形式，进一步完善厦门招商网、《厦门招商手册》、厦门招商地图等现有招商媒介平台，抓住厦门大学百年校庆全球校友招商大会举办契机，鼓励企业家校友为厦门产业高质量发展引资引智。

打造高素质专业化招商引资队伍。定期举办全市招商引资业务骨干专题培训，邀请专家学者、资深业务人士针对宏观经济形势和政策、产业发展趋势开展讲座培训，提高招商工作人员基本理论素养，开阔招商视野。积极开展招商“传帮带”，定期组织招商人员到招商一线部门锻炼挂职，鼓励经验丰富的招商人员结合具体实际招商工作进行“师带徒”“传帮带”教育。加强招商队伍建设，充实一批事业心强、思想解放、理念创新、作风扎实、专业基础牢固的复合型优秀人才到招商引资一线工作。

2. 持续加大固定资产投资

持续加强工业投资。重点聚焦人工智能、集成电路、生物医药、新能源汽车、新材料、高端装备、新型显示等领域加大招商引资，引进一批有强大带动作用的龙头企业、成长性好的重大项目及专精尖配套项目落户厦门，带动全产业链要素集聚发展。充分发挥市工业企业技术改造奖补资金作用，实施传统制造业设备更新、智能制造升级、“两化融合”创新、绿色节能化等改造，推动全市制造业完成新一轮技术改造。

加快推进城市更新。实施新一轮老旧小区升级改造，推进筼筜、鹭江、厦港等街道一批老旧小区实施改造提升，按照“政府让利、企业微利、群众得利”原则，加大城市更新改造项目政策支持力度，探索创新更新改造模式，综合应用股权进入、资产抵押、保证担保、股权质押等多种合法担保方式拓宽融资渠道。提高工业用地利用效率，鼓励利用现有工业用地，兴办先进制造业、生产性及高科技服务业、创业创新平台等，支持对符合规划及不改变用途的现有工业用地，通过厂房加层、老厂改造、内部整理等方式提高土地利用率、增加容积率。

3. 加强项目和人才支撑

狠抓重点项目策划建设。瞄准万亿产业集群培育目标，以产业发展路线图及全产业链图谱为指引，围绕产业链缺失、薄弱和关键环节，加强项目策划生成和储备，形成“谋划一批、储备一批、签约一批、开工一批、投产一批、增资一批”接连不断、滚动实施的项目储备机制。强力推动项目落地见效，实行重点项目跟踪建设挂图作战，倒排时间表，强化项目落地全流程“保姆式”跟踪服务，及时了解和解决项目落地、建设、生产过程中存在的问题和困难。加强重点项目用地保障，建立重大产业项目优先用地保障机制，深入推进工业园区标准化改造升级，探索二三产业混合用地政策。

加快吸引集聚高质量产业人才。继续深入实施高层次创新人才和领军型创业人才“双百计划”，加快推动“海纳百川”人才计划完善升级，加力集聚产业高端人才和技术创新人才。紧紧围绕平板显示、计算机与通讯设备、半导体与集成电路、软件信息服务等重点领域发展需求，实施人才资源集聚提质工程，建设以高层次人才为引领、骨干技术和专业技能人才为支撑、大学生基础人才为后备的梯次型人才体系。继续深入推动人才发展体制机制改革，进一步优化人才评价、流动和激励机制，加强企业关键技术人才和骨干业务员工住房、子女教育等保障力度，加大新建扩建产业园区人才房配建比例。

（三）深入挖掘消费潜力

1. 改善提升消费环境

进一步优化提升全市商业布局。推动中山路、火车站、瑞景等传统商圈提升业态品质，培育发展会展—观音山、枋湖—五缘湾等新兴高端消费商圈，加快推进马銮湾 SM、集美大悦城等岛外商业项目建设。继续办好“全闽乐购厦门全城欢动消费节”等活动，鼓励岛外新兴商圈结合春节、中秋、七夕等节日，策划更多特色鲜明、活动丰富、互动参与性强、趣味性高的主题消费活动，营造良好消费氛围。

完善社区生活消费设施。在集美新城、马銮湾新城等新城区试点建设涵盖智慧型农贸市场、特色美食、教育培训、健康养老、文化旅游、法律、家政等一站式消费服务于一体的大型便民消费服务中心综合体。结合老旧小区改造三年行动，实施社区便利消费设施补短板工程，因地制宜对社区早餐店、家政服务网点、理发店以及提供养老、托育服务的生活服务经营场所给予内部改造等支持，完善小区及周边适老设施、停车场、智能快件箱等设施配套。

强化市场秩序监管。加强消费品质量安全监管，对食品、药品、医疗器械等重点领域进一步强化溯源管理体系，开展消费者权益侵害、农村假冒伪劣商品等专项整治行动。开展鹭岛品牌创建计划，完善厦门市质量奖评选标准，打造一批产品和服务“双优”的厦门市优质品牌，充分运用社会信用信息平台，创新消费维权渠道，推动全市消费环境监测评价体系更加完善。

2. 培育壮大新型消费

加快消费融合创新。推动传统零售、教育、餐饮等线下业态实施数字化改造和转型升级，加快运用大数据、互联网、人工智能、AR/VR 等新技术，发展智慧超市、智慧商店、智慧餐厅等新业态，有序发展在线教育，培育丰富在线医疗、在线文娱等线上消费。引导和支持市博物馆、华侨博物馆、奥林匹克博物馆、鼓浪屿钢琴博物馆等文博单位结合实际需要开发线上博物馆，结合5G、AR等技术提升参观体验。鼓励和支持网红经济、直播电商等新模式发展壮大。

积极开拓信息消费。把握新型智慧城市建设契机，积极创建国家级综合型信息消费示范城市。结合优势特色农产品及特色消费商圈打造，培育直播带货、社交、短视频、“云逛街”“云购物”等网购新模式。大力推广智能机器人、可穿戴设备、数字家庭产品、婴幼儿监护、适老化健康养老等新型前沿信息产品应用，满足群众智慧化生活新需求。

鼓励时尚消费。办好厦门时尚周活动，鼓励国内外知名时尚品牌来厦开设首店、旗舰店、概念店、体验店及定制店等，支持开展品牌新品首发活动，鼓励私人定制、网络预售等时尚消费模式。以中山路、五缘湾、观音山、阿罗海、集美万达等商圈为试点，推进名品名店名街联动发展。挖掘动漫、音乐、酒吧等文化资源，打造时尚文化特色街区。

3. 优化金融支持

加强消费金融支持。实施更加灵活的消费金融支持政策，鼓励引导在厦金融机构创新信贷消费产品，开发基于大数据智能分析的互联网消费贷款。鼓励金融机构加大对居民购买新能源汽车、绿色智能家电、养老家政健康消费、信息和网络消费等新消费领域信贷支持力度，进一步提高合规消费首贷率，增加信用贷款和中长期贷款投放，促进消费复苏回补。

加强普惠金融支持。严格落实普惠小微企业贷款延期还本付息和普惠小微企业信用贷款支持政策，进一步降低消费行业企业和个体工商户融资成本，对还贷困难的企业给予展期或续贷支持。以金融力量支持步行街、商圈建设及改造，鼓励金融机构为中山路步行街改造、传统商圈提升及新兴商圈建设提供定制化金融服务，统筹运用信贷、债券、股权等方式，缓解街区商户尤其小微商户的资金周转难题。引导各类银行充分利用银行海外机构和客户渠道资源，帮助步行街引进全球知名品牌和国际优质客流，不断提升街区品质和人气商气。

（四）促进外贸平稳增长

1. 支持开拓国际市场

充分利用新渠道新技术。把握RCEP签署、中欧CAI谈判完成机遇，发挥外经贸发展专项资金作用，鼓励和引导外贸企业加大对东盟、日本、韩国、澳大利亚、欧盟等地区的市场开拓力度。充分运用第五代移动通信（5G）、虚拟现实（VR）、增强现实（AR）、大数据等现代信息技术，鼓励企业通过境外亚马逊等主流电商平台、搜索类网站等渠道开展线上推介、在线洽谈、线上签约、“云营销”等活动，推进线上“一国一展”和“多国一展”，举办面向俄罗斯、日韩、东盟、欧盟等主要出口市场的线上贸易促进活动。支持企业在海外自建市场拓展中心、品牌展销中心等市场开拓机构。

提升公共服务水平。加强预警服务，建设供应链和产业链信息预警平台，提供国际物流、全球口岸、国际市场供给等方面数据和信息，为企业提供产业链供应链安全预警服务。加强国别贸易投资法律政策研究，提升商事法律、标准体系建设等方面服务水平。利用国家共建“一带一路”贸易畅通工作组、电子商务合作机制、贸易救济合作机制，帮助企业解决贸易领域突出问题。借助国家跨境贸易投资综合法律支援平台，做好外贸企业境外投诉服务工作。

2. 提升外贸综合竞争力

优化外贸经营主体。鼓励外贸流通型企业通过资源整合、重组兼并、强强联合等方式提升综合竞争力，提高建发、国贸、象屿作为龙头的辐射带动作用，培育壮大一批外贸领头羊企业。实施细分行业“隐形冠军”培育计划，孵化一批市场拓展能力强、成长潜力大、商业模式新的外贸中小企业，形成梯次型外贸经营主体队伍。鼓励建发、国贸、象屿等龙头企业组建进出口联盟，引导外贸企业拓展以技术创新、产品研发、关键零部件、成套设备为核心的价值链，与境外产业链上下游企业加强供需保障的互利合作，增强国际经营能力。

提高出口产品质量。支持机电、纺织服装、高新技术产品等外贸企业对标国际标准开展生产和质量检验，促进产品技术、质量、品牌和服务不断提升。支持外贸企业通过研发创新、“工业设计+”等方式加快产品迭代升级。支持企业建设出口产品质量检测公共服务平台，利用国际认可的产品检测和认证体系，按照国际标准开展生产和质量检验。鼓励企业积极参与制订行业标准和国家标准。

3. 培育外贸新业态新模式

跨境电子商务。深入推进跨境电商综试区建设，创新与跨境电商发展相适应的监管机制和政策体系，完善线上平台和线下园区建设，拓展服务功能和数据互通，推动产业要素集聚。推动海运快件业务规模平稳增长，加强跨境电商品牌建设，积极推动国内外知名电商平台或其分支机构落户厦门。

数字贸易。把握厦门软件园入选国家数字服务出口基地契机，聚焦新一代信息技术前沿，加快推进“5G+人工智能+物联网”产业布局，发挥细分领域领军企业的带动作用，大力发展信息安全、线上医疗、在线教育、数字文娱等新业态新模式，面向“一带一路”国家输出智能化、智慧化的产品和服务。

新兴服务贸易。加快发展对外文化贸易，依托厦门自贸片区国家文化出口基地，大力发展网游动漫、影视演艺、创意设计等重点产业，积极推进文化产品和服务“走出去”，培育发展云服务、大数据营销、语言服务等服务贸易新领域。

【参考文献】

[1]15个副省级城市统计局.2020年各城市经济运行情况分析[EB/OL].2021-02

[2]厦门市统计局.经济复苏动力强劲，发展新动能持续增强——2020年厦门GDP分析[EB/OL].2020-02

[3]武汉市统计局.2020年武汉市经济运行情况[EB/OL].2020-02

[4]厦门市统计局.社零增速居全省首位 消费品市场强势收官——2020年厦门市消费品市场分析[EB/OL].2021-01

[5]人民网.国办发文：加大政府支持力度 全面推进城镇老旧小区改造工作[EB/OL].2020-07

[6]新华网.十四部委联合发文，出台近期扩内需促消费19条具体措施[EB/OL].2020-10

[7]关于应对新冠肺炎疫情完善金融服务支持步行街改造提升工作的通知[Z].商务部.2020-03

[8]四川省培育发展新消费三年行动方案（2020—2022年）[Z].四川省政府.2020-08

[9] 河北省推进对外贸易创新发展的若干措施 [Z]. 河北省政府 .2021-01
[10] 厦门精准施策助力外经贸企业复工复产 [N]. 福建日报 .2020-03

课 题 组 长：李　婷
课题组成员：戴松若　谢　强　林　智
陈菲妮
课 题 执 笔：李　婷

第二篇 双循环发展篇

第九章 厦门培育消费新业态新模式研究

新业态新模式是以数字技术创新应用为驱动，以数据要素价值转化为核心，以多元化、多样化、个性化为方向，经产业要素重构融合而形成的商业新形态、业务新环节、产业新组织、价值新链条。消费新业态新模式是指以消费者为核心，以满足消费者需求为目的，重构消费者与商家的关系，实现业态整体的全要素升级。与传统的消费业态和模式相比，呈现四大特点：从发展理念看，绿色共享主线贯穿；从要素投入看，数据驱动创新发展；从参与主体看，跨界融合主体多样；从价值实现看，价值溢出效应突显。近期，国家高度重视消费新业态新模式的培育和发展，国家发改委等 13 个部门发布《关于支持新业态新模式健康发展激活消费市场带动扩大就业的意见》，提出将以重大项目为抓手创造新的需求，培育新的就业形态，带动多元投资，形成强大国内市场，更好地满足人民群众对美好生活的新期待，实现经济高质量发展。培育和发展消费新业态新模式对厦门做好“六稳”工作，落实“六保”任务，打造新经济发展的高地，具有重要的意义。

一、发展情况

（一）新消费规模不断扩大

近年来，厦门大力推动消费新业态和新模式发展，新消费规模不断扩大，2020 年，面对疫情的严峻考验，网络游戏、在线视频、互联网平台等线上经济表现活跃，成为拉动经济增长的主动力。网络零售、网络生鲜、智能配送等线上零售逆势增长，全市限上企业通过互联网实现零售额 483.32 亿元，增长 22.5%，拉动全市社零总额增长 3.9 个百分点；餐饮业企业全年实现线上餐费收入 16.1 亿元，增长 5.85 倍，拉动全市餐饮营业额增长 63.5 个百分点。互联网在线教育需求激增，新东方教育、千时科技表现突出，助推全市教育业营业收入快速增长。

（二）新消费企业加速聚集

一是传统企业加快转型步伐，安踏、天陵缘、永兴东润等传统商贸企业正在逐渐转型升级成为实力较强的电商品牌企业。安踏不断突破既有经营模式，从最初的生产制造批发 1.0 阶段到单聚焦、多品牌、全渠道的 4.0 阶段，实现了变革和转型。

二是朴朴、好慷、十点文化等积极拓展消费新模式，朴朴走“前置仓 + 纯线上运营”的路线，致力于打造 30 分钟即时配送的移动互联网购物平台。好慷致力于建设一个围绕家庭生活场景的“一站式”家庭服务电商平台，实现“服务 + 直销”的运营模式，通过“标准化服务、场景化营销、大数据运营”三个战略步骤，逐步成为中国家庭服务产业的聚合型门户和中国家庭消费的重要入口之一。十点文化拥有大量的用户群，“十点读书”融合了“6+X”的业态，获得首届中国新媒体发展年会颁发的“最具影响力十大自媒体”荣誉奖项。

三是引进一批新消费代表企业，微医、好未来等新经济代表企业，先后落户厦门，字节跳动公司旗下西瓜视频制作基地、喜马拉雅第一个线下旅行生活店纷纷落户厦门。

（三）新业态新模式蓬勃涌现

伴随着新一代信息技术和人工智能技术的快速发展和疫情对消费市场、消费行为的影响，厦门消费新业态、新模式不断涌现。新零售迅猛发展，在北大光华管理学院发布《新零售城市发展指数报告》中，厦门新零售指数排全国第 11 名，消费活跃度高居第四。动漫网游、网络视听与新媒体等文化和科技融合型新兴业态呈现聚集发展的态势，移动游戏产业年度高峰会、DCC 中国数字产业峰会落地厦门，国家级网络视听产业基地建设加速推进，文化科技型企业对文化产业增长的贡献率超过 70%，作为文化科技融合发展重要载体的软件园连续两年成长性全国第一。“互联网 + 健康医疗”发展迅速，厦门成为首批健康医疗大数据中心与产业园建设试点城市。

（四）消费环境持续优化

近年来，厦门的消费环境持续优化，一是消费促进政策不断完善，陆续出台了《厦门市加快发展流通促进商业消费若干措施》《厦门市促进消费专项行动实施方案》《厦门市加快建设国际消费中心试点城市实施方案》《厦门市关于完善促进消费体制机制进一激发居民消费潜力的实施方案（2018-2020 年）》《进一步繁荣夜间经济促进消费增长工作方案》等政策文件，进一步完善消费促进政策，推进消费新模式新业态快速发展。

二是消费信用体系建设成效显著，率先建立信用旅游管理系统，建设集景点、导游、酒店、商贩、出行等于一体的信用综合服务平台。建立农产品溯源信用体系，构建起企业、消费者、政府三位一体的监管模式。“白鹭信用分”注册用户突破 37 万人，实现信用就医、信易停、信易行、信易阅等 33 个惠民应用。

三是信息基础设施不断升级。智慧城市建设提速，5G 商用试点加速推进，建成 5G 基站 1500 余个，实现了在高新科技园区，重要行业区域，市政服务区域，城市交通枢纽以及高校区域的 5G 覆盖。建成全球首个完全基于鲲鹏架构的云化超算中心——厦门鲲鹏超算中心，以产业实际需求为导向，为用户提供大数据集群、云搜索、云数据库、三维渲染、微服务、容器等多样化的新型超算服务，为消费领域转型升级持续赋能。

二、存在问题

（一）消费新业态新模式供给不足

厦门消费市场规模偏小，社会消费品零售总额和人均零售额与其他同类型城市相比还有一定差距，与省会城市福州相比，2020 年，福州社会消费品零售总额 4225.6 亿元，是厦门（2293.87 亿元）的 1.84 倍，这影响了消费新业态、新模式的进入，导致消费新业态和新模式的供给不足，比如新零售发展较缓慢，盒马鲜生、七鲜（7FRESH）等新零售领军企业都未进入厦门。商业街、购物中心等业态单一、同质化严重，缺乏沉浸式、互动体验项目，缺乏像 K11，SKP 等将艺术人文与商业购物进行融合创新的新型商业综合体。

（二）缺乏头部企业引领

厦门虽然在消费新业态新模式等领域集聚了一批颇具代表性的企业，但企业“单打独斗”比较多，产业生态不够丰富，新业态、新模式的关联规模效应尚未显现，难以产生类似阿里、京东、字节跳动等生态系统的头部企业，无法形成聚集效应。且模式创新企业多于技术领先企业，所处行业门槛不高、难以保持领先优势。

（三）应用场景供需对接不佳

近年来，各地都高度重视场景的建设，上海、成都、广州、深圳、青岛、天津、南宁等地相继开展了场景征集，将场景作为消费新模式、新业态发展的关键。相比之下，厦门目前还比较缺乏场景应用，无论本地企业、还是外来企业均反映缺乏参与厦门项目机会，存在消费应用场景供需对接不佳、有效供给不足、碎片化供给等问题，不利于消费新业态新模式的培育与发展。

（四）体制机制有待创新

一是发展协调力度尚需加强，消费新业态新模式大多涉及交叉行业，与目前市各部门职能均已无直接关联，缺乏统一的统筹协调及服务机构，不利于新消费的发展，也造成企业招商、落地、发展中遇到的问题难以协调解决。二是新消费的核算体系亟待完善。现行的统计评价指标体系难以科学、全面、准确地反映新经济发展现状，且厦门暂未按照国家统计局《新产业、新业态、新商业模式专项统计报表制度》开展新经济统计工作，增加了政府对新经济发展的分析、引导、服务的难度。如何在国民经济核算体系和方法上实现与国际标准接轨是未来亟须解决的问题。

三、对策建议

（一）培育新赛道

1. 支持线上线下融合消费

拓展生鲜电商零售业态。鼓励大型超市、电商平台、社区生鲜连锁店开拓线上销售渠道，推广“线上下单、肉菜到家”模式，线上建设网上超市、智慧微菜场，鼓励开展直播电商、社交电商、社群电商、“小程序”电商等智能营销新业态。

加速发展线上文娱。推动传统主流媒体向全媒体转型升级，支持新媒体有序发展壮大。优化数字内容产业，推动数字内容产业向“大数据、大平台”方向发展。推动传统出版业与数字技术、网络技术融合，推进商业模式创新，培育数字阅读产业。推动影视产业与数字内容融合发展，利用5G、云计算、大数据、人工智能等提升影视文化产业的发展水平，建设国内领先、有全球影响力的影视制作科技中心。加快发展网络视听，依托音频、短视频、直播和影视类载体，推进新兴技术成果服务应用于内容生产。以软件园二期、三期为核心，创建国家级网络视听产业基地。进一步推动网游手游、网络文学、动漫电竞等互动娱乐产业发展，支持线上比赛、交易、直播、培训、健身。

优化发展在线教育。推广线上线下深度融合、分散教学与集中教学结合的学习模式，打造“空中课堂”等线上教育品牌。支持互联网教育服务和内容创新，实现优质教育资源共享。推广在线职业教育和职业能力提升，围绕职业英语、行业技能、职业技能等领域，构建完善市民终身教育体系和数字化技能培养体系。

提升发展在线医疗。推进互联网医院发展，完善互联网诊疗服务管理制度，在线开展就医复诊、健康咨询、健康管理、家庭医生等各类服务。加快跨区域、跨层级的医疗数据共享应用，实现医学检查结果互联互通互认。推进各级医疗机构线上支付，试点推广医保移动支付。推广“云存储、云应用”模式，提升医疗机构信息化能级，鼓励互联网企业积极参与全市各级医疗机构信息化建设。积极推广基于5G技术的远程会诊、远程手术、远程超声、远程监护、远程流行病学调查等远程医疗应用。加快推进厦门市健康医疗大数据中心建设。

加速发展“无接触”配送。推动无人配送在零售、医疗、餐饮、酒店、制造等行业应用，支持冷链物流、限时速送、夜间配送等物流配送模式。推进社区储物设施共享，保障“最后一公里”送达。推广全时空响应物流，提供特殊时期和行业定制化物流配送方案，发展网络货运平台和供应链综合服务平台，高效整合线下运力资源，提高智能化运营和调配能力，实现物流服务全天候、广覆盖。

大力发展新型移动出行。推进智能网联汽车商业化场景应用，拓展汽车后市场服务，鼓励发展分时租赁共享汽车，探索自动驾驶出租车等出行新方式，打造智慧出行服务链。推动加油站等发展“一键加油”“一键到车”等非接触式销售新模式。

2. 扩大农商文旅体融合消费

壮大休闲农业和乡村旅游新业态。推动科技、人文等元素融入农业，稳步发展体验农业、创意农业等新业态，大力开发集都市文旅、观光农业、乡村酒店、农业博览、花卉园艺、家庭农庄等为一体的“田园综合体”。

加强商旅文体跨界融合。重点打造一批商旅文体联动示范项目，促进传统百货店、大型体育场馆、闲置工业厂区向消费体验中心、休闲娱乐中心、文化时尚中心等新型发展载体转变。鼓励运用现代信息技术，探索推进文化和旅游5G场景运用示范项目建设。培育潜在需求大的体育消费新业态，提升体育场馆的信息化、智能化、网络化管理和服务水平，发展国家级体育旅游精品项目。鼓励零售企业与创意产业、文化艺术产业、会展业、旅游业融合发展。打造集图书连锁超市、文化艺术展示、体验、教育培训、创意文化用品销售、影剧院等功能于一体的复合型零售业态和文化综合体。

繁荣发展首店经济。以中山路、万象城、宝龙一城等知名商圈和商业综合体为重点，鼓励大型高端商业综合体、购物中心及高端商务楼宇招引集聚各类品牌首店和创新商业模式的全新旗舰店、概念店、体验店、融合店。丰富休闲娱乐、体育运动、文创时尚、新零售等首店业态供给，提供国际化、品质化消费体验，培育发展一批网红打卡新地标，满足年轻时尚消费需求。适度放开政府资源，开展首店整体形象宣传推广，鼓励标志性建筑业主利用外立面景观营造宣传氛围，提高“首店”发展的影响力和知晓度。通过充分发挥首店经济及品牌效应，聚集带动形成新的消费增长点，实现消费结构的升级和城市功能的转型。

加快发展夜间经济。精心打造夜间旅游景区、视听剧苑、文鉴艺廊、亲子乐园、医美空间、乐动场馆、学习时点、购物潮地、深夜食堂、风情街区等夜间经济示范点位。加快“流光厦门”夜光秀等项目落地，打造“科探奇妙夜”、光影公园等夜间消费“打卡地”。推动“鹭江夜游”水岸联动发展，扩大品牌吸引力。支持有条件的街道开展夜间特定时段外摆位试点，形成夜间经济生态圈，提升夜间经济活力。

3. 鼓励二三产融合新消费

支持服装、家居、健康等企业运用大数据技术分析顾客消费行为，开展精准服务和个性化定制服务，灵活运用网络平台、移动终端、社交媒体与顾客互动，建立及时、高效的消费需求反馈机制，做精做深体验消费。大力推广协同制造、服务型制造等“互联网 + 制造”新模式，联动推进“标准化 +”“品牌 +”“设计 +”，打造一批示范园区、示范企业和示范项目，培育一批数字工程服务公司。培育智能消费产品，推动企业促进人工智能、物联网、云平台等创新成果转化，培育智能可穿戴设备、智能网联汽车、智能家居、智能家电等新一代智能消费产品等。

（二）集聚新主体

1. 积极培育和引进头部企业和领军企业

采取奖励、资助、贷款贴息、购买服务等方式，精准、连续、滚动支持一批拥有核心技术、用户流量、商业模式的新消费领域创新型头部企业和领军企业。探索构建企业梯度培育体系，建立企业的发现、挖掘、分析、培育机制，针对企业全生命周期、全环节的不同痛点、不同需求，设计柔性支持措施。积极开展招商引资和投资服务，吸引盒马鲜生、七鲜等新零售代表企业，北京华联 SKP、K11 购物艺术中心等特色商业综合体进驻厦门。引导支持风险投资、创业投资、股权投资等机构重点投向新消费领域。支持鼓励新消费领域的高成长性创新企业优先在科创板上市。

2. 推动企业创新转型升级

鼓励传统企业创新组织形式和经营机制，向全渠道平台商、集成服务商、供应链服务商、定制化服务商等转型。整合利用国有资本投融资平台和上市公司平台，推动商贸领域市属国有企业加大对产业链缺失环节的并购力度，组建若干主业突出、核心竞争力强的大型商贸集团。推动传统消费载体创新转型。鼓励引导中华城、万象城、宝龙一城等线下经营实体加快商业模式创新，逐步向场景化、体验式、互动性、沉浸式的综合型消费场所转型，提高消费者获得感和体验感。鼓励各大线上消费平台进一步提高消费的便利性、通达性和安全性。支持老字号创新经营方式。支持老字号通过跨界融合、创新技术应用等发展新业态、新模式，实施“老字号 + 互联网”计划。鼓励黄则和、阿吉仔、黄胜记等老字号商家积极转型创新，与天猫、口碑、盒马、元初等平台和商家开展合作，利用互联网电商与新零售业态的能力，激发“老字号”活力，让老字号走向现代化和国际化。

（三）完善新设施

1. 建设新型网络基础设施

5G 网络高速度、泛在网、低功耗、低时延等特点，决定其将在在线教育、远程医疗等新消费领域扮演重要角色，将促进消费转型升级。要进一步加强全市 5G 网络建设的规划布局，积极发展基于 5G 技术的商用移动通信网络，实现全市 5G 全覆盖，并持续推进重点区域深度覆盖和各区功能性覆盖、形成有规模效应的应用，推动高可靠、低时延、广覆盖的网络共建共享。加快对城域网的扩容升级，加强对全市机房、通信基站、通信管线等信息基础设施的统筹规划和共建共享。推动建设高水平光网城市，构建稳定、高效的光纤网络，基本实现全市光网覆盖。鼓励光纤网络和新一代移动通信网络融合发展，大力推动 IPv6 网络建设，提升 IPv6 用户普及率和网络接入覆盖率。

2. 建设智慧应用基础设施

试点投放智能末端配送设施。进一步拓展智能末端配送设施投放范围，在医院、学校、办公楼宇、大型社区试点投放“无接触配送”智能取物柜组件，推动智能售货机、无人贩卖机、智慧微菜场、智能回收站等各类智慧零售终端加快布局，着力提升智能化、集成化和综合化服务功能。建设“互联网 +”医疗基础设施。大力推进互联网医院建设，高标准建设各类应急监测实验室，实施实验室快速检测能力建设等项目建设。打造新型数字化学校。培育一批教育信息化应用标杆学校，推动建设数字校园、数字实验室、全息课堂等。以“厦门市教育资源公共服务平台”和“厦门慕课教与学平台”为基础，建设面向大规模在线教育的信息化基础应用平台。加快布设新能源终端和智能电网设施。积极推进电动汽车充电设施布局，积极引导公用、专用充电设施接入 i 厦门等平台，强化对充电设施的科学管理和高效使用，支持新能源汽车发展。打造流通领域集约化、智慧化、绿色化物流供应链体系。统筹构建“物流基地 + 物流（配送）中心 + 末端配送网点”的商贸物流体系。加快商贸物流领域新基建进度，支持物联网、无人仓储、人工智能等技术应用，鼓励企业共建共享冷链物流配送中心。建设生活必需品信息化监测、库存、调拨体系。运用大数据、云计算和移动互联网等技术建立生活必需品保障平台，整合现有系统及供应链上下游数据资源，打通横纵向数据壁垒，优化数据监控手段，提升数据分析和决策能力，实现全市生活必需品储备及商品物资的智能化调控，提升供应保障能力。

3. 建设消费载体设施

加快推进商业领域城市更新。完善商业设施布局，合理规划并着力打造一批商旅文融合、功能配套设施齐全的智慧商圈和特色街区。推动传统商场改造升级试点，做大做强中山路商圈、火车站商圈和 SM 商圈等核心商圈，加快推动中山路商业街片区改造提升工作，打造场景化、智能化、国际化的高品质步行街和城市核心商圈。优化提升五缘湾商圈、湖边水库商圈、湖滨北路商圈、厦门北站商圈和海沧阿罗海商圈和集美嘉庚商圈等商业业态，推动各商圈的差异化发展，推动仁和路、曾厝垵、沙坡尾等特色商业街、夜市改造提升。完善社区商业布局，进一步优化便利店网点布局，提高便利店的智能化、连锁化水平。推进社区商业生活服务中心建设，探索具备条件的商超、蔬菜零售、餐饮等企业以厢式智能便利设施、蔬菜直通车等方式在特定时段、指定区域销售。

（四）拓展新场景

1. 推进新消费应用场景建设

结合厦门城市特色，构建与厦门新消费发展重点高度契合的多元化应用场景。拓展为人类的衣、食、住、行、游、购、学、医、娱带来了颠覆性的体验的无人零售、无人支付、无人物流、共享出行、智能教育、智能安防、智能医疗、智能家居等无人场景、在线场景、共享场景。着力打造地标商圈潮购场景、特色街区雅集场景、海洋生态度假场景、公园生态游憩场景、体育健康运动场景、文艺风尚品鉴场景、社区邻里生活场景等特色消费场景。

2. 加速应用场景市场化

支持应用场景市场验证，鼓励企业独立或牵头组建“城市未来场景实验室”，政府采取分段补贴等方式支持企业开展新技术、新模式、新业态融合创新的市场验证，加速新场景在市场中的成熟。建立模式场景动态发布制度，定期发布政府公共服务、政府需求和企业能力、企业协同“四张清单”，搭建供需对接平台，促进城市资源和发展需求有效匹配。支持全球新消费领先企业到厦门创造改变生产生活的伟大场景，使厦门成为全球新经济产品首秀场。

3. 探索设立新消费应用场景实践区

依托福建自贸区厦门片区、马銮湾新城片区，东部体育会展片区、观音山商务区、翔安新机场片区等重点区域，探索设立新消费应用场景实践区，聚焦重点项目和场景落地。

（五）营造新生态

1. 加大新消费领域的制度与政策供给

加快出台支持消费新业态新模式健康发展的激励性政策，针对生鲜电商零售、线上文娱、在线医疗、在线教育等重点发展赛道发展遇到的问题瓶颈，进一步感知企业的制度需求，感知新场景的发展变化，运用人工智能、大数据、区块链等数字化技术推动精准预测、敏捷治理。强化产业创新协调机制，加大跨部门、跨层级合力推进解决问题的力度。推动建立电子商务领域的政企合作和社会共治机制，开展电子商务领域跨平台联防联控试点。发挥厦门特区立法权的优势，重点完善全市的信用体系、数据共享、隐私保护、创新激励、知识产权保护等方面的法规规章，积极营造适宜新业态、新模式、新产业成长的法治环境。放宽融合性产品和服务准入门槛，创新新型跨界产品和服务审批制度。加大生活性服务领域有效有序开放力度，逐步放宽放开对外资的限制。

2. 探索创新监管模式

明确政府、企业、消费者三者的权责界定，探索触发式的监管机制，建立制度化、标准化、清单化的监管模式。探索适用于消费新业态新模式“沙盒”监管措施，放宽融合性产品和服务准入门槛，只要不违反法律法规，均应允许相关市场主体进入。对一时看不准的，设置一定的“观察期”，对出现的问题及时引导或处置。建立包容审慎监管目录库并动态调整。建立市级包容审慎监管政策统筹研究机制，对出现的新问题、共性问题、综合问题、疑难问题等，及时组织研究，提供政策支持。

3. 营造完善的消费环境

加强消费诚信体系建设。深入实施《厦门市公共信用信息管理办法（试行）》，推进跨地区、跨部门信用奖惩联动。探索对经营者处理消费者投诉能力进行综合评价，发布消费维权信用指数；引导行业组织开展诚信自律等行业信用建设，完善行业协会、征信机构、保险金融机构等单位和消费者、消费者组织、新闻媒体参与的市场监督机制。健全消费者保护机制。加强消费者权益宣传，提高消费者维权意识。畅通和拓宽消费者投诉热线，建立统一、便民、高效的消费申诉和联动处理机制。推动大型商超、品牌连锁、购物中心等具备条件的经营主体实行消费纠纷先行赔付制度。依托全市线下游客服务中心建立消费者投诉受理服务体系，建立小额消费纠纷快速裁决机制。探索建立跨境消费消费者权益保护机制，推动跨境消费争议解决，促进信息互通互享。在线上旅游、线上购物等重点消费维权领域进一步加强部门联动，提升跨行业维权效能。

【参考文献】

[1] 刘长庚，张磊，韩雷，等 . 发展服务业新业态促进消费升级的实现路径 [J]. 经济纵横，2016(11)

[2] 张磊，刘长庚 . 供给侧改革背景下服务业新业态与消费升级 [J]. 经济学家，2017(11)

[3] 刘学民 . 服务消费新业态促进消费升级的路径分析 [J]. 商业经济研究，2019(13)

课 题 组 长：黄榆舒

课题组成员：彭梅芳　许　林　欧阳元生

黄彩霞

课 题 执 笔：黄榆舒

第十章 厦门提升电子信息产业链供应链稳定性和竞争力研究

电子信息产业链供应链国际化程度较高，呈现全球化分工协作的特征，疫情冲击以及愈演愈烈的中美贸易战升级到科技战，国内电子信息产业链供应链的稳定性问题更加突显。厦门电子信息产业本地关联配套率低，上游核心关键材料和设备国内自主供给能力弱，同时本地配套产业附加值较低，整体产业链供应链稳定性较弱，竞争力不强，亟须通过加强产业链、供应链和全要素支撑保障等协同，共同提升产业链供应链稳定性和竞争力。

一、发展情况

（一）计算机与通讯设备产业

1. 产业发展现状

2020 年，计算机与通讯设备产业预计实现产值 1215.5 亿元，增速 −5.8%。① 已涵盖整机制造、通话终端、电子元器件、外部设备、IT 服务等产业链环节。

2. 本地产业链分析

计算机与通讯设备产业，主要包括计算机整机、服务器、存储设备、外部设备等核心产业，电子元器件、组件等配套产业，数码电子、智能家居等衍生产业，以及软件与信息服务等高度关联产业。按产业链上下游构成，分为上游研发设计环节，中游组件制造环节，下游组装、系统集成以及软件与应用服务。

上游环节：一是计算机产业上游，集聚了华联电子、富士电气化学等电子元器件厂商，主要生产微电机、电容器、光电器件、半导体集成电路设计、集成电路磁性材料、蓝牙及无线接入设备、电路板贴片及

① 文中电子信息涉及的千亿产业链规模及增速数据为截至 2021 年 2 月汇总数据。

自动接插件等；二是通讯设备产业上游，集聚玉晶光电、紫翔电子、达尔电子、弘信电子等微型电子元器件厂商，主要生产手机镜头、柔性电路板、蓝牙及无线接入设备、IC 及分立器件等。

下游环节：以戴尔为龙头，主要是生产、销售计算机整机；联想、松下等企业的部分移动终端、数码产品；新落户的浪潮集团生产高端服务器。

近年补链强链情况：针对计算机与通讯设备产业关键设备、材料等“卡脖子”领域，引进具有自主知识产权和研发能力的项目，促进国产能力新升级。比如，大力扶持已有一定国产替代能力的成长性企业，引进国产计算机整机生产（浪潮）、人工智能物联网芯片（云知声物联网芯片）和物联网操作系统（都江堰系统）等项目。

3. 供应链分析：以戴尔和浪潮为例

戴尔侧重在供应链管理，制造业务模式以代工生产为主，组件和整机采取外部 OEM 和 ODM 模式，广达、仁宝、纬创等台湾代工厂是其供应链的重要组成。在中美经贸摩擦长期化并向科技战升级的大背景下，这些代工厂纷纷加速在越南等东南亚地区投资建厂、转移产能。以纬创为例，2020 年已将“非中国大陆产能比重”提高到 25%，预计 2021 年在台式机越南生产线全面投产的带动下可能进一步升至 50%。

浪潮作为国产服务器主力，核心 X86 处理器芯片由美国英特尔供应，2020 年 6 月底英特尔根据美国法律对供应链进行短暂调整造成浪潮服务器芯片短时间断供。DRAM 内存主要来自美光、三星、SK 海力士。

（二）平板显示产业

1. 产业发展现状

2020 年，平板显示产业预计实现产值 1500.7 亿元，增速 4.6%，产业规模居全国前六。已覆盖玻璃基板、面板、模组、整机等上中下游产业链布局。

2. 本地产业链分析

上游原材料方面：玻璃基板环节，日本电气硝子 8.5 代液晶玻璃基板是光电显示产业上游最核心的部分。2020 年，促成电气硝子新增 3 条 8.5 代及以上的液晶玻璃基板和下一代显示器用玻璃基板生产线，推动宸鸿打造新一代手机触控产业基地，带动平板显示产业链上游产品进一步优化升级。

中游面板和模组方面：天马微 5.5 代及 6 代 LTPS TFT-LCD 面板及彩色滤光片生产，2020 年天马微启动新建 6 代 AMOLED（含柔性）产线；友达光电从事 TFT-LCD 模组生产；宸鸿科技为代表的触控板厂商（包括面板和模组生产）；以达运为代表的背光模组厂商；弘信为代表的配套件厂商（主要从事 FPC 生产）。

下游整机应用方面：以冠捷为代表的平板显示整机厂商，主要从事液晶电视、显示器等生产，液晶显示器出货量全球第一。戴尔为代表的 PC 机、笔记本电脑等 IT 产品生产厂商，同时可提供 IT 服务与解决方案。

3. 供应链分析：以天马微为例

天马微电子产业基地分布在深圳、上海、成都、武汉、厦门、日本六地，拥有或正在建设从第 2 代至第 6 代 TFT-LCD（含 a-Si、LTPS）产线、第 5.5 代 AMOLED 产线、第 6 代 LTPS AMOLED 产线、第 6 代柔性 AMOLED 产线以及 TN、STN 产线。天马微在中小尺寸模组出货行业领先，在 LTPS 智能手机、全面屏解决方案，车载显示、高端医疗、智能家居、航海、VoIP 等多个细分领域市场保持全球领先。

从本地平板显示产业链与龙头企业供应链配套关系看，目前天马微在厦门能够采购的材料、设备等十分有限，如上游玻璃基板电气硝子因技术路线不同而无法实现供应配套，在背光模组方面友达因侧重在电脑显示器背光模组，与天马微手机中小尺寸面板为主的业务不同，也未能在本地形成供应链关联配套，此外隆利背光模组项目，为深天马的供应商，落地厦门后有望推动其在本地形成与厦门天马微 LCD 产品供应链关联配套。

从目前国内 OLED 面板厂商（包括天马微 AMOLED）的核心关键供应链环节来看，影响产业链供应链稳定性和竞争力的部分核心关键环节包括：有机发光材料和前端制造过程中的核心设备——蒸镀机。

材料方面：上市公司深圳天马微电子股份有限公司披露，公司部分关键材料主要来自日韩，也提及有采购具有自主知识产权的 OLED 材料，但坚持采购高品质的原材料，是为能够保证后续产成品品质。

设备方面：目前，大部分 G6 的 OLED 线都选择 Tokki。据相关信息披露，厦门天马 G6 LTPS AMOLED 项目，“项目中的设备采购自全球顶尖技术的供应商”，预计项目中蒸镀设备很可能也采用日本 Canon Tokki 设备。

详见表 10-1。

表 10-1　平板显示产业供应链部分核心关键环节：以天马微 AMOLED 为例

供应链	部分核心关键环节	国外主要供应商	天马微公司供应商
上游 OLED 材料	有机发光材料	日本：出光兴产、新日铁化学、东丽 韩国：LG 化学、三星 SDI、斗山、德山 美国：陶氏化学和 UDC 德国：默克	公司部分关键材料主要来自日韩
上游 OLED 设备	蒸镀机	日本：Cannon Tokki、ULVAC 韩国：SFA 和 Sunic、YAS	公司部分关键设备主要来自日韩；预计厦门天马 G6 LTPS AMOLED 产线项目很可能也采用日本 Canon Tokki 设备。

资料来源：课题组根据相关资料整理

（三）半导体和集成电路产业

1. 产业发展现状

2020 年，半导体和集成电路产业产值 436.2 亿元，增长 0.7%。其中，集成电路产业产值 265.6 亿元，增长 11.6%。研发创新平台方面，拥有中国科学院大学厦门微电子工程学院、清华海峡研究院、厦门半导体工业技术研究院、微纳电子器件与集成技术重点实验室等技术研发机构，以及厦门集成电路设计公共服务平台、厦门集成电路产品保税交易中心、科湖摩尔实验室等功能平台。

2. 本地产业链分析

设计环节：引进境内外知名企业，如紫光展锐、星宸科技、凌阳华芯、澜至、中星微等，并培育出优迅、英麦科、芯阳、智恒等具有一定特色优势的企业，目前全市已有集成电路设计企业 100 多家。

制造环节：形成四类各有特色的集成电路制造产线：硅晶圆代工方面，联芯集成电路为大陆 28 纳米产品良率最高的 12 英寸晶圆厂；第二代半导体方面，三安集成电路 6 寸砷化镓生产线已量产且营收已达到规上水平；宽禁带半导体（主要指禁带宽度大于 2.2 电子伏特的半导体材料）方面，三安集成、瀚天天成、华天恒芯、芯光润泽等涵盖氮化镓、碳化硅外延、芯片和模块的产业链项目已建成投产；特色工艺半导体方面，士兰微 12 英寸特色工艺项目，定位为 MEMS、功率半导体器件及相关产品，加快试投产进程。

封测环节：引进通富微先进封测项目、著赫电子 IC 封装项目、金柏科技超精密柔性载板及模组封装项目、云天科技特色封装等封测企业，总投资近百亿元。已初步构建封装测试产业链配套，形成系统级封装 (SiP)、芯片级封装 (CSP)、圆片级封装 (WLP) 和硅通孔技术 (TSV) 等先进封装技术研发和产业化基地。

配套环节：引进美日丰创光罩项目、鑫天虹半导体设备项目、芯米半导体设备项目，部分已投产。

3. 供应链分析：以联芯为例

集成电路产业具备明显的全球化布局特点，行业内企业广泛采用“精益生产”、全球采购、业务外包、集中化等生产方式和管理方式。此生产管理方式在提升效率、降低成本的同时，也提高了集成电路供应链的复杂性与脆弱性，集成电路供应链变得更容易受到内部及外部风险的影响。

详见表 10–2。

表 10–2　半导体和集成电路本地产业链与供应链关系

产业链环节	本地龙头企业	本地供应链关系
设计	紫光展锐、星宸科技、凌阳华芯、澜至、中星微、优迅、英麦科、芯阳、智恒等；	本地设计龙头企业主要在海外流片，仅优迅等极少数设计企业在联芯有小部分流片订单；
制造	联芯、瀚天天成、华天恒芯、芯光润泽、三安集成（IDM）、士兰微（IDM）等；	
封测	通富微、著赫电子 IC 封装、金柏科技超精密柔性载板及模组封装、云天科技特色封装等；	通富微目前尚未与联芯等集成电路制造龙头构建供应链关系；
配套	美日丰创光罩、鑫天虹半导体设备、芯米半导体设备、泛林半导体、应用材料（厦门）分公司、阿斯麦（厦门）分公司、中微半导体（厦门）、科天检测设备、比思科半导体（厦门）分公司等；	美日丰创、泛林、应用材料、中微半导体与联芯存在供应配套关系，其他企业配套关系不明显；

资料来源：课题组收集整理。

近年来，联芯已开始半导体设备和材料的国产化进程，如设备方面，中微半导体、拓荆、北方微电子等在内的国产半导体设备企业已成为其供应商；原材料方面，与新昇 12 英寸大硅片已进入高端工艺验证磨合阶段。

（四）软件和信息服务业

1. 产业发展现状

2020年，软件和信息服务业实现收入1972.6亿元，增长13.8%。健康医疗、动漫游戏、信息安全、大数据、人工智能等多个细分领域发展水平国内领先。

2. 本地细分行业分析

厦门软件信息总体呈现多点开花的态势，最具有特色的细分领域主要包括：

动漫：咪咕动漫拥有中国最大的动漫发行平台。翔通动漫拥有全国最多的动漫IP。

游戏：吉比特是国内第一个互联网IP，首家A股主板上市(非借壳)游戏公司。四三九九是中国最大的小游戏门户网站。

大数据：网宿科技，连续7年商用CDN市场份额全国第一。

信息安全：美亚柏科，全球最大的电子数据取证公司。

移动互联：美图秀秀，移动端产品覆盖设备数超15亿台。美柚，总用户数突破2.5亿。

人工智能：易联众是国内民生信息服务行业首家上市企业。瑞为是中国人脸识别四大A级企业之一。快商通则专注于语音声学与内容理解技术的研发与创新，完全自主知识产权的声纹识别技术达到世界领先水平。

从产业链角度来看，以人工智能产业链为例，基本涵盖“基础层—技术层—应用层”全产业链，企业技术领域涵盖科技部科技创新2030“新一代人工智能”全部16个研究方向。

基础层：涉及传感器、芯片、大数据平台等，代表性企业有网宿、赛凡、意行半导体、美亚柏科、云知芯等。

技术层：涉及自然语义处理、语音识别、生物识别、图像识别、机器学习以及计算机视觉等，代表性企业有美图、矽创、云脉、商集、中控智慧、瑞为、邑通等。

应用层：涉及智能机器人、智能穿戴设备、智能汽车、智能娱乐、智能医疗、智慧旅游、智能教育、虚拟个人助理等，代表性企业有思尔特、美亚柏科、美图、吉比特、易联众、智业软件、麦克奥迪、任我游、罗普特、绿网天下等

3. 基础支撑环节分析：以人工智能企业为例

从供应链角度来看，厦门人工智能企业的底层大多基于开源数据。末端应用层的终端设备大多采用国内供应商的通用型号产品。基础层计算硬件，包括GPU/FPGA等用于性能加速的硬件、神经网络芯片、传感器与中间件等为人工智能的运算提供算力的核心硬件、算法，目前主要由英伟达、赛灵思、谷歌等国际IT巨头掌握。

二、存在问题

（一）外资企业嵌入本地产业链供应链程度弱

企业微观主体中，外资和港澳台商投资企业数占 40% 左右，产值占比达到 70% 左右。龙头企业中，戴尔、友达、宸鸿等都属外商和港澳台商投资企业。电子信息产业中外资企业产值占比高，部分企业更呈现典型的加工组装、加工贸易型特征，原材料和关键组件来自境外，与本地嵌入性弱。以戴尔为例，市场由总部划定，把企业功能严格定义为物流、销售、服务区域中心，供应链和创新载体没有落地生根。同时，国际疫情冲击和产业链重构波动也易对外资企业电子信息产业链供应链稳定性带来压力和挑战。

（二）产业链关联配套比例较低

多数龙头企业都自带或在外地有稳定的配套厂商，造成与本地中小企业配套较少。如天马微公司的采购决策服从于集团整体采购，在 AMOLED 领域，集团通过集中采购，提高在该领域的采购议价能力，通过集中的供应链管理和统一扶持国产供应链，得以有效降低原材料成本。电子信息制造业在元器件和整机之间缺少组件环节，也是造成本地产业链关联配套不足的一个原因。集成电路设计—制造—封测相互配套不足，如紫光展锐流片不在厦门，与联芯未形成上下游协作；三安集成电路只有少量封测在厦门，大部分供应芯片由下游客户自行选择封测工厂，设计环节实现的芯片等组件与本地计算机、平板显示等下游应用厂商未构建起采购配套关系。此外，本地科技型中小企业少，创新能力不足，也限制其新技术融入龙头企业放量验证的供应链配套体系中。

（三）核心关键部件和设备供应链自主性较弱

产业链上游在材料、关键设备方面布局不完善，国内替代不充分，自主性较弱，存在较大的风险。如平板显示核心关键材料从日韩等境外采购，关键设备方面包括显影（刻蚀）、光学检测等相关设备受制于欧美、日韩等。半导体和集成电路方面，设计环节主要设计工具 EDA 软件仍被 Synopsys、Cadence 和 Mentor Graphics 垄断，三家美国企业全球市场份额超过 90%，软件使用需要获得授权，国产设计工具软件与美国存在 10 年左右的技术差距；制造环节，许多基础原材料和关键核心设备仍严重依赖进口，如荷兰阿斯麦公司独占全球 80% 的高端光刻机市场份额，离子注入机、薄膜沉积设备、热处理成膜设备等关键设备由美国应用材料和日本东京电子等企业垄断，供应商可替代性差，面临极大的"断供"风险。产品端，高端芯片和元器件领域目前仍难找到合格的国产替代。软件信息优势领域集中在应用端，人工智能核心处理器芯片、算法受制于英伟达、赛灵思、谷歌等巨头。

（四）创新链融入和协同发展薄弱

电子信息龙头企业本地研发创新投入不足，高校院所与本地产业的协同性有待增强，围绕创新链布局产业链的谋划有待加快。新型存储器自主创新领域，目前厦门半导体产业研究院等新型研发机构对电子信息产业的带动和支撑作用尚未充分发挥。本地信创产业处于起步培育期，仍缺少自主可控关键组件的本地研发布局，整体信创产业创新链、应用生态圈的构建和规模壮大还需较长时期。

（五）产业发展要素支撑保障不足

电子信息领域产业链“卡脖子”核心关键环节技术突破难度大，风险高，财政资金的投入有限，而国内市场化资金由于制度和机制的不完善也存在较大的风险规避而趋于选择短期化和低风险化项目，自主开发的新技术新产品要获得下游客户和应用厂商的放量验证存在较大的进入门槛和束缚。高层次人才资源相对薄弱，如集成电路高层次人才培养周期长，短时间难于满足产业创新发展需求。软件信息服务业体量小，龙头少，且主要专注细分领域，人才上升的通道有限，对高端人才的吸引力不足，软硬兼备的复合型、交叉学科人才更是紧缺。产业人才对子女教育、住房保障的诉求突出，园区载体公共创新资源要素和服务配套仍有待加强。

三、面临环境

当前，外部环境风险挑战不断上升，全球产业链布局加速重构和供应链本地化发展趋势明显，中美科技战和科技“脱钩”的风险加大，尤其在 5G、人工智能、半导体和集成电路、基础软件和工具等领域的产业链供应链瓶颈和“卡脖子”问题更加凸显，只有加快提升电子信息产业链供应链现代化水平，提高产业链供应链自主可控能力，才能夯实畅通经济大循环的基础。

2020 年 10 月，十九届五中全会通过的《中共中央关于制定国民经济和社会发展第十四个五年规划和二〇三五年远景目标的建议》中，已经把提升产业链供应链现代化水平作为加快发展现代化产业体系的首要任务。同时，2020 年 12 月，中央经济工作会议进一步指出，产业链供应链安全稳定是构建新发展格局的基础。要统筹推进补齐短板和锻造长板，针对产业薄弱环节，实施好关键核心技术攻关工程，尽快解决一批“卡脖子”问题，在产业优势领域精耕细作，搞出更多独门绝技。

2021 年，随着“十四五”开局之年，国家省市各级“十四五”规划纲要的实施，厦门加快“扩内需”“新基建”“强化创新平台载体”“提升产业链供应链现代化水平”“加大基础研究投入”“增强产业配套能力”等重大战略任务的部署，电子信息产业发展环境进一步优化，电子信息产业链供应链的“补齐短板”和“锻造长板”的任务举措也将进一步落实。

四、对策建议

（一）加强产业链补链延链强链

1. 梳理产业链核心配套企业

开展梳理重点细分领域代表性龙头企业核心配套供应商专项行动，以电子信息产业链为重点，完善重点企业及上下游核心关联企业清单、问题清单、任务清单“三张清单”，加强运行调度，建立问题快速解决机制，采取“一链一策”“一企一策”的方式，帮助企业解决跨省、跨境产业链供应链协同问题，全力疏通堵点、连接断点。同时，重点对核心配套供应商，尤其境外供应商可能的技术“断链”风险提出应对策略。

2. 培育大中小企业融通生态

加强大中小企业在技术、资本、创新等关联融通举措，增强产业链穿透力。加强引进企业与在厦现有企业和产业链潜在关联配套的研判，引进具有自主知识产权的产业链上游项目，提高关键材料和组件的本地化配套率，并针对本地产业链配套给予财政支持。鼓励本地电子信息智能终端龙头企业在产品设计和供应链选择上，采购在厦中小企业生产的零部件和组件，引导智能终端龙头企业与本土产业链中小企业供应商开展供应链配套和协同创新。

3. 推动产业链数字化水平提升

打造一批面向中小微企业的工业 App 和供应链云平台，推动企业“上云用云”，培育众包、众筹、共享制造等一批新业态，打造线上采购、线下无人配送与智慧物流相结合的供应链体系。组织重点企业及上下游配套企业纳入工业和信息化部的线上产业链供需平台。鼓励企业展开“智慧供应链”布局，对企业上下游供应链进行全过程智能监控，增强灵活应变和协同能力，提高供应链管理效率和效益。加快实现供应链数据要素共享与利用，通过数据共享与整合，打通供应链上下游信息。加强数据保护与供应链数据安全。

4. 加强产业链精准招商

加强产业链顶层设计，建立高水平的电子信息领域专家咨询团队，强化对产业链的分析研判和持续动态跟踪，把握产业发展趋势和产业链重构机遇，做好产业链精准招商研究和规划，精准定位招商目标企业和机构。切实了解龙头企业对核心配套供应商的需求，以能形成一定的本地供应链配套关系为目标，进一步强化产业链上下游招商。抓住天马微 6G AMOLED、浪潮、亿联网络制造基地等电子信息产业领域具有“靶向标杆性”的重大项目落地机遇，积极推动本地产业链补链、延链和强链。加快推动产业链招商和本地产业链向有效的供应链转变，构建紧密和合理的关联配套关系。开展“飞地”合作和跨区域一体化招商，引导规模化制造、加工组装环节向周边“飞地”布局，优化产业链与价值链空间配置。

（二）推动供应链循环畅通运转

1. 通过龙头企业带动贯通供应链循环

支持龙头企业提前备货，带动中小企业生产复工复产。加强龙头企业对上游战略性资源、核心关键材料的储备，在关键元器件方面提前备货，拉长库存周期。支持龙头企业对国内供应商适当放宽认证资格条件，培育更多潜在供应商，加强国内供应链选择，加大国内供应商采购力度，积极引导和提升国内供应商技术能力水平，加强供应商本土布局要求。发挥厦门供应链创新与应用试点城市优势，引导产业链龙头企业围绕上下游各环节构建本地供应链，加强与供应链上下游企业的协同和整合，着力完善产业供应链体系，促进产业降本增效、节能环保、绿色发展和创新转型。集成电路领域，引导设计、制造、封测与本地整机应用企业形成虚拟 IDM 模式，加大力度支持优迅、紫光展锐等设计企业在本地流片。

2. 保障国际国内物流通道顺畅

针对新冠疫情的全球范围大流行，大力支持全货机和客改货航班，鼓励采取临时租赁等方式增加货机，保障国际货运正常通行，提高国际货运通达范围、承运能力和物流时效，降低货物进出口的物流成本。针对国际航运，积极通过减税降费，调整船期等手段，推动国际船运企业和港口全力提高船舶进出港效率和装卸效率，确保国际货物顺利高效通行。进一步强化多式联运，保障服务不间断。根据国际货运需求逐步加密中欧班列。鼓励航空货运企业与物流企业联合。加强国内铁路、公路物流保障。

3. 激发潜在消费带动供应链加快运转

结合新基建建设，以及 5G 手机、可穿戴设备、AR/VR 等电子信息终端新产品消费趋势和需求，推动本地电子信息企业加快新产品创新，抢抓新基建带来的发展机遇，带动供应链加快运转。鼓励采取线上线下等多种方式拓展市场和扩大消费。加快搭建应用场景实施工作机制，结合新基建与应用场景融合趋势和机遇，从供需两端征集重点领域应用场景需求，定期发布场景建设清单，广泛征集应用场景解决方案，支持在政府投资建设的重大工程、重大项目中推广本地电子信息产品应用。

4. 拓展国际国内供应链多元化渠道

提高企业供应链多样性，通过建立区域化供应链基地布局来减少对单个地区的依赖，或通过建立多元化供应商网络来提高供应短缺风险抵御能力。针对美国对中国高科技“封锁”，尤其电子信息领域核心关键材料、零部件、设备等产业链“断供”措施，加强与日本、欧洲等“非美国技术”认证的潜在替代供应商合作，寻求多元化供应渠道。积极寻找和培育国内潜在替代供应商，大力推动国内自主原材料供应商的培育和落地配套。

（三）加强全要素支撑保障

1. 加强创新链融入支撑

围绕产业链部署创新链，强化产业链与创新链的协同性和根植性。加强电子信息产业创新体系建设，引导形成电子信息产业多元化技术路线和产业生态圈协同推进的新格局。依托电子信息现有企业，加大研发创新投入，加强产学研用协同创新，集中多方面资源力量，着力攻关电子信息若干重点产业链环节“卡脖子”技术，提高企业和产业整体自主创新能力。支持建设软件信息与实体经济融合的创新中心，提升电子信息软硬结合水平。抓住新一代信息技术，尤其 5G、人工智能、大数据、云计算等，大力引进一批新型研发机构，围绕核心关键技术突破和前沿科技成果转移转化，布局形成一批新兴产业。围绕创新链完善引进和培育孵化链，鼓励企业设立产品众创空间或应用开发平台，为外部开发团队的产品应用创新提供支持，形成围绕新应用的产品创新生态体系。继续深化开放创新，支持集成电路保税研发，深入开展全产业链保税监管模式创新。

2. 完善产业链金融服务

强化金融资本对稳定产业链供应链的作用，引导金融机构支持有市场、有订单的产业链企业融资，降低产业链融资成本。支持金融机构开发供应链金融产品，加强对供应链上下游企业支持。设立电子信息领域产业链核心关键环节科技重大专项及财政资金、信贷资金和市场化基金支持。发挥厦门金圆集团、国贸产业等国有企业和产业引导基金作用，适时开展内联和对外投资并购，聚焦半导体显示前沿技术、计算机与通讯设备核心关键组件、集成电路创业型公司和团队、基础软件和工业软件知识产权（IP）等，加强资本运作，通过投资和兼并收购等方式整合产业链上下游、价值链中高端环节，推动厦门电子信息产业链价值链做大做强。

3. 强化多层次人才支撑

建立和健全电子信息产业发展专业委员会，聘请该领域知名科学家担任首席科技顾问、若干名知名专家担任科技创新专家组成员。实施产业链重点专项人才计划，加大对集成电路、计算机与通讯设备、云计算、大数据等领域高层次人才、骨干人才和基础人才的引进和培育。完善人才激励政策，提高创新人才在薪资、股权激励方面的待遇。扩大电子信息领域产业技术工人队伍，通过职业院校等开展订单式培养、培训，强化技能型人才的保障支撑。

4. 建立健全安全预警机制

支持重点企业建立关键零部件、重要生产资源供应链风险预警系统，全面梳理供应链断供缺供的风险隐患，完善采购、储备和替代机制。建立健全区域供应链安全分析评估机制，建设供应链大数据监测平台，定期评估分析重点产业、重点企业、重点项目供应保障情况，帮助企业充分利用国内国际市场，有效对冲和规避全球供应链风险。建立底线思维，对本地龙头企业或产业链关键环节可能的退出，提前做出相应预案和应对措施。发挥厦门“公正 +”优势，加大知识产权保护和服务支撑，完善知识产权侵权快速处理机制。

【参考文献】

[1] 厦门市发展和改革委员会 . 关于千亿产业链群汇总材料 [R].2020

[2] 厦门市发展研究中心 . 疫情下厦门应对全球产业链波动的建议 [R]. 调查研究报告，2020(08)

[3] 黄群慧 , 倪红福 . 基于价值链理论的产业基础能力与产业链水平提升研究 [J]. 经济体制改革，2020(05)

[4] 贺俊 .“十四五”全球供应链调整与中国应对战略 [J]. 中国经济评论，2021(01)

课题组长：林　智

课题组成员：谢　强　陈菲妮　李　婷　陈亚军

课题执笔：林　智

第十一章 厦门推进新型基础设施建设发展研究

2018 年 12 月，中央经济工作会议就提出要加快 5G 商用步伐，加强人工智能、工业互联网等新型基础设施建设。自此以后，中央先后有 8 次重要会议对“新基建”进行了强调。2020 年 3 月 4 日中央政治局常务委员会召开会议，提出要加快 5G 网络、数据中心等新型基础设施建设进度。新型基础设施建设是厦门实现高质量发展的中长期战略决策，更是厦门立足当前、着眼未来的重大战略部署。新型基础设施建设不但可以带动厦门产业链上下游的高速发展，还有利于为厦门在全球产业变革中打造核心竞争力。新型基础设施是拉动厦门新一轮经济增长的新动能、是带动厦门信息产业升级的新机遇、是推动厦门高质量发展的重要支撑、是拉动厦门有效投资的新增量。

一、发展情况

新型基础设施是以新发展理念为引领，以技术创新为驱动，以信息网络为基础，面向高质量发展需要，提供数字转型、智能升级、融合创新等服务的基础设施体系。新型基础设施主要包括三方面内容：一是信息基础设施，主要是指基于新一代信息技术演化生成的基础设施，比如以 5G、物联网、工业互联网、卫星互联网为代表的通信网络基础设施，以人工智能、云计算、区块链等为代表的新技术基础设施，以数据中心、智能计算中心为代表的算力基础设施等；二是融合基础设施，主要是指深度应用互联网、大数据、人工智能等技术，支撑传统基础设施转型升级，进而形成的融合基础设施，比如智能交通基础设施、智慧能源基础设施等；三是创新基础设施，主要是指支撑科学研究、技术开发、产品研制的具有公益属性的基础设施，比如重大科技基础设施、科教基础设施、产业技术创新基础设施等。

（一）信息基础设施

1.5G

5G 作为最新一代的无线通信技术，其超高速率、超低时延、超大连接特性将对经济社会发展产生重大影响，厦门作为国家首批 5G 预商用城市，加快 5G 网络建设，大力发展 5G 相关产业，加强 5G 示范应用，走在国内 5G 建设的前列。

全面推动 5G 网络建设。计划建设 5G 基站 1.9 万个，各基础电信企业积极围绕主城区、口碑场景、垂直行业应用、热点区域启动 5G 网络立体化规划建设。实现了在高新科技园区（如软件园一、二、三期、湖里高新科技园等）、重要行业区域（如远海码头、海润码头、电力局楼等）、市政服务区域（如市政府、各区政府驻地）、城市交通枢纽（如地铁 2 号线、BRT 快 3 线和环岛路沿线）以及高校区域（如厦大思明校区、翔安校区、集美大学等）的 5G 覆盖。软件园成为福建省首个 5G 产业园区。

大力发展 5G 产业。引进开元通信、英诺讯科技、绿芯半导体等面向 5G、光通信领域的设计企业。开元通信公司推出的体声波滤波器品牌“矽力豹”以及国产首颗高性能 BAW 滤波器产品，打破国际巨头对这一产品的垄断，这是国内芯片厂商在 5G BAW 滤波器的首次突破。士兰微化合物半导体器件项目投资 50 亿元，建设 4/6 英寸兼容先进化合物半导体器件生产线，主要产品包括下一代光模块芯片、5G 与射频相关模块、高端 LED 芯片产品，达产后年产值 35 亿元。云天系统级晶圆封装项目主要面向射频、滤波器及 5G 高频器件，提供晶圆级封测服务，技术水平业界领先。

加快推进 5G 试点应用。聚焦智慧政务、智慧交通、智慧教育、智慧医疗、智慧物流、智慧能源等领域开展 5G 试点应用。拓展 5G 在政务、医疗、教育、交通、协同制造、港口等垂直行业的示范应用。开启智慧景区、智慧酒店、智能导览系统、AI 客服、大数据监控与指挥平台、生物识别电子门票等 5G 应用场景，构成智慧旅游产业生态体系。

2. 大数据

大数据是指对规模巨大、来源分散、格式多样的数据进行采集、存储和分析，从中发现新知识、创造新价值、提升新能力的新一代信息技术和服务业态，涵盖大数据基础设施、大数据应用、大数据安全保障、大数据产业服务体系等产业链。厦门以抢抓数据资源集聚，紧抓数据应用推广，以招商引智为突破口，推动了大数据产业加快发展。

数据中心建设加快推进。厦门市通过深入推进电子政务、智慧城市、两化融合、信息消费，政府部门、市场主体和公民个人交互过程中积淀了丰富的数据资源。厦门大数据开放平台正式上线，建成人口、法人、交通、信用、证照、空间等 6 个基础资源数据库。厦门鲲鹏超算中心、浪潮数据中心、公安部第一研究所南方技术基地、中国移动（厦门）数据中心、中国电信海峡枢纽数据中心一期工程、国家信息中心大数据开放应用（厦门）基地落户厦门，加快推进大数据中心建设。

大数据应用不断深化。厦门市立足产业、民生、智慧城市等发展需求，加快大数据在各行业、各领域的广泛应用。投资项目在线审批监管平台、信用信息共享平台、人口健康信息化、公共就业信息网络平台、公安警务云、旅游产业运行监测与应急指挥平台、中小企业大数据应用平台、医疗健康大数据等大数据应用不断深化，丰富了应用场景。

大数据产业链加快提升。厦门引进龙头企业与培育本土企业并举，加快培育多层次、梯队化的产业主体，促进产业链上下游联动，繁荣大数据生态。大数据基础设施主要有厦门移动、厦门电信等重点企业。大数据服务商主要有浪潮软件、信息集团、神州数码等重点企业。大数据中心主要有科华恒盛等重点企业，大数据安全主要有美亚柏科、公安部一所、罗普特等重点企业。

3. 人工智能

人工智能是利用机器学习和数据分析方法赋予机器模拟、延伸和拓展类人的智能的能力，本质上是对人类思维过程的模拟。近年来，在大数据、算法和计算机能力三大要素的共同驱动下，人工智能进入高速发展阶段。人工智能赋能实体经济，为生产和生活带来革命性的转变。人工智能作为新一轮产业变革的核心力量，将重塑生产、分配、交换和消费等经济活动各环节，催生新业务、新模式和新产品。

人工智能产业加快发展。厦门人工智能产业初具规模，据不完全统计，厦门人工智能企业超过 200 家，全产业（直接 + 关联）产值预计 480 亿元。涵盖基础技术支撑、人工智能技术及人工智能应用完整产业链，已形成良好的人工智能相关产业生态圈。2019 年，厦门在中国人工智能产业发展潜力城市榜单中位列第 7，在语音识别、图像识别等领域已成为全国领先的典范并占据国际领先地位，是全国人工智能发展的先发地区。

公共服务平台加快建设。研发平台加快建设，厦门半导体投资集团有限公司联合清华大学微电子学研究所，共同建立"开源嵌入式处理器暨 SoC 设计技术服务平台"，以基于 RISC-V 指令集，研发与 ARM A7 性能相当的单核、多核处理器内核 IP 并集成 AI 人工智能硬件加速器为研发目标，将向产业及、学术界免费授权基于 RISC-V 指令集的系列处理器内核 IP。加快规划建设人工智能产业区，打造"众创空间—孵化器—加速器—产业园"的人工智能全链条孵化体系，为人工智能企业提供梯次孵化服务。

政策环境逐步完善。厦门市发布《推动新一代人工智能产业发展若干措施》，在人工智能技术攻关、平台建设、载体创新、平台应用等九大方面给予支持，其中，人工智能企业技术攻关每家可获最高 200 万元的奖励。重点支持人工智能技术和产品研发，支持人工智能开源软硬件基础平台等人工智能创新支撑平台建设。支持中国科学院、中国工程院院士牵头来厦设立人工智能产业支撑服务机构，有力地推动厦门人工智能加快发展。

4. 工业互联网

工业互联网是指通过开放的、全球化的工业级网络平台把设备、生产线、工厂、供应商、产品和客户紧密地连接和融合起来，高效共享工业经济中的各种要素资源，从而通过自动化、智能化的生产方式降低成本、增加效率，帮助制造业延长产业链，推动制造业转型发展。工业互联网由网络、平台、安全三大要素构成。其中网络是基础、平台是核心、安全是保障。包含六大重点领域，即基础网络与标识解析、工业互联网平台、工业控制与传感、工业软件、系统集成和安全保障。厦门以引进行业互联网平台为突破口，积极推动企业上云上平台，不断完善工业互联网产业生态，推动了工业互联网快速发展

工业互联网基础设施建设加快推进。开展以太网化、无线化、扁平化、柔性化等技术对工厂内网的改造，通过宽带网络升级改造工厂外网。制定了加快建设厦门工业互联网标识解析二级节点城市的实施方案，标识解析的企业创新应用加快推进。

工业互联网平台体系加快完善。厦门建成工业互联网公共服务平台等功能性平台。建立基于工业互联网的智能制造集成应用示范平台、高端制造智能监测与预测管理云平台等行业工业互联网平台。引入了华为云创新中心、中软国际东南总部基地项目等综合性工业互联网平台。

工业互联网融合示范不断深入。厦门已涌现出友达光电、弘信电子、天马微、金龙汽车、盈趣科技、路达等一批工业互联网应用标杆企业，通过发展工业互联网，实现了生产全链条互联互通，降低了生产成本，企业效益和竞争力取得明显提升。友达光电、路达卫浴、盈趣科技、建霖卫浴等制造业龙头企业，以现有平台为基础，积极开发外向型云化软件，推动产业链上下游协同制造。天马微打造全球智能化最高水平的模组生产线。思尔特机器人研发出"挖掘机结构件数字化焊接车间"和"加热炉及分离器数字化生产车间"等系统集成。

工业互联网产业链加快拓展。厦门聚集了一批优质的工业互联网企业，服务于工业企业的转型升级，

工业互联网综合服务商主要有航天云网、盈趣、新松智能研究院等重点企业。厦门加快推进工业互联网在各行业的应用，主要有金龙客车、金牌橱柜等重点企业。厦门大力发展上游硬件产品，生产企业主要有万久、安东电子等重点企业。

（二）融合基础设施

1. 特高压和城市能源互联网

特高压被誉为“电力高速公路”，可以大大提高电网的输送能力，进入新基建时代，在各类政策支持下，将迎来建设高峰。能源互联网的实质是“智能电网 + 特高压 + 清洁能源”，城市能源互联网致力于构建广泛互联、开放共享、再电气化、低碳环保的城市综合能源系统，厦门计划于 2035 年全面建成城市能源互联网，为厦门经济社会可持续发展提供支撑。

特高压建设处于起步阶段。特高压是电力传输的主动脉，厦门特高压建设还处于起步阶段，厦门地区第一条特高压线路——福州—厦门 1000 千伏特高压线路建设加快建设，配套项目 500 千伏集美变电站已经开工建设，总投资约 69 亿元，将大大提升省内北电南送能力，形成沿海第三输电通道。特高压建设将有力地支撑厦门能源互联网发展。

电网基础设施进一步完善。厦门高度重视电力基础设施的建设和提升，已建成 3 座 500 千伏变电站，220 千伏系统形成多环互联网架，“岛内双联拉手，岛外分片环网”的双环网网架加快形成，10 千伏系统以链式和双辐射为主布置，电网基础设施进一步完善，为厦门城市能源互联网建设提供良好的承载平台。

电网智能化水平加快提升。厦门电力行业积极探索电网全流程与信息通讯、5G、大数据、云计算等的深度融合。在发电环节，打造“虚拟电厂”，降低用能成本；在输电环节，实现输变电设备智能巡检，利用无人机进行线路巡视、检修；在变电环节，推进智能变电站建设和改造，构建全方位监控系统；在配电环节，厦门配电自动化水平位居全国领先水平，建成国内首个“多站融合”配电站房；在调度环节，建成电网一体化智能调度体系；在用电环节，推广“一表多户”智能电表，完善“网上国网”“e 充电”等供电服务体系。

2. 新能源汽车充电桩

随着厦门新能源汽车规模化市场的不断发展，充电基础设施随之持续快速增长。充电桩建设相对于新能源汽车发展具有一定超前性，行业处于技术、市场、盈利模式的变革期，风险和机遇并存。当前，政策扶持已从补贴新能源车购置转向补贴充电设施的建设和运营，充电桩其作为新基建的重要组成部分，将进入新一轮发展期，向着高质量方向发展。

充电桩需求快速增加。国家大力支持新能源汽车的推广和应用，在政策和市场的双重推动下，厦门新能源汽车产业呈现快速增长态势，新能源汽车占机动车比例位居全国前三。充电热度全国领先，新能源汽车的快速增长，带动了对充电桩等配套设施需求的快速增加。

充电桩建设快速增长。充电桩作为新基建的重要领域之一，得到了国家政策的大力支持，形成了中央和地方协同推进建设的格局，厦门充电桩建设开启快速通道。岛内充电桩发展较快，岛外充电桩主要分布在海沧新城、集美新城等重点区域，岛内外充电桩发展趋于平衡。

充电桩发展环境持续优化。一是政策体系愈加完善，2016 年，市政府印发《厦门市电动汽车充电基础设施专项规划（2016−2020）》，明确了充电桩近五年的规划方案、发展目标、重点任务及保障措施；市经信局印发《厦门市 2017−2020 年新能源汽车推广应用财政补贴办法》，明确了充换电设施的补贴对象、补贴标准，申领流程等细则，为充电桩建设提供了政策支撑。二是融合、监管平台日益丰富，拥有“特来电”“小桔充电”“国网 e 充电”“厦门市政资源”等 App 及公众号，方便查询充电桩的分布情况和使用状态。2019 年上线厦门市充电设施政府监管平台，现已接入 118 家运营商和全市 99% 的充电桩，大大提升厦门充电基础设施互联互通水平，引领行业生态优化。

3. 智能交通

智慧路网加快构建。“两环八射”路网、轨道交通加快建设，公交优先发展战略深入实施，城市进入轨道交通时代，公交专用道、公交场站、P+R 场站等设施加快补齐，以轨道、道路、公交网络为依托的枢纽体系不断完善。推动 5G 车路协同系统智能公交测试运行，率先国内实现 BRT 公交站 5G 网络全覆盖，ART 智轨电车环岛路完成试跑。

网络平台加快搭建。综合交通运行信息指挥中心平台基本建成，汇聚公安局、公路局、BRT、长途客运场站、四桥一隧等多路视频，交通大数据加速整合。率先全国建立网约车监管平台，实现在营网约车全部纳入平台监管。厦门公路路网运行监测管理平台基本建成，初步实现“车辆一动、视频跟踪、全程监控”。厦门市智慧交通信息网已覆盖综合交通运行、道路桥隧养护管理、交通执法等多个领域，总体水平全省领先，交通运输整体效率极大提升。

智慧交通广泛应用。智慧交通应用多点开花，开展红绿灯智能联网联控、交通事故远程定责定损、交通信息共享和大数据应用、停车场信息服务等智慧交通应用，市、区所有公交线路实现公共汽车来车信息实时预报及乘车电子支付，极大改善市民的交通出行环境。

（三）创新基础设施

厦门高度重视创新基础设施建设，围绕支柱产业和战略性新兴产业，制定产业技术路线图，推出未来产业培育工程，确定具备爆发式增长潜力的未来产业领域，策划建设柔性电子研究院、未来显示研究院等一批新型研究院，布局建设“闽西南智能制造共享服务平台”等公共技术服务平台，推进福建省、厦门市、厦门大学三方共建的科技创新平台嘉庚创新实验室建设。截至 2019 年年底，全市已有工程技术研究中心国家级 2 家、省级 36 家、市级 90 家，重点实验室国家级 4 家、省级 29 家、市级 95 家，建设厦门市公共技术服务平台 42 个，产业技术创新战略联盟国家级 1 个、省级 3 个、市级 15 个。

二、存在问题

（一）新基建建设有待加快

5G 网络建设有待加快，目前主要在重点区域实现了 5G 网络覆盖，5G 网络实现全覆盖还需要加大投入和建设力度。新型计算平台、分布式计算架构、大数据处理、分析和呈现方面均处于初级阶段。基础研究能力较弱，厦门本地高校以文科为主，理工科实力较弱，跟北京、上海、南京、成都、西安等地高校相比，基础研究短板较为明显，制约着创新能力的提升。

（二）新基建产业有待培育

5G 产业规模较小，主要生产 5G 设备相关的零部件，市场规模小，企业实力不强。缺乏贯穿数据采集、数据加工、数据服务产业链的大数据龙头企业，缺乏重量级大数据行业应用企业。人工智能企业竞争力不强，企业规模较小，缺乏带动性强的独角兽企业。缺少跨行业、跨领域的综合性工业互联网平台，缺少大的平台服务商，厦门工业 App 多是原有解决方案云化，研发设计类、制造工艺类和智能决策类应用偏少。

（三）新基建应用有待推广

5G 主要应用处于起步阶段，相关应用处于试点阶段，还未进入大规模推广阶段。“智能 +”尚处于试点阶段，应用场景较为局限，人工智能发展受到较大限制。智能交通大平台支撑能力不强，交通运行的一体化、数字化、精细化、智能化管理能力仍需提升。交通信息资源共享开放难问题尚未彻底解决，一定程度上制约了交通信息共享和业务协同应用的深入开展，交通智慧化应用的深度和广度不足。

三、发展重点

以习近平新时代中国特色社会主义思想为指导，把握全球新一轮信息技术变革趋势，立足于数字产业化、产业数字化、跨界融合化、品牌高端化，抢抓新型基础设施建设为疫情后产业复苏升级带来的重要机遇，通过市场推动、产业联动、项目带动，推动各类新型基础设施布局落地，拓宽新型基础设施应用场景，促进新型基础设施与厦门本地优势产业相结合，着力创造新供给、激发新需求、培育新动能。

（一）大力发展信息基础设施

1.5G

加快部署建设 5G 网络。加强统筹推进，进一步开放公共资源，降低用电成本，优化服务环境，加快 5G 基站建设，全面推动 5G 网络建设，加速实现全方位覆盖。支持基础电信企业加快推动人工智能、网络切片、边缘计算、公网频谱局域专用等技术在 5G 网络中的应用部署，提升“网络即服务”创新能力，更好赋能传统产业数字化专项和企业差异化发展需求。面向 5G 网络，在数据量大、时延要求高的应用场景集中区域合理部署一批集内容、网络、存储、计算为一体的边缘计算资源池节点，满足各行业智能应用及智慧城市建设的敏捷连接需求。

大力发展 5G 产业。开展强链补链，推动龙头企业在厦门设立 5G 相关机构，加快 5G 芯片、设备等创新技术研发攻关及产业化，引进和发展 5G 相关的无线设备、小基站、光通信器件等制造项目。打造省级 5G 产业园，重点推动火炬（翔安）产业区、软件园、环东海域形成等 5G 核心产业基地以及建设。编制 5G 产业重点招商目录和厦门 5G 企业培育目录，引进培育一批产业链上下游企业。

组织开展 5G 应用场景示范工程。支持厦门自贸区打造数字自贸区，建设全国第一个数字综合保税区。推动工业园区建设“5G+ 工业互联网”融合应用先导区，引领 5G 技术在垂直行业的融合创新。打造一批“5G+ 工业互联网”内网建设改造标杆、样板工程，鼓励工业企业将生产流程优化与内网建设改造相结合，推动 5G 网络部署应用从生产外围环节向生产内部环节延伸，形成可复制、可推广的典型工业示范应用。

推进厦门港口5G智慧化应用，依托中远海运和中移动合作建立的5G智慧港口实验室，助力厦门数字化港口转型。结合翔安机场建设，依托厦门国际集装箱枢纽港的优势，加大5G应用，完善智慧物流设施建设，打造智能化“海空”枢纽。在BRT、部分城市道路和园区等区域，开展基于5G的智能网联车、智慧交通试点应用，探索汽车智能管理平台与人车路协同体系建设，打造基于5G的城市自动驾驶与智慧出行示范区。开展5G网络环境下的智慧医疗试点，在重点骨干医院建设5G智慧医疗系统，加快5G在高清远程手术示教、远程影像阅片、全方位病人感知、远程会诊、实时医疗监控、移动急救等方面的应用推广。在全市推广基于电子健康卡的“多码融合”应用，逐步减少院内临时就诊卡发放，推动实名制就诊和“先诊疗、后付费”服务模式有效落地。加强校园内部基础网络及配套设施建设，打造校园网络安全认证平台、舆情管控平台。开展“5G+”高清远程互动教学、远程督导、高清视频防控等应用，建成一批数字校园、数字实验室。利用5G、人工智能、VR/AR、移动支付等现代技术手段，提升旅游业智能化水平。

2. 大数据

完善大数据基础设施。优化数据中心建设和布局。做好空间、规模、用能统筹，重点打造数据中心集群。推动政府部门数据中心集约化建设，推动国家部委、电信运营企业、大型互联网企业、金融机构在厦门落地建设区域数据中心，引导和规范厦门市重点行业、大型企业数据中心建设。积极争取国家大数据资源入驻，加快推进商贸物流、健康医疗、旅游文化、国土资源等国家大数据资源分部，积极谋划交通、安监、环境、气象等国家大数据资源分部。建设大数据交易汇聚中心。加快厦门市大数据交易中心建设，完善数据交易流通的定价、结算、质量认证等服务体系，开展规模化的数据交易服务，吸引国内数据在厦门市流通交易。

深化大数据应用。支持大数据应用生态开放，推动城市公共数据共享，提供惠民服务，支持精准治理，形成开放应用示范。政务大数据应用。推动政府市场向大数据产业开放，促进大数据与网上政务大厅、社区公共服务平台等的融合应用，发挥大数据在城市运行、公共安全、应急管理、市场监管、质量发展与安全、节能降耗、环境保护、食品安全、安全生产、检验检测、社会信用体系等领域的综合分析、预测预警、辅助决策等功能。口岸大数据应用。进一步推进口岸监管信息化、智慧化，提高数字化监管水平，谋划生成新的一批创新举措。民生大数据应用。发展医疗健康大数据，建设覆盖公共卫生、医疗服务、医疗保障领域的医疗健康管理和服务大数据应用体系。创新教育大数据服务产品，提供教育教学个性化服务，提升优质教育资源利用效率。发展旅游大数据。开展游客、旅游资源智能统计分析，实现重点景区游客流量的监控、预警和分流疏导。发展社会保障大数据。建立以养老服务、社会救助、社会福利为核心的民政大数据应用体系，支持社会力量对民政大数据资源进行增值开发和创新应用。产业大数据应用。加强工业大数据在产品全生命周期、产业链各环节的应用，鼓励企业利用大数据技术开展故障预警、远程维护、质量诊断等在线增值服务。重点在平板显示、集成电路、生物医护药、汽车开展工业大数据平台创新应用试点示范。推进大数据在“三农”经济领域的深度应用，实现农业大数据共享开放。鼓励利用大数据支撑品牌建立、产品定位、精准营销、认证认可、质量提升、信用建设和定制服务等，研发面向服务业的大数据解决方案。

加快培育和引进大数据龙头企业。加快招引国内外重点企业。围绕研发设计、终端制造、平台构建、应用服务等大数据产业链关键环节加强招商引资，全力引进国际领先的大数据龙头企业和重大项目。鼓励市内具备较强实力的企业投资建设大数据软硬件产品及应用服务等项目，打造具有核心技术自主权的大数据产业。加快推进通信运营公司和华为、百度等互联网公司大型数据中心落地，建设大数据集聚区，吸引大型互联网企业、专业数据中心运营企业和金融保险等相关企业在厦门投资建设数据运营中心和备份中心。积极争取国家机关与央企、国企等部门和单位将我市作为全国或区域性数据存储和灾备基地，吸引社会各行业、各企业数据汇聚厦门。加大本地企业培育力度。实施本地有根企业滚动培育计划，对本地大数据领域“瞪羚种子企业”“瞪羚企业”进行重点培育，集中数据、技术、资金、市场、人才等要素供给予以积极支持，着力培育一批数据资源富集、创新能力领先、品牌价值较高、市场拓展能力较强的大数据本土企业。

3. 人工智能

瞄准世界前沿领域，以人工智能技术创新、产业培育和融合应用为主线，打造“多点协同”的产业发展格局，成为新一代人工智能技术示范、政策试验和社会实验的核心区、产业发展新高地，将厦门打造成为特色鲜明的智能经济先行区。

发展人工智能产业。加快引进和培育一批语音图像识别、生物特征识别、智能语音处理、自然语言理解、机器学习、深度学习等领域的头部企业，支持开发面向人工智能的关键基础软件、应用系统、智能解决方案。培育壮大工业软件产业，提升软件服务业对智能制造的支撑能力。大力推进智能网联汽车、智能汽车电子产品、智能机器人、智能家居、智能可穿戴设备、智能照明、无人驾驶航空器产品等研发和产业化发展，形成规模化集聚效应。

构建平台支撑。建设开源开放软硬件基础平台（算法库、工具集、计算服务等）、标准测试及知识产权服务平台、智能化网络基础设施、信息安全保障体系、产业标准规范体系，为人工智能发展提供技术平台支撑。大力发挥中国人工智能大赛永久落户厦门的优势，把大赛平台打造成企业的 AI 能力定级、AI 要素交易、AI 标准制定、AI 创新创业的平台。

推广人工智能应用。以智能数控机床、智能机器人、智能网联汽车为主要切入点，加快推动人工智能与制造业的深度融合。拓展应用行业智能化解决方案，瞄准智慧医疗、智慧交通、智慧教育、智慧旅游等领域，加快人工智能技术的深度应用，打造一批代表性的综合解决方案。推动检测和作业机器人、电力巡检机器人、大数据智能分析、图像识别、智能成像、智能预测在城市智能化管理、公共安全监控领域和安全运行监测的应用，提高城市智能化管理水平，增强城市智能防控能力。

4. 工业互联网

完善工业互联网基础设施。加大工业互联网内外网络改造力度。针对企业内网。围绕平板、集成电路、生物医药、汽车等重点工业领域，开展基于 5G 的工业互联网内网改造升级。针对工厂外网。以窄带物联网 (NB-IoT)、工业过程 / 工业自动化无线网络 (WIA-PA/FA)、超长距低功耗数据传输技术 (LoRa)、增强机器类通信 (eMTC) 等技术对现有移动网络进行升级改造，在 5G 中探索面向绿色制造的网络技术，推动低时延、高可靠、广覆盖的工业企业外网建设。加快建设工业互联网行业标识解析二级节点。采取政府投资、国有企业运营模式，建设面向平板显示、半导体和集成电路、生物医药、机械装备和传统制造业等特定行业的标识解析二级节点，同时加快建设面向闽西南、台湾、金砖国家的区域性标识解析二级节点。组织开展标识解析二级节点应用供需对接，推动标识节点建设企业联合行业龙头企业开展行业领域交流对接，支持龙头企业率先开展二级节点注册和行业领域解析应用。探索工业互联网标识解析产业化应用模式，鼓励制造业龙头企业与通信、互联网企业合作，开展基于标识服务的关键产品追溯、全生命周期管理、供应链协同等应用创新。

加快培育工业互联网平台。发展通用型工业互联网平台。支持市属国有集团企业和龙头企业与知名互联网合作，建设跨地区、跨行业、跨领域的通用型工业互联网平台，满足各类型企业数字化、网络化、智能化发展需求，降低企业信息化建设成本。发展行业特色平台。立足我市产业基础，支持互联网企业、软件企业等与制造业骨干企业合作，围绕高端装备、建材、纺织、食品、电子信息等行业，培育具有引领作用的行业级工业互联网平台，通过人机互动、设备互联、数据流通实现生产资源优化配置、制造能力精准交易。发展企业级工业互联网平台。以大型制造业企业为主体，建设面向特定行业、特定区域的企业级平台，实现企业内部互联互通、高效协同，推动企业提质增效。鼓励行业协会、平台企业、应用企业共建工业互联网平台应用创新推广中心、体验中心。

推进工业互联网标杆建设。推动企业基础设施、业务应用、产品设备、平台系统等广泛连接工业互联网，打造工业互联网应用示范企业。建设 10 个综合展现厦门工业互联网实力和重要创新成果的工业互联网平台，培育 10 个“5G+ 工业互联网”重点应用场景，培育市级优秀系统解决方案供应商 100 家，壮大 1000 个有爆发潜力的高成长工业互联网企业，形成特色鲜明、亮点突出、可复制可推广的行业应用标杆，并向其他企业、行业和地区推广应用，探索工业互联网发展新模式新路径。

（二）加快建设融合基础设施

1. 城市能源互联网

推进信息化建设。注重融合创新，鼓励能源领域与信息通信领域深入合作，升级信息通信系统，提高电力设备的全面感知、互联互通能力。深入应用人工智能巡检，智能监测电力设备，开展智能运维研究，精准识别和处理设备缺陷，提升电网安全运行水平。建设开放共享的能源大数据平台，培育能源数据核心算力，提高数据的集成和分析应用水平，提升电网经营管理水平。

建设智慧用电平台。建设企业用电设备智慧托管服务平台，对配电室进行在线监测和诊断分析，为用户提供设备托管、节能降耗、电能质量分析等服务。建设智慧家居用能服务平台，向智能家电厂商开放数据接口，推动居民家电节能升级。建设共享电工平台，推动形成社会电工共享服务新业态。

2. 新能源汽车充电桩

加强充换电设施建设。落实充换电设施建设的补贴政策，补充对运营环节的补贴政策，充分调动市场积极性。支持厦门电网、市政集团、公交集团等国有企业加强协调联动，承担每年充电基础设施建设任务；支持特来电、星星充电等民营企业通过 PPP、BOT、EPC 等多种形式加快充电基础设施建设；鼓励众筹建桩模式，由合伙人提供场地，运营商承担建设成本和运营维护，实现资源整合、合作共赢，适用于医院、商场、学校、酒店、旅游景区等场所；鼓励与整车厂商合作建桩，充电桩与新能源车绑定销售，可以提高用户黏性。

构建智能化充电平台。依托厦门市充电设施政府监管平台，实时监控分析厦门全市充电设施，开放共享信息数据，支撑政府部门开展行业监管，帮助运营商提高充电桩利用率。引入大型充电设施信息服务平台运营商，整合不同企业的充电服务平台信息资源，接入中小运营商的充电设施，鼓励私人桩接入平台，做好智能运营管理，实现平台之间互联互通、信息共享、统一结算，更好的服务用户，提高充电桩使用效率。

3. 智能交通

建设车联网。统筹全市智慧交通的一体化建设、管理和服务，推动车联网建设，在互联互通，信息共享的基础上实现交通信息一体化应用。搭建边缘云、区域云与中心云三级架构的云控平台，支持高级别自动驾驶实时协同感知与控制，支持智能交通管控、路政、消防等区域级公共服务。

建设智慧交通管理平台。有效整合现有智慧交通管理平台，以交通大数据分析与挖掘为手段，为全市交通智能管控提供数据支持，逐步建立集交通采集感知、交通态势预判预警、交通智能管控应用为全链条闭环的全市交通智能管控体系。

建设智慧出行示范区。在 BRT、部分城市道路和园区等区域，开展基于 5G 的智能网联车、智慧交通试点应用，探索汽车智能管理平台与人车路协同体系建设，打造基于 5G 的城市自动驾驶与智慧出行示范区。

（三）持续布局创新基础设施

布局重大科技基础设施。对标国家实验室建设目标，加快福建省嘉庚创新实验室建设，推动生物医药、稀土、海洋科学等创新实验室筹建工作。争创国家重大科技基础设施，启动技术创新中心建设，谋划创建国家技术创新中心，推动国家新能源汽车技术创新中心在厦设立分中心。

持续建设产学研基础设施。加强与大院大所合作，推进清华大学、中科院、哈尔滨工业大学等国内一流研究型高校院所布局新型研发机构。支持厦门大学科技园建设，打造科创基础设施集聚体，形成孵化集聚效应。强化培养和引进科研团队和高层次人才，自主研发转化一批在行业领域专利技术强的创新技术成果，不断培育发展新动能。

大力建设创新平台。支持企业建设国家级工程研究中心、企业技术中心等创新平台建设，提高企业研发能力。谋划一批急需紧缺的公共技术服务平台，组织实施公共技术服务平台提升专项行动，构建产业技术长效发展的支撑体系。

四、推进措施

（一）完善标准规范

推进重点领域行业标准制定。聚焦 5G 网络与应用、人工智能、工业互联网、物联网、数据中心、车联网、网络数据安全、物联网安全等重点领域，汇聚产业链上下游、产学研用各方力量，以专项方式成体系推进重点领域行业标准制定工作。如探索自动驾驶上路通行规则，研究提出并推动相关法规增加具有自动驾驶功能的汽车进行道路测试和上道路通行期间交通违法处理、交通事故责任分担等规定。

积极参与全球标准化活动。深入开展与国际先进标准的对比分析，找准存在的差距和薄弱环节，积极参与重点领域全球标准化活动，推动地方标准上升为国家标准，促进新型基础设施的互通和融合。

（二）丰富应用场景

聚焦智慧政务、智慧城市、智慧民生、智慧产业等行业领域，加快推出一批示范工程，以规模化应用需求，带动新型基础设施建设。以翔安机场、国际航运中心等重大项目为契机，以海峡论坛、文博会、金鸡百花奖等重要活动为依托，打造新的场景地标，促进新型基础设施建设与应用融合发展。

智慧政务。深化政务服务“一网通办”改革。推动信用承诺与容缺受理、分级分类监管应用。推动公共数据向社会主体深度有序开放，在医疗、教育、交通、旅游等重点领域，培育催生政企数据融合与创新应用。

智慧城市。聚焦交通、环境、安全等场景，提高城市智能感知能力和运行保障水平。加快公路、铁路、轨道交通、航空、电网、水务等传统基建数字化改造和智慧化升级，助推闽西南基础设施互联互通。

智慧民生。聚焦医疗卫生、文化教育、社区服务等民生领域，扩大便民服务智能终端覆盖范围。医疗卫生方面，推进互联网医院建设，加强AI辅助诊疗等技术运用，开展可穿戴等新型医疗设备的应用。文化教育方面，发展云直播、云课堂等在线教育，开发更多优质线上教育产品，鼓励景区推出云游览、云观赏服务。社区服务方面，支持智能停车、智慧门禁、智慧养老等智慧社区应用和平台建设。

智慧产业。推进制造业企业智能升级，支持建设智能产线、智能车间、智能工厂。探索建设高精尖产业服务平台，提供运行监测、政策咨询、规划评估、要素对接的精准服务。促进企业“上云用数赋智”，支持互联网平台型龙头企业延伸服务链条。推进现代流通供应链建设，建设金融公共数据专区，发展共同配送、无接触配送等末端配送新模式。

（三）加强新基建招商

重点围绕5G、人工智能、大数据、工业互联网等信息基础设施，谋划生成落地一批符合厦门发展方向、投资大、科技创新水平高、竞争力强的大项目、好项目，建立新基建招商目标项目库，充分挖掘国内外知名行业领军企业、优质创新型企业、潜力型创业企业等，千方百计吸引企业来厦投资。加强与民间创业投资基金开展业务合作，不断集聚金融资本，并通过投资、融资、投融互转等方式，积极引导被投新基建企业来厦门落地。

（四）强化要素保障

资金。进一步放大市级建设财力和战略性新兴产业、产业转型升级等财政专项资金的杠杆作用，提升政府资金使用绩效。支持政策性银行、开发性金融机构以及商业银行成立新型基础设施信贷优惠专项。发挥社会投资主体作用，鼓励和引导社会资本加大新基建投入力度，完善社会资本投入相关政策，切实降低准入门槛，做好社会资金投资服务。

人才。支持企业和科研院所面向全球设立研发机构、并购优质企业，重点引进培育规划建设、投资运营等方面的行业管理人才以及引领新基建技术研发的技术领军人才。鼓励本地高校院所增设人工智能等相关学科，以综合素质和创新能力为重点，培育高水平的专业型人才和技术交叉型人才。

用地。优先保障项目用地计划，对重大的新基建项目用地指标由市相关部门“直供”解决。聚焦5G、人工智能、工业互联网、信创等细分领域，建设一批特色鲜明的产业园区。切实降低用地成本，鼓励以长期租赁、先租后让、租让结合、弹性年期方式供应产业用地。

（五）优化营商环境

创新服务监管。深入推进重要领域和关键环节改革，进一步提升政府服务在行政审批、政策支持、标准规范、资源开放等方面的科学性、灵活性和针对性，提升服务企业水平。实施“包容期”管理和柔性监管方式，探索适用于新业态新模式的“沙箱监管”措施，依法审慎开展行政执法。

营造可信安全环境。探索建立数据权属确定等方面的法律法规，确立完善的数据交易监管制度，构建数据安全防护机制，推动数据资产的有序流通、可信交易、合法变现。运用人工智能、大数据、云计算、区块链、安全虚拟化等新一代信息技术，推进新型基础设施安全态势感知和风险评估体系建设，搭建新型安全服务平台。

【参考文献】

1. 厦门市人民政府 . 厦门市新型基础设施项目建设行动方案 [R].
2. 厦门市人民政府 .2021 年厦门市政府工作报告 [R].
3. 厦门市人民政府 . 厦门市国民经济和社会发展第十四个五年规划和二〇三五年远景目标纲要 [R].

课 题 组 长：林汝辉

课题组成员：戴松若　刘飞龙　陈国清
陈菲妮　黄　英　林　敏

课 题 执 笔：林汝辉　刘飞龙　陈国清
黄　英　陈菲妮

第十二章　厦门促进外贸增长对策研究

一、主要成效

2020 年，厦门市面对新冠肺炎疫情全球大流行、国际市场环境不稳定因素增多等风险挑战，及时采取了一系列有力有效的稳外贸政策举措，外贸进出口交出亮丽答卷，全年进出口、出口、进口三项指标均创历史新高，外贸综合竞争力位列全国第五，全国外贸强市地位进一步巩固。

全年实现外贸进出口 6915.8 亿元，增长 7.8%，分别高出全国（1.9%）、全省（5.5%）5.9 个百分点和 2.3 个百分点，增速在五个计划单列市中仅低于青岛位居第二。其中出口 3572.9 亿元，增长 1.2%；进口 3342.9 亿元，增长 16%。我市进出口占全省的比重为 49.3%，比 2019 年提升 1.1 个百分点，为全省实现全年外贸好于全国的目标贡献了厦门力量。

外贸运行呈现逐季回升、持续向好的良好态势，全年出口增速分别比一季度、上半年回升 10 个和 8.2 个百分点，月度进出口从 6 月起连续 7 个月实现正增长，体现出强大的发展韧性。

主要成效和亮点有：

贸易主体更具活力。全市有进出口实绩企业 12054 家，数量进一步增长。民营企业进出口 2303.9 亿元，增长 4.8%，占全市进出口总额的 33%，占比最高。下半年民营企业发挥经营灵活的优势，迅速适应国际市场需求变化，一举扭转上半年下降 10% 的不利局面，8 月至 12 月连续 5 个月出口增速高于 10%，全年出口实现增长 3.3%，增速高出全市平均水平 2.1 个百分点。国有企业进出口 2289.7 亿元，增长 22.7%，在疫情期间充分发挥了外贸压舱石的关键作用，进口增速超过 30%，国贸、建发、象屿等大型国企作为全市供应链企业领头雁的地位进一步凸显。

贸易方式更趋优化。一般贸易进出口 4798.1 亿元，增长 13.1%，占全市进出口的比重为 69.4%，同比提升 3.2 个百分点。保税物流进出口 1001 亿元，增长 3%，占全市进出口的比重为 14.5%。

贸易伙伴更加巩固。贸易伙伴已普及全球 223 个国家和地区，东盟、美国和欧盟是我市三大主要贸易伙伴，占全市外贸的比重达 43%。其中，对东盟进出口 1299.9 亿元，增长 18.6%，对美国进出口 900.5 亿元，增长 5.5%。新兴市场加快拓展，对“一带一路”沿线国家出口 2290.1 亿元，增长 13.2%。

对台贸易优势突出。厦台海运快件物流通道更加顺畅，海空联运模式成为疫情下出口渠道的重要补充。金门正逐步成为厦台货物的中转集散中心，金门“海外仓”建设加快，2020 年共完成 98 个集装箱中转海运快件业务。进口台湾水果连续 13 年保持大陆最大进口口岸地位。

防疫物资及“宅经济”相关商品出口大幅增长。出口防疫物资近 200 亿元，增长 3.76 倍，高出全国 28.5 个百分点。“宅经济”消费带动笔记本电脑、家用电器和体育用品出口分别增长 2 倍、43.6% 和 32.4%。生物医药、文化体育等新兴产业发展提速，带动出口体育用品 108 亿元，居全国首位，出口理疗器、原料药等生命科技产品增长近 90%，增速高出全国 40 个百分点以上。

大宗商品进口高速增长。带动全市进口额首次突破 3000 亿元大关，增长 16%，分别高出全国、全省 16.7 个和 5.4 个百分点。其中，铁矿砂、煤炭、粮食、钢材进口量分别增长 21.5%、17.1%、79.6% 和 4 倍，铝材、铝矿砂、橡胶、食用植物油等商品进口增幅均超过 40%。

新业态发展动能增强。全年实现跨境电商进出口 25.6 亿元，增长超 4 倍。开通厦门至欧洲、美国等地的货运包机航线，跨境物流通道进一步畅通。京东、纵腾等着头部企业落户，跨境电商发展后劲增强。中欧班列开行 273 列，货值 9.62 亿美元，增长 40%。两家自贸区企业获批原油非国营进口资质，实现原油进口 10.9 亿元。文化贸易出口 9276 万美元，增长 45.4%。

贸易发展环境持续优化。及时制定和出台了一系列稳外贸的政策举措，取得明显成效。加强部门协同，成立全市外贸外资工作专班，有效整合商务、工信、财政、海关和税务等相关部门力量，解决了宸鸿科技柔性印刷机进口、友达光电进口报关品类归属差异等 60 多个涉企问题，稳住了外贸企业和产业链供应链。积极帮扶企业，2020 年 2 月第一时间出台外贸惠企四条措施，从降低信保费率、加大金融支持、提高开拓国际市场扶持力度、加强预警和法律援助四方面帮扶企业渡过难关，4500 多家外贸企业从中受益。做好跟踪服务，加强对全市 343 家重点外贸企业线上线下的全方位服务保障，比如为明穗粮油解决融资难题、推动弓立医疗入选医疗物资出口白名单，坚实了企业发展信心。有效拓展市场，组织开展外贸云拓展等活动，推动传统线下拓展市场模式向线上云拓展转型，持续深化与阿里巴巴、亚马逊、环球资源等主流平台的合作，引导企业拓展数字化营销，降低企业出海成本。提升通关效率，纵深推进压缩通关时间专项行动，厦门口岸进口整体通关时间已压缩到 30 小时以内，出口整体通关时间压缩到 2 小时以内，在全国十大海运集装箱口岸营商环境测评中蝉联第一。

二、存在问题

高新技术产品进出口明显回落。从横向比较，2020 年全市高新技术产品进出口额 1212 亿元，下降 5.8%，与同期全国增长 6.8%、全省增长 0.9% 形成明显反差。从纵向比较，高新技术产品进出口占全市外贸的比重持续下滑，占比从 2013 年的 27.7% 下降至 2020 年的 17.5%，特别是液晶显示板进出口连续三年降幅近 20%，电子元器件和自动数据处理设备连续两年下降。

部分出口商品附加值不高。2020 年，全市出口花岗岩制品总值占全国近三成，但出口均价低于全国 34%；出口钨制品总值占全国超三成，但出口均价低于全国 6.7%。此外，平板电脑、手机等产品的出口均价低于全国约 50%。

对欧盟进出口有待提升。一是我市对欧盟进出口增速低于全国，2020 年全市对欧盟进出口 770 亿元，下降 1.5%，与全国对欧盟进出口增长 5.3% 大相径庭，占全市进出口的比重为 11%，低于全国平均水平 3 个百分点。二是从欧盟进口商品结构不优，高附加值的机电产品占比不足三成，低于全国近 20 个百分点。三是对欧盟出口与国内其他省市同质性较高，出口订单易被转移替代。2020 年，我市对欧盟出口的服装鞋帽、塑料制品等劳动密集型商品下降 9%，出口的液晶显示板、自动数据处理设备等机电产品下降 1.1%，与全国对欧盟出口劳动密集型商品、机电产品分别增长 15% 和 6.9% 形成鲜明对比。

服务贸易负增长。2020 年 1—11 月，我市服务贸易进出口为 692.6 亿元，同比下降 20.9%，其中出口额 361.7 亿元，同比下降 33%。登记离岸服务外包执行金额 16.9 亿美元，比去年同期下降 8%。

三、发展展望

（一）影响因素

1. 有利因素

全球经济和贸易有望实现恢复性增长，厦门外贸面临的国际市场环境总体改善。据经合组织（OECD）的最新预测，2021 年全球经济将增长 4.2%，美国经济增长 3.2%，欧元区经济增长 3.6%，二十国集团经济增长 4.7%。据 WTO 预测，由于低基数原因，2021 年全球货物贸易有望增长 7.2%。

RCEP 签署和中欧投资协定完成谈判，为厦门进一步扩大与东盟、欧盟、澳大利亚的双边贸易规模提供了新机遇。近年来，RCEP 成员国与厦门联系日益密切，经贸往来频繁并保持稳步增长，厦门与 RCEP 成员国间进出口额占全市外贸的三分之一，东盟、澳大利亚分别是厦门第一大和第四大贸易伙伴。RCEP 将贸易自由化和便利化作为首要任务，区域内 90% 的货物将实行零关税，有助于推动厦门货物贸易增长，RCEP 成员对服务贸易均做出了高于各自“10+1”自贸协定水平的开放承诺，将给厦门服务贸易发展带来机会窗口。而欧盟是厦门第三大贸易伙伴，厦门对欧盟进出口额占全市外贸的 11%。中欧投资协定谈判如期完成，为正式签署协定生打下决定性基础，有利于厦门与欧盟构建更加密切、贸易投资双向驱动型的经贸合作关系，进一步扩大双向投资规模，带动产业内贸易增长。

金砖创新基地和全国进口贸易创新促进示范区加快建设，为厦门推动外贸高质量发展提供了重要平台。金砖创新基地是国家赋予厦门的重大发展机遇，打造金砖贸易投资基地是金砖创新基地整体建设的重要组成部分，有利于厦门发挥“一带一路”支点城市的区位优势，服务金砖国家贸易一体化，集聚更多商流、物流、资金流和信息流。厦门将对接金砖国家优势资源，建设大宗商品交易中心，探索实施面向金砖国家的跨境服务贸易负责清单，带动发展维修服务、技术服务、离岸服务外包等新业态。同时，湖里区全国进口贸易创新促进示范区建设全面推进，将围绕贸易促进、贸易创新两大功能定位，在创新监管制度、完善服务功能、丰富交易模式等方面先行先试。进口贸易创新促进示范区不仅将显著提升进口便利化水平，通过降低制度性成本激发进口潜力，培育发展新型进口消费模式以增加国内优质商品供给，而且将立足于更好服务实体经济高质量发展需求，扩大技术设备和原材料进口。

2. 不利因素

美国新政府上台难以从根本上改变中美经贸摩擦长期化的趋势，厦门对美贸易仍面临不少风险挑战。综合各方面分析，美国新政府上台虽将有助于缓和中美关系，减少中美发生严重正面冲突的可能性，但无法改变中美博弈加剧的总体趋势。在经贸规则上，与特朗普政府依靠单边主义的关税手段不同，美国新政府倾向联合欧盟、日本、韩国等主要盟友，通过制定高标准经贸规则，以重返 TTIP、CPTPP 谈判和主导

WTO改革等方式，掌握重塑多边领域国际经贸规则的主导权，试图从制度源头上限制我国发展。美国新政府很可能保留和利用特朗普政府的对华关税杠杆继续向我国施压，作为推进下一阶段协议谈判的筹码，企图迫使我国在谈判中就产业补贴、知识产权等结构性问题做出让步。

人民币对美元汇率可能保持高位波动，贬值压力较小，给厦门扩大出口带来一定难度。支持人民币汇率走强的有两大因素：一是中国经济基本面持续向好。受全球疫情再次反弹的影响，全球经济恢复进度或将放缓，不确定性增强。未来中国将成为全球表现最好的经济体之一，这给人民币汇率带来支撑。二是国内资产吸引力较强。由于美国疫情短时间内难以得到控制，美联储未来将保持宽松的货币政策，中美利差保持高位运行，国内资产将在一段时间内保持吸引力。同时，人民币汇率走势也将面临一定的不确定性，主要是前期升值幅度较大，2020年下半年以来，人民币兑美元汇率最高达到6.5425，汇市已充分体现前期利好消息，再加上逆周期政策对人民币单边升值趋势有所准备，未来人民币汇率将保持温和波动。

综合考虑外部环境和自身条件变化，我们认为2021年厦门外贸发展既面临许多潜在机遇，也存在不少风险挑战，但总体看，积极有利因素更多，整体形势比2020年更乐观，预计2021年全市进出口将增长3%左右。

四、对策建议

（一）做大做强外贸企业

壮大流通型外贸龙头企业。支持外贸流通型企业通过资源整合、重组兼并等方式提升综合竞争力，在鼓励建发、象屿、国贸等旗舰型外贸企业做大进出口规模、提升辐射带动能力的同时，积极培育一批市场拓展能力强、经营模式领先的综合型进出口贸易公司，形成更有层次的发展梯队。

打造工贸型创新企业群。聚焦集成电路等战略性新兴产业和生物医药与健康、新材料等疫情催生的机遇产业，系统梳理我市千亿产业链群的“卡脖子”环节，围绕产业链部署创新链、人才链，加大创新研发支持力度，推动企业技术改造升级和新产品开发，培育有核心技术的工贸型创新企业群。

培育外贸综合服务企业。引导外贸综合服务企业探索外贸服务新模式，完善服务体系，增强服务功能，加强风险管理，提升服务中小外贸企业能力。结合厦门出口约有45%为外贸综合服务企业服务的异地货源的特点，支持外贸综合服务企业加强信息化平台建设，提升数字化服务能力，向品牌、跨境电商服务、国际营销、物流等方向延伸服务链条，支持更多中小企业扩大出口规模。支持有条件的外贸综合服务企业创新供应链服务模式，为国际品牌商、境外高端采购商、国内大型出口商提供专业化、定制化的供应链服务。创新监管模式，提升外贸综合服务企业的贸易便利化水平，在扩大融资规模、用好信保工具等方面加大扶持力度。建设适应监管要求的新型外贸综合服务企业信息化平台，提高退税效率。

推进外贸经营主体招商。利用自贸区先行先试优势，引进跨国公司、国际知名贸易商在厦设立区域总部、采购中心、营销结算中心，重点针对国内外知名外贸综合服务企业、跨境电商平台企业开展“点对点”招商对接。

（二）提升出口产品附加值

扩大机电和高新技术产品出口。支持机电、高新技术产品出口企业在技术、标准、质量、品牌、销售、服务等方面加强全链条创新，提升产品的技术含量和质量优势。引导机电、高新技术产品出口企业用足用好政策，开展技术研发、产能扩充等挖潜工作，在提高产品附加值的同时扩大生产出口规模。

培育出口自主品牌。支持企业通过自主培育、境外收购等方式推进品牌建设，积极争创出口名牌。推动生产企业由贴牌生产向委托设计制造、自有品牌方向转型，提升产品价值链。鼓励企业积极开展境外商标注册、专利申请和国际通行体系认证，加大对自主品牌知识产权保护和海外维权的支持力度。建设品牌企业培育库，持续开展品牌培育宣传，聚焦典型企业成长经验，营造品牌发展良好氛围，吸引更多企业关注品牌建设，建立品牌企业梯队。完善厦门品牌出海网站建设，进一步细分产品品类，优化营销功能，引入更多企业上线，加大在亚马逊、京东、阿里巴巴等头部跨境电商平台的推介力度，塑造区域产业品牌形象。优化品牌专业化服务，持续对接红点设计等优质设计服务资源，为企业提供品牌设计赋能等价值提升服务，在开拓国际市场、建设国际营销网络、扩大自主品牌商品出口等方面，加大对品牌企业支持力度。

加快外贸转型升级基地建设。完善保健康复器具、运动健身器材等我市现有国家级基地的公共服务平台建设，提高资源配置效率，为基地企业提供更专业化的服务，支持基地企业持续提升产品品牌附加值，争取在基地内形成一批竞争力强的行业龙头品牌企业。鼓励运用市场化手段，以政府购买服务方式委托基地行业商协会或专业服务机构，负责基地的管理服务。

（三）促进进口贸易创新发展

用好进口贸易创新示范区资质。一是扩大先进技术和设备进口。扩大与我市主导产业和新兴产业发展需求相配套的服务、先进技术设备、关键零部件进口规模，促进引进消化吸收再创新，特别是要注重与重大工业投资项目的招商落地相衔接，带动相关大型成套生产设备和工业原料产品进口。二是发展大宗商品进口。完善我市大宗商品鼓励进口商品目录，引导企业扩大粮食、铁矿石、化工原料、石材等紧缺的资源型大宗商品和重要生产资料进口，有效扩大进口规模。对进口达到一定规模的大宗商品鼓励进口商品目录内商品，按进口额给予企业一定补助。大力培育大宗商品交易市场、期货交易交割市场和生产资料交易市场，支持我市企业获得原油等进口资质和配额。三是扩大优质消费品进口。适应我市及周边地区市民不断升级的消费需求，支持企业扩大日用消费品尤其是关系民生的产品进口。加强进口分销体系建设，支持进口商自建分销渠道或与国内大型商超合作销售。

用好进博会平台。高质量做好中国国际进口博览会厦门团招展招商工作，发布采购需求清单，组织我市各类采购企业与参展商对接洽谈，提高采购成交实效。根据我市千亿产业链群和进口重点需求，结合进博会境外参展企业名录，开展针对性的招商推介工作，组建专业采购团。主动参与和承接进博会部分配套活动，分享展会溢出效应。积极对接进口博览会重要进口商，吸引其来厦设立分支机构和区域总部。

（四）全方位开拓市场

拓展RCEP成员国、欧盟和金砖国家市场。一是帮扶企业积极开拓RCEP成员国市场。建议由市商务局、贸促会等部门牵头，打造RCEP一站式服务平台，提供政策咨询、原产地证开立、展会信息等系列服务，特别是要以原产地规则、知识产权保护、关税优惠等内容为重点，加强外贸企业培训，帮助企业尽快熟悉和掌握RCEP规则。二是深耕欧盟市场。深度开发欧盟细分市场，争取更多商品进入欧盟中高端市场、大型商家供应链体系。鼓励我市科技企业赴欧盟设立海外研发中心等集创新研发、创业孵化、招才引智、专业服务等功能于一体的创新创业平台，吸引欧盟先进人才及优质资源，增强企业创新竞争力和开拓欧盟市场能力。三是加快拓展金砖国家市场。对接金砖国家优势资源，建设金砖国家大宗商品交易中心，争取国家支持扩大对金砖国家农产品准入品种范围，进一步放宽配额限制，支持赋予更多符合条件的企业原油非国营进口资质，下放国际航行船舶保税加油许可权限，发展金砖国家高端油品产业链。

提升展会对市场拓展的带动力。精心组织企业参加广交会、华交会、东盟博览会等境内外重点展会，推动本地组展机构提升境外展会代理资质、延伸服务链，降低企业参展成本。以“优势出口商品 + 知名专业展平台”的模式，积极在境外举办“精品厦门展”。

支持线上开拓市场。提升企业数字营销能力，加强与环球资源、阿里巴巴国际站等主流 B2B 外贸平台合作拓展外贸云，搭建企业在线拓展海外订单渠道。根据出口业务实际成交和撮合业绩，对企业线上开拓市场给予补贴支持，对企业入驻数字展贸平台费用、自建网上营销平台运维和数字化营销费用等给予支持，鼓励企业参加网上展会、远程洽谈、线上推介等活动。

加强海外仓等国际营销网络建设。支持企业通过设立海外仓、境外分支机构、零售网点、售后维修服务网点等方式，扩大国际营销网络覆盖面，利用海外联络点的信息渠道和当地人脉资源，帮助企业通过海外并购等方式加快建设营销网络。特别是要鼓励有条件的企业在主要出口市场设立海外仓，对自建（包括购买、租赁、并购）海外仓项目，由进出口银行结合具体项目给予优惠贷款，财政加大贷款贴息支持力度。

（五）培育发展外贸新业态

跨境电商。加强与亚马逊、阿里巴巴、京东、LAZADA 等头部平台合作，推进品牌和产业带出海行动计划，推广我市优势产业地域品牌影响力，扩大市场份额。针对跨境电商 B 端和 C 端业务的不同特点，加大对传统外贸企业转型跨境电商的引导、辅导和支持。加快航空货运航线的引进，加强两岸海快双向快捷物流通道建设，优化口岸跨境电商物流环境。支持协会、平台、培训机构与院校合作，开展跨境电商相关专业课程和实操课程培训，支持举办各类技能大赛和创新创业活动，培育面向市场的实用型人才。引导园区加强平台合作、产业对接，为跨境电商企业提供平台支撑、柔性化产品、直播工具及金融支持。

数字贸易。把握厦门软件园入选国家数字服务出口基地的契机，聚焦新一代信息技术前沿，加快推进“5G+ 人工智能 + 物联网”产业布局，发挥细分领域领军企业的带动作用，大力发展信息安全、线上医疗、在线教育、数字文娱等新业态新模式，面向“一带一路”国家输出智能化、智慧化的产品和服务。依托厦门自贸片区国家文化出口基地，大力发展数字出版、数字影视等重点产业，推进文化产品和服务“走出去”。

融资租赁。支持融资租赁公司创新经营模式，做大做强飞机融资租赁业务，拓展船舶融资租赁业务，扩大医疗设备、高端生产设备的融资租赁进口规模。

离岸贸易和转口贸易。利用厦门港枢纽优势，完善国际中转集拼和国际转口贸易枢纽功能，积极争取国家试点政策，探索货物监管、金融服务、税费减免等制度创新，优化转口贸易发展环境。支持企业在海关特殊监管区开展研发、组装、维修、分拨和结算等加工贸易增值业务，吸引银行、保险、期货等相关企业入驻集聚。

（六）完善惠企纾困政策

加大对外贸企业的财政金融支持。重点针对进出口额超过 1000 万美元的重点企业加强金融支持，鼓励各大型全国性银行在厦分支机构积极向上争取信贷规模，市内银行法人机构安排专项信贷规模，为这些重点企业提供优惠信贷支持，引导银行法人机构运用央行再贷款、政策性资金以及“一企一策”等方式为重点企业提供优惠贷款，市财政相应加大贴息支持力度。加强对小微企业的出口信用保险支持，扩大出口前保险覆盖面，放宽受理条件，完善产品配套，帮助企业合理分担海外买方取消订单造成的损失，适当调降小微企业保险费率和资信收费标准。

优化税收和外汇管理服务。全面落实中央出口退税调整政策，积极争取退税指标，进一步缩短出口退税时间，对重点出口企业实行优先流转、优先审核、优先核准、优先退税。支持企业开展出口退税账户质押，拓展外贸企业融资增信工具。开展贸易外汇收支便利化试点，鼓励银行法人机构为信用良好企业实施更加便利的贸易结算措施。支持符合条件的企业办理跨国公司资金集中运营，提高跨境资金使用效率。

强化跟踪服务。加强多部门协同，建立完善以商务、海关、工信、发改、税务和火炬高新区管委会为主的应对贸易摩擦联席会议机制，持续跟踪事态发展，及时评估各类企业所受影响，进一步分析贸易摩擦、疫情对上下游产业链、贸易环境造成的间接影响和不确定因素，加强应急政策储备。加强对重点外贸企业的精准服务，完善驻企服务员制度和问题清单销号制度，点对点解决问题、落实政策。

【参考文献】

[1] 陈卫东，周景彤，等 . 中国经济金融展望报告 2021 年年报 [D]. 中国银行研究院，2020−11

[2] 厦门市商务局 . 解码厦门外贸逆势而上的背后关键 [R].2021−01

课 题 组 长：谢　强

课题组成员：陈菲妮　李　婷　林　智

林永杰　陈亚军

课 题 执 笔：谢　强

第十三章 厦门加快建设港口型国家物流枢纽城市对策研究

2019年7月，国家发展改革委、交通运输部联合发布首批国家物流枢纽，厦门等9个城市被列为港口型物流枢纽，标志着厦门进入国家物流枢纽“一级梯队”。首批国家物流枢纽既是国家物流枢纽网络基本框架的重要支撑，也是今后国家物流枢纽布局建设的标杆和示范。当前，厦门正处在优化存量、扩大增量、做大总量的关键时期，通过抓住国家赋予厦门新的职能，从提升物流枢纽集聚辐射能力、提高物流枢纽运行效率、培育物流枢纽发展新动能和优化物流枢纽环境等维度，加快建设港口型国家物流枢纽城市，壮大枢纽经济，进而带动厦门经济做大做强具有重要现实意义。

一、基本内涵

（一）国家物流枢纽

物流枢纽是集中实现货物集散、存储、分拨、转运等多种功能的物流设施群和物流活动组织中心。国家物流枢纽是物流体系的核心基础设施，是辐射区域更广、集聚效应更强、服务功能更优、运行效率更高的综合性物流枢纽，在全国物流网络中发挥关键节点、重要平台和骨干枢纽的作用。

（二）港口型国家物流枢纽

港口型国家物流枢纽是指依托沿海、内河港口，对接国内国际航线和港口集疏运网络，实现水陆联运、水水中转有机衔接，主要为港口腹地及其辐射区域提供货物集散、国际中转、转口贸易、保税监管等物流服务和其他增值服务。

二、发展情况

港口是厦门城市发展的重要战略资源和依托，在“以港立市、以港兴市”的战略指引下，厦门港已成为我国综合运输体系的重要枢纽、集装箱运输干线港、东南国际航运中心的主要载体和海峡两岸交流的重要口岸，在推动厦门及腹地经济发展、促进城市产业集聚发展等起到了无可替代的作用。厦门港功能完备的基础设施，四通八达的航运网络和高质高效的航运服务，为加快建设港口型国家物流枢纽城市提供了强有力支撑。

（一）枢纽经济不断壮大

港口生产稳步发展。2020年，在全球新冠疫情和“逆全球化”影响下，厦门港通过积极营造国际一流营商环境等举措，港口生产持续保持赶超态势、实现高质量发展，全年港口货物吞吐量达2.08亿吨，集装箱吞吐量完成1141万标箱，增长2.5%，连续四年集装箱吞吐量超过1000万标箱，超越高雄港，排名稳居全国第7位、世界第14位。厦门港已成为本省和江西、湖南等省份重要的货物进出通道，大量的矿建材料、煤炭制品、金属矿石、石油天然气制品、粮食、钢铁等从厦门港区进出，有力支撑了周边区域经济的发展。

临港产业快速发展。随着港口货物尤其是集装箱吞吐量的持续增长，厦门港成为腹地综合运输的重要枢纽，引导并带动了临港工业、保税物流、商贸金融、信息媒介等产业的集群发展。海沧港区后方陆域已聚集翔鹭化纤、厦钨新能源材料、长鸿光电、IOI厦门棕榈油、台湾佳格葵花油等企业，初步形成了新材料、电子、金属、粮油加工生产制造体系。同时，依托保税港区、跨境电商等载体平台，积极拓展保税物流、出口加工、跨境贸易等业务，形成了货物集散、加工、国际集装箱中转、供应链物流、冷链物流等服务能力，港口服务业实现较快发展。

企业主体强劲发展。依托良好的港口条件和优惠政策，相关企业得到快速发展，企业竞争力得到同步提升。厦门现有三家世界500强企业，建发、国贸、象屿集团主营业务均为贸易业、物流业，在主营业务快速发展带动下，其世界500强中的排名也逐年上升，呈现出良好发展势头。中远海运、中谷海运、丹麦马士基、地中海航运、法国达飞等全球前20名航运公司纷纷在厦设立了分公司或代表机构，厦门集装箱码头集团、厦门港务集团、海投物流等一批本土企业也逐渐发展壮大。

（二）枢纽功能持续增强

辐射范围不断拓展。厦门港先后与美国巴尔的摩港、德国杜伊斯堡港、马来西亚巴生港、美国迈阿密港等14个港口建立友好合作关系。开辟“一带一路”航线共计66条，途经21个沿线国家47座港口，“丝路海运”正式开行并建立工作联席会制度。中欧（厦门）班列通达欧洲、中亚和俄罗斯地区，沿途经12个国家和34个城市，揽货范围已辐射至台湾、东盟等区域，实现“一带”和“一路”的无缝对接，并被列入“中欧安全智能贸易航线试点”计划，成为该计划的首条铁路运输试点线路，2020年累计发运273列、货值62.2亿元，分别增长17%、40%，均创历年新高，中欧（厦门）班列已成为跨越海峡、横贯欧亚、“海丝”“陆丝”无缝衔接的国际物流新通道。

集聚效应持续显现。厦门港在快速发展中形成明显的产业集聚效应，依托其强大的资源配置能力，带动区域各要素加快向厦门集中，航运物流、金融商贸、保税交易、法律仲裁等业务呈现集群式发展，促进了本区域经济的繁荣。东南国际航运中心的三个重要机构——厦门航运交易所、厦门仲裁委员会东南国际航运仲裁院、福建电子口岸等平台开通运营，为用户提供船舶交易、航运金融、航运人才交流等公共服务及融资保险、货船跟踪等增值服务，显著提升了厦门港港口功能与地位。海峡两岸间集装箱运价指数和厦门出口集装箱运价指数成为厦门集装箱运输行业的风向标。2020年，厦门港集装箱吞吐量占比福建省达66.3%，超过一半以上，显示出较强的吸引力和集聚力。

多式联运加快发展。厦门港持续深入内陆腹地开疆拓土，陆续开通了南昌、赣州、吉安、新余、萍乡、鹰潭、上饶、景德镇等城市的海铁联运线路，覆盖了江西和福建的大部分区域，并逐步向湖南、四川等纵深陆域挺进。目前，厦门港海铁联运的主要货源来自江西省及闽西地区，形成了四条特色鲜明的海铁联运线路："海丝"木材家具特色线路、欧美非进口稀贵金属特色线路、东北内贸特色线路、对台贸易特色线路，货种主要是木制品、家具、机电产品、服装鞋帽、食品、饮料、建材及钴、钨、稀土、铜、金属制品等。

（三）港城融合持续深化

港城一体化加快推进。厦门以既有设施资源整合和功能调整为重点，本着港城和谐科学发展的需要，从南自北逐步调减货运功能，加快推动东渡港区搬迁。目前，东渡港区重点发展邮轮以及航运服务业、自贸区相关产业，已逐步退出集装箱、散杂货业务，并加快向国际邮轮母港转型，着力推动"船、港、城"三位一体建设，打造融通世界的海洋文化港，使港城矛盾得到化解，实现了港区向城市新地标的华丽转身。

临港配套稳步推进。港口产业的快速发展，促进企业集聚和人口集聚。据相关研究成果表明，厦门港相关经济活动总共为全市提供就业人数 41.4 万人次，占全市城镇总就业人数的 22%。人口集聚对城市建设产生需求，推动居住区、商务区、商业中心、交通设施、公共服务设施等投资，促进临港新城加快建设。海沧临港新城建设持续加快，龟山公园、安置房、商业居住等配套加速推进，与海沧南部生活区连片成势，成为"产港城融合"典范。

（四）枢纽设施不断完善

集疏运网络高效便捷。厦门港拥有便捷的集疏运网络，通过高集海堤、厦门大桥、海沧大桥等与福建省公路连网，公路连接全省路网，并通过 319、324 国道、沈海、厦成高速公路、厦沙高速公路等多条高速公路与全国公路网相连；直达码头前沿的铁路专用线通过鹰厦、福厦、厦深、龙厦线与全国铁路网相连。各航运公司开通了至世界各主要港口集装箱班轮航线，航线网络通达全球。厦门港集装箱航线达 152 条，其中国际航线 101 条、内支线 12 条、内贸线 39 条。

港区基础设施条件优越。全港建成生产性泊位 175 个，其中万吨级以上泊位 80 个（含 10 万吨级以上泊位 19 个，20 万吨集装箱泊位 5 个，其中嵩屿码头 3 个，远海码头 2 个），码头货物综合通过能力达 1.84 亿吨，其中集装箱通过能力 1100 万标箱。集装箱、邮轮、石油、煤炭等专用码头一应俱全，最大靠泊能力达到 20 万吨级。深水航道可满足 20 万吨集装箱船舶与 15 万吨级集装箱船舶组合全潮双线通航要求，具备了接待全球最大型集装箱船舶和全球最大国际豪华邮轮的港口条件。

物流园区加快布局。持续加快东渡、海沧、前场、同安、翔安五大物流产业聚集区建设，厦门现代物流产业驶入转型升级的"快车道"。一批物流产业园区重点项目建设加速实施，京中马普洛斯冷链物流园等一批项目加快推进，顺丰创新产业园、苏宁易购电商物流园、橙联跨境电商产业园等项目抓紧落地，厦门港国际物流服务平台、唯捷民生消费仓配中心、宏仁医药物流园等一批项目竣工投产。其中京东亚洲一号厦门同安物流园将成为福建地区最大仓配一体化的物流园区；厦门盛辉物流园正式建成投用，将可容纳约 300 家物流企业，成为闽南地区重要的物流基地和货物集散地。

（五）枢纽环境持续优化

通关环境提速优化。厦门港主动对标国内外先进，系统性、制度性地推出系列提效降费措施，在推动口岸降费工作方面，先后制定出台厦门港对标先进工作方案、厦门口岸降本增效工作方案、做大做强港口国际集装箱中转业务工作方案等政策，降低企业进出口合规成本，提高口岸通关效率，提升企业获得感。据统计，厦门口岸通过降低港口政府定价经营性收费标准，每年为航商和货主减负约 1.6 亿元成本。在提高口岸通关效率方面，通过鼓励引导提前报关作业模式、改革优化通关流程和作业方式、提升口岸管理信息化智能化水平等，通关时间提前超额完成国家要求。截至 2020 年底，厦门口岸进出口整体通关时间同比分别压缩 21.8% 和 51.4%，全国排名分别提升 13 位、8 位。厦门口岸营商环境在中国十大海运集装箱口岸营商环境测评中已连续两年获得全国第一。

电子口岸深入推进。依托厦门电子口岸公共平台，加快国际贸易“单一窗口”建设，形成电子口岸跨部门共建、共管、共享机制，推动“一次申报、一次查验、一次放行”全流程信息化操作。积极实施信息化、智能化、无纸化“智检口岸”通关模式，推进质检工作互联互通，实现了系统自动判断监管放行。加快推广“先期机检”“智能识别”实际应用，强化“集中审像”应用效能。全面应用查验管理系统，加大移动查验单兵设备应用，推进查验环节无纸化作业，推广应用“查验异常结果处置系统”。

智慧港口加快建设。厦门港率先建成第四代自动化码头后，又推进新一轮智能化码头改造项目，建设航道智能监控项目，引入雷达和 VTS 系统，实现全天候航道、锚地海域动态监控。开发进出港船舶调度引航系统 V3.0，网安保护等级提升至三级标准。智慧港口建设有序推进，区块链、5G、自动驾驶等技术得到进一步应用，远程操控、智能理货和集装箱电子提单和 EIR 无纸化已经全面落地。智慧港口工程作为交通运输部智慧交通示范工程项目已经通过验收。集装箱智慧物流平台已从外贸集装箱延伸至内贸集装箱业务，正在推进与福州海盈码头和三明陆地港的对接。

三、存在问题

（一）港口物流腹地有限

近年来，厦门的经济体量增长较快，国内生产总值增速已连续两年位居十五个副省级城市第 1 位，但城市规模与经济规模仍然较小，不及深圳的 1/4，在省内排名也在泉州、福州之后；加之东南沿海区域及背靠的腹地经济发展水平相对较弱，腹地经济总量相对较小，区域经济协作水平较低，区域物流需求增长空间有限，导致厦门物流产业发展规模较小，枢纽的集聚辐射能力未能充分释放。与深圳、宁波等粤港澳大湾区、长三角区域代表城市相比，在货物吞吐量和集装箱吞吐量等指标上，厦门尚有较大差距。见表 13–1。

表 13–1　2020 年厦门与深圳、宁波港口经济指标

城市	GDP（亿元）	货物吞吐量（亿吨）	集装箱吞吐量（万 TEU）
厦门	6384	2.08	1141
深圳	26927.1	2.65	2655
宁波	11985.1	6	2705

数据来源：各城市 2020 年统计公报

（二）港城互动不紧密

一是港口物流业与城市产业联动不足。由于行业协调机制不够完善，致使物流业与生产制造业、商贸流通业联动发展及应用不足。据统计，全市生产制造、商贸流通相关企业物流业务全部外包给第三方运作的比例不足 40%，外包业务基本为传统的运输、代理等业务，包装、流通加工、物流信息管理、物流系统设计及供应链管理等高增值服务较少，限制了全市物流业规模的扩大。二是港区与城区联动不足。港城矛盾问题仍然较为突出，一方面城市的非港口产业用地、海洋休闲活动、岸线景观需求等对港口发展空间形成较大挤压，另一方面城区的相关配套滞后，港区后方相关的村镇拆迁难度大，乡镇企业搬迁进度缓慢，商业和社会事业配套服务接续不上，未能为港区发展提供有效支撑。

（三）多式联运效应尚未显现

经过多年的建设，厦门已形成以海、空港为枢纽，铁路、公路、海运和空运相互衔接的综合交通运输体系，综合运输网络的布局和集疏运能力开始产生规模效应，但由于长期的管理体制割裂等原因，海、公、铁、空等运输方式间以及物流发展、口岸管理在政策、规划、建设、运营等方面未能实现很好的统筹，多式联运效率低、规模小，在港口上表现尤为突出，并直接影响腹地的拓展、对周边区域的辐射与带动和物流产业的做大做强。目前厦门港口货物 70% 以上来自本地本省，需要加强港口铁路等基础设施建设和政策、体制机制创新支持，通过海铁联运等拓展腹地和国际中转。

（四）高端服务发展滞后

厦门港口物流业大部分仍然停留在传统的仓储运输业，国际中转、配送、采购、转口贸易等高端价值链缺失，如厦门港口整体国际中转量占比仅为 7% 左右，远低于高雄 40%、香港 70%、新加坡 80% 的水平，与国际枢纽港普遍为 40% 以上的水平存在较大差距，使得港口效益较为低下。港口服务业多集中在基础航运服务业，航运企业总部、国际贸易、航运金融等高端服务业发展明显滞后。

四、对策建议

紧紧围绕“港口型国家物流枢纽城市”功能定位，发挥“多区叠加”优势，积极推动港口物流设施完善，优化港口物流资源配置，推动港产城融合发展，构建功能完备、开放共享、智慧高效、绿色安全的港口物流枢纽，进一步增强港口型国际物流枢纽的辐射集聚能力，提高物流枢纽运行效率，降低物流和交易成本，提升物流服务质量，将厦门建成东南国际航运中心、东南沿海重要港口物流产业基地，为优化国家经济空间布局和构建现代化经济体系提供有力支撑。

（一）扩大港口物流枢纽辐射范围

1. 推进国际集装箱枢纽港建设

加快国际航运中心建设。落实“丝路海运”实施方案，引导船公司开辟和加密航线，加强与国际友好港合作，巩固厦门集装箱干线港地位。推动新物流渠道建设。横向拓展陆向腹地货源，扶持陆地港的发展运营，纵向加强海向港口对接，大力推进水－水中转。推进国际集拼线上公共服务平台建设。优化业务监管模式，开展多货主、多货物、多国别的国内外混合拼箱业务，做大做强国际中转集拼业务。

2. 加快集疏运体系建设

提升公路集疏运能力。加快海沧疏港通道、海新路与疏港通道立交、海沧货运通道、第二东西通道等建设进度，完善“两环八射”骨干快速路网，加快形成服务城际与城市客货集散主干路网。加快铁路集疏运建设。加快沿海铁路货运支线的规划和建设。推进翔安客运中间站建设、海沧区疏港铁路专用线扩建工程的开发建设。争取吉永泉铁路延伸至厦门，完善厦门港的铁路货运通道。积极推动厦门—昆明—东盟的铁路和重庆—长沙—厦门（渝长厦）的高铁建设，加快构建连接中西部地区和东南地区的快速通道。完善港口基础建设。加快启动翔安港区的 5 个集装箱泊位的开发建设，大力推进厦门港主航道扩建四期工程。

3. 提升区域物流协作能力

拓展陆向腹地。继续做大做强江西、晋江、龙岩、三明、武夷山等陆地港，探索港口、保税和口岸功能的延伸和拓展。拓展海向腹地。按照“市场运作、利益共享”的原则，构建以厦门港为中心，北到温州、南到汕头的海西港口内支线运输网络，打造中西部省份货物进出台湾的主通道和枢纽港。加快建设城际城市配送中心。推进国省道改扩建工程等城际物流通道建设，建设若干专业商贸物流平台，打造闽西南协同发展区城际配送中心。

4. 提升国际物流网络化服务水平

做强做大中欧班列。完善厦门中欧国际班列常态化运行机制，积极拓展沿线城市合作范围，做大国际贸易业务总量，将厦门港打造成“一带一路”中亚国家重要出海口岸及两个经济协作区互联互通陆海枢纽。对接“一带一路”建设。加强与“一带一路”沿线国家口岸相关设施的功能衔接、信息互联，加强单证规则、检验检疫、认证认可、通关报关、安全与应急等方面的国际合作，畅通陆路双向贸易大通道，实现与国际物流体系的高效衔接。加强与东盟物流合作。借助中国与东盟、南亚各国“互联互通”战略的推进，利用自贸试验区政策，打造临港商品交易平台，构建“交易 + 物流 + 金融 + 信息服务”四位一体的国际物流服务体系，进一步带动资源要素集聚。

5. 建设海峡两岸航运合作先行区

深化厦台港航合作。加强与台湾高雄等港口的合资合作，依托“一区三中心”的建设，深度推进航运服务、贸易金融、保税物流、法律仲裁、人才科技等相关领域的合作。发展厦台快捷物流。继续服务两岸的经济物资快件往来运输需求，打造两岸跨境电商快速通道和货物集散转运枢纽，实现海运快件及跨境电商相应的商流、物流、信息流和信息流在厦门聚集。加强信息互认共享。提升厦台合作“关港贸”一体化信息平台，实现贸易、物流、口岸监管等信息即时交换、共享，加强口岸监管数据互认，提升商贸和物流服务品质和竞争力。争取政策支持。争取对台航运政策先行试点，推动台湾地区航运企业在大陆从事航运业务，促进符合条件的船舶在厦门自贸试验区内落户登记，争取对登记船舶实行保税、免税等政策。

（二）增强港口物流枢纽集聚效应

1. 全面优化核心港建设

按照建设厦门国际航运中心核心港区的要求，提升海沧港区海运、物流、仓储功能，完善金融、贸易、商务、文化休闲等功能，实现港口功能转型升级。建设集装箱泊位。完成海沧 14#−19# 集装箱泊位结构等级提升，加快建设 22#−24# 深水泊位。推动码头功能调整。推动 7#−8# 煤码头异地搬迁、推动 10#−12# 液体化工泊位功能调整，整合博坦码头和嵩屿码头用地，推动集装箱码头沿海岸线连片发展，促进实现海沧港区码头之间的合理分工与协调发展。优化港口后方用地。对角嵩路以南用地进行规划调整，重点发展以大型物流园区、大宗商品交易中心为主体的港区后方服务基地。

2. 加大物流园区建设

建设临港物流园区。加快东渡、海沧、前场、同安、翔安五大物流产业聚集区建设，加大招商引资力度，积极吸引大型物流企业入驻，加强港口与物流园区的联动发展，拓展仓储、配送、流通加工、商贸等现代物流服务。加快建设前场物流园区。加快前场物流园区基础设施建设，加大引进高端物流企业和项目，推动铁路货运生产能力和规模尽快形成，打造东南沿海区域公路、铁路货运枢纽，为未来厦门物流产业做大做强提供支撑。

3. 加快航运服务要素集聚

加快载体平台建设。支持厦门航运交易所加快发展，在编制发布两岸集装箱运价指数的基础上积极开发航运衍生品，开展航运交易电子商务公共服务平台、航运服务集聚平台和航运人才信息平台的研发和建设。推动设立厦门航运发展基金，搭建船东互保平台。加快航运金融集聚。加快推进国内银行在厦门设立金融租赁公司，积极争取外资航运金融机构地区总部、业务总部、主报告行等落户厦门。加快航运保险集聚。争取国内知名保险机构在厦门设立营业机构，深入推动厦门国际离岸保险中心建设，从航运保险、再保险、保险经纪等方面开展政策创新，推动厦门加快成为航运保险业的集聚地。加快专业服务业集聚。吸引和鼓励律师事务所、会计师事务所、船舶注册与买卖、航运会计、海事诉讼与仲裁、信息咨询等各类航运、物流相关服务机构落户厦门。加大国际海事司法的交流与合作，打造国际一流的海事仲裁机构和海事司法机构，形成辐射东南亚、东亚地区的国际性海事仲裁影响力。

4. 壮大企业运营主体

支持龙头企业做大做强。根据企业的成长性和对全市的税收贡献，筛选厦门港口物流龙头企业 20 家，运用“一企一策”方式，推动政策、资源、要素等优质资源向有引领性、有成长性、有创新性的港口物流龙头企业集聚。支持建发集团、国贸集团、象屿集团等物流龙头企业参与“一带一路”沿线国家的港口相关产业建设，促进优势产能合作。支持中小港口物流企业上台阶。大力实施中小港口物流企业培育计划，挑选 50 家左右成长性较好的中小港口物流企业进行重点培育，促进中小港口物流企业增资扩产，引导其专注核心业务，提升先进产能，提高产品技术含量和附加值。

（三）提高港口物流枢纽运行效率

1. 优化存量物流设施

加强物流与交通基础设施衔接，提高不同运输方式间货物换装效率，推动信息互联互通、设施协调匹配、设备共享共用，增强物流枢纽多式联运功能，提高运行效率的一体化组织水平。推进厦门港海沧、象屿、翔安、刘五店等物流园区整合，推动物流园区集约化发展。鼓励整合专业化仓储、多式联运转运、区域分拨配送等物流设施及通关、保税等配套设施，推动物流枢纽资源空间集中。顺应现代物流业发展新趋势，加强现代信息技术和智能化、绿色化装备应用，推进货物运输结构调整，提高资源配置效率，打造绿色智慧型物流枢纽。

2. 提高港口信息化水平

依托福建电子口岸，打造国内先进的港口物流信息化平台，促进信息化与港口物流的深度融合和创新发展。加大与口岸管理部门之间的协调与合作力度，强化跨区域的联网应用。推进东南国际航运中心公共信息平台、临港商品电子交易与物流集成化系统管理平台、福建电子口岸与航运服务平台、航运电子交易结算一体化平台等项目建设。

3. 加强综合信息服务平台建设

加快建设“互联网 + 高效物流”协同服务体系，促进网上交易与网下配送共同发展，有效融合物流、商流、资金流和信息流，推动区域和行业间物流信息共享。鼓励和支持基于大数据的物流信息平台创新发展，推动企业、供应链上下游企业信息共享，实现车辆、货物位置及状态等信息实时查询。加强交通、公安、海关、市场监管、邮政等部门公共数据开放共享，为便利企业生产经营和完善物流信用环境提供支撑。加强物流服务安全监管和物流活动的跟踪监测，推动相关企业落实实名登记和信息留存等安全管理制度，实现货物来源可追溯、责任可倒查。

4. 推进大宗商品交易平台建设

重点推进发展厦门船舶交易中心，海沧石油交易中心、石材国际交易中心等临港交易中心。增加厦门船舶交易服务中心注册资本金，开展船舶评估、勘验、拍卖、交割等服务。建设厦门大宗商品交易平台，立足现有的石油交易中心、股权交易中心等现有交易市场，整合归并具有相同类别交易品种，实施“一个交易平台、多个交易中心”的合并模式。选择性培育进口高新技术装备、重大建设项目设备、汽车、国际消费品等交易市场。

（四）加快产港城融合发展

1. 加快推进港口规划调整

推动土地的高效利用，高效开发，保证港口在为城市建设留出充足空间的基础上，实现港口功能的拓展，促进港航业优质发展。稳步推进东渡港区集装箱、散杂货运输功能向岛外转移，发展壮大国际邮轮、对台客滚和高端航运服务业。海沧港区依托集装箱干线运输，大力发展保税物流服务，油品运输逐步向其它港区转移。翔安港区承接东渡港区石材、散杂货和内贸集装箱运输功能转移，重点发展集装箱运输并兼顾杂货运输。

2. 加快建设港产城协调发展功能区

推动厦门港东渡港区 5#–28# 泊位及后方陆域，建设厦门港国际贸易综合发展区。推动厦门东渡港区 0#–4# 泊位及后方陆域，建设邮轮母港配套区。推动位于海沧港中路与建港路以南区域，建设航运物流集聚区，推动航运业、物流业向高端价值链发展，成为厦门东南国际航运中心的核心港区。推动位于海沧港中路以北、角嵩路以南区域，建设临港产业发展区，促进港口高端要素集聚。

3. 推动港园互动

提升港口与物流园的联系。充分利用现有港口后方用地，加快建设保税物流园区、临港铁路物流园区及临港综合物流园区。完善物流园区加工、配送、分拨等物流基础服务功能，在周边布局航运交易、金融、商务、信息、保险、代理等港口物流高端服务功能，吸引国内外港口企业、物流企业、涉港服务机构和企业进驻。提升港口与工业园区联系。推动港口功能延伸到工业园区，统筹规划火炬翔安产业区、火炬同翔基地、集美机械工业园、新阳工业区等工业园区的物流服务体系，引导工业园区内物流基础设施、物流信息平台共享共用，加快释放和集聚物流需求。

（五）培育物流枢纽发展新动能

1. 发展智慧物流

促进现代信息技术与物流运营管理深度融合，提高在线调度、全流程监测和货物追溯能力。实施智慧物流工程，推广电子化单证，拓展智能配送、快捷物流、精益物流、绿色物流等新领域，推动多式联运智慧物流等项目建设，提升运输、仓储、装卸搬运、分拣、配送等作业效率和管理水平。支持重点物流企业开展线上线下融合、共同配送、云仓储等共享业务。以临港片区、物流园区周边为重点，规划建设一批集展示展销、消费体验、全球采购、国际贸易等功能于一体的大型现代商业综合体。

2. 加快多式联运发展

完善体制机制。对现有海、陆、空、口岸及物流发展管理体制和基础设施的规划、建设、运营进行全面的梳理，明确各种运输方式的配置衔接，明确工作目标、重点和要求，明确责任分工和工作机制，逐步完善多式联运发展协调机制。加快陆地港建设。积极支持晋江、三明、武夷山、龙岩等陆地港发展，发挥陆地港在通关、拼箱、退税、签发提单、仓储、运输、提箱还箱等方面的“一站式服务”功能，集聚内陆地区和周边省份货源。推广“一单制”。加强不同运输方式在货物交接、合同运单、信息共享、责任划分、保险理赔等方面的制度与规范衔接。鼓励企业围绕“一单制”物流创新业务模式，拓展统一单证的金融、贸易、信用等功能，扩大单证应用范围，强化与国际多式联运规则对接，探索开展“一单制”物流。

3. 大力发展制造业、商贸业联动物流

加强制造业联动物流发展。鼓励工业园区中的制造企业与物流企业之间，以资产重组、合资、合作等

形式，组建第三方物流企业，建立供应链战略合作伙伴关系，向物流金融服务、保税物流业务等功能服务延伸。加强商贸业联动物流发展。推进商贸物流服务体系和公共配送中心建设，培育一批食品冷链、消费品共同配送示范企业，促进商贸企业物流需求社会化，降低商品流通成本。加强物流公共服务平台建设。支持物流业与制造业、商贸业、软件信息业、金融业融合发展，着力建设工业物流中心、城市配送中心、冷链物流中心、农产品物流、快递物流中心、供应链金融中心等公共服务平台。

4. 大力发展进口业务

做大大宗商品进口。建立常态国内外市场的大宗商品交易集散平台，着力发展石油、石材、木材、化工原料及制品、粮食等资源型大宗商品进口，有效扩大进口规模。扩大汽车平行进口。加快引进整车进口企业总部、区域总部、结算中心、大型汽车销售集团；支持海外货源、汽车金融、售后服务、仓储物流、零配件供应、电商平台、供应链管理和平台服务等重点企业发展。建设进口商品集散中心。支持厦门自贸片区重点平台建设，重点打造进口酒、燕窝、石材等口岸优势进口商品集散中心。

（六）优化港口物流枢纽服务

1. 优化营商环境

提升政务服务水平。深化口岸资源整合和信息共享，优化口岸通关环境，提高口岸物流运作效率，降低口岸物流成本。帮助企业解决在跨地区、跨行业经营中遇到的用地需求、证照办理、纳税、交通管理等方面的问题。优化注册登记政策。积极复制推广上海市浦东新区“证照分离”改革的具体做法，推进港口企业“零首付”注册，实行“一枚印章管审批”“政策兑现一窗办”等便利措施，不断增强港口企业主体的市场活力，加速港口企业主体在厦门集聚。建立公共服务平台。发挥行业社团作用，建立供应链管理咨询策划、先进技术应用推广、金融合作、企业联盟、校企合作等物流公共服务平台。

2. 探索自由贸易港试点政策

围绕“一线放开，二线管住、区内自由”的海关监管制度创新，全面推进监管便利化、智能化，努力实现货物进出自由。打造更高标准的单一窗口、一站式通关和集中监管模式，实施政府监管模式的创新。在货物贸易、服务贸易、投资和人员流动方面赋予更加开放的先行先试施，争取实现“增量”外汇的自由流动，争取大幅降低自由港内注册企业的所得税税率。

3. 加大政策保障力度

实施税收优惠政策。落实物流企业大宗商品仓储设施用地使用税减半征收、自贸试验区运输、仓储、装卸搬运服务增值税即征即退等税收政策。积极配合国家完善物流业增值税制度，推动统一物流服务税目和税率、增加物流企业进项可抵扣项目。实施用地优惠政策。积极支持利用工业旧厂房、仓库等设施提供物流服务，或利用存量土地资源建设物流设施。开展用地性质弹性管理，港口相关产业用地参照工业用地价格，探索实行弹性出让年限、长期租赁、先租后让、租让结合等供地方式，切实保障港口产业用地需求。加大资金支持政策。发挥厦门航运产业引导基金作用，重点支持高端港口服务业的发展。对已注册登记的港口相关企业，按企业地方税收增量的一定比例予以奖励。对新办注册的港口相关企业，按缴纳地方税收总量的一定比例给予奖励。鼓励开辟航线、做大箱量，对相关企业给予适当奖补。

【参考文献】

[1] 国家发展改革委，交通运输部 . 国家物流枢纽布局和建设规划 [R].2018

[2] 厦门市人民政府 . 厦门市国民经济和社会发展第十三个五年规划纲要 [R].2016

[3] 陈红梅，李芏巍，等 . 港口型国家物流枢纽 : 概念、特征及其在全球供应链中的地位 [J]. 供应链管理，2020(01)

[4] 罗本成 . 加快布局建设港口型国家物流枢纽 [J]. 中国港口，2019(04)

课 题 组 长：陈国清

课题组成员：林汝辉　刘飞龙　林永杰

课 题 执 笔：陈国清

第十四章　创新厦门自贸区对台合作体制机制研究

2020 年 6 月 1 日，中共中央、国务院印发了《海南自由贸易港建设总体方案》，聚焦制度集成创新，建设高水平自由贸易港，标志着海南岛将成为国内最为自由的经济发展区域。厦门自贸试验区在对台融合上制度先行先试，推出了一系列融台惠台举措，但在合作的自由度、便利度、创新度方面仍存在一定瓶颈和问题。为此，借鉴海南自由贸易港政策，研究厦门如何在对台合作体制机制上进一步创新，对完善促进两岸交流合作、深化两岸融合发展、促进祖国和平统一具有重要意义。

一、海南自由贸易港政策概况

海南自由贸易港是按照中央部署，在海南全岛建设自由贸易试验区和中国特色自由贸易港，是党中央着眼于国际国内发展大局，深入研究、统筹考虑、科学谋划作出的重大决策。主要内容可概括为“6+1+4+2”。

（一）六大自由便利化政策

“6”就是贸易自由便利、投资自由便利、跨境资金流动自由便利、人员进出自由便利、运输来往自由便利、数据安全有序流动。《总体方案》围绕上述 6 个方面的自由便利作出了一系列制度安排。贸易自由便利方面，对货物贸易，实行以“零关税”为基本特征的自由化便利化制度安排。对服务贸易，实行以“既准入又准营”为基本特征的自由化便利化政策举措。投资自由便利方面，大幅放宽海南自由贸易港市场准入，进一步激发各类市场主体活力。跨境资金流动自由便利方面，坚持金融服务实体经济，重点围绕贸易投资自由化便利化，分阶段开放资本项目，有序推进海南自由贸易港与境外资金自由便利流动。人员进出自由便利方面，针对高端产业人才，实行更加开放的人才和停居留政策，打造人才集聚高地。运输来往自由便利方面，实施高度自由便利开放的运输政策，推动建设西部陆海新通道国际航运枢纽和航空枢纽。数据安全有序流动方面，在确保数据流动安全可控的前提下，扩大数据领域开放，培育发展数字经济。

（二）一条现代产业体系

“1”就是构建现代产业体系。把握好海南的优势和特色，坚持通过精准发展科技含量高、生态环保、有海南特点的实体经济来建设自由贸易港。大力发展旅游业、现代服务业和高新技术产业，进一步夯实实体经济基础，增强经济创新力和竞争力。

（三）四项制度建设

“4”就是加强税收、社会治理、法治、风险防控等四个方面的制度建设。一是按照零关税、低税率、简税制、强法治、分阶段的原则，逐步建立与高水平自由贸易港相适应的税收制度。二是着力推进政府机构改革和政府职能转变，构建系统完备、科学规范、运行有效的自由贸易港治理体系。三是建立以海南自由贸易港法为基础，以地方性法规和商事纠纷解决机制为重要组成的自由贸易港法治体系，营造国际一流的自由贸易港法治环境。四是制定实施有效措施，有针对性防范化解贸易、投资、金融、公共卫生、生态等领域重大风险，牢牢守住不发生系统性风险的底线。

（四）两步走战略

主要是明确了两个阶段的重要任务。第一个阶段，2025 年前，围绕贸易投资自由化便利化，在有效监管基础上，有序推进开放进程，推动各类要素便捷高效流动，形成早期收获，适时启动全岛封关运作。第二个阶段，2035 年前，主要是进一步优化完善开放政策和相关制度安排，全面实现贸易自由便利、投资自由便利、跨境资金流动自由便利、人员进出自由便利、运输来往自由便利和数据安全有序流动，推进建设高水平自由贸易港。

二、厦门自贸试验区对台合作基础

（一）主要成效

1. 投资领域逐步拓宽

厦门自贸试验区在航运服务、商贸服务、专业服务、文化服务、先进制造业等领域加大对台湾投资开放，目前共有 1187 家台资企业落户自贸片区，注册资本达 214 亿元。新增两岸首家受益于负面清单的独资油脂制造企业（佳格葵花籽油项目）、首家独资演艺经纪机构（量能文化）、首家台湾知识产权服务机构（台湾大陆通商事务所），首家独资海员外派机构、首家合资消费金融公司、首家合资旅行社、首家两岸律师事务所联营办公室、大陆首个台湾创业馆、福建省首家台湾地区律师事务所、省内首家海外人才离岸创新创业基地等落户厦门自贸片区，设立厦门海峡两岸旅游要素交易中心和厦门海峡两岸旅游创业基地。

2. 贸易合作深入开展

厦门自贸区在对台贸易上先行先试，坚持应通尽通、能通快通，在大嶝对台小额商品交易市场实行以“正面清单”管理方式，落实“一区双标”，推动更多台湾原产地消费品进入大嶝市场销售。扩大在全国率先开展的海运快件试点，建设高雄、金门“海外仓”，打造大陆入台货物及台湾货物进入大陆的集散分拨中心。厦门口岸台湾食品进口货物批次占大陆 50% 以上，进口台湾水果占大陆九成；以国家文化出口基地为载体，对台图书进、出口分别占全国 70% 和 60%。

3. 金融合作取得突破

建成集货币清算、跨境贷款、现钞调运为一体的两岸货币银行合作平台。厦门自贸片区首家台资银行"中国信托商业银行"厦门分行开业。设立全国首个以两岸金融为主题的区域性股权交易市场，两岸股权交易中心上线运行"台资板"。跨海峡人民币代理清算业务规模不断扩大，已有 23 家台湾地区银行在我市开立人民币代理清算账户，累计清算金额占大陆 10% 左右。厦门银行在全国首发台商专属信用卡。

4. 运输往来愈加便捷

厦门至台湾共有 3 条航线执飞台湾桃园、松山、高雄 3 个航点，每周直航航班 32 班，居大陆机场第二位。"中远之星"客滚轮以周班形式临时复开厦门至高雄航线。"大西洋号"和"双子星号"邮轮临时复开厦门港至高雄和澎湖的 3 个邮轮行程。通过国际航运中心和中欧（厦门）班列两个平台，发挥集装箱过境运输业务试点优势，配套叠加"厦门 +"城际合作模式，突出中欧（厦门）班列海铁联运的特色，以区域经济优势互补、要素集散分拨枢纽，推动形成跨越海峡、横贯欧亚、东西海陆并济的国际物流新通道，实现"海丝""陆丝"无缝衔接。台湾产品通过该班列到欧洲比海运省一半时间，成本为空运的 1/7。

5. 同胞交流日益密切

中央先后研究出台"31 条措施""26 条措施""11 条措施"，我省、我市也配套出台省"惠台 66 条"、市"惠台 60 条"及中央"26 条措施"厦门实施细则，为台湾同胞在大陆学习、就业、创业、生活及台企在大陆发展提供同等待遇。先行先试放宽台湾个体工商户经营等创新举措，率先全国建设两岸青年创新创业创客基地，打造两岸最有影响的青年创业聚集区和最为活跃的青年交流合作平台。

（二）存在问题

1. 两岸局势趋向紧张

近年来，两岸关系急转直下，台湾当局拒不承认"九二共识"，不断强化"新南向""脱中融美"等反大陆融合政策，强行通过"反渗透法"，两岸经贸、投资、资金、学术往来受到限制。EFCA 在 2020 年到期后，台湾早期收获清单失效，台湾出口大陆的产品受到影响，增加了台商企业的生产成本。

2. 现行政策未有较大突破

目前，关税和监管政策尚未有较大突破，现行台湾原产地产品属于境外进口产品，继续按照境外商品管理，需征收关税和进行监管，导致台湾原产地产品种类较少、价格较高，产品缺乏竞争优势，深化对台合作难度加大。

三、与海南自由贸易港政策比较分析

当前，中央、省、市为台湾同胞在大陆学习、就业、创业、生活及台企在大陆发展提供同等待遇政策，在各级惠台政策加持下，人员进出已实现自由便利，台企也可参与 5G、中国制造 2025 等相关领域投资，自贸区对台合作政策与海南自由贸易港政策的差距主要集中在贸易、金融、税收的开放度和自由度方面。

（一）贸易自由便利方面

海南自由贸易港对货物贸易实行以“零关税”为基本特征的自由化便利化制度安排，真正实现“一线放开、二线管住、区内自由”，货物进出享有高度的自由，通关效率相对更高。厦门自贸区虽建成国际贸易单一窗口平台，报关程序、报关流程进一步精简，实现了全程无纸化报关，在便利化方面取得较好成效，但在自由化方面突破较小，仅在大嶝对台小额商品交易市场以正面清单管理方式，未能实施“境内关外”政策，货物自由进出受到较大限制。

（二）投资自由便利方面

海南自由贸易港对外商投资实施准入前国民待遇加负面清单管理制度，采取“非禁即入”“承诺即入”。厦门自贸区在投资准入方面采取负面清单管理模式，但在投资开放度还有一定差距，特别在两岸贸易、投资等各领域进一步深化交流合作上受限较多，大陆对台单方面开放措施未达到预期成效，如在ECFA框架下，针对台湾服务提供者在自贸试验区设立各类增值通信类服务业务，审批程序手续繁杂、获批慢。

（三）金融自由便利方面

海南自由贸易港有序推进海南自由贸易港与境外资金自由便利流动，分阶段开放资本项目，逐步实现非金融企业外债项下完全可兑换，资金进出自由，对区内企业利润和资本的调拨不加限制。而自贸区虽已对台开展跨境人民币贷款业务和双向人民币资金池业务，支持符合条件的境外证券、基金、期货经营机构设立独资或合资金融机构，支持保险业金融机构与境外机构合作开发跨境医疗保险产品，但在融资便利、汇兑自由、人民币跨境使用等方面开放度还较小，如厦门自贸区内尚无法实现货币自由兑换等。

（四）其他政策

税收制度方面，海南自由贸易港在全岛封关前，对部分进口商品，免征进口关税、进口环节增值税和消费税；在全岛封关后，对进口征税商品目录以外、允许海南自由贸易港进口的商品，免征进口关税。而自贸区目前开展的进口商品都只实行“保税”。人员自由进出方面，海南自由贸易港针对高端产业人才，实行开放的人才和停居留政策，而自贸区受惠于中央、省市各级惠台政策，对台胞人员在厦生活就业提供同等待遇，自由度较高。

四、创新对台合作体制机制对策建议

以习近平新时代中国特色社会主义思想为指导，坚决落实中央、省对台工作方针和决策部署，围绕充分发挥对台战略支点作用，借鉴海南自由贸易港政策，积极先行先试，大胆改革创新，将自贸区打造成两岸资源要素流动最自由区域，持续拓展两岸经贸合作空间及共同利益，建设两岸交流合作体制机制创新的典范区域。

（一）推动贸易自由便利

1. 实施原产地台湾货物商品“自由港”监管政策

争取准境外港地位，将自贸试验区视同具有境外港口（自由港区）的地位，采取辖区全域封关运作，建设海关监管特殊区域。实行“一线”放开。对指禁止、限制进出口清单以外的台湾货物自由进出。进口征税商品目录以外的台湾货物免征进口关税。强化“二线”管住。台湾货物从自贸区进入区外，按进口规定办理相关手续，加强监管，照章征税。推进区内自由。海关对企业及机构实施低干预、高效能的精准监管。台湾货物在区内不设存储期限，可自由选择存放地点。实施“零关税”的货物，海关免于常规监管。

2. 推进服务贸易自由便利

以建设厦门服务贸易创新发展试点为契机，积极探索服务贸易各领域制度创新。完善管理体制。制定实施台湾跨境服务贸易负面清单制度，破除跨境交付、境外消费、自然人移动等服务贸易模式下存在的各种壁垒，放开更多服务贸易领域，给予台湾服务提供者更完全的国民待遇。培育服务品牌。立足现有服务贸易与服务外包特色产业，通过制度和政策创新，加强与台湾在航空维修、集成电路研发设计、航运物流、文化服务和融资租赁、数字贸易、跨境电商、供应链金融等领域合作，打造特色服务品牌。

3. 加快建设对台贸易中心

优化口岸通关环境。加快建设厦门国际贸易“单一窗口”3.0 版，进一步规范和降低口岸收费。简化国际中转货物海关手续，支持台湾经厦门港中转货物简化中转监管手续，做大国际中转业务。加快发展跨境电子商务。整合厦台跨境电商各类资源，探索建立跨境电商两岸产业园或虚拟产业园区，建立“周边揽货—厦门集货—海运台湾—空运国际”的陆海空联运模式，以厦门为中心打造两岸跨境电商圈。建设台湾商品免税中心。争取设立翔安国际机场综合保税区，结合大嶝小镇规划，在保税区等合适区域，推进台湾商品免税购物中心建设。

（二）推动投资自由便利

1. 放宽市场准入限制

实施市场准入承诺即入制，实施“非禁即入”，在“管得住”的前提下，对具有强制性标准的领域，原则上取消许可和审批，建立健全备案制度。深化落实对台资企业投资实施准入前国民待遇加负面清单管理制度，大幅减少禁止和限制条款。逐步暂停或取消台资企业在金融、交通、电信、商贸、卫生、法律等行业领域的准入条件、投资领域、控股比例等限制。

2. 实行“极简审批”投资制度

在现有单一窗口的基础上，进一步简化流程和手续，实行“极简审批”投资制度。深化审批服务改革试点，实现更多审批服务“秒批秒办”。建立以电子证照为主的设立便利，以“有事必应”“无事不扰”为主的经营便利，以公告承诺和优化程序为主的注销便利，以尽职履责为主的破产便利等政策制度。

3. 落实台企投资同等待遇

鼓励和支持台资企业参与《中国制造 2025》实施计划。率先落实台企同等参与工程研究中心、企业技术中心和工业设计中心建设。台资企业在投资新一代信息技术、高端装备、新材料、集成电路、精密机械、健康养生等领域方面享受与我市企业同等待遇。鼓励台资企业持续扩大在我市投资，对于台商从台资企业获得的利润再投资，符合条件的项目，暂不征收预提所得税。

（三）推动金融自由便利

1. 加快人民币和台币自由兑换

争取将厦门列入全国首批本外币合一的账户体系试点，构建多功能自由贸易账户体系。在风险可控条件下，在自贸区有序实现资本项目可兑换，减少外汇管制，争取实现“增量”外汇的自由流动，率先实现人民币与新台币的自由兑换。

2. 扩大两岸金融业开放

推动台湾金融机构在自贸区、两岸金融中心设立区域总部和分支机构。鼓励台资金融机构设立分支机构，支持台资企业设立融资担保、融资租赁、小额贷款公司等类金融机构，解决台商贷款难问题。加快厦门两岸股权交易中心“台资板”建设，培育形成服务台企的专业化区域性股权挂牌交易融资市场。探索离岸金融业务，加快推进厦门两岸区域性金融服务中心建设。支持台商台企依法依规在自贸区设立国际能源、航运、大宗商品、产权、股权、碳排放权等交易场所。

3. 支持开展金融创新业务

支持台湾地区金融机构、商家与中国银联及大陆非银行支付机构依法合规开展合作，为台湾同胞提供便捷的小额支付服务。支持台湾地区征信机构与我市征信、信用机构开展合作，为台湾同胞和企业提供征信、信用服务。鼓励台资企业通过发行企业债券、公司债券、可转换债券和运用非金融企业债务融资工具进行融资。引导私募股权基金参与台资企业的发展。

（四）推动两岸产业合作

1. 加强先进制造业合作

在集成电路、生物医药、新材料方面加强合作。建设海峡两岸集成电路产业合作试验区。重点围绕集成电路设计、封装测试、以产品为导向的特色工艺制造、装备材料四大领域，引进台资行业龙头、上市公司等优质企业。推动建设集成电路双创平台和线上、线下集成电路产品保税交易中心。探索开展出境加工业务，吸引集成电路企业结算集散中心回流，争取更多台湾与大陆集成电路贸易业务在厦门结算。加强生物医药合作。依托海沧生物医药港，加强与台湾生物医药企业合作，吸引台资医药企业入驻，特别是加大基因检测、精准医疗、新型医疗器械等台资项目的引进力度。建设两岸数字经济融合发展示范区。吸引互联网龙头企业参与建设，加快形成以龙头企业为引领的数字经济价值链。

2. 扩大现代服务业合作

在教育、医疗、旅游、文创等方面加强厦台合作。教育方面，支持高校开展对台交流合作，引进台湾优秀师资力量，扩大招收台湾学生数量。引导台湾教育机构参与厦门教育建设，鼓励两岸高校在厦门合作办学，打造两岸科教先行区。医疗方面，鼓励台湾医疗新技术、新装备、新药品的引进和研究应用。支持探索以独资、合资、合作等形式与台湾开展健康服务业、健康管理、健康职业教育、健康技术开发等领域的合作。旅游方面，引进台湾精致农业项目，发展乡村旅游。吸引台湾企业参与东山、东坪山、天竺山高端休闲度假旅游项目开发，提升旅游开发档次。文创方面，推动海峡文创中心建设，吸引台湾文创企业入驻，开发文化创意产品。支持设立台商独资演出经纪机构、试点开展台湾影视企业独资拍摄制作影视作品、开设影院、参与影视作品发行等业务。

（五）推动两岸青年交流

1. 提升两岸青创基地

优化两岸“三创”基地帮扶奖补措施，继续鼓励企业设立台湾人才实习实训基地，通过“有政策、有平台、有活动、有保障”，促进台湾青年来厦就业、创业。推动科技企业孵化器、众创空间等建设，加强创业辅导、创新成果转化、市场开拓面等支持。鼓励社会资本设立创业型孵化基金，为青创项目提供资金支持。

2. 支持台湾青年就业创业

落实台青实习就业计划，吸引台湾青年来厦实习、就业、创业。推动更多企事业单位招聘台湾青年，积极承办“台湾青年电商千人培训计划”等对台培训。采取购买服务、特聘等方式，探索引进台湾青年医师、幼儿园教师来厦执业，拓宽台湾青年执业范围。

3. 加强举办涉台活动

以平台活动促进两岸交流常态化机制的进一步完善，办好海峡论坛、保生慈济文化节、乐活节、汉字节、斗茶节等重大涉台活动，持续提升活动品牌效应，进一步强化两岸青年广泛参与和互动，增进两岸青年在文化、生活、工作上的交流与融合。

（六）完善相关制度

1. 实施原产地台湾货物商品零关税

制定进口免税商品正面清单，对由厦门自贸区范围内进口的台湾地产品实行免税政策。对厦门居民购买的台湾地产品免征进口关税、进口环节增值税和消费税。

2. 实施在厦台企低税率

鼓励类在厦台资企业实施 15% 企业所得税。企业进口国内不能生产或性能无可替代的自用研发设备，免征进口关税、进口环节增值税和消费税。

附件：厦门自贸区对台政策与海南自由贸易港的政策比较

政策		厦门	海南	差距和建议
贸易自由便利	货物贸易	·厦台两地海关、检验检疫、食品安全、质量标准认证实现信息互换、监管互认、执法互助，以及检测结果比对。对符合条件的以跨境电子商务入境个人物品采取便利措施。对台湾地区输大陆“三品一械”（食品、药品、化妆品和医疗器械）实施“源头管理、结果采信、抽查监测”快速检验检疫通关模式。	对岛内企业和货物实行“一线放开、二线管住”的进出境管理制度： ·“一线放开”：制定海南自由贸易港禁止、限制进出口的货物、物品清单，清单外货物、物品自由进出，海关依法监管；以联运提单付运的转运货物不征税、不检验等。 ·“二线管住”：货物从海南自由贸易港进入内地，原则上按进口规定办理相关手续，照章征收关税和进口环节税。	·差距主要在海南货物贸易自由化和便利化程度更高。 ·建议实施原产地台湾货物商品“一线放开、二线管住”的进出境管理制度。
	服务贸易	·在区内试点实施《海峡两岸服务贸易协议》中国大陆对台所有开放承诺，在农业、交通、电信、商贸服务、专业服务、文化服务等几大领域有降低进入门槛、取消持股比例限制等先行先试措施。	·实行跨境服务贸易负面清单，减少跨境服务贸易限制。	·差距主要在海南跨境服务贸易负面清单开放的服务贸易领域更多，范围更大。 ·建议对台服务贸易比照实施跨境服务贸易负面清单模式，放开更多服务贸易领域，给予台湾服务提供者更完全的国民待遇。
投资自由便利	开放领域	·实行“准入前国民待遇＋负面清单＋备案管理”的管理模式。 ·台资企业可参与重大技术装备研发创新、检测评定、示范应用体系建设，可参与产业创新中心、工程研究中心、企业技术中心和工业设计中心建设。 ·台资企业可参与大陆第五代移动通信（5G）技术研发和网络建设；参与大陆城市建筑垃圾资源化利用等循环经济项目；可投资航空客货运输、通用航空服务，参与民航运输机场和通用机场建设，开展咨询、设计、运营维护等业务；可投资主题公园。	·非禁即入，实施市场准入承诺即入制。 ·2025 年前，实行“极简审批”投资制度，出台海南自由贸易港放宽市场准入特别清单、外商投资准入负面清单。 ·2035 年前，实现投资自由便利，除特殊领域外，全面放开投资准入。	·差距主要表现在厦门负面清单较长，虽对台企视同本国企业，享受同等优惠待遇，但海南自由港市场准入门槛更低，逐步取消股比限制，投资更加自由便利。 ·建议争取在梳理整合自由贸易港区全球投资者负面清单基础上，探索制定投资负面清单，试行以“短清单”形式、与国际接轨的行业分类列示方式，明确投资负面清单中的各类禁止、限制及鼓励投资合作的条款。同时，逐步放开非必要领域的股比限制。

政策		厦门	海南	差距和建议
投资自由便利	股比限制	·制造业：航空、船舶、汽车制造均须由中方控股； ·交通运输业：铁路、水路须由中方控股；国际、国内船舶代理企业外资股比不超过 51%。公共航空运输企业单一外国投资者投资比例不超过 25%。 ·电信市场：增值电信业务（电子商务除外）外资比例不超过 50%；基础电信业务国有股权或股份不少于 51%。 ·金融业：支持符合条件的台湾金融机构和企业在台资企业集中地区发起或参与设立小额贷款公司、融资租赁公司和融资担保公司等新型金融组织。 ·文化传媒业：禁止投资设立和经营广播电视；禁止投资设立通讯社、报刊社、出版社以及新闻机构；禁止投资电影制作公司、发行公司、院线公司，电影院的建设、经营须由中方控股。	大幅减少市场准入，在旅游、现代服务业和高新技术三大产业，特别是种业、航运、电信、商务服务、金融、医疗、教育、文化、体育等重点领域，加大开放力度。具体如： ·基础电信：有序扩大通信资源和业务开放，开放增值电信业务，逐步取消外资股比等限制。 ·金融业：支持境外证券、期货、基金经营机构设立独资或者是合资的金融机构。 ·教育业：允许境外理工农医类的世界高校或者是职业院校在海南独立办学。	
资金自由便利	外汇管理	·实行银行结汇制，对贸易项下外汇收支不受限制，事后监管为主的真实性审核。自贸区货物贸易外汇管理分类等级为 A 类的企业外汇收入无须开立待核查账户。 ·人民币资本项目下管制较严格，探索优先支持企业通过境外发行债券融资。 ·对台开展跨境人民币贷款业务和双向人民币资金池业务。	·分阶段开放资本项目，逐步实现非金融企业外债项下完全可兑换。 ·资金进出自由，对区内企业利润和资本的调拨不加限制。	·外汇管制是厦门自贸区与其他自由港差距最大的领域。 ·建议争取厦门自贸区分阶段实现在融资便利、汇兑自由、人民币跨境使用、放开利率、外汇管制等方面进一步放开。
航运开放自由	国际物流	·国际中转业务仍需要海关监管。 ·出口集拼、进口分拨、转口急拼、过境中转等业务通关有一定便利化措施。 ·允许台湾服务提供者在自贸试验区直接申请设立独资海员外派机构并仅向台湾船东所属的商船提供船员派遣服务。 ·建设“福建厦门”船籍港。	·进一步放宽空域管制与航路航权限制。 ·建设“中国洋浦港”船籍港，构建船旗国特殊监管政策。 ·取消船舶和飞机境外融资限制。	·差距主要表现在船旗国特殊监管方面。 ·建议争取准境外港地位，将海沧保税港区视同具有境外港口（自由港区）的地位，免于常规的口岸监管程序。

政策		厦门	海南	差距和建议
人员进出自由便利		·便利台湾地区机动车通过客滚航线进出，台湾小型汽车入闽临时牌照简化手续。 ·为区内投资、就业的台湾人员提供同胞同等待遇，享受出入境便利。 ·为区内台资企业外籍员工办理就业许可手续便利，放宽签证、居留许可有效期。 ·厦金游艇、帆船出入境实行简化手续。	·对外籍人员赴海南自由贸易港的工作许可实行负面清单管理； ·允许符合条件的境外人员担任海南自由贸易港内法定机构、事业单位、国有企业的法定代表人。 ·逐步实施更大范围适用免签入境政策，逐步延长免签停留时间。	·为台胞提供同等待遇，人员进出、学习、工作、生活等实现自由便利。
税收	关税	·台湾商品存入厦门自由贸易区海关特殊监管区内，不必缴纳进口关税；进入关境，则需按照适用的税率交纳关税。 ·允许海关特殊监管区域货物内销试行选择性征收关税。 ·在大嶝小额商品市场实行“对台小额商品交易每人 6000 元”免税额度。	·2025 年前，对部分进口商品免征进口关税，其中：对进口营运用交通工具、进口生产自用或原辅料、岛内居民消费的进境商品实施“零关税”正面清单；对企业进口自用的生产设备实施“零关税”负面清单；离岛免税购物额每人每年 10 万元。 ·2035 年前，对进口征税商品目录以外的商品，免征进口关税。	·主要差距表现在厦门自贸区只在海关特殊监管区内进口商品免缴纳进口关税，企业所得税较高，个人购物免税额度低。 ·建议在厦门自贸区内对自台进口商品免缴纳进口关税，降低企业所得税。
	企业/个人所得税	·区内外无差别。 ·企业主要涉及的税种有增值税、消费税、企业所得税、城市建设维护费、教育费附加等相关税费。其中企业所得税率 33%，高新技术企业所得税率减按 15% 征收。	·2025 年前，实质运营的鼓励类产业企业实施 15% 企业所得税；三类（岛内旅游、现代服务、高新技术）企业 ODI 所得免征企业所得税；高端和紧缺人才个人所得税最高 15%。 ·2035 年前，全部实质经营企业实施 15% 企业所得税；个人所得税按 3%、10%、15% 三档计提；企业免收营业税（区内签订 15 年持续发展条约可获得额外奖励）。	

【参考文献】

[1] 中共中央 国务院印发海南自由贸易港建设总体方案 [R].2020

[2] 中共中央 国务院关于支持海南全面深化改革开放的指导意见 [R].2018

[3] 厦门市人民政府 . 厦门市国民经济和社会发展第十三个五年规划纲要 [R].2016

[4] 中共厦门市委办公厅，市政府办公厅 . 关于进一步深化厦台经济社会文化交流合作的若干措施 [R].2018
[5] 中共江苏省委办公厅 . 关于深化苏台经济文化交流合作的若干实施意见 [R].2018

课 题 组 长：陈国清
课题组成员：林汝辉　刘飞龙　李　婷
　　　　　　黄彩霞　林永杰
课 题 执 笔：陈国清　李　婷

第三篇　产业创新篇

第十五章 厦门发展新经济思路研究

在 2019 年 11 月底召开的厦门新经济发展大会，提出“新经济是开启未来发展的金钥匙”，要“把厦门打造成为新经济发展的高地”。正确理解新经济、把握新未来，对于厦门抢抓特区高质量发展新机遇、加快构建未来经济全新发展动能与增长格局、推进高素质高颜值现代化国际化城市建设具有重要意义。

一、新经济内涵

（一）什么是新经济

1996 年 12 月，美国《商业周刊》最早提出“新经济”一词以来，“新经济”便流行开来。美国的新经济可以概括为“知识经济 + 经济全球化 + 宏观经济政策调整”，或是以知识经济为核心，充分利用经济全球化加速发展的大趋势，配合以恰当宏观经济政策的一种经济形态。

习近平总书记在较早的讲话中，提出了“新经济”的概念。他在 2014 年国际工程科技大会上的主旨演讲中表示，世界正在进入以信息产业为主导的“新经济”发展时期。2015 年 12 月的中央经济工作会议亦指出，目前，新一轮科技革命和产业变革正在创造历史性机遇，催生智能制造、“互联网 +”、分享经济等新科技、新经济、新业态，蕴含着巨大商机。2016 年 3 月，国务院首次将“新经济”写入政府工作报告。随后，李克强总理在十二届人大四次会议闭幕后回答记者提问时指出：“新经济”不仅涉及一、二、三产业中的“互联网 +”、物联网、云计算、电子商务等新兴产业和业态，也包括智能制造、大规模定制化生产和农村一、二、三产业的融合式发展。可以看出，“新经济”不仅是科技发展催生的新产业、新业态，同时也是产业融合产生的新模式。

综上所述，本文认为新经济是指以信息技术革命为驱动力，以体制机制改革和制度创新为根本保障，以新产业、新业态、新模式等为主要内容，代表时代先进生产力的一种新的经济结构和经济形态。具有跨界融合、创新性、高成长性等特点，能够深刻改变人们的生产方式和生活方式。新经济作为新生产力的代表，已成为新一轮城市竞争的制高点和引领高质量发展的关键动力。

（二）新经济“新”在哪

虽然新经济的范畴和边界并不泾渭分明，但究竟“新”在哪里？主要体现在如下几方面：

1. 新在技术创新的“革命性”

科技创新是新经济企业的基本属性。新经济之所以“新”，正是源于推动其产生与发展的原动力——信息技术革命所具有的全新的革命意义，是以 5G、数据中心、云计算、人工智能、物联网、区块链等新一代信息技术等为引领和支撑的科技创新及由此带动的一系列其他领域的创新。

2. 新在理念变革的“颠覆性”

对于政府，新经济突破传统经济理论、模式及观念，往往触及原有制度规则模糊或空白地带，容易与传统经济出现摩擦或冲突，更可能被机会主义者滥用而备受损害。政府必须及时转变治理思维、完善制度规则，以适应形势变化要求。对于企业，新经济改变原有产业结构和企业边界，逐渐体现为创客时代，呈爆发式指数型成长模式。企业如不主动转变管理思维与发展模式，将跟不上时代步伐甚至被淘汰。对于个人，“体验经济”等全新消费主张和模式正在创造大量新的商机，扁平化、网络化的企业架构和生产运营模式对传统劳动雇佣关系和就业观念形成冲击，造就了大批年轻创业者、拓展了创业、就业空间。

3. 新在产业变革的“融合性”

产业跨界融合是新经济企业的重要表现。新经济时代，产业结构让位于产业生态，产业分解融合让位于产业跨界融合，三次产业之间，各细分产业之间，从边界到跨界，形成一种打破产业界限的生态经济。

二、发展基础

（一）发展成效

1. 总体发展水平较高

2020 年，厦门软件和信息服务业营业收入 1972.59 亿元，规模占全省 50% 以上，厦门软件园成长性连续四年位居全国前列，荣膺“中国软件名城”称号。4 家企业获评 2020 年中国互联网企业 100 强（全省 6 家），占全省 2/3。22 家企业上榜 2020 全省互联网企业 30 强。厦门信息集团、吉比特、亿联网络 3 家企业入围 2020 中国软件百强企业。腾讯研究院发布的《数字中国指数报告（2020）》显示，厦门用云量排全国第 17 位。厦门在中国人工智能产业发展潜力城市榜单中位列第 7，在语音识别、图像识别等领域已成为全国领先的典范并占据国际领先地位，是全国人工智能发展的先发地区；中国人工智能大赛永久落户厦门。

2. 新经济企业加快集聚

近年来，厦门以其优质的营商环境，深厚的产业基础及宜居环境培育和吸引了大批的新经济企业。厦门火炬高新区“瞪羚企业”数达 60 家，美亚柏科、吉比特、美柚、易联众、南讯科技等新经济企业已经成为各细分领域的龙头，飞博共创、十点文化等文化企业拥有大量的用户群，“十点读书”获得首届中国新媒体发展年会颁发的“最具影响力十大自媒体”荣誉奖项。纳龙科技、智业软件、麦克奥迪成为国内领先的智慧医疗整体解决方案提供商和全国最大的病理会诊平台。趣店将总部迁至厦门，字节跳动公司旗下西瓜视频制作基地、微医、邦芒、优必选、好未来、喜马拉雅、十荟团、车主邦纷纷落户厦门。

3. 新业态新模式不断涌现

伴随着新一代信息技术和人工智能技术的快速发展，厦门的新业态、新模式不断涌现。新零售迅猛发展，京东旗下七鲜友家铺子在厦门与本地线下连锁便利店品牌见福达成战略合作，通过京东七鲜供应链，助力见福丰富现有产品品类、扩展线上渠道。金融科技等新金融业态加快形成，厦门金融科技园建设加快推进，京东数科、友信金服、新希望集团、玖富数科等一批中国金融科技百强企业陆续来厦布局业务板块。动漫网游、网络视听与新媒体等文化和科技融合型新兴业态呈现聚集发展的态势，厦门咪咕动漫公司与厦门市博物馆、故宫鼓浪屿外国文物馆、红点设计博物馆等合作，在疫情期间，咪咕云博物馆让用户足不出户便可遍游古今，今年 5 月 18 日至 24 日，咪咕公司成功举办首个“5G+ 文博”国家级文博领域文创节——“博物馆在移动 5·18 文创节”，活动全网曝光量 2.45 亿，全场景在线观看 8636 万人次。“线上艺博会”于 2020 年 4 月 29 日上线，集结了国内外 48 家优秀画廊，26 个新锐艺术家，共计 1300 多件作品，目前艺术厦门线上艺博会已经有 150000 的阅读量，销售业绩已经达到 200 万以上。移动游戏产业年度高峰会、DCC 中国数字产业峰会落地厦门，国家级网络视听产业基地建设加速推进。“互联网 + 健康医疗”发展迅速。厦门成为首批健康医疗大数据中心与产业园建设试点城市，积极打造“开放共享 + 共建共赢”的医疗大数据新生态。

4. 产业基金支持作用日益增强

截至 2020 年 10 月，全市基金管理机构 353 家，管理基金 1223 只，基金规模 2332 亿元，排名全国第 11，三年翻了两番，累计向约 200 个本地优质项目投资 80 亿元，参股子基金投厦项目产值贡献超 242 亿元、投厦项目税收贡献 12.4 亿元，撬动社会资金 3.4 倍，参投的好慷在家、十点读书等 19 个项目获得 2 轮以上融资，家乡互动在港交所上市，罗普特、圣元环保、美柚科技等 7 个项目正准备申报上市。基金投资覆盖天使、中早初创、成长、成熟、并购退出等各阶段，构建了新经济企业全生命周期基金支持体系，产业基金对新经济的支持作用日益增强。

5. 信息基础设施不断升级

厦门在信息技术应用、智慧城市建设等方面起步较早，信息化、智能化技术广泛运用到城市建设、社会治理的方方面面，先后承担国家电子商务试点城市、国家下一代互联网示范城市、信息惠民国家试点城市、国家物联网重大应用示范工程区域试点等建设任务，入围 2019 中国智慧城市十强，是国家首批 5G 预商用城市、首批四个医疗大数据试点城市之一。建成 5G 基站 1500 余个，5G 联合实验室正式授牌。鲲鹏超算中心建设有序推进。厦门大数据开放平台正式上线，平台率先在全国引入“安全屋”技术，成功实现数据所有权和使用权分离，做到开放数据“可用不可见”。数据汇聚共享不断推进，建成人口、法人、交通、信用、证照、空间 6 个基础资源库。

6. 政策环境不断优化

厦门良好的营商环境为新经济企业提供成长的沃土。厦门是国家批复设立的经济特区、自贸区、自创区、“海丝”战略支点城市、综改试验区、金砖国家新工业革命伙伴关系创新基地，有利于发挥多区叠加先行先试优势，破解制约新经济发展的体制机制障碍，为新经济健康发展营造良好的制度环境。出台关于促进新经济高质量发展的意见、加快数字经济融合发展若干措施、推进平台经济加快发展三年行动方案、支持环东海域新城新经济产业园发展若干政策、推进高技术高成长高附加值企业三年行动计划等一系列文件，分层分级对新经济企业给予人才、融资、技术创新、上市、品牌宣传等方面的差异化支持，为新经济长足发展营造良好政策环境。

（二）薄弱环节

1. 思想解放不够

新经济最重要的是理念更新与观念领先。与深圳、杭州等城市相比，厦门有些干部存在“小富即安、安于现状，缺乏长远眼光”的小岛意识，思想上受条条框框束缚太多，执行制度按部就班、不懂灵活运用，缺乏破解难题的办法；改革创新上习惯于“跟跑”“并跑”却不敢“抢跑”，不愿当引领时代之先“出头鸟”。

2. 领军型企业不足

虽集聚了一批在细分领域具有核心技术的新经济企业，但因这些细分领域市场规模有限或盈利模式缺陷，产业生态不够丰富，模式创新企业多于技术领先企业，企业规模难以做大，本土独角兽企业尚未诞生。长城战略咨询发布《2019 年中国独角兽企业研究报告》显示，2019 年中国独角兽企业数量达到 218 家，总估值 7964 亿美元，主要分布在北、上、深、杭等全国 28 个城市，厦门还无上榜企业。在 2019 年的“新经济之王”年度公司的评选中，厦门只有西瓜视频入选，新经济企业在数量和质量上都与北京、上海、杭州、深圳等城市相差甚远。

3. 新业态不丰富

以新零售为例，与福州等其他城市相比，厦门新零售发展较为缓慢，缺乏本地产生的新零售业态，一些新的业态也没有进入厦门。除“超级物种”外，其他许多新零售领军企业比如盒马鲜生还未进入厦门，也没有类似 K11 购物中心那种颠覆传统零售业态的“博物馆零售”模式。

4. 人才较为匮乏

一方面，由于经济总量偏小，人才高质量就业选择机会少、流动上升通道窄，影响了人才来厦、留厦的意愿。另一方面，房价总体偏高，房价收入比长期居高不下对培育和引进新经济企业及人才带来负面影响。在 2019 年应届毕业生就业流向方面，浙大 58.8% 留在浙江，48.4% 留杭州，而厦大 33% 留福建，22.5% 留厦门，留才比例只有浙江、杭州的一半。

5. 场景供给缺乏

厦门在智慧城市建设方面走得比较早，也走在全国前列，但在如何把智慧城市建设的成果与市场结合、创造全新场景应用方面却严重滞后于北京、上海、深圳、杭州、成都等城市。新经济企业普遍反映厦门场景机会信息不畅，缺乏参与厦门项目机会，特别是在人工智能方面，政府及企业采购人工智能产品较少，人工智能企业的产品难以在本地推广、应用。而位于西部的成都提出要打造“新经济之城”，应用场景建设是其主要发力点，提出建设“七大应用场景”，在全国首发“城市机会清单”，从政府视角梳理整合企业关心的可释放市场机会，使企业发展环境从“个别服务”向“生态营造”转变。历经三年，成都独角兽企业从 0 到 6，新经济企业从 18 万家增至 36.6 万家，获得风险投资从 40 亿元增至 520 亿元，新经济营业收入突破 4000 亿元，新经济活力指数、新职业人群规模均居全国第三。杭州则致力于通过“城市大脑”建设开放应用场景，已建成涵盖公共交通、城市管理等 11 大系统 48 个应用场景。

三、总体思路

（一）发展目标

以“数字 +”“智能 +”“平台 +”为抓手，加快赛道培育、制度创新、场景供给、人才集聚、资本汇聚、空间保障，形成独具厦门特色和比较优势的新经济生态圈；招商引资和自主培育并重，在新零售、数字文创、人工智能、在线教育等热点领域，新经济活跃企业不断涌现，形成一批拥有首创特点、核心技术、用户流量、有爆发潜力的新商业模式的新经济领域头部企业和领军企业。到 2025 年，新经济产业发展能级显著提升，产业数字化、智能化转型成效显著，形成具有区域竞争力和带动力的新经济产业体系，新经济成为驱动厦门市经济社会转型升级的关键动力。到 2030 年，在人工智能垂直应用、IP 文创新体验、大数据行业新应用等具有厦门优势的新赛道达到全国领先，新经济发展整体水平进入全国前列，厦门成为中国新经济发展的集聚地、示范区。到 2035 年，新经济成为高素质高颜值现代化国际化城市建设的强力支撑，厦门成为具有国际影响力、国内领先的新经济发展高地和重要的新经济发展之都。

（二）发展路径

以制度化创新为支撑，以创新要素的集聚和高效配置为基础，以新赛道为主攻方向，以新场景应用为超级孵化器，促进新经济企业的培育与发展，构建起现代化新经济产业体系。

1. 产业体系构建路径：“迭代升级 + 跨界融合 + 新产业孕育”

“颠覆性技术 + 新市场需求”促使新兴产业不断涌现，区域之间、技术之间、产业领域之间相互渗透融合，不断催生“N+X”新业态。厦门要通过新技术的广泛应用促进传统产业迭代升级下的新模式发展，通过加强先进制造业与服务业、服务业主导产业间的跨界融合促进交叉领域新业态涌现，同时在以未来产业为重点的基础上，通过新技术研发、模式创新不断孕育和催生新兴产业和新兴领域，加快构建起以新经济为主导的产业体系。

2. 企业培育路径：“平台建设 + 金融扶持 + 企业能力升级”

新经济时代，企业的成长路径已经由传统的小微企业—中小企业—大型企业—跨国企业的线性成长模式变为“创业—瞪羚—独角兽”的爆发式、非线性模式。厦门未来要借由自成长、平台化、生态化的内生发展动力属性，瞪羚独角兽持续颠覆传统产业演变逻辑和科技创新发展模式，加快专业化、多功能平台建设，为不同领域的新经济企业提供充足的发展要素，推动其实现快速成长。要着重解决好新经济企业普遍面临的资金短缺问题，加快风险投资机构的引进和发展。要鼓励新经济企业运用互联网、大数据、人工智能、区块链等新技术手段，更好地满足消费者需求，走出一条“平台建设 + 金融扶持 + 企业能力升级”的企业培育路径，助力厦门经济结构转型升级，成为推动经济增长的新动能。

3. 应用场景供给路径："城市机会清单 + 企业能力清单"

场景具有改变世界、创意驱动、企业主导、产业共治的特征，能够为新经济企业提供需求、打磨产品，提供数据、改进算法，提供市场、迭代商业模式，是新技术的实验室，新生态的聚合器。在新经济时代，场景成为新经济的高效应用中心和创新中心，前沿科技一旦找到恰当的场景，对产业具有像"核聚变"一样的超强引爆能力，能迅速培育出独角兽企业和引领世界的产业。拥有"全景化"应用场景的城市变得越来越有价值，主动培育和供给场景的能力成为城市发展新的竞争点。厦门要推动"给优惠"向"给机会"转变，开展新经济应用场景及供给机制研究，定期发布城市应用场景机会清单和企业能力清单，将新经济与城市发展需求有机链接，为企业提供新技术、新组织、新产业、新业态、新模式探索实践、融合创新的机会窗口，促进新技术推广应用、新业态衍生发展、新模式融合创新、新产业裂变催生，为形成独具厦门特色和比较优势的新经济体系提供土壤。

4. 要素结构优化路径：创新要素集聚整合及高效配置

要促进新经济的发展，就必须提高创新要素和人力资本的投入比重，实现由传统的土地、资本、低端劳动力等有形要素的投入为主，向知识、智力、技能、数据为主的新要素投入为主的转变。未来，厦门的新经济要素结构优化既要注重发挥高校以及大院大所创新优势，推进高校和大院大所成果转化，加强大学生以及国内外高端人才团队在厦门的集聚，通过"外引内联"，高效进行国内外创新要素整合和配置。同时，加速培育数据要素市场，推进政府数据开放共享，提升社会数据资源价值，充分发挥信息和数据的作用来促进社会和经济的发展，促进厦门新经济发展要素结构的不断升级和优化。

5. 制度创新路径：包容审慎与多元共治的现代治理

适应新经济颠覆式创新、产业跨界发展、企业爆发式成长和改变世界的场景创新等特点，未来新经济治理将向包容审慎、敏捷灵活与生态共治的方向发展。厦门要通过以包容审慎为核心的监管制度改革引爆新赛道、孕育独角兽、推动新经济走向引领；要以多元共治塑造未来治理方式，探索构建由政府、产业界、科技界、专家和公众等多方参与共同治理新机制，推动新经济市场主体从被管理、被服务的对象转变为自我管理、自我服务的主体；要以新技术全面赋能数字社会治理，逐步完善网络平台治理、大数据治理、人工智能治理、区块链治理等数字社会治理理念和方式，逐步形成精准预测、技术治理、包容创新、敏捷治理的数字社会治理模式。

四、对策建议

围绕打造新经济发展高地发展目标，针对薄弱环节，着力抓好"五新"（新赛道、新治理、新场景、新生态、新基建），使新经济尽快成为我市未来发展的增长极，为厦门建设高素质高颜值现代化国际化城市提供强力支撑。

（一）培育新赛道

在数字经济、智能经济、平台经济、共享经济等新经济形态下，要尤其关注有爆发成长可能、创业与风投扎堆的新赛道，提升对新赛道的敏感性和判断力，通过选择赛道开展未来产业技术路线。针对不断涌现出来的新领域，要主动寻找适合厦门资源禀赋和基础优势的新经济领域，如新零售、数字文娱、金融科技、数字贸易、互联网教育、人工智能与5G、智慧旅游等跨界赛道，发现并培育有爆发可能的细分领域，催生新业态。

1. 新零售

鼓励大型超市、电商平台、社区生鲜连锁店开拓线上销售渠道，鼓励开展直播电商、社交电商、社群电商、“小程序”电商等智能营销新业态。积极开展招商引资和投资服务，吸引盒马鲜生、七鲜等新零售代表企业，北京华联SKP、K11购物艺术中心等特色商业综合体进驻厦门。鼓励传统零售企业创新组织形式和经营机制，向全渠道平台商、集成服务商、供应链服务商、定制化服务商等转型。鼓励零售企业数字化发展，打造沉浸式、体验式消费。以中山路、万象城、宝龙一城等知名商圈和商业综合体为重点，鼓励大型高端商业综合体、购物中心及高端商务楼宇创新商业模式，招引集聚各类品牌首店和全新旗舰店、概念店、体验店、融合店。创建一站式生活消费场景，丰富休闲娱乐、体育运动、文创时尚、新零售等首店业态供给，提供国际化、品质化消费体验，培育发展一批网红打卡新地标，满足年轻时尚消费需求。

2. 新文娱

积极利用海峡两岸文博会、图书交易会等平台做优数字内容板块，将厦门打造成台湾数字内容产品在大陆的重要展示交易窗口和两岸产业对接的重要平台。借助金鸡电影节落户厦门的东风，推动影视产业与数字内容融合发展，建设国内领先、有全球影响力的影视制作科技中心。以软件园二期、三期为核心，聚集一批网络视听内容制作、产品交易、集成分发、审核播控等资源，培育网络视听骨干企业，鼓励全国知名网络视听企业落户厦门，形成产业发展聚集，建设国家级网络视听产业基地。依托我市动漫产业优势，顺应娱乐消费趋势，进一步推动网游手游、网络文学、动漫电竞等互动娱乐产业发展。大力推进商旅文体跨界融合，打造集图书连锁超市、文化艺术展示、体验、教育培训、创意文化用品销售、影剧院等功能于一体的复合型文化综合体。

3. 金融科技

围绕打造金融科技之城的目标，着力引进银行、证券、保险等持牌金融机构和互联网新经济企业在厦门设立金融科技子公司、研发中心、事业部、金融科技实验室和研发机构，引进金融科技研发团队，增强金融科技创新能力。设立金融科技众创空间、孵化器、加速器，加大政策奖补力度，培育一批金融科技领域新锐企业，抢占金融科技发展先机。支持优质新经济企业在厦申设具有业务场景基础的地方金融牌照。

4. 数字贸易

大力推进贸易数字化，围绕新模式、新业态打造云服务、数字内容、数字服务、跨境电子商务等基础好、潜力大、附加值高的特色领域，集聚一批引领数字贸易发展、具备价值链整合能力的数字跨国公司，培育一批数字贸易领域成长性好、增长潜力大的行业领军企业，引进知名网络电商品牌以及电子商务服务企业，创新跨境服务贸易管理模式，建设服务贸易中心，加快打造我市数字贸易的全球影响力、竞争力、辐射力。

5. 智能出行

探索5G、物联网等技术融合运用，构建无人驾驶产业生态。推进智能网联汽车商业化场景应用，鼓励发展分时租赁共享汽车，探索自动驾驶出租车等出行新方式，打造智慧出行服务链。创新网约车新业态监管方式，完善网约车管理地方标准，推动行业标准化、规范化、合规化、纯电化发展，形成网约车平台总部经济产业链。推动加油站等发展“一键加油”“一键到车”等非接触式销售新模式。

6. 新型物流

建设5G全场景应用智慧港口，推动国内一流的智慧物流应用示范基地建设。发展无接触交易服务，推动无人配送在零售、医疗、餐饮、酒店、制造等行业应用。推广全时空响应物流，提供特殊时期和行业定制化物流配送方案，发展网络货运平台和供应链综合服务平台，高效整合线下运力资源，提高智能化运营和调配能力，实现物流服务全天候、广覆盖。

7. 智慧旅游会展

拓展旅游大数据应用，推出精品文旅IP，激活文旅体验经济，形成新的消费增长点。加大数字化、沉浸式、互动性旅游项目设计，在线“游览”厦门各大景区。开启智慧景区、智慧酒店、智能导览系统、AI客服、大数据监控与指挥平台、生物识别电子门票等5G应用场景，构成智慧旅游产业生态体系。鼓励厦门动漫企业与厦门市博物馆、故宫鼓浪屿外国文物馆、红点设计博物馆等合作，拓展网上“云游”博物馆。推进智能化会展场馆建设，推动“9.8”贸洽会、文博会、艺博会等各类专业化会展线上线下融合发展，打造云会议、云展览、云走秀、云体验等系列活动。

8. 在线教育

推广线上线下深度融合、分散教学与集中教学结合的学习模式，在已建设的市级教育资源公共服务平台和数字学校平台的基础上，继续推动重点平台企业和学校建设适合大规模在线学习的信息化基础应用平台，提升远程教育资源服务供给能力。加大教师培训力度，开展基于线上智能环境的课堂教学试点。鼓励教育培训机构大力发展互联网在线教育，加快5G、AI在教育行业的应用，加速校外培训、职业教育等线上化进程，积极对接引进国际国内在线教育领域知名企业，推动在线教育产业快速健康发展。

9. 新型健康服务

发展基于互联网的健康服务，加快推进厦门市健康医疗大数据中心建设，建立厦门市区域互联网诊疗服务平台，打造智慧医疗健康需求对接平台，以需求牵引创新、以创新驱动发展，培育一批有特色的健康管理服务产业。创新护理服务模式，探索培育一批“互联网+护理”服务新型业态。推进可穿戴设备、智能健康电子产品和健康医疗移动应用服务的发展；加快推进商业健康保险与医疗、体检、护理等机构的合作，夯实多层次医疗保障体系，满足人民群众多样化的健康保障需求，培育互联网+商保赔付新型服务模式，构建健康保险服务新业态。

10. 人工智能应用

通过大数据、人工智能企业，支持开展应用示范，实现在安防、旅游、交通、医疗、物流、金融、教育、农业等领域发展融合，培育新增长点，形成新动能。寻找和开放更多的应用场景，为人工智能领域龙头企业的落地提供一系列应用示范项目，引进北京旷视等顶级企业落地。引进工信部电子五所、中国信通院、哈尔滨工业大学、西安交通大学、新一代人工智能产业技术创新战略联盟等来厦设立分支研究机构，丰富我市人工智能产业链，力争英特尔、微软等公司在厦设立研究中心。积极支持清华海峡研究院搭建国内首个完整的人工智能产业创新体系。

（二）完善新治理

1. 主动更新知识与治理理念

加大对新经济发展的干部培训力度，鼓励广大干部主动学习新知识、研究新问题、探索新方法，学深研透新经济的发展特点、发展趋势、发展路径，增强行业洞察力和领悟力，才能与新经济共舞、与新时代共进。

2. 建立动态的包容审慎监管制度

加快建立动态包容性的审慎监管制度，对新产业、新业态采取既具弹性又有规范的管理措施，加快建立适应新经济发展的部门协同、区域协同、市区协同监管模式，推行同一企业在厦不同分支机构的相对统一集中监管模式。推行“互联网 + 监管”和以信用为基础的分类监管。聚焦新经济企业落地监管服务问题，按照包容审慎要求推进试点，针对新经济不同发展阶段，制定差异化、动态化的监管政策，对新设立的新经济企业给予一定的观察期，在观察期内以行政提示、行政建议、行政约谈等柔性监管方式，探索适用于新业态新模式的“沙盒”监管措施，在保障安全底线的前提下尽量为新业态新模式发展留足发展空间。

3. 加大新经济政策供给

及时转变治理思维、完善制度规则，以适应形势变化要求。要发挥厦门特区立法权的优势，重点完善全市的信用体系、数据共享、隐私保护、创新激励、知识产权保护等方面的法规规章，积极营造适宜新业态、新模式、新产业成长的法治环境。放宽融合性产品和服务准入门槛，创新新型跨界产品和服务审批制度。

4. 健全新经济服务体系

一是加快建立适应新经济发展的部门协同、区域协同、市区协同机制，探索构建由政府、产业界、科技界、专家和公众等多方参与共同治理新机制。二是建立新经济统计体系。建立新经济企业标识制度，对新经济企业在登记时进行标记，掌握全市新经济发展“增量”。按照国家统计局《新产业、新业态、新商业模式专项统计报表制度》和《新产业新业态新商业模式统计分类（2018）》，尽快推进全市新经济统计工作。三是建立新经济监测体系。启动建设“厦门新经济大数据监测服务平台”，动态监测全市新经济发展规模、结构和质量，搜索新经济标杆企业、隐形冠军、领军团队、创新人才，跟踪企业融资、专利、外迁等动态。

（三）丰富新场景

1. 拓展应用场景

以应用示范工程为抓手，构建与厦门新经济发展方向高度契合的多元化应用场景，建设符合厦门“两高两化”城市特色、有未来爆发潜力的城市大脑、数字文创大脑、旅游大脑、智慧港口、未来生活、智慧文博、科技秀场等超级场景，策划在岛外新城探索数字孪生城市建设。拓展为衣、食、住、行、游、购、医、娱带来颠覆性体验的应用场景，包括无人零售、无人支付、无人物流、共享出行、智能教育、智能安防、智能医疗、智能家居等无人场景、在线场景、共享场景。以翔安新机场、国际航运中心等重大项目为契机，以海峡论坛、文博会、金鸡百花奖等重要活动为依托，嫁接新技术新模式，探索设立新经济应用场景实践区，打造新的场景地标。

2. 加速应用场景市场化

支持应用场景市场验证，鼓励企业独立或牵头组建“城市未来场景实验室”，根据股权融资、市场订单、营收规模等绩效目标分阶段给予奖励，加速新场景在市场中的成熟。定期发布政府公共服务、政府需求和企业能力、企业协同“四张清单”，出台场景专项政策，建设新经济场景应用示范区，促进城市资源和发展需求有效匹配。

3. 汇聚关键数据赋能新场景

支持在厦企业获取导航电子地图测绘制作甲级资质、互联网支付许可、电子发票服务平台、互联网网络视听许可证等基础数据类资质，提升行业级数据的整合归集和应用能力。对已具有相关资质、行业级数据的企业在厦设立全国总部，共同发掘数据应用价值，采取“一事一议”方式给予支持。支持新经济平台类企业将业务数据接入厦门市公共数据运营服务平台，以市场化方式促进数据“共建共享共用”，开展城市协同治理、产业功能区建设等应用场景创新。畅通政企数据双向流通机制，实施数据开放“负面清单”制度，采取“安全屋”等技术，推进数据资源有序开放和利用。

（四）营造新生态

1. 培育梯度企业

一是实施新经济企业梯度培育计划。构建“潜在瞪羚、瞪羚、种子独角兽、准独角兽、独角兽企业”的五级企业梯度培育体系，建立新经济企业的发现、挖掘、分析、培育机制，针对企业全生命周期、全环节的不同痛点、不同需求，设计柔性支持措施。二是强化头部企业引进，精准、连续、滚动引进和支持一批拥有核心技术、用户流量、商业模式的新经济领域创新型头部企业和领军企业。与市场化机构合作，组织召开独角兽高峰论坛、独角兽进厦门等系列活动，将独角兽企业视为“城市合伙人”，吸引独角兽企业、平台型企业到厦门设立总部。三是实施新物种诞生计划，强化对新技术赋能、跨界融合的创业新物种企业的支持，催生更多有首创特点、有爆发潜力的新商业模式和新技术产品。

2. 构筑新经济人才高地

一是大力培育引进创新型企业家和创业者。培养和引进一批具有全球战略眼光、市场开拓精神、管理创新能力和社会责任感的优秀企业家。激发和保护企业家精神，激发企业家创新活力和创造潜能。二是加强新经济基础人才储备。大力引进“双一流”大学毕业生，在新一轮的人才争夺战确立厦门优势，为新经济“井喷式”发展积蓄潜力。与清华大学、哈尔滨工业大学等双一流高校，以及在厦高校开展密切合作，逐步推动新经济人才培养计划，大批量培养新经济的适用人才。

3. 拓展多元化融资渠道

一是汇聚新经济创投资源。继续发挥发挥政府基金引导示范带动效应，不断扩大基金“朋友圈”，实现以基金引项目、以基金引企业、以基金引基金、以基金引人才，加快构建创业投资、风险投资、私募股权投资等创新金融业态；鼓励创投、产业基金投资在厦新经济项目，将创投、产业基金及新经济企业纳入我市线下、线上政银企对接范围，积极向在厦股权投资机构推荐新经济项目。二是鼓励银行机构做大创新型企业信用贷款、知识产权抵押贷款、应收账款质押贷款等业务规模，以符合新经济发展特点的企业信用评级体系为新经济企业提供信用贷款。三是探索全国信易贷平台市场化创新应用，推动企业信用资产变现，缓解中小企业融资难、融资贵问题，激活创新创业活力。四是支持新经济企业上市。发挥我市与上交所、深交所、港交所的战略合作优势，帮助新经济企业搭建上市“直通车”，积极对接优质券商机构为新经济企业 开展上市辅导。

（五）夯实新基建

1. 加快推进数字基建

新基建对于未来新经济的爆发性成长具有巨大的支撑和促进作用，能否抢占“新基建”先机，对于厦门的未来能否转变发展新动能、实现换道超车至关重要。一是要加快 5G 网络规模部署和商业应用，推进骨干网、城域网扩容和宽带千兆、百兆接入普及，推动建设高水平光网城市，构建稳定、高效的光纤网络。二是要加快推动鲲鹏超算中心建设，在全市推广鲲鹏软硬件产品和服务，搭建鲲鹏产品适配认证平台和标准化体系，促进鲲鹏生态的形成。三是要统筹规划建设城市大脑，以城市大脑建设统筹各行业各领域智慧化建设应用计划，将城市大脑打造成为深度链接和支撑新经济发展的综合基础设施。

2. 搭建新经济载体平台

一是加快在环东海域新城建设“三谷”，即银城智谷（丙洲统建区）、环东云谷（新经济产业园）、美峰创谷（美峰科创园），为大数据、云计算、区块链、5G 通信等新技术新产业新业态新模式落地、汇聚和激活上下游产业和企业提供招商空间和发展平台。二是鼓励各区错位建设人工智能产业园、区块链产业园、数字经济产业园、金融科技产业园、新经济小镇、国家级网络视听产业基地、开元创新社区、软件园三期拓展区等一批新经济载体，完善软件园三期、两岸金融中心等相关服务配套，鼓励新经济企业和配套服务企业入驻和集聚发展。三是围绕新经济企业培育和场景打造，建设场景创新中心、深度科技社会实验室等新经济创新空间。四是积极争取国家新一代人工智能创新发展试验区、数字经济新业态发展政策试点、重大科技基础设施、国家“新基建”重点项目、头部企业流量平台等重大功能性平台布局。

【参考文献】

[1] 国家统计局 . 新产业、新业态、新商业模式专项统计报表制度 [S].2016

[2] 国家统计局 . 新产业新业态新商业模式统计分类 [S].2018

[3] 厦门统计局 . 厦门市 2019 年国民经济和社会发展统计公报 [R] .2020

[4] 中共成都市委成都市人民政府 . 关于营造新生态发展新经济培育新动能的意见 [S].2017

[5] 孙飞，孙占兵 . 中国发展新经济面临的主要问题和破解之道 [J]. 经济研究参考，2017(08)

[6] 彭梅芳，等 . 加快厦门新经济发展的对策建议 [M].// 厦门市发展研究中心 .2019–2020 年厦门发展报告，鹭江出版社，2020

[7] 腾讯研究院 . 数字中国指数报告（2020）[DB]. http://www.199it.com/archives/1121910.html

课 题 组 长：彭梅芳
课题组成员：彭朝明　黄榆舒　陈菲妮
　　　　　　许　林　欧阳元生　陈亚军
课 题 执 笔：彭梅芳　黄榆舒　陈菲妮

第十六章　厦门推动制造业与互联网融合研究

近年来，厦门制造业与互联网融合发展步伐加快，并取得一定成效。2020 年市政府工作报告提出，要“全力推动制造业和服务业数字化转型”。深入推进制造业与互联网融合，有利于形成叠加、聚合和倍增效应，加快制造业新旧动能转换，促进制造业产业链云端重塑、供应链循环畅通和价值链高端重构，有利于推动厦门释放新的发展动能，催生一场“新工业革命”，促进制造业迈向高质量发展。

一、融合基础

（一）领先企业融合发展加快

工信部开展两化融合贯标以来，厦门两化融合贯标工作一直处在全国、全省前列，企业两化融合水平取得显著提高，对加强制造业数字化转型发展起到引领和支撑作用。自 2020 年 10 月 10 日起，鉴于工业企业两化融合贯标覆盖面已提升到较高水平，原有对工业企业通过两化融合管理体系评定的奖励取消，调整为支持企业上云上平台、数字经济、人工智能等领域。随着制造业生产方式持续变革，本地龙头企业研发设计、生产制造加快迈向集成协同新阶段，制造业领先企业积极开展协同制造、定制化服务、协同营销等制造新模式的探索与创新。友达光电、路达卫浴、盈趣科技、建霖卫浴等制造业龙头企业，以现有平台为基础，积极开发外向型云化软件，推动产业链上下游协同制造。在新冠肺炎疫情期间，部分企业积极通过工业互联网平台开展资源调度和协调生产，对复工复产和稳定产业链供应链提供了重要支持。

工信部 2017-2020 年制造业与互联网融合试点示范、工业互联网试点示范、制造业“双创”平台试点示范入选项目名单中，厦门金龙客车、金旸新材料、金旅客车、明翰电气、奥普拓和林德叉车等 6 家企业入选。此外，厦门拥有国家级工业互联网 App 优秀解决方案 3 个，省级各类试点示范项目 53 个，各项指标全省领先。2020 年，厦门金龙联合汽车工业有限公司等 20 家企业的项目被列入市工信局 5G、区块链、人工智能、工业互联网与实体经济融合创新项目清单。详见表 16-1。

表 16-1　2017-2020 年工信部试点示范项目厦门企业入选名单

时间	企业名单	入选项目	试点示范
2017	厦门金龙联合汽车工业有限公司	金龙客车产品全生命周期管理	制造业与互联网融合试点示范
2018	金旸（厦门）新材料科技有限公司	基于互联网的高分子新材料“双创”平台	制造业“双创”平台试点示范
2019	厦门金龙旅行车有限公司	新能源客车数字化协同研发能力	制造业与互联网融合试点示范
	厦门明翰电气股份有限公司	DigiPower 综合能源管理系统	制造业与互联网融合试点示范
	厦门奥普拓自控科技有限公司	基于 APC 的“云 + 端”工业智控解决方案	工业互联网试点示范
2020	林德（中国）叉车有限公司	生产制造与运营管控能力	制造业与互联网融合试点示范
	厦门奥普拓自控科技有限公司	基于工业互联网的空调智控云平台	工业互联网试点示范

资料来源：根据相关文件整理

（二）融合平台设施加快推进

“厦门市工业互联网公共服务平台”运营，为工业企业“上云上平台”提供服务，提升中小企业应用工业互联网技术的能力。在此基础上，浪潮、金蝶、摩尔元数、航天云网、中国移动、中国电信、中国联通等二十余家国内知名工业互联网服务提供商签约入驻平台，构建起较为完善的工业互联网平台服务体系。此外，厦门加快推动行业工业云平台建设，探索适合厦门的工业云平台落地模式，积极打造厦门智能制造云和软件开发云，并引入了华为云创新中心、中软国际东南总部基地项目，加速推动融合平台建设。智能装备在重点行业加快普及，依托航天思尔特机器人超市等平台，推动制造业生产线自动化、智能化改造等应用的供需对接。在工业互联网基础设施方面，建设厦门市工业互联网标识解析综合型二级节点，服务覆盖厦门工业六大千亿产业链及四大传统产业链，目标到 2022 年，接入标识数量不少于 3000 万条，并基于工业标识数据推出不少于 10 项的特色行业应用。

（三）融合支持政策加快完善

厦门陆续出台了深化制造业与互联网融合发展的一系列政策和举措，制定《厦门市深化制造业与互联网融合发展的工作方案》和《厦门市制造业与互联网融合发展规划（2018-2022）》。此外，出台《加快数字经济融合发展若干措施》《关于征集 2020 年 5G、区块链、人工智能、工业互联网与实体经济融合创新项目的通知》等，加快推动制造业与互联网融合发展创新项目的试点示范和推广应用。制定《厦门市“企业上云”行动计划（2018-2020）》，对制造业企业上云费用给予 40%，最高 50 万元的补助，并提出到 2020 年，全市上云企业总数达到 3000 家，培育云平台服务商 5 家、云应用服务商 20 家、各级各类标杆示范企业 50 家，形成 50 个典型示范项目案例。此外，在政策和工作推进组织层面，成立由市领导任组长的厦门市深化“互联网 + 先进制造业”发展工作组，统筹协调全市制造业与互联网融合相关工作。与此同时，在工作组中设立了工业互联网专项工作组，协调推进工业互联网专项工作。详见表 16-2。

表 16-2　厦门制造业与互联网融合相关文件及措施

时间	文　件	备注
2016.07	深化制造业与互联网融合发展的工作方案	厦经信服务〔2016〕283 号
2016.10	厦门市先进制造业“十三五”发展规划	厦经信产业〔2016〕397 号
2018.05	厦门市“企业上云”行动计划（2018-2020 年）	厦经信服务〔2018〕158 号
2018.08	厦门市制造业与互联网融合发展规划（2018-2022）	厦经信服务〔2018〕380 号
2019.12	厦门市加快数字经济融合发展若干措施	厦府办〔2019〕108 号

资料来源：根据相关文件整理

二、存在问题

（一）国家级融合试点示范项目少

2018 年，全市已有工信部两化融合贯标试点企业 27 家，但在 2018 年工信部制造业与互联网融合试点示范中没有一家纳入。此外，在 2017-2019 年工信部制造业“双创”平台试点示范 404 个项目名单中，厦门也仅有一家金旸（厦门）新材料入围。2017-2020 年工信部制造业与互联网融合试点示范项目名单中，仅有厦门金龙、金旅、明翰电气和林德叉车 4 家企业入围。

（二）融合平台少，支撑能力不足

制造业与互联网融合平台方面，主要是工业互联网平台，以工业云、工业大数据、工业电子商务和信息物理系统等“四大”平台为主，《厦门市制造业与互联网融合发展规划（2018-2022）》也提出建设“四大”平台的任务，但从目前融合平台现状看，平台服务内容和服务模式相对单一，服务模块建设有待完善，为企业提供适配性的服务能力还有待加强。而在工业云方面，目前引入华为云创新中心，打造厦门智能制造云仍然处于初期阶段。龙头企业的融合平台和云平台也处于起步阶段，目前引导龙头企业以现有平台为基础开发外向型云化软件为主。

（三）融合水平不高，效果待提升

大多数制造业企业对融合和工业互联网的认识和理解不够。而互联网企业，尤其工业互联网服务商对制造业领域创新需求的理解不够深入，提出的行业解决方案的针对性和操作性不强。本地制造业企业信息化水平参差不齐，企业内、车间和设备层面很难形成通用的融合创新推广路径。大部分企业仍处于以初级或局部应用为主的阶段，且不同行业及不同规模企业间信息化水平差距明显。本地产业链、产业集群程度不高，龙头企业与本地中小企业之间的关联配套少，实现融合所达到的产业链数字化、网络化和智能化协同的基础较为薄弱。

（四）核心技术和安全保障待加强

核心技术仍是制约制造业与互联网融合发展的关键。厦门制造业与互联网深度融合还处于起步阶段，一些核心部件依赖进口，核心技术缺乏自主知识产权。此外，缺乏统一的安全规则作为保障，工业网络、工业控制系统和工业大数据平台的安全性仍然面临较大挑战，制造业企业对自身数据的安全存在较大疑虑。

三、面临环境

（一）机遇

技术机遇。制造业与互联网融合是新一轮科技革命与产业变革的核心特征，正在引发影响深远的产业调整，形成新的生产方式、产业形态、商业模式和经济增长点。当前，全球制造业正进入新一轮变革浪潮，以 5G、物联网、云计算、大数据、人工智能等为代表的新一代信息通信技术与制造业融合发展，使制造业不断形成新的发展态势，并逐渐深入到制造的全流程、产品的全生命周期、上下游的产业链中，开启了全新的制造模式，从而在制造业新旧动能转变、提质增效、弯道超车等方面提供了新思路。

市场机遇。当前，5G、物联网、云计算、大数据、人工智能等新技术加快发展壮大，无论是生产过程中的数字化、网络化和智能化改造，还是终端环节的新产品、新服务、新模式和新业态，都具有制造与互联网融合的特征，进而为厦门加快推进制造业与互联网融合发展提供了巨大市场空间。

政策机遇。在全球制造业升级的背景下，我国陆续出台各种政策促进制造业向高端、智能化转型。2015 年以来，《中国制造 2025》《国务院关于积极推进“互联网 +”行动的指导意见》《国务院关于深化制造业与互联网融合发展的指导意见》《信息化和工业化融合发展规划（2016—2020）》和《国务院关于深化“互联网 + 先进制造业”发展工业互联网的指导意见》等一系列国家政策的持续出台，为制造业与互联网深度融合明确了目标和方向。2018 年以来，《工业互联网发展行动计划（2018-2020 年）》等推动工业互联网的政策举措进一步出台，工业互联网试点示范项目加快落地。2020 年 12 月，中央经济工作会议首次提出 5G、人工智能、工业互联网、物联网等相关新兴产业建设定义成“新型基础设施建设”，进一步为推动制造业与互联网融合提供了发展机遇。

（二）挑战

一是以工业互联网平台为核心的融合生态之争成为全球制造业竞争的新焦点，制造业与互联网融合发展的窗口期正在加快缩短。二是服务融合发展的产业体系有待加强，有效供给不足、创新能力不强、关键核心技术受制于人等问题仍然存在。三是基于工业互联网、数字工业等基础上的制度环境有待完善，支持融合发展的财政、税收、金融等政策仍需进一步加强协调配合。四是疫情引发全球经济冲击，加剧产业链波动，加快产业链重构进程，中美科技竞争和中美技术“脱钩”加速演进，对工业互联网领域核心关键技术“断供”的风险加剧。

四、对策建议

（一）加大融合应用试点示范

一是加大试点示范项目扶持力度。在两化融合贯标基础上，结合新时期两化融合向工业互联网发展趋势，推动制造业围绕工业互联网等领域的新业态、新模式等开展先行先试，加大工业互联网试点项目储备，为申报省级、国家级试点示范培育后备项目。二是鼓励制造业企业建设互联网“双创”平台。组织实施制造业企业互联网“双创”平台建设试点示范工程，支持龙头企业搭建互联网“双创”平台，开放共享创新资源。三是开展制造业企业上云上平台示范推广。推动企业加快工业设备联网上云、业务系统云化迁移。建设一批工业互联网体验和推广中心。四是推动重点行业融合方案优化提升。引导平板显示、计算机与通讯设备、机械装备等重点产业开展行业融合试点示范，加强工业互联网在本地优势产业的融合应用创新，探索具有本地特色的融合应用模式和实践经验。五是对接国家“5G+ 工业互联网”512 工程，积极开展先行先试和争取项目申报。

（二）完善融合平台体系建设

一是构建多层次系统化融合平台体系。结合厦门制造业基础，分步骤逐步构建“1+4+X”的融合平台体系，即 1 个工业互联网平台，工业云、工业大数据、工业电子商务、信息物理系统等 4 个专业领域平台，逐步构建若干个重点行业骨干工业互联网平台。二是提升工业互联网平台核心能力。引导平台增强 5G、人工智能、区块链、增强现实 / 虚拟现实等新技术支撑能力，强化设计、生产、运维、管理等全流程数字化功能集成。三是提升融合平台运营能力。鼓励采取政府与社会资本合作，建设具有公共服务性质和功能的制造业与互联网融合平台，提高平台运营效率和持续发展能力。

（三）提升融合发展生态体系

一是建设工业互联网创新中心。支持终端消费品类制造业企业建立开放式创新交互平台、在线设计中心，对接用户需求，发展客户深度参与的研发设计模式。支持上游制造业企业构建基于工业互联网平台的协同产业链体系。二是开展工业互联网产学研协同创新，加大关键共性技术攻关力度。三是培育融合发展系统集成服务。实施融合发展系统解决方案能力提升工程，突破系统集成技术瓶颈，面向厦门平板显示、计算机与通讯设备、机械装备等制造业重点行业中的智能制造单元、智能车间、智能工厂等建设，引进和培育一批系统解决方案供应商。

（四）强化融合基础支撑能力

一是提升安全防护能力。建立数据和网络安全保护体系，开展工业互联网企业分类分级试点，实施差异化管理。完善安全技术监测体系，健全安全工作机制。二是加快建设融合发展的新型基础设施。加快推动本地网络改造升级，推动基础电信企业建设高质量外网，提升企业工业互联网外网服务水平，鼓励本地龙头或骨干工业企业与基础电信企业深度对接合作，利用 5G 改造工业互联网内网。三是加强融合人才的引进和培育。大力引进复合型人才，鼓励本地高校开展复合专业的人才培训班，为制造业与互联网融合提供基础人才支撑。四是搭建和完善融合发展的学习培训平台。加强与中国信息通信研究院等专业智库机构合作，将工业互联网赋能产业专题培训定期化和常态化，推动培训向电子行业、新材料行业、家居、机械装备、消费品行业等全面覆盖，探索搭建融合知识在线学习培训平台，拓展学习与交流途径。

【参考文献】

[1] 厦门市工业和信息化局 . 厦门市工业企业智能制造水平评估报告（2016–2017 年度）[R].2018.

[2] 厦门市工业和信息化局 . 厦门市“企业上云”行动计划（2018–2020）[R].2018.

[3] 厦门市工业和信息化局 . 厦门市制造业与互联网融合发展规划（2018–2022）[R].2018.

[4] 民建厦门市委课题组 . 深入实施工业互联网创新发展战略助推我市制造业高质量发展 [J]. 厦门特区经济，2019(04)

[5] 中国工业新闻网 . 制造业与互联网融合发展试点示范的变与不变 [EB/OL]. http://www.cnelc.com/text/1/190815/AD100903228_1.html.2018.

[6] 廖丽萍，潘抒捷，蒋昊，等 . 工业互联网：厦门高质量发展的金钥匙 [N]. 福建日报，2020-10-13.

课 题 组 长：林　智
课题组成员：戴松若　谢　强　陈菲妮
　　　　　　李　婷　姜耘时
课 题 执 笔：林　智

第十七章 厦门培育人工智能产业研究

一、发展现状

（一）产业链初具雏形

厦门聚集人工智能相关企业近 200 家，取得相关专利超 12000 件，软件著作权超 5000 件，人工智能核心产业规模超过 50 亿元，人工智能相关产业规模超过 200 亿元。基本涵盖“基础层—技术层—应用层”新一代人工智能产业链，企业技术领域涵盖科技部科技创新 2030“新一代人工智能”全部 16 个研究方向。上榜“中国人工智能城市十五强”，瑞为入选全国人工智能企业百强。详见表 17-1。

表 17-1　厦门人工智能产业链及代表性企业

产业链	领　域	代表性企业
基础层	传感器、人工智能芯片、大数据平台等	网宿、赛凡、意行半导体、美亚柏科、云知芯等
技术层	自然语义处理、语音识别、生物识别、图像识别、机器学习以及计算机视觉等	美图、矽创、云脉、商集、中控智慧、瑞为、邑通等
应用层	智能机器人、智能穿戴设备、智能汽车、智能娱乐、智能医疗、智慧旅游、智能教育、虚拟个人助理等	思尔特、美亚柏科、美图、吉比特、易联众、智业软件、麦克奥迪、任我游、罗普特、绿网天下等

在基础层，拥有网宿、赛凡、云知芯等一批代表性企业，其中，网宿的 CDN 云平台资源智能规划技术位居行业前列；云知芯在厦流片、量产人工智能专用语音芯片 Unione，开启厦门 AI“芯”时代。

在技术层，涌现出一批在国内乃至国际堪称标杆的企业，如人脸检测技术达到国际行业领先水平的美图，中文字符 OCR 识别技术全球第一的云脉，票据识别技术位居全球第三的商集，生物识别技术全国第一的中控智慧等。

在应用层，人工智能加速渗透推动多行业变革。如美图、吉比特的智能娱乐在业界所向披靡，易联众、智业软件、麦克奥迪在智能医疗领域独领风骚，任我游在智能旅游方面不断拓展深化。此外，智能交通领域的罗普特和雅迅，专注于智能教育的绿网天下和神州鹰等，都是厦门人工智能产业的明星企业。

（二）细分领域特色鲜明

厦门人工智能产业总体呈现多点开花的态势，最具有特色的细分领域主要包括：

智能网联汽车。代表项目有金龙客车—百度无人驾驶项目，纵目科技自主泊车项目，清华、大唐移动与厦门公交集团的 5G 智能网联车路协同示范项目等。其中，金龙与百度合作研发并量产了全球首款 L4 级量产自动驾驶巴士“阿波龙”，厦门公交集团的 5G 智能网联车路协同示范项目成为国内首个面向商用的 C–V2X 车联网应用。

医疗影像辅助诊断系统。厦门以建设国家健康医疗大数据中心与产业园为契机，近年来不断持续深化医疗人工智能建设，代表项目有麦克奥迪人工智能医学影像分析平台、汇医慧影医学影像辅助诊断项目等。其中，麦克奥迪整合计算机深度学习、人工智能技术研发的荧光扫描图像分析系统（EasyScan TB）于 2020 年 3 月获批上市，将减少医生 70% 工作量。

视频图像识别系统。依托美亚柏科、美图、商集、瑞为、云脉等龙头企业，基于其图像识别技术，在安防取证、数字文创、财税金融等领域开展应用。代表性企业美亚柏科依托大数据、智能语音和人脸识别等人工智能技术研发的安保机器人，在包括厦门金砖会晤等多个国家级重要活动的安保和便民服务任务的实战应用中成效显著。

语音识别与自然语义处理。依托云知芯、捷通华声等核心技术企业，着力推动与玺堡、科牧、亿联网络、盈趣科技等应用型企业的合作，集聚一批智能家居、智能安防等项目。

（三）产业支撑加快建设

技术平台方面，成立全国首家致力于人工智能工程应用的研究院，拥有金龙汽车、美亚柏科、盈趣科技、大博医疗等 10 个人工智能领域的国家企业技术中心。厦门大学、华侨大学、清华海峡研究院等高校院所在智能家电、智能汽车、智能教育、智能医疗等领域开展特色应用实践，成立厦门大学智能数据分析与处理实验室、福建省仿脑智能系统重点实验室、厦门市计算机视觉与模式识别重点实验室、集美大学理学院人工智能实验室等一批产学研平台。人工智能移动互联众创空间孵化了 18 个人工智能领域项目，成立 14 家优秀公司，其中 4 家公司入选“厦门市双百人才计划”。人工智能大赛永久落户厦门，推动厦门成为国内新一代人工智能产业发展受关注程度最高的城市之一。

基础设施方面，依托美亚柏科、网宿科技、美图、云知芯等公司建设了一批人工智能细分领域的公共服务和 AI 超算平台，一批人工智能领域的科学装置正在加速形成。全国首个大数据安全开放平台上线，云知芯在厦布局的厦门 AI 超算平台浮点计算能力突破 1 亿亿次 / 秒，成为中国东南区域计算能力首屈一指的超算平台项目，国产化自主可控的厦门鲲鹏超算中心加快建设，网络基础设施、大数据基础设施和计算基础设施日趋完善，初步形成了支撑新一代人工智能广泛应用的基础设施体系。

园区载体方面，初步形成以火炬高新区及软件园一、二、三期为核心的多点产业布局，厦门高新区人工智能产业综合影响力在全国高新区中位列前 8 位。新经济产业园、人工智能产业园等一批重大载体相继亮相，以“智能 +”为产业导向，着力打造智能经济先行区。

人才方面，近两批厦门“双百计划”共引进人工智能高端人才 38 名，占引进的高层次创业人才总量的 15%。海峡两岸青年就业创业基地（厦门）累计入驻教育机器人、智能交通等台湾青年创业团队 100 个，实习、就业和创业的台湾青年超 1000 人。

（四）推广应用稳步推进

厦门人工智能产业链优势集中在应用端，细分领域的人工智能场景应用发展较快，市场推广能力较强，已在人脸识别、交通物流、金融信用、智能语音等领域取得阶段性成果。如瑞为研发的人脸识别通行解决方案已覆盖北京大兴、北京首都、深圳宝安、长沙黄花等国内 1/3 的机场，在“人工智能 + 机场”领域成为落地最多的企业；金龙与百度合作的无人驾驶巴士“阿波龙”，已在全国 25 个城市、30 个应用场景实现商业化运营，累计运行总里程约 6 万公里，并创下了中国无人驾驶汽车出口第一单；罗普特研发的人像云平台和高性能人脸识别引擎，已服务于福建、重庆、新疆等地的雪亮工程和智慧社区。

（五）政策体系逐步完备

近年来，厦门高度重视人工智能的创新发展，从产业政策、平台布局、创新要素、示范应用等方面予以大力扶持推动，编制出台了《厦门市新一代人工智能产业发展行动计划（2019–2021）》和《厦门市关于推动新一代人工智能产业发展的若干措施》，明确促进人工智能产业发展的重点政策举措。并将新一代人工智能产业纳入全市重点发展的十大未来产业，予以统一规划布局。2019 年召开新一代人工智能发展的专题推动会，明确抓手全市协同，提出构建包括政策环境、科创载体、公共平台、应用项目、产业园区、产业基金在内的“六位一体”新一代人工智能产业发展生态体系。2020 年出台《厦门市推进新型基础设施建设三年行动计划（2020—2022 年）》，全力推动人工智能、工业互联网等新技术产业发展。

二、存在问题

（一）龙头带动效应不强

人工智能企业主要集中在北上广地区，北京、上海、广州、江苏、浙江、四川等 6 省的人工智能企业占全国九成以上，厦门人工智能产业缺少一批有国际竞争力的企业和产品，未形成产业的规模效应。如金龙阿波龙尚处于小规模量产阶段，首批仅量产 100 台投入市场试运营。

（二）核心技术能力弱

从产业链来看，基础层主要以硬件为核心，包括 GPU/FPGA 等用于性能加速的硬件、神经网络芯片、传感器与中间件等，这些为人工智能的运算提供算力的硬件，目前多掌握在英伟达、谷歌等国际 IT 巨头手上，初创企业很难快速突破。厦门人工智能产业的基础技术支撑能力较弱，基础算法和芯片端还处于起步阶段，产业大部分属于人工智能应用端，关键领域原始创新和协同创新能力急需提升。

（三）创新资源不足

人才方面。一是人才吸引力不强。全球人工智能领军、技术管理骨干等各层次人才处于供不应求状态，厦门企业对人力资源的吸纳能力普遍不强，已成为厦门实体经济面临的严峻问题。二是人才培养储备不足。本地高校、科研院所专业设置与人工智能的需求不匹配，虽然厦门拥有十几万在校大学生，但与人工智能相关的电子、机械、软件等专业性技术人才较少，对人工智能有深刻理解的复合型人才更为紧缺。

创投方面。厦门天使投资、创业投资及私募股权投资发展相对缓慢，数量少、规模小。截至 2020 年 12 月，在中国证券投资基金业协会备案的私募股权投资企业共 353 家，仅为深圳的 7.9%；管理基金规模 906 亿元，仅为深圳的 4.6%，且主要投向项目的中后期，创新创业型企业获得“最先一公里”的起步资金难度大。

平台方面。应用基础研究对人工智能发展的支撑力不足，厦门高校在本地创新链的嵌入性不足，如厦门大学以自然和人文学科为主，科研成果转化相对不足；集美大学、华侨大学等工程类专业齐备，但科研能力还无法支撑人工智能产业的需求。共性技术供给的水平不高，如以政府主导的共性技术服务平台管理效率不高、依托龙头企业建设的共性技术服务机构公共服务意识不强。

（四）产品缺乏本地应用场景

厦门的产业发展层次不高，制造业整体上仍处于中低端环节，生产性服务业长期以服务“两头在外、大进大出”的外贸经济为主，人工智能与实体经济精准匹配的难度较大，政府及企业采购人工智能产品较少，产品难以在本地大面积推广与应用。如瑞为、矽创等厦门自主培育的人工智能“生根型”企业墙内开花墙外香，至今未能打入本土市场。

三、发展展望

（一）有利因素

发展人工智能是大势所趋。世界正迎来新一轮科技和产业变革，人工智能、机器人、大数据等新技术带来新机遇，特别是 5G 时代的到来，加速了人工智能研发与应用，世界主要国家采取了一系列重大举措，将发展人工智能上升为国家战略。此外，新冠疫情加速了产业转升步伐，人工智能成为后疫情经济的新增长点。

工信经济具备有力支撑。尽管面临新冠疫情的冲击，但 2020 年中国 GDP 总量实现百万亿的历史性突破，成为全球唯一实现经济正增长的主要经济体。其中，数字经济增速连续四年排名世界第一，对 GDP 增长的贡献率达到 60%，良好的工信经济基础为人工智能快速发展形成有力支撑。

人工智能产业基础扎实。厦门科教资源丰富，基础设施健全，特色优势明显，数字经济占全省比重 41%，应抓住战略机遇，加快建设国家新一代人工智能示范区，打造成为新一代人工智能技术创新、政策试验和社会实验的核心区。

（二）不利因素

从外部看，中美贸易摩擦背景下，人工智能产业人才和技术面临较大制约。从内部看，近年来，深圳、南京、长沙、合肥等城市纷纷出台新一轮政策扶持人工智能产业发展，抢占人工智能技术创新策源地和产业高地，发展人工智能所面临的竞争将日趋激烈，优质人力资源、技术资源的争夺也不断加剧。

四、对策建议

（一）培育梯次发展企业集群

1. 引育领军型龙头

实施头部企业引进计划，围绕物联网基础器件、人脸与人像识别、智能语音、自主无人系统、智能安全取证等领域加快培育一批头部企业，与市场化机构合作吸引独角兽来厦设立第二总部、区域总部和新业务总部。瞄准产业高端开展精准招商，力争引进世界 500 强、中国 500 强、民营 500 强、台湾百大、央企、境内上市公司等高品质项目。采取奖励、资助、贷款贴息、购买服务等方式，精准、连续、滚动支持一批拥有核心技术、用户流量、商业模式的头部企业和领军企业，通过项目建设、战略重组、品牌经营、鼓励上市等方式，培育壮大人工智能产业主体。

2. 催生创新型企业

鼓励人工智能龙头企业、自贸区、高新区建设人工智能创业孵化基地，推进人工智能科技成果转移转化。围绕智能语音、机器视觉、自动驾驶、城市大脑、健康医疗等人工智能关键领域建设人工智能孵化服务平台。鼓励龙头企业开放人工智能操作系统、算法框架、共性技术和数据资源，带动产业链上下游企业创新发展，培育引进一批人工智能高成长性特色企业，发展成为细分领域行业标杆，构建梯次接续的企业生态体系。

3. 促进传统企业智能化升级

推动人工智能与传统产业深度融合发展，支持传统企业在设计、生产、管理、物流和营销等核心业务环节应用人工智能新技术，加快向数智化转型。鼓励电子信息、机械装备、水暖厨卫等行业企业开展生产过程智能化改造和产品智能化升级，培育智能创新型产品、推广服务型制造模式，实现产业和产品向价值链中高端跃升。

（二）增强核心技术能力

1. 突破关键共性技术

聚焦深度学习、跨媒体感知计算、混合增强智能、自主协同控制、类脑计算等前沿，超前布局基础研究。围绕基础理论和算法、算力、数据，支持实时定位与地图构建、环境感知、语言交互、自主学习、人机协作、无人驾驶等关键技术研发。加大基于深度学习的机器视觉技术研发，以视频、图像处理为重点领域，加强图像处理器的处理速度和系统功能，加快算法工具的研发，攻关传感器、分辨率及更小光源等物理光学上的技术瓶颈。加快自然语言处理科研成果转化速度，形成一批有特色、有竞争力的融合性新产品、新服务。

2. 布局高端研究机构

支持建设人工智能与实体经济融合的国家重点实验室、国家工程实验室、国家技术创新中心等国家级重大创新载体。联合公安部三所、杭州安恒、厦门大学在厦门共建人工智能安全研究院，为构建人工智能安全技术体系奠定基础。支持清华海峡研究院搭建国内首个完整的人工智能产业创新体系，完善人工智能产业发展生态。着力引进工信部电子五所、中国信通院、哈尔滨工业大学、西安交通大学、新一代人工智能产业技术创新战略联盟等来厦设立分支研究机构。支持厦门大学、华侨大学、集美大学、厦门理工等高校院所联合国内外一流科研机构和龙头企业，建立人工智能领域的新型研发机构、创新实验室，建设产学研用结合的高水平开放式协同创新平台。

3. 强化创新平台建设

继续办好全国人工智能竞赛，构建形成制度化、长效化的人工智能赛事机制，把大赛平台打造成企业的 AI 能力定级、AI 要素交易、AI 标准制定、AI 创新创业的平台，打造人工智能领域服务链。充分利用大赛沉淀的创新机制和开放的海量数据，以及大数据安全开放平台提供的算力资源和生态支撑，推动国际、国内知名人工智能大赛和优胜团队落地厦门。建设两岸数字经济与人工智能融合发展创新平台，聚集大陆人工智能龙头企业和数字经济重点企业在厦设立两岸业务总部，吸引台湾 50 强和细分领域隐形冠军企业在厦设立总部、研发中心、运营中心、采购中心和物流中心。组建人工智能协会和产业发展联盟，链接全球资源，促成各类创新主体在技术、业态、模式等方面开展合作。

（三）推动人工智能融合应用

1. 推动人工智能为产业经济赋能

全面提升各产业智能化水平，在智能制造、智能金融、智能物流、新文娱等重点领域开展人工智能应用试点示范。

智能制造，大力推动人工智能与电子信息、机械装备等主导产业跨界融合，发展多元化、个性化、定制化智能硬件和智能系统，重点推进智能网联汽车、智能汽车电子产品、智能机器人、智能家居、智能可穿戴设备、智能照明、无人驾驶航空器产品等研发和产业化发展，形成规模化集聚效应。鼓励企业运用智能装备对传统生产设施进行自动化、智能化技术改造，建设无人工厂、无人生产线、无人车间，大力推广协同制造、服务型制造、个性化定制等“智造”新模式。

智能金融，加强人脸识别、声纹识别、智慧预测、智慧决策、区块链等技术在金融领域的应用，鼓励龙头企业围绕技术、数据、场景、专家等核心要素，打造智慧金融应用创新平台，拓宽金融服务领域，开发较为成熟的智能金融自动化服务产品。

智能物流，推进物流业务流程智能化发展，开展智能物流装备的研发和推广应用，建立面向企业用户的一体化智慧供应链管理服务体系。

新文娱，加快推动新媒体、数字出版、动漫游戏等新文娱产业发展，推出精品文旅 IP，开启智慧景区、智慧酒店、智慧出行、智慧导览、智慧购物等应用场景，发展智能调度、智能引导、AI 客服、生物识别电子门票等应用服务。

2. 拓展智能生活领域创新应用

加快推进人工智能在医疗、教育、零售等领域创新应用，提高民生服务的智能化水平。加快推进医学影像辅助诊断技术及产品的研发与运用，发展智能语音病历平台，全面推广智能导诊机器人，促进人工智能技术在医疗行业的融合运用。利用智能技术加快推动人才培养模式、教学方法改革，构建包含智能学习、交互式学习的新型教育体系。推动传统零售和渠道电商整合资源，探索建立智能零售试验区。线上建设网上超市、智慧微菜场，线下发展无人门店和智能售货机、无人回收站等智慧零售终端。

3. 推动智慧城市深度融合发展

大力拓展人工智能在政务、交通、安防等重点领域的应用，率先政务和公共服务领域形成一批有代表性的软硬件产品与解决方案。整合基础设施及信息资源，推进人工智能技术在信息预测、战略决策及信息互联互通等政务服务领域的应用，打造智能化政务服务模式。建设覆盖全市的智能交通指挥中心，扩大城市人工智能 + 智能交通的应用场景。加强智能网关、智能探测报警器、智能门锁等关键产品与技术的研发，打造面向家庭、行业、公共服务等多领域的智能安防解决方案。

（四）优化产业发展生态

1. 优化产业布局

以人工智能技术带动、项目示范为火炬高新区、软件园、集成电路产业基地等产业园区发展赋予新能量，升级产业载体。将软件园升级打造为厦门人工智能港，为人工智能产业提供全要素的创业成长服务，建设集专业化服务、创新型孵化、多资源聚合、产学研转化等多功能于一体的人工智能产业园区，并推动园区发展成为国家级人工智能技术研发、应用、产业化的示范基地。充分发挥各区资源禀赋和比较优势，加快优化人工智能产业布局，完善火炬人工智能产业园先行启动区，高标准规划建设环东海域新经济产业园，提高人工智能研发能力，提升智能制造水平，推动人工智能规模化发展。

2. 夯实新型基础设施建设

构建全覆盖、高效能的人工智能信息基础设施体系，支持以智能发展需求为导向，向集融合感知、传输、存储、计算、处理于一体的新一代智能化信息基础设施优化提升。加快推动鲲鹏超算中心建设，在全市推广鲲鹏软硬件产品和服务，搭建鲲鹏产品适配认证平台和标准化体系，促进鲲鹏生态的形成，推动厦门成为全球人工智能基础设施领先城市。完善厦门大数据安全开放平台，在交通物流、城市管理、金融信用、健康医疗、文化旅游、生态环境等领域推动行业开放应用。构建“DIKA”（数据—信息计算—知识应用—人工智能智慧应用）四位一体的大数据开放生态体系，鼓励一批具备大数据服务能力的企业、高校科研机构、开发者参与厦门大数据开放生态建设。

3. 强化人才支撑

加快形成人工智能产业人才引进及培养体系，鼓励采取项目合作、技术咨询等方式柔性引进人工智能顶尖人才团队，通过重大研发任务和基地平台建设，在芯片、机器学习应用、无人驾驶、智能机器人等关键核心技术领域靶向引进一批带重大项目、带关键技术的高层次创新创业人才。推动清华大学、哈尔滨工业大学、厦门大学等高校院所与人工智能龙头企业合作，建设面向重点行业应用的人工智能人才实训基地。支持企业进行人工智能知识分享和在职人才培训，制定人工智能人才计划。推动有条件的高校布局人工智能学科，推动人工智能与其他学科的交叉，引导职业学校有针对性地培养产业发展急需的技能型人才，形成梯次完备的人工智能学科人才培养体系。

4. 汇聚创投金融资源

发挥产业引导基金带动作用，鼓励龙头企业、专业化投资机构成立各类天使基金、创投基金、并购基金等市场化基金，吸引社会资本进入人工智能创业投资领域。采取直投、引投和跟投方式支持处于初创期、种子期、爆发期的人工智能企业发展。依托两岸金融中心、自贸试验区，吸引全国乃至全球知名风投在厦设立法人机构，积极向在厦股权投资机构推荐人工智能项目。支持企业通过上市、发行债券等开展直接融资。鼓励银行机构做大创新型企业信用贷款、知识产权抵押贷款、应收账款质押贷款等业务规模，为轻资产、高成长的优质人工智能企业提供信贷支持。

【参考文献】

[1] 厦门市经济和信息化局 . 厦门市新一代人工智能产业发展行动计划（2019—2021）[R].2018.

[2] 厦门市人民政府 . 厦门国家新一代人工智能创新发展试验区建设方案 [R].2019.

[3] 南京市人民政府 . 南京市打造人工智能产业地标行动计划 [R].2019.

[4] 彭顺昌 . 推动人工智能和实体经济深度融合 建设厦门智慧之城 [J]. 厦门科技，2018(01)

[5] 郑鑫 . 上海人工智能发展与领军力量培育 [J]. 科技发展，2019(125)

课 题 组 长：陈菲妮
课题组成员：戴松若　谢　强　李　婷
　　　　　　林　智　林　敏
课 题 执 笔：陈菲妮

第十八章　厦门加快发展工业互联网的对策建议

工业互联网是指通过开放的、全球化的工业级网络平台把设备、生产线、工厂、供应商、产品和客户紧密地连接和融合起来，高效共享工业经济中的各种要素资源，从而通过自动化、智能化的生产方式降低成本、增加效率，帮助制造业延长产业链，推动制造业转型发展。工业互联网由网络、平台、安全三大要素构成。其中网络是基础、平台是核心、安全是保障。工业互联网是互联网从消费领域向生产领域、从虚拟经济向实体经济拓展的核心载体。

一、发展情况

（一）厦门工业互联网网络基础设施不断完善

网络智能化综合化不断升级，已实现了光纤网络全市覆盖、4G 网络全市覆盖、免费 WiFi 网络城市公共场所全覆盖，NB-IoT（窄带物联网）总数超 3500 个，网络基础设施建设走在全国同类城市前列。5G 商用加速推进，建成 5G 基站 1750 余个。中国电信海峡通信枢纽中心、中国移动（厦门）数据中心等基础电信企业数据中心相继建成落地，为全市提供算力支撑。鲲鹏超算中心建设有序推进。厦门大数据开放平台正式上线，平台率先在全国引入“安全屋”技术。数据汇聚共享不断推进，建成人口、法人、交通、信用、证照、空间 6 个基础资源库。开展以太网化、无线化、扁平化、柔性化等技术对工厂内网的改造，通过宽带网络升级改造工厂外网。制定了加快建设厦门工业互联网标识解析二级节点城市的实施方案，标识解析的企业创新应用加快推进。

（二）厦门工业互联网平台体系逐步完善

围绕工业软件及系统集成、跨领域协同服务、特色行业、龙头企业等领域，培育 10 多个工业互联网平台，已初步形成具有厦门特色的工业互联网平台体系。厦门加快建设工业互联网公共服务平台，推动工业企业按需购买云服务，降低一次性投入成本，激发企业上云需求，推动企业“上云用平台”。建立基于工业互联网的智能制造集成应用示范平台、高端制造智能监测与预测管理云平台等工业互联网平台。引入了华为云创新中心、中软国际东南总部基地项目，积极打造厦门智能制造云和软件开发云。

（三）厦门工业互联网服务能力不断提升

围绕生产过程及产品智能化，培育一批熟悉细分行业生产技术工艺设备研发、制造、集成的工程服务公司和系统解决方案服务商，不断提升软件开发集成能力和系统解决方案设计能力。友达光电、路达卫浴、盈趣科技、建霖卫浴等制造业龙头企业，以现有平台为基础，积极开发外向型云化软件，推动产业链上下游协同制造。浪潮、金蝶、中国移动、中国电信、中国联通、东方国信、厦门邑通等二十余家国内知名工业互联网服务提供商与厦门市物联网产业研究院有限公司合作，为工业企业提供工业互联网服务。

（四）厦门工业互联网融合示范不断深入

支持工业企业依托工业互联网平台实施数字化、网络化、智能化升级，进一步降本增效，一批企业通过工业互联网在产品设计、生产管理、供应链组织、产品全生命周期管理和增值服务等方面先行先试。厦门天马微电子有限公司研发了掌上天马。厦门金龙旅行车有限公司研发了金旅新能源客车数字化协同研发平台。摩尔元数（厦门）科技有限公司研发了摩尔云生产系统。厦门卡伦特科技有限公司研发了卡伦特在线 CAD 设计平台、雅马哈发动机（厦门）信息系统有限公司研发了基于 TPM 理念的设备保全管理系统。厦门乐石科技有限公司研发了乐石 I2025 智慧制造管理系统 App——科牧。友达光电、冠捷、联芯、建霖股份、宸展光电等台资企业利用工业互联网推进智能制造。戴尔、ABB 等外资企业利用工业互联网优化制造和供应链流程。

（五）厦门工业互联网产业链加快拓展

厦门聚集了一批优质的工业互联网企业，服务于工业企业的转型升级，工业互联网综合服务商主要有航天云网、盈趣、新松智能研究院等重点企业。厦门加快推进工业互联网在各行业的应用，主要有金龙客车、金牌橱柜等重点企业。厦门大力发展上游硬件产品，生产企业主要有万久、安东电子等重点企业。

二、存在问题

（一）厦门工业互联网平台尚未形成规模

厦门缺少跨行业、跨领域的综合性工业互联网平台，缺少大的平台服务商，厦门工业 App 多是原有解决方案云化，研发设计类、制造工艺类和智能决策类应用偏少。大多数厦门中小型制造业企业对工业互联网平台的接入尚处于观望状态，存在安全顾虑。厦门现有工业互联网平台多处于投入期，交易标准化、安全保障、用户信用体系等方面尚在探索，还未形成成熟稳定的商业模式，规模化应用不足，难以形成集聚效应。

（二）厦门工业互联网基础创新能力不强

厦门工业互联网标识解析二级节点集成创新还处于起步阶段。厦门在高端传感器、工业控制系统、高端工业软件等领域缺乏核心技术，厦门云化工业软件方面能力还不强，产业生态还没有真正构建起来。厦门无线射频芯片、传感器、嵌入式处理器等 5G 核心关键技术 80% 以上依赖国外，厦门人工智能关键技术研发仍落后于美国等发达国家以及北京、杭州、深圳等国内先进城市。

（三）厦门制造业企业内外网互联互通较为薄弱

厦门工业企业生产环节的数字化、网络化、智能化程度平不高，50% 以上的机器设备没有联网。尤其中小型制造企业大多数利润微薄，难以承受数字化转型和新技术应用的高昂成本，缺乏数字化转型的动力，超 70% 的企业尚未完成基础的设备数字化改造。厦门制造企业现有的网络连接、运营技术系统分层架构，跨层间数据交互比较困难，缺乏统一的标准接口协议，连接互通性差，没有办法直接进行互联互通，阻碍了工业互联网在企业中的应用与发展，影响制造业企业“互联网 +”“大数据 +”“机器人 +”的实施。

（四）厦门缺乏工业互联网龙头项目引领

厦门工业规模小，龙头企业少，数字化、模块化、平台化的制造资源不够丰富，缺乏杀手级的应用场景，对各行业的应用场景有待进一步深入挖掘，本地工业互联网企业难以做大做强。工业互联网的投融资模式不成熟，工业互联网的商业模式充满不确定性，工业互联网大项目需要政府支持的资金量大，在谈的工业互联网大项目较多，但真正落地的大项目较少，缺乏龙头企业的引导。

（五）厦门工业互联网安全有待加强

厦门工业控制系统的安全隐患越来越突出、工业网络安全产品和服务适应性不高、工业信息安全保障能力急需强化。工业数据安全责任安全体系建设还是空白，工业数据安全防护能力滞后于工业融合发展进程，工业数据安全主要是靠行业的自律机制来保障，缺乏强制性监督，数据安全制约企业上云。

三、对策建议

厦门要树立平台思维和生态思维，在重点区域、重点领域打造工业互联网应用场景，突破关键核心技术，探索前沿引领技术，加强技术、应用和商业模式协同创新，把握产业发展主动权，探索工业互联网发展的新模式、新机制、新路径，推动工业互联网与实体经济融合发展，持续释放融合发展的叠加效应、聚合效应、倍增效应，推动厦门在工业互联网领域实现率先发展、领先发展，争当全国示范。

（一）建好工业互联网

1. 加快推进基础网络建设

加大工业互联网内外网络改造力度。针对企业内网。围绕平板、集成电路、生物医药、汽车等重点工业领域，组织属地 5~10 家有需求的行业龙头企业、20~30 家骨干企业开展基于 5G 的工业互联网内网改造升级。加快推进企业内部网络 IP 化、扁平化、柔性化改造。支持企业以互联网协议第 6 版（IPv6）、无源光网络（PON）、软件定义网络（SDN）、工业以太网、无线网等技术升级改造企业内网，加快提升企业生产设备联网率。针对工厂外网。以窄带物联网 (NB-IoT)、工业过程 / 工业自动化无线网络 (WIA-PA/FA)、超长距低功耗数据传输技术 (LoRa)、增强机器类通信 (eMTC) 等技术对现有移动网络进行升级改造，在 5G 中探索面向绿色制造的网络技术，推动低时延、高可靠、广覆盖的工业企业外网建设。推动制造业企业在制品、智能机器、工业控制系统等方面的内部互联，以及企业与供应链上下游企业、智能产品服务商、用户等主体的外部互通。

加快建设工业互联网行业标识解析二级节点。采取政府投资、国有企业运营模式，建设面向平板显示、半导体和集成电路、生物医药、机械装备和传统制造业等特定行业的标识解析二级节点，同时加快建设面向闽西南、台湾地区、金砖国家的区域性标识解析二级节点。组织开展标识解析二级节点应用供需对接，推动标识节点建设企业联合行业龙头企业开展行业领域交流对接，支持龙头企业率先开展二级节点注册和行业领域解析应用。探索工业互联网标识解析产业化应用模式，鼓励制造业龙头企业与通信、互联网企业合作，开展基于标识服务的关键产品追溯、全生命周期管理、供应链协同等应用创新。

推进工业互联网 +5G。鼓励金龙汽车、厦门钨业、厦门烟草等重点企业开展 5G+ 工业数据采集（传输）、工业超高清视频、工业增强现实 / 虚拟现实、工业远程控制、工业机器人（无人机）巡检、工业人工智能（AI）质量检测、云化自动导引车、云端机器人等“5G+ 工业互联网”应用场景试点示范。鼓励市内科研院所、高校和企业联合建设“5G+ 工业互联网”技术测试床，开展融合技术、标准、解决方案评估验证等工作。鼓励厦门软件园、火炬翔安高新区、同翔高新基地等产业园区加快建设“5G+ 工业互联网”融合应用先导区，推动工业企业建设“5G+ 工业互联网”示范工厂，开展云化机器人、工业 VR/AR 等试点示范。开展人工智能和工业互联网融合研究及应用。研究探索区块链在工业数据监管、网络安全等领域应用模式。

2. 加快平台体系建设

发展通用型工业互联网平台。支持市属国有集团企业和龙头企业与知名互联网合作，建设跨地区、跨行业、跨领域的通用型工业互联网平台，满足各类型企业数字化、网络化、智能化发展需求，降低企业信息化建设成本。

发展行业特色平台。立足我市产业基础，支持互联网企业、软件企业等与制造业骨干企业合作，围绕高端装备、建材、纺织、食品、电子信息等行业，培育具有引领作用的行业级工业互联网平台，通过人机互动、设备互联、数据流通实现生产资源优化配置、制造能力精准交易。

发展企业级工业互联网平台。以大型制造业企业为主体，建设面向特定行业、特定区域的企业级平台，实现企业内部互联互通、高效协同，推动企业提质增效。鼓励行业协会、平台企业、应用企业共建工业互联网平台应用创新推广中心、体验中心。

3. 加快推进标准体系建设

鼓励厦门科研院所、高校和企业，积极参与国际国内工业互联网相关领域的标准体系建设，支持企业将自主创新技术形成工业互联网技术标准。鼓励有条件的企业搭建标准测试环境，完善检验检测能力，开展共性技术标准试验验证。支持工厂内网、网络资源管理、边缘设备、异构标识互操作、工业大数据、工业微服务、工业控制系统安全、网络安全等标准制定。

4. 实施工业互联网创新工程

加快建设工业互联网、5G、人工智能等新兴技术领域实验室、工程中心、技术中心等综合创新载体，持续加强工业互联网原始创新能力和自主创新能力建设，加快建立工业互联网共性技术体系，把握新赛道发展机遇，系统布局前沿技术，发展新型应用技术，推动形成技术研究和产业应用互促互进的良好局面。集中突破工业软件、数字孪生、边缘计算、工业智能、工业知识图谱等关键核心技术。加快突破工业软硬件、工业智能算法、工业知识、工业机理模型、微服务组件等关键技术。推进工业互联网 5G 芯片、新型网络互联、标识解析、工控安全等新兴技术研究与应用。围绕工业机器人等关键领域，加快研制具有自感知、自控制、自决策、自执行功能的智能制造单元、工业机器人和仓储机器人。推进“工业软件定义网络基础标准”“工业无线网络 WIA-FA 技术及标准”“全分布式工业控制网络”“制造流程智能系统”“数字孪生系统”等关键技术研发项目建设。

（二）用好工业互联网

1. 着力打造以企业为主体的应用生态

推进企业智能化项目建设。在汽车、机械装备、生物医药等行业的生产车间，大力推进“机器人 +”，应用智能数控设备、传感识别技术、制造执行系统等先进装备与管控技术。鼓励平板显示、集成电路和生物医药等骨干企业，建立各级标识解析节点和公共递归解析节点，推动设施高度互联。推动生产进度、现场操作、质量检验、设备状态、物料传送等生产现场数据自动上传，实现可视化管理，推动数据高度互享。支持家居、建材、服装等行业的龙头企业，面向产业链关联配套企业，输出标准统一的智能工厂整体解决方案，打造以行业云平台为支撑的互联工厂 。

推动企业上云上平台。发挥厦门市工业互联网公共服务平台引导作用，加强对企业上云上平台的引导和资源对接。支持中小企业存储、计算和网络等基础设施上云，鼓励企业大数据分析、软件开发等平台系统上云，支持企业协同办公、研发设计、经营管理、生产制造等业务能力上云，推动高耗能、高风险、通用性强、优化价值高的工业设备上云。加快培育一批云化管理、云化运维、云化服务等新模式新业态。

开展大企业工业互联网创新应用。支持厦门龙头企业加快工业互联网集成创新应用，提高设备联网、数据采集以及数据集成应用能力，开展大数据智能管理，鼓励构建跨工厂内外的工业互联网平台和工业 App，打造互联工厂和全透明数字车间。鼓励发展基于工业互联网的众包、众创、众享等新模式。

加快中小企业工业互联网应用普及。支持云化软件应用，鼓励各类工业互联网服务商积极对接中小企业，开展供需对接、软件租赁、能力开放、众包众创、云制造、电子商务等创新型应用，加快低成本、模块化、快部署的工业互联网设备和系统在中小企业的推广应用。

加快引进和培育解决方案服务商。面向企业数字化、网络化、智能化升级需求、有行业特色的整体解决方案服务商，着力提升数据与工业知识、机理、经验的集成创新水平，形成面向工业智能软件和服务的整体解决方案。引导电信运营商、互联网企业、工业企业等转型发展，开展工业电子商务、供应链等工业互联网服务。鼓励电子、机械、软件和信息服务业等企业拓展业务领域，向智能制造系统解决方案供应商转型。支持整体解决方案服务商拓展市场，通过技术、资本强强联合等方式发展为行业领军企业。

引进和培育工业互联网领军企业。强化工业互联网龙头企业培育，既培养“两化融合”龙头企业，也要培养基础共性互联网平台企业，同时重视细分领域领先企业，进一步做专、做细、做精。实施工业互联网企业滚动培育计划，对工业互联网领域“瞪羚种子企业”“瞪羚企业”进行重点培育，集中数据、技术、资金、市场、人才等要素供给予以积极支持，做大做强一批数据资源富集、创新能力领先、品牌价值较高、市场拓展能力较强的工业互联网企业。

开展工业互联网应用示范。在网络建设标杆企业、行业级工业互联网平台、上云上平台典型示范企业、高质量工业 App、典型安全解决方案、“5G+ 工业互联网”等方面组织开展创新应用示范，推广优秀解决方案和典型应用案例，逐步探索工业互联网的实施路径与应用模式。推动政府与工业互联网平台服务商合作建设工业互联网示范区。

2. 大力推广工业互联网新业态新模式

大规模个性化定制。支持制造业企业搭建模块化、柔性化制造系统与价值交互平台，在智慧家居、纺织服装、汽车等行业大力推广模块定制、众创定制、专属定制等大规模个性化定制，通过按需设计、按需制造、按需配送，满足用户碎片化的个性化需求，促进制造资源的有效协同，大幅度降低企业库存和运营成本。

共享制造。鼓励制造业企业围绕产业集群的共性制造环节，建设共享工厂，集中配置通用性强、购置成本高的生产设备，依托线上平台打造分时、计件、按价值计价等灵活服务模式，满足产业集群的共性制造需求。支持工业互联网平台企业围绕制造资源的在线发布、订单匹配、生产管理、支付保障、信用评价等，加快发展“平台接单、按工序分解、多工厂协同”的共享制造模式。

服务型制造。支持制造业企业利用工业互联网整合线上线下资源，加快发展远程监控运营维护、全生命周期管理、融合应用解决方案、总集成总承包、融资租赁、内容增值服务、供应链金融服务、工业大数据和云计算服务等新业态，促进制造业企业由产品制造商向服务提供商转型，不断延伸产业价值链条。

供应链协同。支持工业互联网平台与龙头制造商合作，推动实时信息交互、共享，带动上下游配套企业完善供应链，推动供应链重构和升级。同时推进供应链金融、工业超市、工业信用、区块链等创新应用，大力发展供应链新业态新模式，

产品全生命周期管控。聚焦轨道交通、智能家居、生物医药、食品饮料等行业，在产品设计、生产规划、生产制造直至服务等环节，打造统一的、无缝的工业互联网平台，构建“云＋端”的产品追溯体系，推动跨地区、跨行业、跨企业的产品全生命周期管理。

3. 加快新一代信息技术促进制造业网络化、数字化、智能化发展

加快5G、大数据、人工智能、工业互联网、车联网等新一代信息技术在制造业的推广应用，加快培育基于平台的网络化协同、智能化生产、个性化定制、服务化延伸等新模式，促进制造业智能化、精准化、柔性化、绿色化发展。

推进建设智能工厂方面。深化新一代信息技术、人工智能等应用，实现数据跨系统采集、传输、分析、应用，优化生产流程，提高效率和质量。

在优化供应链管理方面。提升信息、物料、资金、产品等配置流通效率，推动设计、采购、制造、销售、消费信息交互和流程再造，形成高效协同、弹性安全、绿色可持续的智慧供应链网络。

发展服务衍生制造方面。鼓励电商、研发设计、文化旅游等服务企业，发挥大数据、技术、渠道、创意等要素优势，通过委托制造、品牌授权等方式向制造环节拓展。

4. 推动工业互联网赋能厦门制造业

推动集成电路、生物医药等特色优势产业进行数字化改造，加快形成平板显示、计算机与通讯设备、机械装备、集成电路、生物医药、新材料等1000亿元特色产业集群，提升产业核心竞争力。

赋能计算机与通讯设备产业。聚焦智能装配、智能包装与物流、智能检测与质量优化、个性化定制设

计等，全面提升产品全生命周期管理水平。

赋能汽车产业。聚焦互联智能工厂、制造服务化、供应链协同、智能网联汽车等，全面提升工业生产自动化水平、设备运行效能和产品创新。

赋能生物医药产业。聚焦生产状态在线监控、产品全流程追溯、大数据应用创新等，实现产品安全可控、研发快速高效。

赋能平板显示产业。聚焦网络化协同研发、产品远程诊断、大数据应用创新等，全面提升骨干企业基于互联网的协同制造水平和在线增值服务能力。

赋能集成电路产业。聚焦大数据应用创新、早期介入、产业交易生态圈等，推动全产业链集成创新和服务制造化转变。聚焦云制造、大规模个性化定制、众包众创等，推进集成电路领域的纵向集成和横向集成等多维度应用。

赋能新材料产业。依托工业互联网，把新材料产业前端的采购、中端的生产、检测以及后端的物流、售后服务等系统全部打通。加快建设企业大脑，实现自我感知、自动分析、自主决策等，提升新材料企业的精细化管理和安全管控。

赋能传统制造业。推动传统制造业车间、生产线、设备等各环节之间的信息互联互通，实现车间级、企业级数据集成。

（三）管好工业互联网

1. 建立企业分级安全管理制度

出台工业互联网企业网络安全分类分级指南，制定安全防护制度标准，开展工业互联网企业分类分级试点，形成重点企业清单，实施差异化管理。

2. 提升工业互联网安全服务能力

加快建设厦门市工业互联网安全应急处置平台，培育专业工业互联网安全管理服务机构，打造工业互联网安全信息共享、监测预警、攻防演练等平台，收集并及时发布工业安全漏洞、风险和预警信息，运用大数据手段实现重点行业工业互联网整体安全态势感知、评估评测和风险防范。探索建立工业互联网云服务平台安全可信白名单机制。完善工业互联网安全评估机制，定期开展评估和抽查，通报安全风险。健全工业互联网服务企业信用监督与失信行为联合惩戒制度。

3. 加快发展工业互联网安全产业

围绕标识解析系统安全、工业控制系统安全、工业互联网平台安全、工业数据安全需求，推进攻击防护、漏洞挖掘、入侵发现、态势感知、安全审计、可信芯片等安全技术研发与产业化。加强对工业互联网平台、工业 App、工业数据的安全监测，提升安全感知、风险防范、威胁处置能力。加强工业生产、主机、智能终端等设备安全接入和防护，强化控制网络协议、装置装备、工业软件等安全保障。推动设备制造商、自动化集成商与安全企业加强合作，提升企业设备和控制系统的安全。制定促进厦门工业企业与网络安全企业合作的鼓励政策，合作研发高精尖安全产品和解决方案，共同打造高效、安全的工业互联网。结合我市汽车、集成电路、平板显示、生物医药等产业，开展安全产品、解决方案的试点示范和行业应用。

（四）营造工业互联网产业生态

1. 创新支持方式

增强工业互联网产业政策对新业态的适应性和实用性，创新工业互联网各项先行先试政策。清理制约人才、资本、技术、数据等要素自由流动的制度障碍，打破应用环节壁垒，打造有利于工业互联网技术创新、网络部署与产品应用的政策环境。创新探索有利于降低工业互联网企业运营成本的政策，通过财政奖补等方式，降低工业互联网企业成本。对工业互联网平台和专业服务商采取按综合评估给予后补贴和奖励等多样化支持方式，支持企业做大做强。在支持重点上，主要集中在网络化协同、个性化定制、服务化延伸、智能化生产等创新应用新模式项目、工业软件、支撑平台、解决方案、安全保障、产业集群等，通过规定工业互联网企业投入软硬件构成比例，引导企业加大软性投入，推动工业互联网企业加快实现降本提质增效。

2. 强化要素支撑

设立厦门工业互联网专项资金，重点支持关键领域重大技术创新及应用、平台建设和融合应用等项目，引导各类资本参与厦门市工业互联网建设。加大工业互联网应用专项资金支持力度，给予工业互联网企业减税降费，鼓励工业互联网企业创新。同时，引入国际国内工业互联网核心技术落地。引导政策性银行等金融机构建立工业互联网优惠利率信贷专项。支持工业互联网企业开展股权融资，积极推动项目收益债、可转债等在工业互联网领域的应用，引导社会风险投资基金等向工业互联网领域倾斜。延展产业链金融服务范围，拓展针对性保险服务。加大引进工业互联网人才配套政策支持，引进工业互联网高水平创新团队和具备工业互联网经验的高层次领军人才，壮大工业互联网人才队伍。加快建立厦门工业互联网智库。推动院校、科研院所、企业等机构依照工业互联网发展需求，形成全日制高等教育、职业教育和在职教育等类型的人才培养体系，培养 IT（信息技术）、IE（工业工程）、IoT（物联网）和 AI（人工智能）等多类学科相结合跨领域复合型人才。

3. 加大招商引资力度

围绕补齐工业互联网的研发设计、应用服务等产业链薄弱环节，综合运用小分队招商、机构招商、会展招商、产业集群招商等手段，积极引入国内知名的工业互联网平台企业、应用服务提供商、软硬件服务商、技术及解决方案提供商在厦门布局，争取国内工业互联网领军企业及其战略合作企业产品和项目在厦门落地。鼓励厦门有条件的企业收购、兼并重组国内外工业互联网领域优秀企业，利用全球技术、知识产权等创新资源，提升我市工业互联网发展水平。

4. 拓展场景应用

持续拓展工业互联网在动态仿真、智能装配、数据采集、过程监控、质量检测、产品追溯等领域应用。依托厦门重大工程建设等带动扩大工业互联网市场需求。鼓励厦门企业开拓场景，全面开放面向特定行业、特定领域的工业场景，围绕重点行业应用场景开展“揭榜挂帅”。

【参考文献】

1. 吕瑞强，侯志霞．人工智能与智能制造．航空制造技术，2015，482(13)
2. 王建伟．工业赋能：深度剖析工业互联网时代的机遇和挑战 [M]. 北京：人民邮电出版社，2018:21-24
3. 钱锋，桂卫华．人工智能助力制造业优化升级．中国科学基金，2018，32(3)
4. 李杰．工业人工智能 [M]. 上海：上海交通大学出版社，2019:68-72

课 题 组 长：刘飞龙
课题组成员：戴松若　林汝辉　陈国清
课 题 执 笔：刘飞龙

第十九章　厦门加快新能源电池产业发展研究

一、国内外发展格局

（一）新能源电池产业链基本构成

新能源电池是新能源电动汽车的“心脏”，占整车成本的三至四成，直接决定电动汽车的续航能力和安全性。其中，最具代表性的是锂离子电池（简称锂电池，其产业链简图如图 19-1 所示），受益于新能源汽车持续快速发展，我国锂电池产业规模稳步增长，特别是高能量密度、高稳定性的车规级锂电池，大大拓展了电动汽车行业的发展前景，得到市场的充分认可。

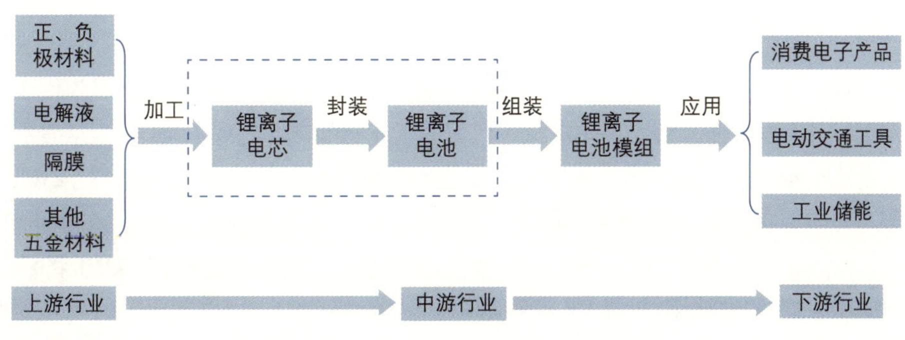

图 19-1　锂离子电池产业链简图

1. 从上游材料看

主要包括正负极材料、电解液、隔离膜和包装材料等。其中，正极材料是锂电池最关键的原材料，直接决定着电池的安全性能和电池能否大型化，同时也是锂电池成本占比最高的材料，约占锂电池电芯材料成本的 40%。详见图 19-2。目前，正极材料主要有锰酸锂、磷酸亚铁锂和钴酸锂等，国内代表性企业有湖南瑞翔、天津巴莫、厦门钨业等。负极材料主要有石墨，代表性企业有深圳贝特瑞等。

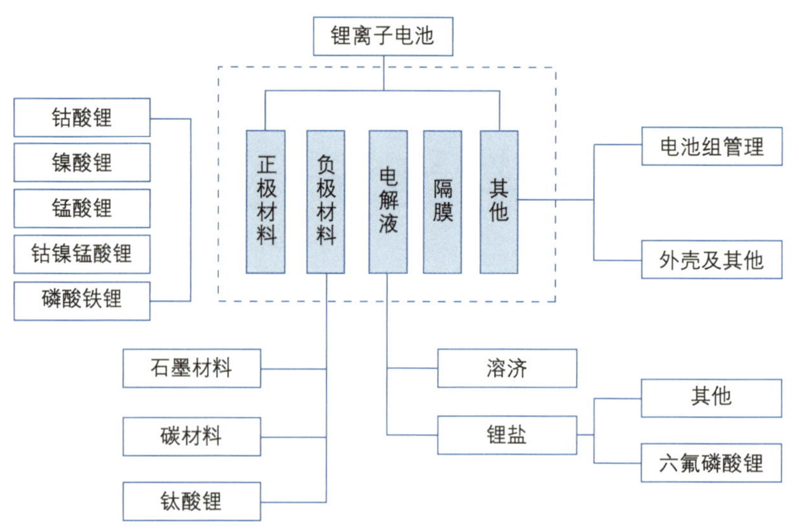

图 19-2 锂离子电池上游材料构成

2. 从中游电芯制造及电池模组看

中游包括前加工、组装、封装、包装等工艺流程，通过使用上游电池材料企业供应的正极材料、负极材料、电解液、隔膜及其他辅料，生产出不同规格、容量的锂离子电芯产品，再根据下游终端客户的要求选择不同型号的电芯产品和模组。目前，国内代表性企业有宁德时代、比亚迪、中航锂电、国轩高科、天津力神、北京国能等。

3. 从下游终端应用看

目前以手机、移动电源为代表的消费电子产品市场规模占 43.5 %；以新能源汽车为代表的电动交通工具市场规模占 41%；以发电储能、移动基站电源为代表的工业储能市场规模占 15.5%。从发展远景看，工业储能的市场规模远比电动汽车、消费类电子要大。目前人类每天消耗的电量大约 680 亿 kWh，由于各个时间段用电量的显著差异，需要的发电量明显要多于 680 亿 kWh。采用储能可以实现“移峰填谷”，可以减少发电设施的巨大投入。如果每天消耗电量的 1% 来自二次电池，就将产生 6.8 亿 kWh 的锂电需求，大约相当于 1500 万辆电动汽车的电池用量。如果完全实现电力的移峰填谷，可能需要 10% 甚至更多，仅此一项的电池需求就比电动汽车市场要大得多。

4. 从电池回收再利用看

2018 年以来，我国新能源汽车的动力电池进入规模化“退役”，预计到 2020 年回收量达 25.7 万吨，解决废旧动力电池回收再利用迫在眉睫。国家已明确提出要落实生产者责任延伸原则，新能源汽车生产企业承担动力电池回收的主体责任，鼓励动力电池生产企业等相关企业在标准化设计、开放通信协议以及编码溯源等方面，配合整车企业落实动力电池回收责任。在政策、利益、责任等多重驱动下，宁德时代、比亚迪、国轩高科、中航锂电等电池生产企业，均在动力电池回收领域布局上开始发力。

（二）全球发展格局

目前，全球锂电池行业呈现中日韩“三足鼎力”的格局。20 世纪最后 10 年，锂离子电池产业几乎全部集中在日本，之后开始向中国、韩国扩散。21 世纪前 10 年，是中韩两国锂电产业追赶日本的过程，以三星 SDI、LG 化学为代表的韩国企业依靠自动化生产设备上超强的高仿能力降低成本，迫使一些日本巨头兼并重组，当时全球最大锂电池企业三洋电机在 2009 年被松下兼并，东芝、NEC 退出锂电池产业。21 世纪的第 2 个 10 年，开启了中国锂电池产业追赶日韩的进程，特别是 2013 年以来在电动汽车终端需求的带动下，中国锂电池及相关材料、原材料产业，在规模上实现对日韩全面超越的同时，制造能力和技术能力也取得长足进步。

1. 日本松下起步最早

日本松下在 1994 年开始研发锂电池，1998 年进入锂电池消费领域市场，为笔记本电脑提供圆柱电池，2008 年开始与全球最大电动汽车企业特斯拉合作并于 2014 年共建超级电池工厂。目前，松下在日本、美国、中国共建有 7 个动力锂电池工厂。

2.LG 化学、三星 SDI 专注于提供解决方案

LG 化学、三星 SDI 两家韩国企业均在 1999 年开始布局锂电池产业，均专注于提供锂电产业整套解决方案。LG 化学在韩国、中国、波兰和美国运营四座电池工厂。三星 SDI 则在韩国、中国、匈牙利布局汽车动力电池工厂。

3. 宁德时代、比亚达等中国企业制造能力后来居上

以宁德时代（CATL）、比亚迪、中航锂电等为代表的中国企业 2017 年整体产能占全球的比重已超过 50%，生产控制、良品率也有明显进步。电池生产线上控制节点的数量，2014 年中国领先企业只有 100 个左右，到 2017 年已经发展到 1000 多个，和日韩巨头基本相当。对应的是良品率的大幅提升，中国领先企业的良品率由 2014 年的 70% 提升到 2017 年的 90% 以上。

（三）国内发展格局

1. 市场份额加快向头部企业集中

2018 年 6 月，国家开始实行的《关于调整完善新能源汽车推广应用财政支持政策》，通过补贴措施表明了对新能源汽车电池能量密度的更高要求，行业洗牌加剧，低端产能逐步被淘汰。2019 年，我国与新能源汽车配套的动力锂电池企业 79 家，比 2018 年减少 13 家，宁德时代（市场占比 51%）、比亚迪（17.3%）、合肥国轩高科（5.3%）、中航锂电洛阳（2.4%）等 8 家企业保持在前 10 位的行列。随着国家政策对锂电池产品提出更高的要求，未来市场份额将进一步向这些头部企业集中。

2. 广东锂电池产业集聚度高

目前，广东企业占我国锂电池产业链上市公司的 6 成，在正极材料、负极材料、隔膜、电解液、设备等产业链各个环节，广东拥有比亚迪、比克电池、沃特玛、珠海银隆、鹏辉能源、亿纬锂能、迈科新能源、

德赛电池等头部企业，已形成比较完整的锂电池产业链。

二、厦门发展情况

（一）基础条件

1. 产业链初具雏形

目前，厦门已形成以上游正极材料、中游锂离子电池及电源系统加工组装、下游大中型新能源客车为主的产业链。从产业链上游材料看，拥有厦钨正极材料、首能科技正极材料、聚微材料隔膜、首能科技电解液等相关企业。从产业链中游电池及电源系统看，拥有中航锂电、海辰锂电、华锂能源、宝龙工业、宝瑞天成、华盈动力等相关企业。从产业链下游终端应用看，拥有大、小金龙两家新能源客车整车企业，今年 1 月，两家企业收到的 2017 年新能源汽车推广应用中央补助资金约 13 亿元。

2. 龙头企业加快布局建设

2019 年 1 月，厦钨投资 20.6 亿元开工建设年产 4 万吨车用锂离子电池正极材料产业化项目，项目建成 5 年内将达产，预计产值超过 100 亿元。去年落户的中航锂电“新型动力锂电池生产线项目”，在我市投资 100 亿元建设锂电池系统产业基地，项目分两期实施，一期（A6 项目）在 2019 年第三季度已开工，将于今年第四季度竣工投产，随后启动二期项目建设，达产后可形成年产 20GWh 的产能。今年 2 月，海辰锂电池生态项目落户我市，项目投资 43 亿元专门从事新型锂电池及其核心材料的研发、生产，项目有望在电池安全性、能量密度等核心技术环节取得突破，预计年产值达百亿元。

3. 技术研发具有一定优势

在基础研究领域，厦门大学在电化学及电池材料方面已有丰硕的研究成果，电化学学科处于全球领先水平，锂电池用陶瓷隔膜技术国内外领先，锂离子动力电池用高安全性隔膜开发已取得重大技术突破。在产业化技术领域，中航锂电在电芯技术、电池模组上具有较强的研发能力，其采用高比能量电化学体系设计，电芯能量密度达到 300Wh/kg，同时基于材料—电芯—模组层级的机电热仿真技术，建立了较为完善的产品可靠性模型。厦门钨业在锂电正极材料上已形成一定技术优势，已发展成为国内一流的新能源材料供应商，拥有“高端储能材料国家地方联合工程研究中心”、国家级企业技术中心等高水平的企业创新平台，与松下、三星、比亚达等国内外知名企业形成产业配套关系。

（二）主要短板

1. 产业集聚效应不强

虽然厦门已初步建立起锂电池产业链，但产业链上下游各环节的企业数量整体偏少，现有企业和项目主要分布在海沧、翔安内厝、同安洪塘等岛外区域，空间布局比较零散，尚未形成专业化程度较高的产业园区，这是制约我市锂电池产业乃至新材料产业发展的一个重要因素。

2. 本地配套率不高

与广东等处于第一方阵的地区比较，我市锂电池产业仍处于发展的初始阶段，产业链上下游配套、协同发展水平有较大提升空间。大、小金龙的动力电池主要向宁德时代、万向电动、中信国安采购，电机系统除企业自供外主要向天津松正、上海南洋、福州万润等外地企业采购，未来能否与中航锂电、海辰锂电形成上下游配套关系仍存在不少变数。

3. 创新平台功能有待加强

以厦钨企业技术中心为例，作为新材料领域公共创新平台，为相关领域的企业所提供的社会化服务还非常有限，与新型研发机构的本质要求有相当大的差距。动力锂电池综合研发平台等公共技术平台的作用还未能充分发挥，联而不合、重复分散、技术共享难等问题也比较突出。

三、发展展望

未来一段时期，从发展趋势看，新能源汽车产业源源不断的发展活力，将从下游应用端为我市新能源电池产业发展提供了强劲的需求拉动效应。全球新一轮科技革命和产业变革蓬勃发展，汽车与能源、信息通信等技术加速融合，电动化、网联化、智能化成为汽车产业的发展趋势，汽车已从单纯交通工具向储能单元、智能终端和数字空间转变，新能源汽车已成为全球汽车产业转型发展的主要方向、促进世界经济持续增长的重要引擎。新能源汽车汽车产业生态正由零部件、整车研发生产、营销企业之间的“链式关系”，逐步演变成汽车、能源、信息通信等多领域多主体参与的“网状生态”，跨行业、跨领域融合创新成为新能源汽车产业发展的时代特征，大大增强了产业发展动力。

我国新能源汽车产业有望提速发展，我市新能源电池产业发展的市场前景看好。2021 年是我国新能源汽车从成长期向成熟期过渡的关键之年，是国家《新能源汽车产业发展规划（2021−2035 年）》引领汽车产业高质量发展的开局之年。预计 2021 年我国新能源汽车产业将加速发展，全年新能源汽车销量增速可能超过 30%。我国新能源汽车产业已从早期依靠政策的单轮驱动转向政策与市场双轮驱动，私人用户对新能源汽车的接受程度不断提高，市场渗透率持续提升。同时，新能源汽车将迎来跨界融合将加速、产业集中度进一步提升的发展机遇期，蔚来、理想、小鹏等造车新势力实现新一波快速增长，吸引更多高科技企业跨界进入新能源汽车领域。百度已宣布将正式组建一家智能汽车公司，以整车制造商身份进军汽车行业，实现其人工智能战略在智能出行领域的延伸。而由上汽集团主导、张江高科、阿里巴巴参与投资的智己汽车也在浦东新区完成注册。

国家提高新能源汽车产业技术创新能力的战略布局，有利于我市加快推进新能源电池全产业链协同创新。国家《新能源汽车产业发展规划（2021−2035 年）》明确提出，深化“三纵三横”研发布局，以纯电动汽车、插电式混合动力汽车、燃料电池汽车为“三纵”，布局整车技术创新链；以动力电池与管理系统、驱动电机与电力电子、网联化与智能化技术为“三横”，构建关键零部件技术供给体系。推动动力电池全价值链发展，重点是建立健全动力电池模块化标准体系，加快突破关键制造装备，提高工艺水平和生产效率。

四、对策建议

以中航锂电、海辰锂电、厦钨锂电池正极材料等龙头项目为依托，以加大技术、人才、资金等要素保障力度为重点，以火炬高新区同翔产业基地为主要载体，千方百计加快推进产业链招商力度，集中优势资源着力引进一批延伸产业链、提升价值链的头部企业和上游材料、设备等配套项目，与大、小金龙等本地新能源客车整车企业形成上下游供需对接紧密的协同合作关系，持续提升我市锂电池产业的集聚度，力争用 3 到 5 年形成年产值 200 亿元左右的产业规模，带动我市新材料产业跨越千亿大关。具体对策如下：

1. 依托龙头企业强链补链

力促龙头项目建设。推动中航锂电项目加快建设进度，尽早形成产能，确保中航锂电一期 A6 项目今年四季度如期竣工投产。加快海辰锂电项目建设，努力在电池安全性等产业链发展关键领域和核心环节实现突破，抢占行业发展制高点。加快厦钨年产 4 万吨车用锂离子电池正极材料产业化项目建设，力争在今年底竣工投产。

招大引强延伸产业链。结合引进和培育“三高”企业，千方百计引进若干延伸产业链、提升价值链的头部企业和上游材料、设备等配套项目，紧盯广东等锂电池产业链完整、发展较为成熟的地区，积极承接其优质的产业转移项目，立体化推进产业链全方位发展，努力做大锂电池产业规模。着力引进磷酸锰锂、固溶体类材料等正极材料研究开发项目，引进碳硅复合材料等含硅负极材料及石墨烯、钛基材料等新型负极材料项目，引进锂电池用铝箔、铜箔、导电剂、模具开发、产品外包装等关联配套企业，引进电池、PACK、隔膜、电解液、正负极材料自动化生产线等锂电新能源产业智能生产设备企业。

做大终端市场应用。支持中航锂电等企业稳定与长安汽车、宇通客车等车企的配套关系，积极融入特斯拉、一汽、上汽、大众等国内外新能源整车巨头的供应链体系。组织产用对接会，搭建供需对接平台，支持厦钨正极材料、中航锂电、海辰锂电、金龙客车等产业链上下游协同合作，形成绵密的产业配套关系。

2. 做精特色园区促进集聚发展

打造新型锂电池产业生产基地。按照高度智能、绿色环保、产城融合的高标准，在火炬高新区同翔产业基地建设新型锂电池及电源系统产业基地。推进片区水厂、污水厂、变电站等项目建设，确保为企业提供高可靠性的用电、用水。推动片区纳入全市整个交通网络规划，超前规划建设公共交通设施。推进保障房公寓、社区服务中心、山体公园等民生项目建设，提升片区宜居品质。

谋划建设锂电池产业创新型总部集聚区。在同安等发展空间较大的行政区，谋划布局建设锂电池企业研发中心等创新型总部集聚区。建立健全“准创新型总部”企业发现机制，对锂电池等新能源材料领域的瞪羚企业、独角兽企业、隐形冠军等开展常态化跟踪，遴选和储备一批“准创新型总部”企业。鼓励创新型总部企业利用海外研发机构、海外科研平台等方式，积极参与相关产业领域国际标准研究与制定，支持有条件的企业通过 PCT 等途径向国外申请专利，将自主知识产权转化为行业标准并升级为国际标准。

3. 增强技术创新引领作用

提升自主创新能力。聚焦上游正极材料等关键领域，以锂电池行业骨干企业为主体，瞄准本行业关键技术，开展自主创新试点项目建设，形成一批具有自主知识产权的关键核心技术，培育一批在锂电池产业具备话语权的单项冠军企业。

推进全产业链协同创新。鼓励锂电池等新能源材料企业与国内外高等院校、科研院所等上游研发机构及下游应用企业，针对行业关键技术联合攻关，建立重大技术装备和上游材料协同创新的政策机制，建设应用示范线，提高专用生产装备自主保障能力，推进全产业链协同创新。支持我市相关企业、高等院校和科研院所参与大型国际锂电池等新能源科技合作计划，鼓励国外企业和科研机构在我市设立新能源材料研发中心和科技成果孵化基地。

加强创新平台建设。按照政府引导、企业主体、市场化运作的原则，努力完善锂电池等新能源材料创新链条薄弱环节，在火炬高新区同翔产业基地、厦钨海沧新材料产业园等产业聚集区，打造若干新能源材料制造业创新中心、大数据与云计算理论设计平台、测试评价平台等创新载体，满足产业发展需求，为重大项目的遴选推荐、组织实施、验收评估等提供第三方服务和决策支撑。

4. 实施更精准的专属人才政策

全力引进行业领军人才。探索对锂电池等新能源材料科技创新团队实施“带头人全权负责制”，赋予团队带头人用人、用财、技术路线决定、内部机构设置和人才举荐等权利。对院士等长期异地工作生活的高精尖人才，制定弹性工作制和成果激励制度，根据需要提供资金支持、配强工作团队，鼓励来厦开展科研成果产业化。鼓励企业采用猎头方式精准引进高级人才，发挥HR联盟等组织优势开展组团招聘。鼓励符合条件的海外锂电池专业人才申报国家“千人计划”，引导高层次新能源材料专业人才加速向企业集聚。支持有条件的企业、高等院校和科研机构到日本、韩国、德国等国建立研发基地、开放实验室、科技孵化器、技术转移中心等，引进使用离岸创新人才。

加强中层骨干人才保障。重点是完善子女教育、社会保障、职业发展、荣誉评价等人才服务体系，加大对锂电池等新能源材料相关企业中层骨干人才、基础性人才的住房保障力度。提高人才住房配建比例，挂钩竞地价与竞人才住房配建量，鼓励新建的新能源材料产业园区配建或就近集中建设不少于总建筑面积一定比例的人才公寓。探索对企业等用人单位赋予人才保障性住房分配自主权，允许有条件的企业利用自有用地等存量土地集中建设人才住房。

引育高技能实用型人才。支持锂电池相关企业建设专家工作室、重点实验室、企业技术中心等平台，制定系统培训的“技能地图”，为企业员工量身定制技能学习的途径、进度、特定职称和薪酬体系。推动厦门理工学院、集美大学等高校办学方向与新能源材料产业协同，支持职业院校、技工学院对接全市锂电池产业发展需要增设相关专业，培养实践能力强的应用型人才。

5. 加大财政金融支持力度

加大本地财税政策支持力度。建议从市本级工业和信息化资金中安排资金，设立市本级锂电池产业链专项资金，支持相关企业加快发展，设立专门的产业引导基金，跟进项目投资，扶持企业做大做强。落实锂电池高新技术企业税收优惠、研发费用加计扣除、固定资产加速折旧及企业研发投入后补助等财税优惠政策。

向上争取国家资金支持。把握国务院对我市大力培育战略性新兴产业成效明显给予督查激励的契机，积极向上争取国家发改委的支持，对我市锂电池产业给予较大额度和较长期优质信贷支持，在国家认定企业技术中心等创新平台申报中给予名额倾斜。

借助资本市场加强金融支持。发挥引进专业化基金公司，鼓励天使投资、风险投资、创业投资等投资基金投向锂电池产业，推进知识产权质押融资、供应链融资等金融产品创新，推动开发符合锂电池风险特征的专属保险产品，以满足锂电池生产研发各环节的融资需求。支持符合条件的锂电池产业链相关企业上市融资，通过科创板、新三板等挂牌融资。

【参考文献】

[1] 国务院办公厅 . 关于印发新能源汽车产业发展规划（2021—2035 年）的通知 [R].2020-10.

[2] 汽车产业跨界融合加速 产业集中度进一步提升 [N]. 经济参考报，2021-01-18.

课 题 组 长：谢　强

课题组成员：戴松若　陈菲妮　李　婷

林　智　林　敏　陈亚军

课 题 执 笔：谢　强

第二十章 加快厦门演艺产业发展的对策建议

一、产业概述

(一)演艺产业概念

演艺产业是以演艺产品的创作、生产、表演、销售、消费及经纪代理、艺术表演场所等配套服务机构共同构成的产业体系。演艺产品具体形态包括音乐、歌舞、戏剧、戏曲、芭蕾、曲艺、杂技等类型演出。作为文化创意产业的重要组成部分，演艺产业兼具经济功能和文化属性，是一个创意密集和劳动力密集的产业，也是一项能耗低、可持续发展性强的绿色产业，对于繁荣夜间经济、助推文化旅游消费升级、推动文旅融合发展、增强城市综合竞争力等具有重要意义。

(二)国外演艺产业发展经验

一是商业剧院与非商业剧院并存。伦敦西区核心剧院包括大部分规模较小、商业化运作的营利性剧院以及皇家歌剧院、皇家剧场等 5 家接受政府补贴的国家级的非营利性剧院，周边地区还存在大量实验性剧院和演艺空间。纽约百老汇剧院区主要由“内百老汇”的营利性剧院、“外百老汇”和“外外百老汇”的实验和先锋戏剧演出为主的非营利性剧院构成。

二是政府引导与社会化管理并重。伦敦采用分权式行政管理体制，通过建立不属于官方的中间组织，为政府提供指导意见并负责文化经费的具体划拨，监管主要依靠行业委员会和完善的法律体系。美国政府没有专门管理文化的部门，政府只提供宽松的外部环境和严格的法律保障。纽约百老汇剧院由舒伯特集团等几家大型剧院集团负责运营管理，演员、导演、编剧、舞台美术有专属工会，严格执行行业规范。

三是经典名剧与驻场演出齐飞。经典名剧的连续演出，能够有效地保证剧院上座率，不仅带来丰厚的利润，而且产生巨大的文化效益，成为向世界推广西方戏剧和音乐的载体。驻场演出也是伦敦西区剧院的一大特色和取胜秘诀。有规律、有系统的循环式驻场演出，降低了戏剧的风险成本，确保了盈利，锻炼了演员队伍，也造就了一批经久不衰的经典剧目。

四是传统营销与特色营销并行。伦敦西区充分运用演出海报、宣传册、报纸文化版面等线下传统营销手段，以及借助线上的网络和新媒体对演出剧目剧院进行宣传。纽约百老汇拥有专业的观众管理体系——

“FANSCLUB”（粉丝俱乐部），以会员制为营销模式，培养观众“成瘾性消费”习惯，促进了观众数量的增长和观剧频次的增多，形成了大量的忠实观众。

五是演艺机构与上下游产业共进。伦敦西区除大量剧院外，汇集了众多演艺群体、戏剧制作人、经纪人等，上、下游行业之间形成互补，构成完整的产业链。纽约百脑汇打造了链条式、渐进式的创新孵化体系，从上游的创意、策划、投资、剧场整修到演出组织、演员培训、票房推销、宣传活动、纪念品销售等，已形成社会化规模生产体系，形成完整健康发展的百老汇戏剧生态。

（三）国内演艺产业发展特点

一是政府重视演艺产业。国家层面，2019 年 3 月，文化和旅游部印发《关于促进旅游演艺发展的指导意见》，是国内首个促进旅游演艺发展的正式文件。地方层面，上海、杭州、西安等 10 多个城市均已提出打造演艺之都计划，正大力推动演艺产业发展。如：上海市先后出台《关于加快本市文化创意产业创新发展的若干意见》《关于促进上海演艺产业发展的实施办法》等政策文件，重点支持环人民广场演艺活力区等 8 个演艺集聚区建设，提出打造亚洲演艺之都城市目标。杭州市先后出台《关于加快建设国际文化创意中心的实施意见》《之江文化产业带建设规划》等政策文件，成立杭州演艺集团有限公司，明确在之江文化产业带发展旅游演艺等产业，提出打造中国演艺之都城市目标。

二是演艺行业增长稳定。随着经济的迅速发展，民众的文化消费时间逐渐增多，文化娱乐支出比重不断增加，观看娱乐性强、影响力大的演出节目逐渐成为民众最为普遍的文化消遣方式之一。各大城市的小剧场应运而生，涌现出开心麻花、德云社、青曲社等一系列以大众娱乐为代表的剧团。据前瞻产业研究院有关研究，2019 年我国演出市场总体经济规模已超过 500 亿元，未来五年 (2019–2023) 年均复合增长率约为 4.92%。

三是部分细分行业表现突出。根据有关统计，从票房情况看，源于国内演唱会、音乐节持续升温，热门演出一票难求，音乐类在演艺细分行业中票房规模最高且增速最快。从演出场次看，旅游演出场次在所有细分市场中场次遥遥领先。从上座率看，演艺行业上座率整体呈现上升趋势，其中：话剧类、音乐类处于领先地位，德云社、青曲社等相声品牌使戏曲类上座率上涨幅度最大。

四是多产业融合发展成亮点。演艺产业与数字产业在演艺作品创作与传播、演出形式、运营模式、产业布局等领域加速融合，大数据分析运用于演出与场馆管理，更为重要的是以 IP 运营的意识来打造演出项目，延长扩展演出的价值链，丰富演艺项目的盈利模式，已成为行业未来新的增长点。如，早在 2018 年，中国互联网新闻中心与国家京剧院就进行战略合作，将数字科技与传统京剧演艺完美融合，通过数字全新技术演艺模式向世界传播传统京剧文化。演艺产业与互联网的融合，为演艺行业带来新的生机与变革。如，中国演出行业协会已与爱奇艺、腾讯分别达成战略合作，共同探索创建“演艺 + 互联网”新生态圈，对接多方资源、搭建互通平台、提供大数据分析服务、发布热门 IP 项目，共同助力“演艺 + 互联网”快速发展。

二、发展情况

（一）发展成效

厦门演艺产业发展起步较早，已形成演艺场馆多样、演艺市场活跃、演艺产业集聚、演艺政策有效的发展格局。

一是演艺场馆多样。厦门拥有海峡大剧院、闽南大戏院、沧江剧院、嘉庚剧院等大型优质剧场资源。其中：厦门海峡大剧院建筑总面积 9.2 万平方米，整个场馆可容纳 6900 人，是第 28 届中国金鸡百花电影节闭幕式举办地；闽南大戏院舞台设备设施按照国内一流标准配置，是福建省功能最全、规模最大、档次最高、演出最活跃的场馆之一。同时，还有宏泰音乐厅、鼓浪屿音乐厅、厦大科学艺术中心音乐厅、中央音乐学院鼓浪屿钢琴学校五缘音乐厅、中国钢琴音乐厅、闽南神韵剧场等专业性较强的演出场馆。

二是演艺市场活跃。厦门是全国为数不多的拥有中演、保利两条院线资源的城市，经营的三家大剧院每年引进和上演百余场高质量、高水准演出。李云迪钢琴独奏音乐会、杨丽萍大型舞剧《孔雀》、世界经典音乐剧之王《猫》、美国百老汇原版音乐剧《修女也疯狂》、罗马歌剧院歌剧《卡门》等世界顶尖文艺团队纷纷来厦演出。同时，作为厦门地方院团的厦门小白鹭民间舞艺术中心、厦门歌舞剧院、厦门市南乐团、厦门市金莲陞高甲剧团、厦门市歌仔戏研习中心，也常年为观众奉上精彩的惠民演出。还有厦门灵玲马戏城（大马戏）、厦门老院子（闽南传奇）、厦门方特（东方神画国潮音乐夜）等旅游景区带来的旅游演艺演出。

三是演艺产业集聚。集聚了华侨城天视文化集团、吾爱稻草（厦门）文化发展有限公司、厦门橙美文化有限公司、亚洲星光娱乐企业总部等一批实力演艺企业，拥有 70 多家有资质的演出经纪机构。拥有厦门集美集影视文创园、华美文创园、沙坡尾文化创意港等产业园区。厦门大学、厦门理工学院、厦门演艺职业学院等本地高校开设演艺相关专业，为演艺产业的发展提供源源不断的人才支撑。打造了闽南神韵、厦门草莓音乐节、IMF 超级音乐嘉年华等知名演艺品牌。

四是演艺创作繁荣。大力推进演艺作品创作制作，形成了歌仔戏《侨批》、舞蹈诗《厦门故事》、厦门交响—厦门市庆祝经济特区建立 40 周年大型交响音乐会、音乐剧《鼓浪如歌》等精品剧目。“十三五”期间，全市共有 34 个项目获得国家级奖项，167 个项目获得省级奖项，其中：歌仔戏《侨批》作为开幕大戏参加文旅部主办的 2020 年戏曲百戏（昆山）盛典，高甲戏《大稻埕》获中宣部“五个一工程”奖。

五是演艺政策有效。先后制定《厦门市文化产业高质量发展三年行动计划（2020–2022 年）》《厦门市旅游业高质量发展三年行动计划（2020–2022 年）》《厦门市繁荣商业演出市场实施办法》等政策方案，有效推动演艺产业发展。市文化旅游局、公安、消防、财政、体育等相关部门对涉及演艺审批、监管等事项，加强协调配合，支持产业发展。同时，通过成立市演艺协会，凝聚演艺企业，增强行业共识与积极性，有效促进了演艺市场的规范与繁荣。2020 年，为应对新冠疫情影响，编印《应对新冠肺炎疫情支持文旅企业发展有关政策汇编》，召开推进疫后旅游宣传促销会，组织开展“共助文旅 抗击疫情”等在线培训活动，发放文化企业扶持资金 372 万元，推动演艺行业共渡难关。

（二）问题困难

厦门演艺产业发展虽然取得一定成绩，但对标上海、杭州、西安等先进城市，结合自身现状，还存在以下问题。

一是演艺场馆有短板。适合大型演出的非专业性场馆只有工人体育馆和嘉庚体育馆，可售座位数均不足 5000 人；适合超大型演出的非专业性场馆仅工人体育场，可售座位数不足 30000 人，导致很多大型及超大型演出无法落地厦门，而转投周边泉州、福州、南昌等城市。同时，还缺乏能容纳 1000~2000 观众的小型现场演出场馆。

二是产业竞争力待提升。演艺企业实力不强，缺乏像杭州宋城演艺、西安曲江文化等全国知名企业。展现闽南文化、嘉庚精神等的演艺节目不丰富，缺乏原创性演艺精品和享誉周边的演艺节目。特色品牌化产品数量不多，未形成品牌规模效应。

三是配套服务不完善。将演艺作为旅游目的地推介不够，宣传力度不足。大众观剧习惯有待进一步培养。财政支持政策有待加强，缺乏对中小型、特色类演艺产品的奖励政策。大型商业演出等活动的公共交通延迟等配套服务提供不足。

四是受新冠疫情影响大。因疫情防控需要，政府对娱乐场所采取停业、限流、严格审批等举措，导致演艺行业普遍长期无法正常运营，带来项目停摆、观众减少、收入降低，对演艺行业影响巨大。

三、发展展望

厦门作为国际性港口风景旅游城市，区域优势独特，人文底蕴深厚，基础条件扎实，加之每年有近 1 亿人次游客入厦，蕴藏着巨大的演艺文化消费需求。当前，厦门正加速推进高素质高颜值现代化国际化城市建设，全市文化旅游会展产业发展大会的召开，已出台的文化、旅游产业高质量发展三年行动计划，以及正在编制的全市文化旅游“十四五”发展规划等政策措施，都将助力 2021 年厦门演艺产业的发展。王潮歌驻场演出、开心麻花（人民剧场）等一批演艺项目的招商落地，将为演艺产业增加发展后劲。同时，新冠疫情加速了演艺行业洗牌重组，随着新冠疫苗接种和疫情防控常态化的持续推进，厦门演艺等文化旅游市场有望持续恢复，2021 年演艺产业发展布局将更为优化、产业链将更加完善、管理服务体系将更加健全，有望涌现出一批有示范价值的演艺品牌，形成一批运营规范、信誉度高、竞争力强的经营主体，对相关产业行业的综合带动作用持续发挥，在推动文化和旅游融合发展中的重要作用进一步彰显。

四、对策建议

（一）优化演艺设施布局

推动演艺场馆建设。加快东部体育会展新城体育馆、体育场及闽南戏曲艺术中心等项目建设，同步完善场馆周边基础设施配套、公共交通组织。支持社会资本结合旧区改造，利用商场、厂房、仓储用房、文化遗址等存量设施，投资建设定制、移动剧场，拓展中小剧场及特色演艺空间。借鉴“上海艺术商圈”合作模式，鼓励万象城、中华城、SM 城市广场等大型商业综合体增设演艺空间，引进创新演艺项目，以体验式、欣赏式、普及式形态，浸润商场的文化氛围。

盘活现有演出剧场资源。推动部分剧场改造升级，提升剧场硬件水平。推动高等院校剧场、青少年活动中心、各级文化宫（馆）等各类可利用演出空间资源向社会开放。鼓励演艺场所增设文创特色餐饮、书店等复合新业态。支持各大剧场、展演空间与周边商业设施、商业服务整合联动，举办定制型、创新型、主题性演艺节展活动。支持社会主体依托游船、邮轮等演艺新载体，打造情景化、沉浸式的演艺体验性项目。

加快演艺集聚区建设。学习纽约、伦敦等世界知名演艺之都演出运营经验，以及上海、杭州打造演艺集聚区等经验做法，在岛内串联鼓浪屿、中山路、沙坡尾、曾厝垵等全市知名旅游景点、在岛外集美区依托嘉庚艺术中心（嘉庚剧院、华谊影院）、星巢越中心、灵玲国际马戏城、厦门老院子、集美学村等景点场馆，布局一批演艺机构，引入培育沉浸式话剧、音乐歌舞剧等演艺项目，特别是引入南音、高甲戏、歌仔戏、讲古等国家级非物质文化遗产演艺项目，建设体现厦门地方特色的专属演艺集聚区，加快形成演艺产业集聚效应。

（二）提升演艺产业实力

做大做强演艺企业。学习杭州做法，组建厦门演艺集团，定位为集演艺文化创作生产、剧场经营、演出营销、艺人经纪等于一体的全产业链演艺文化集团。深入推进"一团一策"改革，探索国有演艺机构参与市场化演出的体制机制，激发机构积极性和活力。鼓励国有演艺机构引入社会资本，组建混合所有制演艺联合体，增强参与市场竞争的能力。推进国有剧场的所有权和经营权分离，引入专业运营管理团队，提高剧场运营的市场化、专业化水平。加大民营演艺机构扶持力度，鼓励优秀民营剧团、非营利性文化表演团体扩大剧目演出场次。支持有条件的演艺企业上市。

引育专业演艺机构。抓住中国金鸡百花电影节连续十年在厦门举办的契机，用好文化产业发展、自贸试验区文化市场开放等政策，大力推进演艺产业大招商、招大商。围绕演出设备研发与生产、艺术教育与培训、剧节目创作与营销、演艺衍生产品开发等演艺产业相关行业，吸引一批海内外知名的国际演艺组织、演艺经纪机构、文化教育培训机构等落户，加快引进印象·又见系列实景演艺秀等演艺项目，积极对接太阳马戏城等国际知名文旅项目，推动"闽南宴"大型闽南风情文化剧场项目落地。通过高峰论坛、研修培训、人才交流、实训实践等方式，加大演艺经纪、市场营销、信息资讯、衍生品开发、法律投资等专业服务机构的培育力度，不断完善演艺产业链。

打造演艺精品项目。支持海峡大剧院、闽南大戏院等剧院，依托中演院线和保利院线优质资源，引进更多国内外一流精品剧目。深入挖掘厦门闽南文化、侨乡文化、红色文化、海洋文化等典型文化资源，打造经久不衰的原创演艺精品。以剧目投资基金、戏剧发行合作等方式，加大对歌仔戏《蝴蝶之恋》《渡台曲》、高甲戏《上官婉儿》《阿搭嫂》、南音《长恨歌》《古浪曲》、音乐剧《鼓浪如歌》等一批本土精品剧目的市场化、产业化、资本化运作力度，提升演艺精品生命力。培育小剧场资源，做大做强各具特色的驻场品牌，打造一批主题鲜活、特色鲜明的文化旅游演艺产品。对闽南神韵、老院子等现有大型文化旅游演艺产品进行深度提质扩容，着力打造一批文化标识度高、文艺影响力强的旅游演艺品牌，重点打造和培育一台旅游演艺大戏，力争进入全国 30 个旅游演艺精品项目。

创新演艺发展业态。引导和支持演艺产业的载体创新、样式创新、业态创新，支持演艺创编、交互体验、智能演艺装备、舞台灯光音响技术等领域的研发创新。借助 5G 网络、8K 技术以及使用同步性、画面剪辑、借助 AR/VR 等辅助技术手段，发展云演艺，推动观演革命。完善产权、版权等要素市场，推出经典演艺品牌的服务、玩具、道具等衍生产品。支持本市剧场叠加文化休闲、主题旅游、商业零售等功能，发挥演艺产业的溢出和黏合效应。

构筑演艺人才高地。培养、挖掘、包装、升华一批艺术专业人才和地方艺术名家，打造名人效应，通过名人创作、演出及作品，展示厦门文化魅力。充分发挥厦门区位、环境、文化等优势，着力吸引一批具有全球影响力的艺术人才、企业家人才，加大创作、编导、表演等重点领域高层次人才引进力度。对引入的国内外知名演艺机构高级管理人员、演艺界名人、名家、名角等，予以创业、住房、医疗、子女入学、人才公寓申请等各方面便利。支持厦门大学、华侨大学、厦门理工学院、厦门演艺职业学院等院校，加大演艺人才培养力度。支持社会资本引进和兴办演艺专业培训机构，壮大演艺人才队伍。

（三）完善演艺配套服务

支持演艺创作。大力扶持精品力作，形成抓原创、排经典、推精品、重基础的精品创作格局。搭建原创作品孵化平台。鼓励以“演艺＋旅游”为导向，以“互联网＋”及高科技为手段，制作大中小型结合、特色鲜明、贴近市场、互动性强的演艺项目。支持弘扬社会主义核心价值观、反映中华民族伟大复兴梦的艺术精品，鼓励结合建党100周年、特区建设40周年等重大时间节点、重大社会热点、重大事件亮点创作思想性、艺术性、观赏性统一的、具有全国影响力的精品力作，对重点选题、重点创作予以重点扶持。支持以高新技术、创新形式等手段呈现经典剧目，鼓励国内外优秀剧目的引进和中文版、外文版的制作，支持打造厦门优秀演艺作品的都市经典版、驻场版、巡演版。

完善演艺政策。借鉴百老汇经验，探索设立演艺产业基金会，扶持公益性演艺发展，对非营利性演艺产业实施免税等宽松政策。发挥财政资金作用，制定对中小型、特色类演艺产品的奖励政策，通过政府补贴部分小型困难运营剧院，为其提供低成本剧院平台，在有效控制演艺投资风险的同时，提升演艺产业活力。提供大型商业演出等活动的公共交通延迟服务等。优先保障演艺项目用地，在不改变用地主体、规划条件的前提下，支持市场主体利用旧厂房、仓库提供演艺服务的。鼓励银行、保险、小额贷款、融资租赁等机构开展演艺产品版权和收益权质押、担保等创新业务，鼓励保险机构开展针对演艺产业的知识产权侵权险、演艺完工险和损失险等业务。鼓励商业银行对有效益、有还贷能力的演艺项目或服务出口所需的流动资金贷款优先安排、重点支持。探索以政府投资撬动社会资本参与，吸引更多社会资源和各类融资通道助力文创企业发展，形成演艺产业金融服务生态圈。

营造演艺氛围。确立重点演艺名录，将演艺列为城市新名片进行宣传推介。充分运用抖音、VR虚拟等多媒体手段，面向目标人群开展体验活动，进一步扩大厦门演艺知名度和影响力。完善公益性专场演出、营业性演出低价票及学生公益票等补贴政策，多渠道培育和扩大观众群体。鼓励剧场向观众开放参观剧目彩排，举办公益演出、公益讲座、公益戏剧教育培训等活动，培养市民观剧习惯。推动演艺机构开发公益性演艺产品，进入公园、城市广场、基层文化活动中心等公共场所巡演。鼓励演艺场所充分利用晚间正常演出后的夜间场地空置时段，开发21:30至23:30演出内容，为消费者提供不同消费选择。开展“颂歌献给党——厦门市庆祝中国共产党成立100周年优秀精品剧目展演”活动。形成各类演艺文化活动服务清单，定向推送至学校、社区，建立双向选择和资源配送机制，营造全民参与的演艺文化氛围。

推动简政放权。进一步简化设立演出经纪机构、文艺表演团体和举办营业性演出的审批程序。完善办事指南，提高审批标准化和透明度。鼓励新建剧场和演艺空间办理演出场所经营单位备案登记，提高审批实效性。加快实施分类审批试点与事中、事后监管制度创新，建立高效的跨部门监管协同机制，提高审批效率。放宽海外演出经纪机构和文艺表演团体的市场准入限制，扩大外资演艺业务参与范围。

完善行业监测。进一步发挥厦门市演艺协会的行业代表、行业服务、行业协调与自律作用，在制定行业标准、专项服务购买、专业人才培训、行业数据发布、行业诚信经营等方面取得新进展。建立健全全市演艺产业统计制度及统计指标体系，及时准确地跟踪监测和分析研究本市演艺产业发展状况。定期发布本市演出市场发展指数、产业发展报告。建立本市剧场市场数据定期报送机制，确保演艺消费数据采集报送常态化、科学化、规范化。

（四）加强演艺交流合作

推动演艺行业交流合作。推动市级国有演艺集团、文化院团与国内顶尖演艺团体、国际知名演艺机构等深度合作，打造具有厦门特色和国际影响力的演艺品牌。整合全市演艺市场资源，促进各类剧场、剧团、剧种跨界联动、功能错位、合作发展。推动演艺与旅游融合发展，支持大中型演艺主体与旅行社、旅游公司开展深度合作，依托厦门文化旅游优势，制作反映厦门城市文脉、体现闽南文化特色、展示都市时尚风情、融合新技术体验的大型旅游驻场综艺秀，设计主题化的旅游演出线路，释放旅游群体的演出消费潜力。加强演艺与教育、科技、数字经济、互联网等的多领域融合，拓展演艺的广度和深度。

加强闽西南演艺交流合作。学习京津冀演艺领域深化合作经验，推动闽西南协作区发挥各自资源优势，组建演艺联盟，实现区域演艺资源的统筹协调；共同打造一个演艺采购平台，在区域各地分别主办的各类展演活动中，相互采购演艺剧目，积极吸纳协作区内的优秀舞台艺术精品；培育一个演艺品牌，轮流举办“闽西南协作区精品剧目展演”活动，展示区域优秀剧目；建立演艺咨询统一发布平台，通过媒体宣传、演艺项目推介会等方式推广区域内优秀剧目，推动演艺领域务实合作，协同发展。

开展对台对外演艺交流合作。大力引进台湾经纪公司、演艺精品剧目等优势资源，吸引台湾演艺界人士参与我市演艺产业建设，打造一批精品商演剧目。支持有条件的文艺院团与台湾演艺机构合作，吸引台湾演艺人员参演我市优秀舞台剧目。办好海峡两岸民间艺术节，以节促产，推动对台演艺产业合作。围绕“海丝”战略支点城市、金砖国家新工业革命伙伴关系创新基地等建设，积极推动演艺对外交流“走出去”“请进来”，加强与“一带一路”国家、金砖国家等演艺对外交流合作，不断提升交流合作水平。

【参考文献】

[1] 上海市人民政府 . 关于促进上海演艺产业发展的实施办法 [EB/OL].2018-05.

[2] 杭州日报 . 进一步提升杭州演艺业的影响力和竞争力 [EB/OL].2018-07.

[3] 厦门市人民政府 . 中共厦门市委办公厅　厦门市人民政府办公厅关于印发文化产业、旅游产业、会展产业高质量发展三年行动计划的通知 [EB/OL].2019-11.

[4] 联合时报 . 提升演艺产业能级　推进“演艺大世界”建设 [EB/OL].2019-10.

[5] 马美英，马俊英 . 湖南演艺产业高质量发展研究 [J]. 湖南社会主义学报，2019(03).

课题组长：董世钦
课题组成员：彭朝明　戴松若　林　红
张振佳
课题执笔：董世钦

第四篇　市域治理篇

第二十一章 厦门建设"两高两化"成长型全球城市研究

随着我国越来越深入地融入世界经济体系，作为中国经济特区和对外开放前沿的厦门，应抓住全球政治经济格局变化和新科技革命的重大契机，积极响应时代发展要求，体现国家战略担当，以建设“全球城市”为目标，以面向未来的开放思维和国际视野来谋划其城市定位及发展。

一、成长型全球城市内涵

全球城市（Global city），又称世界级城市，指在社会、经济、文化或政治层面直接影响全球事务的城市。成长型全球城市，是指城市全球资源配置能力不断提高、城市国际知名度和影响力不断提升、国际交流交往日益密切的全球城市。

“全球化与世界城市研究网络”（Globalization and World Cities, GaWC）是评价世界城市和全球城市的权威组织，其按照城市参与全球合作的深度与广度，将世界城市分为四个等级，其中世界一线、二线城市通常被视为“全球城市”和“准全球城市”。近年来，随着中国综合实力和国际地位的不断提升，中国城市在全球城市网络中迅速崛起。根据GaWC的评价结果，2000年大陆地区跨入世界二线以上的城市只有上海和北京2个，到2012年也只有上海、北京、广州、深圳4个，但到2018年已经达到17个。其中，世界一线城市即“全球城市”包括北京、上海、广州、深圳4个，数量仅次于美国；世界二线城市即“准全球城市”包括成都、杭州、天津、南京、武汉、重庆、大连、厦门、青岛等13个，数量居世界各国之首。厦门2012年被纳入全球城市关注范畴，至2018年已进入全球城市第二梯队（B-），成为世界二线城市即“准全球城市”。

二、发展情况

（一）国际资源配置能力不断提升

产业发展质量进一步提高，产业转型升级成效明显，进入全球可持续竞争力百强，综合实力进一步增强，对外开放水平不断提高，对国际资源集聚、辐射带动能力进一步增强。

1. 综合实力显著提升

2020年，厦门GDP总量为6384.02亿元，比上年增长5.7%，按常住人口计算的人均地区生产总值148811元，折合2.16万美元，稳居高收入社会。在全国排第34位，在全省排第3位，仅次于泉州和福州。厦门GDP占全省的比重不断提高，由2016年的13%，提高至2020年的14.5%，提高了1.5个百分点。

2. 产业转型升级加快

产业结构不断优化，平板显示、计算机与通讯设备、机械装备、软件和信息服务、旅游会展、现代物流、金融服务、文化创意、现代都市农业等9条产业链群产值（收入）突破千亿，千亿产业链支撑作用进一步加强，形成了光电、软件、生物与新医药、电力电器、钨材料、视听通讯等六个国家级产业基地和产业集群。岛内高端服务功能加快发展，软件信息服务等高新技术产业集聚发展。岛外先进制造业基地加快形成，火炬翔安产业区、同安工业集中区等企业加快集聚，形成全市产业发展“一盘棋”和错位发展、协同发展的产业格局。

3. 创新能力不断增强

科技创新能力不断提升，全社会研发投入占GDP比重位于全国前列，2020年，高新技术企业总数达到2282家。研发能力进一步增强，全市国家、省、市级重点实验室148家、工程技术研究中心128家、企业技术中心170家、企业博士后工作站28家。实施新一轮引才计划，发展壮大重点产业人才队伍，加快引进和培养一批专业拔尖、掌握核心技术的产业领军人才。

4. 外向型经济水平不断提升

对外贸易发达，2020年外贸进出口总额6915.8亿元，约占全省一半，外贸综合竞争力居全国第五位。利用外资保持快速增长，2020年实际使用外资166亿元，增长23.8%。外资企业成为我市经济发展的重要力量，贡献约70%的工业产值、60%的经济增长、40%的进出口、40%的就业和30%的税收收入。

5. 金融中心影响力持续扩大

金融保险业成为第三产业规模最大行业，金融机构本外币存款余额超万亿元，人均存款居国内城市前列，金融业服务实体经济的能力进一步增强。厦门现有A股上市公司62家，总数为全省第一，资本运作能力较强，多层次资本市场体系日益成型。

（二）城市建设国际化水平不断提高

深入实施跨岛发展战略，岛内外一体化建设加快推进，国际集装箱枢纽港、区域性国际枢纽机场加快推进，对外快速便捷通道加快形成，智慧城市建设加快推进，城市建设国际化水平不断提升。

1. 跨岛发展深入推进

本岛功能持续优化提升，旅游会展、金融商务、文化创意、高端服务核心功能得到强化，教育医疗等非核心功能加快疏解，城中村和工业区改造有序推进，东部城中村整村改造顺利实施，东部国际金融中心区加快建设。环湾城市带持续整合拓展，集美新城、马銮湾新城公建配套加快完善，环东海域新城不断拓展，产城融合日益紧密，翔安南部片区、航空城片区“高起点、高标准”推进实施。多中心格局建设持续加快，海沧、集美、同安、翔安等区级中心和片区组团中心加快打造。

2. 厦门国际航运中心加快推进

厦门港加快发展，2020 年厦门港集装箱货物吞吐量达到 1140.53 万标箱，位居全国第 7 位，国际第 14 位。世界最大集装箱船成功靠泊，厦门港主航道四期建设提前完成，结束二十万吨级船舶进港需封航的历史。厦门国际航运中心港口智慧物流平台示范工程入选全国智能港口试点。与马来西亚巴生港、美国迈阿密港等港口结成国际友好港，集装箱航线不断拓展。扶持晋江、吉安、赣州、三明、龙岩、武夷山等陆地港建设，推进“海丝”与“陆丝”无缝对接，开通中俄班列、厦门－汉堡直通线和厦门（前场）—赣州（南康）木材海铁联运专列，台湾地区、东南亚海运货物通过班列直达欧洲，海铁联运快速增长，货源腹地拓展取得明显成效。

3. 机场枢纽地位不断上升

厦门机场成为我国东南重要的区域性航空枢纽，是国内重要的干线机场和国际定期航班机场。厦门空港形成了覆盖中国大陆各主要城市及港、澳、台地区，连接东南亚、东北亚，通达欧洲、北美洲、大洋洲的航线网络。2020 年，厦门空港旅客吞吐量 1671 万人次，排名全国第 14 位，跻身全球百强机场。其中，国际及地区航线旅客吞吐量 43.9 万人次，空港货邮吞吐量 27.84 万吨。翔安国际机场建设加快推进，航站区轨道工程等关键项目启动建设，机场大道等骨干项目加快推进。

4. 现代化综合交通运输体系加快完善

轨道 1 号线、2 号线建成运营，3 号线、4 号线、6 号线加快建设，和 BRT 一起形成城市快速公共交通网络。“两环八射”快速路网等交通体系加快建设，第二西、东通道加快建设，第三东通道项目前期进展顺利，城市快速路网加快形成。厦沙高速建成通车，福厦高铁厦门段开工建设，城市对外辐通道建设持续加快，东南沿海综合交通枢纽优势更加凸显。

5. 智慧城市建设持续推进

厦门智慧城市建设取得了显著成效，相继获批“国家信息消费示范城市”“信息惠民国家试点城市”“国家下一代互联网示范城市”和“宽带中国”示范城市，获评“中国十大智慧城市”、等荣誉称号。厦门正通过一系列数字化、信息化的应用，开启政务、经济、民生等城市发展方方面面的“智慧”按钮，推动智慧城市的建设。

（三）国际交流交往日益密切

金砖会晤有力地提高厦门国际知名度和美誉度，国际人员往来日益便利，国际交流合作活跃，厦门国际影响力持续提升

1. 国际性展会带动作用大

2017 年 9 月金砖厦门会晤成功举办，全方位提升厦门专业办会办展水平及重大外事活动综合保障能力，“后金砖”效应推动厦门会展业向高端化、国际化发展，投洽会、工博会、石材展、佛事展、文博会等品牌展会国际影响力不断增强。

2. 国际文化体育交流影响力大

厦门积极培育符合城市定位的国际知名赛事，每年举办厦门马拉松赛、世界铁人三项赛、世界杯攀岩赛、世界沙滩排球巡回赛、世界车辆模型锦标赛、国际女子高尔夫球公开赛、世界摩托艇锦标赛等十多项国际大型体育赛事，厦门马拉松赛已连续 12 年荣膺“国际田联路跑金牌赛事”，成为享誉全球的精品赛事之一。国际海洋周和中国国际钢琴比赛永久落户厦门。

3. 国际学校建设加快推进

拥有厦门国际学校、岷厦国际学校、厦门协同外籍人员子女学校等 3 所国际学校，10 所具有接受外国学生资格的学校；厦门一中等 9 所普通高中开展国际教育试点，出台中小学外籍教师管理办法。厦门大学附属第一医院通过 JCI 认证，全市三级综合医院和专科医院通过设立外籍人士就诊特需诊室等方式为外籍人士就医提供便利。

4. 国际交往日益增多

新加坡、菲律宾、泰国在厦门设立总领事馆，目前拥有国际友好城市 20 个，国际友好交流城市 11 个，国际友好港口和友好合作港口 22 个，建立经常性联系的国家（地区）75 个，国际影响力日益提升。

5. 多元人文相互融汇

厦门以侨乡风情、闽南文化、异国情调、温馨现代为特色，历史文化传统和现代城市气息交融，具有多元融合中西融汇的文化特征。厦门人平和温馨、诚毅从容、温文尔雅，独特的中西合璧、多元文化造就了多元包容的城市精神。

三、存在问题

（一）资源配置能力方面

1. 国际化综合实力不强

国际化城市往往具备雄厚的经济基础，对区域国际经济的发展产生重要影响甚至支配作用。从经济总量看，2020 年，深圳 GDP 为 2.8 万亿元，厦门 GDP 总量为 6384.02 亿元，差距较为明显。从国际贸易来看，2020 年厦门进出口总额仅为深圳的 22.6%。从外商直接投资来看，2020 年厦门实际利用外资仅为深圳的 %。

2. 对金融资本的配置能力较弱

厦门法人金融机构总部有限，缺乏全国性金融机构总部和证券交易所等金融市场交易场所，两岸股权交易中心、市股权托管交易中心等要素市场基本都还在起步阶段，在金融资本控制能力和资本获得便利性上较为薄弱。

3. 对投资资本的配置能力较弱

跨国公司是国际投资资本流动的控制主体，跨国公司总部越多，对国际投资的控制力越强。深圳投资入驻的世界500强企业数近300家，总部7家，而厦门目前仅为63家，其中总部仅3家，差距较为明显。

4. 对创新资源配置能力较弱

研发投入总体规模较小，厦门研发投入总规模仅为深圳的16%。企业研发活动覆盖面偏窄，尚有六成企业没有研发投入，八成企业没有设立研发机构。人才政策仍有不少提升空间，现行人才政策大多针对“高精尖”，对骨干人才、基础人才的关注度不够，人才管理体制机制不够灵活，人才的流失率较高。

（二）城市建设方面

1. 中心城市功能有待提升

以本岛为单中心的城市空间格局尚未根本改变，岛外各新城中心功能培育仍待加强。厦门区域面积小，仅为1700平方公里，位居15个副省级城市末位。人口规模不大，2019年厦门常住人口429万，仅为深圳的34%。岛内外、城乡发展的差距较大，岛内发展过于密集，岛外发展不足，岛内人口密度是岛外的10倍。

2. 对外交通辐射能力不强

世界著名的国际化城市都是国际国内交通枢纽，尤其是国际航空交通枢纽和周转中心的地位，对城市国际化发展的作用举足轻重。在国际航空方面，目前厦门国际客运航线主要集中在港澳台和东南亚地区，到欧、美、澳的客货直飞航线较少，对外辐射能力有待提升。在海港方面，厦门港口交通运输功能强大，但对城市国际化的整体带动作用仍然不强，尤其是国际性的港口服务业、海运服务定价等功能较弱。如伦敦是全球航运定价中心和管理中心，并通过海事服务创造比传统港口业更大的收益，有力地提升了城市国际服务功能。

3. 基础设施国际化水平不高

在城市交通方面，缺乏地铁等运量大、疏散能力强的轨道交通，地铁1号线和2号线建成通车，通车里程达到71.9公里，而深圳已开通运营的地铁总长度超过300公里，差距较大。随着地铁3号线、4号线和6号线的建成通车，厦门地铁才能形成快速网络。

（三）国际交流交往方面

1. 国际展会影响力不大

在交流平台方面，深圳培育了高交会 IT 展、文博会等 9 个获得 UFI（国际展览业协会）认证的国际性品牌展会，厦门目前虽拥有投洽会、国际石材展等国际知名展会，但总的来说国际性知名展会数量少，规模小，仍然缺乏重量级的国际合作项目和平台。

2. 国际化人才较为缺乏

厦门人才国际化离国际化大都市相差很远，尚处在初级发展阶段。国际化人才呈现结构性短缺，大部分外国专家主要集中在教育领域，产业领域的国际人才短缺；本土人才中取得国际化执业资格的高级人才、能够熟练运用一门甚至多门外语的专业技术人员、熟悉国际运作规则、具备国际视野、有自主创新能力的人才还十分缺乏。

四、对策建议

（一）推动城市快速成长

不断增强创新发展动能，提升产业层级和经济发展质量，推动综合经济实力迈上新台阶，推动形成“一岛一带多中心”的城市空间格局，加快形成国际门户枢纽和海丝战略支点地位，大幅提升开放发展和国际化水平，推动社会文明达到新高度，进一步增强文化软实力，一是要以构建现代产业体系为目标，吸引国际资源集聚，着力提升厦门的经济发展活力和国际竞争力，进一步优化城市功能布局，促进岛内岛外联动发展，显著提升城市发展能级。二是要充分发挥厦门位于“海丝”核心区重要节点和对外开放优势，推动“一带一路”与自贸试验区两大国家战略在厦门无缝对接，加强与“一带一路”沿线国家基础设施的互联互通、资金融通、经贸文化的合作交流，着力提升在“一带一路”沿线国家中的资源配置能力，努力把厦门打造成为“一带一路”的重要战略支点城市。三是要立足厦门的交通区位优势，进一步加强海港、空港、铁路、公路、信息化建设，推动多元运输方式的无缝衔接，构建全球畅达的交通与信息网络，把厦门打造成为重要的国际门户枢纽城市，在全球城市网络中发挥人员往来、商贸流通、信息交换的门户和枢纽作用。四是要以吸引国内外高端人才和要素、营造国际一流创新生态环境为核心，强化围绕重点领域的科技攻关，深化市场导向的科技体制改革，完善区域协同的创新创业机制，着力强化厦门的自主创新能力，努力形成创新驱动发展的全新格局，把厦门打造成为面向“一带一路”、具有国际影响力的科技自由港和创新创业创造中心。

（二）提高全球资源配置能力

大力发展新经济，抢占全球产业链、价值链、创新链的中高端环节，建设“一带一路”支点城市，打造自由港型经济特区，构建对外开放新格局，提高国际竞争力。

1. 大力发展新经济

促进人工智能和实体经济深度融合，构建数据驱动、人机协同、跨界融合、共创分享的智能经济形态。利用数字化、信息化、智能化升级改造传统制造业，大力发展先进制造业，加快培育第三代半导体、新一代人工智能、5G 光通讯、区块链应用等新兴产业集群。加快推进工业互联网平台建设，培育壮大数字经济，建设国家数字经济发展示范区。加强对关键核心技术、战略先导技术、前沿引领技术和颠覆性技术的分析预判和研发投入力度，超期布局和积蓄城市未来发展基础。

2. 推动创新发展

促进要素集聚，实施科技企业“全周期”培育工程，发展壮大“三高”企业群。加强与国内外知名高校院所、世界 500 强企业的科技交流合作，导入更多创新资源。加强载体建设，加快建设国家自主创新示范区，持续策划一批具有厦门特色的创新事项，围绕我市支柱产业和战略性新兴产业，引导建设包括国家地方联合共建的国家级创新平台。优化创新环境，设立“科技重大专项”，集中资金支持龙头骨干企业突破一批关键核心技术，深化科技与金融结合，扩大科技成果转化与产业化基金等规模。

3. 大力发展外向型经济

完善全市统筹、市区联动招商机制，加大一二三产招商力度，密切跟踪世界 500 强、大型央企、台湾百大企业和优质民企投资动态，促成更多项目落地。深化产业链招商，围绕全市产业规划和产业链群发展情况，引进一批高附加值、高科技含量项目。强化“走出去”管理、服务和引导，重点支持技术合作型、资源开发型、市场开拓型境外投资项目。鼓励企业参与国际战略资源开发，推进象屿集团印尼不锈钢一体化等项目。支持外贸综合服务、跨境电商、融资租赁和保税进口等新型贸易业态发展，鼓励企业建设外贸综合服务信息平台，大力拓展出口订单和异地货源。加快发展融资租赁，做大做强飞机融资租赁业务，推动医疗设备、高端生产设备等进口和国际产能合作项目生产设备出口。发挥自贸试验区和特殊监管区优势，吸引外商企业在我市设立区域投资平台、采购中心、结算中心等。

4. 建设“一带一路”支点城市

深入挖掘厦门与“一带一路”沿线国家的合作潜力，着力提升全球资源配置能力，加强与沿线国家交通基础设施互联互通；深入开展与“海丝”沿线国家的海洋开发合作；在加大招商引资力度的同时，鼓励本土企业更好“走出去”，借助跨境电商扩大对外贸易；加快厦门银行等本地商业银行的国际化进程，加大“海丝”投资基金对海外建设项目的支持力度，建设区域性金融中心；建设国家公共外交基地、民间文化交流中心和“一带一路”会展服务接地，将厦门打造成为“一带一路”人文交流枢纽。

5. 建设创新驱动的自由港

在自贸试验区的基础上，将探索自由港制度与科技创新创造性结合起来，以台湾地区和“海丝”沿线国家为重点，在国际科技创新合作、标准对接以及知识产权确认保护、技术扩散、惠益分享等领域进行大胆探索和制度创新，加快吸引和集聚全球创新资源，把厦门打造成为具有国际影响力的“一带一路”创新枢纽，进一步提升厦门的创新能级和国际竞争力。

6. 加快建设区域性金融中心

着力构建多层次资本市场体系，积极吸引境内外金融机构来厦设立业务中心和职能总部，大力发展金融科技、绿色金融、航运金融，推动对台及“一带一路”金融改革创新业务先行先试，加快建设两岸区域性金融服务中心。

7. 打造国际一流营商环境

对标国际一流，在重点领域和关键环节深化“放管服”改革，保持厦门营商环境在全国前列。一是打造高效透明的政务环境。进一步压缩开办企业手续和时间，推行企业登记全程电子化，加强电子档案和电子营业执照应用；优化建筑审批，探索“分类审批”“多评合一”“多图联审”；提高不动产登记、纳税等政务领域信息化水平，推动更多事项实现“最多跑一趟”“一趟不用跑”。二是打造公平有序的市场环境。建设社会信用体系，提升信用数据开发应用；切实提高中小微企业的信用融资比例和额度；简化企业获得用电、用水、用气、网络报装程序。三是打造自由便利的开放环境。完善“国际贸易单一窗口”，简化单证办理，实行港口作业“无纸化”信息流转，降低进出口成本。四是打造公平高效的法治环境。改革案件繁简分流、多元纠纷化解、案件速裁和要素式审判方式；加大知识产权保护力度，形成知识产权快速协同保护机制。

（三）建设国际一流湾区城市

按照国际化建设要求，推动岛内大提升、岛外大发展，构建“一岛一带多中心”的城市空间格局，打造全球畅达的国际门户枢纽，建设国际一流湾区城市。

1. 提升中心城市功能

推动岛内大提升。强化本岛金融商务、科技创新、文化教育、旅游休闲、对外交流等高端服务功能，加快一般公共服务功能向岛外疏解，结合东渡港、高崎机场搬迁，推动一般制造业有序转移退出。加快本岛东部两岸金融中心建设，发展金融服务、商务办公、高端会展等服务业态，打造现代化城区；有序推进本岛北部开发，推动国际商务中心建设，布局总部办公、科技创新、高端会展、商业服务等功能；加快本岛西部邮轮母港建设，打造对外交流城市形象展示窗口。推动本岛有机更新，加快岛内旧村整村改造，持续实施城市市政设施、绿化、街区立面的综合整治及老旧小区的提升改造，不断提升城市功能和品味。

推动岛外大发展。推动岛外新城基地建设提速提质提效，促进城乡建设统一规划、产业合理布局、基础设施互联互通。按照以产带城、以城促产、产城互动、融合发展理念，统筹推进岛外大开发、大发展，在完善城镇综合服务功能的同时，着力培育特色产业，构建以产业园区为主体、周边新城为配套、特色小（城）镇为支点的产城融合片区。加快东部（翔安）体育会展新城片区起步区建设，完善新会展中心、新体育中心、地铁社区及公共配套设施；马銮湾新城推进生态修复等公共环境建设，完善公共服务配套，发展生物医药与健康、智能科技、高端服务等产业，建成国际化智慧生态海湾新城；集美新城重点完善医院、学校、文体等公共配套，力促集美新城医院、体育公园、新城慢行系统一期等项目动建，进一步集聚人气商气。环东海域新城承接同安城区功能转移，建设现代服务业基地丙洲片区及美峰片区、滨海酒店群、丙洲文化旅游岛，建成产城融合、绿色生态滨海新城；新机场片区争取建成新机场主体工程，配套“两高两快”快速路网等基础设施，开发建设临空经济区；火炬高新产业区重点建设同翔高新技术产业基地、软件园三期，推动岛外产业转型升级发展。

完善现代化基础设施。在优化厦门站、完善厦门北站的基础上，规划新增厦门东站和新高崎站，建设高铁交通枢纽。加快地铁成型成网，统筹地铁沿线综合开发。完善“两环八射”快速路网，加快建设岛内外连接通道项目建设。改造提升环岛路、厦门北站、邮轮母港等重点道路、重点节点，建立主要交通枢纽、会议设施、酒店之间15分钟快速交通系统，规划建设进出岛通道公交换乘枢纽。

2. 加大新基建投资

加快5G商用步伐，科学合理规划基站布局，加快5G基站建设力度，推动5G远程诊疗、5G智能医护机器人等应用。推动5G与人工智能、物联网、云计算、大数据、边缘计算等新技术融合。加快发展工业互联网，推动企业上云，建设工业互联网公共服务平台，集聚各类云服务商资源。加快大数据战略布局，创新大数据发展模式，从推动产业升级、政府治理、城区治理、民生服务等四个方面，推动大数据与工业、服务业、农业、港口融合发展，深化大数据与经济运行、公共信用、市场监管、交通物流、生态环境、自然资源、公共安全、政务服务、社会保障、医疗健康、教育、文体旅游融合应用。

3. 打造全球畅达的国际门户枢纽

立足厦门的交通区位优势，着力推动国际航运中心建设，不断完善港航基础设施、运输服务和资源配置能力，加快建设国际集装箱干线港和国际邮轮母港；继续完善陆地快速交通体系，加快推进国际航空枢纽港建设，提高多式联运发展水平，打造国际综合交通枢纽；建设“21世纪海上丝绸之路”国际信息港，构建全球畅达、国际一流的信息网络和数据交易平台。

4. 推进闽西南协同发展区建设

发挥中心城市的极化和扩散效应，主动迎接闽西南大发展浪潮，在协调发展中拓宽发展空间，着力推进经济、社会、产业等领域的全方位合作，建设区域人流、物流、资金流中心。推进产业协同合作。发挥各市比较优势，集中力量发展壮大机械装备等主导产业、培育发展光电信息等战略性新兴产业、改造提升纺织鞋服、建筑建材、食品饮料等传统优势产业，推动各市错位发展、优势互补、共建产业集群。推进基础设施互联互通。按照统筹规划、合理布局、共建共享、提升效率原则，加强协同发展区重大交通、能源、电力、信息网络等基础设施的规划布局和建设，提升港口、机场等交通枢纽功能，通过高速铁路、高速公路、城际轨道、区域快速路等区域快速通道的对接，打造“1小时交通圈”，完善综合交通网络。推进公共服务共建共享。推进校际教育交流合作，扩大合作范围，促进优质教育资源共建共享，逐步缩小区域差距，实现公共教育高质量共享发展。推动医疗共享，优化基本医疗卫生资源配置，继续完善医疗信息、重大传染病联防、医疗急救互助等合作机制，加强卫生人力资源和临床医疗技术区域合作。推动协同发展区内社会保障信息互联互享，建立社会福利、优抚安置和救灾应急保障协同机制，加强劳动就业、社会保险、职业技能培训和劳动者权益维护等方面合作。

5. 加快智慧城市建设

依托数字城市建设，构建国际领先的智能化信息基础设施，加快推进社会治理现代化，努力实现城市管理智能化，率先壮大智能经济、建成数字政府、迈入智能社会。加快建设城市智能设施。加快高速宽带网络工程建设，争取开展 5G 商用试点，超前布局物联网、智能网联汽车等新型基础设施，完善大数据基础设施，加快城市基础设施智能化改造。打造一流数字政府。不断完善“i 厦门”一站式惠民服务平台和统一身份认证体系，实现一站式便捷化服务，形成一体化信息服务运行体系。推进“互联网 + 政务服务”，以公民身份证号码作为唯一标识，建成电子证照库，实现群众办事“一号”申请、政务服务事项“一窗”受理，群众网上办事“一网”通办。大力推广智慧民生服务。突出用户体验、强化政企联动，拓展智慧交通、智慧医疗、智慧教育等应用。

（四）提高国际交流交往水平

以文化交流为纽带，强化文化遗产保护和利用，发挥国际性高端展会的引领作用，加强国际友好城市往来，推动人员交流交往便利，建设国际交流交往中心。

1. 扩大国际性高端展会影响力

提升投洽会、“国际海洋周”、文博会等重大平台国际影响力，做大做强石材展、佛事展、工博会、茶博会、文博会、游艇展等品牌展会，培育水暖厨卫、服装时尚等专业展会。鼓励我市会议相关组织和企业加入国际大会及会议协会 (ICCA)、国际协会联盟 (UIA)、国际专业会议组织者协会 (IAPCO)、会议策划者国际联盟 (MPI) 等国际会议组织，提升国际知名度，赢得国际会议承办机会，增强国际交往服务能力。

2. 扩大官方和民间的友好往来

加大对厦门城市的国际宣传推介和营销力度，广结国际友城，争取发展更多知名度高、与厦门产业互补性强的友好交流城市为国际友城；深化友城合作，举办系列活动，开展公共外交，探索在城市建设管理、文化遗产保护、交通基础设施建设、产业创新以及赛事举办等领域加强与友城互动。加快领事馆区建设，推动更多国家前来设立总领事馆、领事代表处或签证代表处，推动友城等友好交流点前来设立办事处或贸易代表处。加强与国际组织和外国地方政府的交流与合作，邀请更多重要国家元首、政府首脑、国际组织要员、国际名人来厦考察访问，提高厦门国际地位和影响力。推动民间交流，通过市友协与国外的对华友好协会或机构，建立战略合作伙伴关系或互设联络点，丰富交流内容，进一步提升对外交流层级。

3. 加强文化领域的国际交流与合作

规划设计在文化艺术领域具有国际一流水准的文化活动，申办、开办综合性和专门性的国际文化艺术节庆活动；培育对外文化交流品牌，积极与文化部、省文化厅衔接，争取对外文化交流的项目，特别要开展对台文化交流和“一带一路”沿线国家地区文化交流，促使特色文化品牌走出国门。推进师生海外交流，进一步拓展师生海外交流渠道和地域，丰富交流形式和领域；鼓励市属高校主办或承办国际学术会议，与海外高校、科研机构、产业部门共建实验室、科研协作平台或产学研基地。争取厦门国际马拉松赛跻身世界第七大马拉松赛事。加强与国外城市的体育交流，争取承办更多具有较强国际影响力的国际顶级单项赛事，加深与国际健身大众体育协会、国际市民体育联盟等国际性大众健身组织及其成员国的交流合作，利用国际赛事提高厦门的国际知名度。

4. 推进人员交流交往便利

健全出入境管理与服务，积极争取异地办护照、落地签证等政策，出台企业外籍高管的签证和居留便利政策，实现人员出入境便利化。探索建立适合国际化建设需要的国际会议管理、外国人在厦管理、外国非政府组织在厦活动管理等一系列管理机制。建立外籍人士服务与管理联合工作机制，搭建职能部门信息共享平台。

5. 强化文化遗产保护利用

做好鼓浪屿世界文化遗产的保护和利用，加大宣传力度，推动国际游客。加快推动厦门市闽南红砖建筑聚落保护和厦门市红色文物保护。推进历史文化街区、历史风貌建筑保护工作，加大力度保护留住乡愁的古村落、古民居和传统习俗，探索进行文化旅游开发等科学合理开发利用。创新厦门会晤专题展陈，鼓励文物博物活态展览和博物馆文创产品开发。持续培育海峡两岸闽南语原创歌曲歌手大赛、莲花褒歌比赛、厦门市南音比赛等闽南特色非遗文化传承弘扬活动。振兴传统手工艺，推动手工艺类非物质文化遗产项目进行现代化、产业化开发，实现可持续传承发展。

【参考文献】

1. 中国社会科学院城市发展与环境研究所课题组 . 厦门市城市发展定位和阶段性目标研究
2. 厦门市人民政府 .2021 年厦门市政府工作报告
3. 厦门市人民政府 . 厦门市国民经济和社会发展第十四个五年规划和二〇三五年远景目标纲要

课 题 组 长：林汝辉
课题组成员：徐祥清　谢　强　陈国清
　　　　　　刘飞龙　林永杰
课 题 执 笔：林汝辉

第二十二章 推进厦门要素市场化配置改革对策研究

一、要素市场化配置情况

（一）土地要素市场化配置情况

目前我市工业用地实行“先租后让、租让结合”的供地方式，由中标人或竞得人先行承租土地进行建设，通过达产验收后，符合合同约定条件的，再办理土地出让手续。新增工业用地实行租让弹性年期制，一般工业项目用地租让年期合计不超过 20 年，年限届满前，对项目综合效益和合同履约等情况进行评估，符合土地节约集约利用的，可以续期建设用地使用权。根据新修改的土地管理法，破除了农村集体建设用地进入市场的法律障碍，新法删除了原来土地管理法第 43 条，任何单位或个人需要使用土地的必须使用国有土地的规定，增加规定土地利用年度计划应当对集体经营性建设用地作出合理安排，农村集体建设用地在符合规划、依法登记，并经三分之二以上集体经济组织成员同意的情况下，可以通过出让、出租等方式交由农村集体经济组织以外的单位或个人直接使用，同时使用者在取得农村集体建设用地之后还可以通过转让、互换、抵押的方式进行再次转让。

（二）人力资源要素市场化配置情况

截至 2020 年底，我市人力资源服务机构总数为 240 多家，从业人员 3000 多人，国内外知名品牌、知名猎头 12 家。从构成类别上看，公共就业和人才服务机构 15 家，占总数的 6%，从业人员 347 人；国有企业 23 家，占总数的 9.6%，从业人员 407 人；民营企业 196 家，占总数的 81.6%，从业人员 2142 人；外资企业 2 家，占总数的 0.8%，从业人员 56 人；港资企业 1 家、台资企业 4 家，共占总数的 2%，从业人员 36 人。2020 年全年营业收入超 70 亿元，各类人力资源服务机构服务人员总数达到 600 多万人次，设立具有固定招聘（交流）场所的人力资源市场 12 个，市、区两级人力资源市场具有招聘（交流）场所共 2 万多平方米，各类机构全年共帮助超 100 万人次实现就业择业和流动，为 60 多万家次用人单位提供专业服务，建立人力资源服务网站 150 多个。厦门人力资源市场是福建省的龙头，厦门致力于建设区域性人力资源市场，通过积极推进“放管服”改革，激活市场活力；建立年度报告公示制度，实现全程网办；强化事中事后监管，规范市场发展；加强行业诚信建设，营造诚信环境；实施《厦门市建设区域性人才市场暂行办法》系列政策措施，推进区域市场建设；贯彻落实上级促进人力资源服务业加快发展决策部署，促进行业加快发展；推动人事档案管理服务“简化优化、规范化、信息化”的“三化”，提高公共服务水平等举措，培育了有序竞争、规范运作、良性发展的人力资源服务业，服务经济社会发展。

（三）资本要素市场化配置情况

截至 2020 年底，我市境内上市公司总数 50 家（含 1 家科创板），在福建省排名第一，在计划单列市中排名第三，在 15 个副省级城市中排名第八，在全国 36 个直辖市、省会及副省级城市排名第十三。现有境外上市公司 28 家；现有已过会待发行企业 2 家，报中国证监会受理材料的企业 8 家，在厦门证监局辅导备案的企业 16 家（含 1 家中止辅导企业）；新三板挂牌企业 127 家；厦门两岸股权交易中心实现企业挂牌展示 3580 家。借力“信易贷”持续完善网上政银企项目资金对接平台，截至 12 月底，平台累计发布特色金融产品 200 多个，成功发放贷款 2 万多笔，贷款总额超百亿元。市区两级组织各类型的政银企对接会，接地气了解企业实际资金需求，出实招破解民营企业融资难融资贵难题。开展“百行进万企”活动，全市一百名银行行长列出对接企业清单，主动送政策、送资金、送服务。出台《厦门市银行机构服务民营企业发展激励评价暂行办法》，健全正向激励机制，正向引导激励各银行机构发挥信贷主渠道作用，持续提升服务民营企业能力。

（四）技术要素市场化配置情况

目前，我市技术要素市场配置主要是依据《厦门市促进科技成果转移转化若干规定》(下简称《若干规定》),《若干规定》对科技成果使用权、处置权和收益权做了规定。使用权:《若干规定》中规定“市属科研机构、高等院校等市级事业单位取得的科技成果一年以上未启动转化的，成果完成人和参加人在不变更职务科技成果权属的前提下，可以根据与成果所有单位的协议进行该项科技成果的转化，并享有协议规定的权益，转化收益的 70%～90% 归其所有。”处置权:《若干规定》中规定“市属科研机构、高等院校等市级事业单位可授予科技成果完成团队或个人对该成果的处置权”。收益权:《若干规定》中规定“市属科研机构、高等院校等市级事业单位转移转化科技成果所获得的收入全部留归单位，纳入单位预算，不上缴财政。同时要求在转化科技成果收益分配时，对完成该项科技成果和为成果转化作出重要贡献的人员给予不低于 70% 的奖励”。

（五）数据要素市场化配置情况

厦门市已构建完整的政务数据共享体系，在金宏网、政务外网平行部署了 2 套市级共享协同平台（部署于政务外网的共享协同平台使用率较高），平台支持服务接口、文件交换、数据交换、实时流等 4 种交换方式，遵循《厦门市政务信息共享协同平台地方标准》及厦门市共享协同平台相关规范开展工作。目前建成人口、法人、交通、信用、证照、空间 6 个基础资源库，累计汇聚来自 70 个部门近 10 亿条数据。建成政务信息共享协同平台，接入单位 70 家（含各区），提供服务接口超千个，数据调用累计超 7 亿次，建立数据交换通道 73 个，实现交换数据量 12.9TB。按照省电子政务考核要求，完成全市各部门信息系统登记和元数据编制；积极与省数据系统进行对接，实现市数据资产资源目录上报功能；主动获取省回流的婚姻信息、残疾人信息等相关数据；建成自动获取省接口目录功能，从省平台获取服务接口 100 个，并在市共享协同平台实现再封并投入使用。

二、存在问题

（一）土地要素市场化配置存在问题

一是目前《土地管理法实施条例》还在征求意见中，集体经营性建设用地入市需国家层面明确需明确集体经营性用地出让、出租的审批程序、集体经营性用地出让所得价款的分配机制、经营性用途、期满问题等相关指导意见后，我市方可有序制定入市政策和开展入市工作。

二是我市实施弹性出让供应工业用地以来，因工业用地地价整体不高，且部分银行对于20年期的房地产作为融资抵押物的接受度不高，企业在取得工业用地时更接受50年土地使用年限。

三是目前我市支持低效用地升级改造的支持政策仅有工业控制线内原用地企业“工改工”升级改造政策，工业控制外低效用地改造目前无支持政策，由政府收储改造的政策《厦门市工业（仓储）国有建设用地协议收储补偿若干规定》文件已到期，新政策上报市政府研究。

（二）人力资源要素市场化配置存在问题

一是人力资源服务行业规模较小、市场竞争力不足。

二是企业人力资源总量不足、对外依赖程度高、流动性大等特征明显；人力资源服务机构尚未形成产业集群，厦门各产业园区分散、规模小，登记注册的人力资源服务机构以职介、人力资源外包与人才派遣等传统业务为主等，诸如针对高端人才的猎头机构及高端化的管理咨询机构偏少，人力资源服务业未形成产业链。

（三）资本要素市场化配置存在问题

一是对上市工作重视不足，虽然市上市工作领导小组成员已扩容为35家单位，市、区（管委会）均成立了上市办，但目前上市办在部门合力、沟通协调方面还存在不足，部分区上市办队伍专业能力有待进一步提升。

二是小微企业和民营企业普遍担保能力较弱、抗风险能力较差，受政策及外部环境变化影响较大，一旦出现贷款逾期，则无法偿付本息。作为本身也是商业企业的银行来说，在审核贷款发放资格时趋于谨慎；尽管各相关部门针对民营企业融资出台了贷款贴息、风险补偿、应急周转金等政策，但能够享受到各类利息及财税等政策性补贴的企业占比较低，还需要持续发力不断加强政策宣传引导。

（四）技术要素市场化配置存在问题

一是不同单位对职务科技成果转化的支持度差异较大，我市科技成果转化比例较低。科技顾问对我市科技、经济、社会发展中带全局性、综合性的重大问题的作用有待进一步发挥好。我市整体科技成果转化率不高，技术交易规模相比国内其他大中城市较小。

二是目前我市技术市场主体之一的中介方——技术经纪人的缺位，少数活动的技术经纪人仍基本停留在为企事业单位提供申请科技项目资金支持的初级阶段。同时专业化技术经纪组织尚未形成，技术经纪行为管理不到位、从业人员整体素质不高、懂技术会经营的复合型人才缺乏、服务功能简单、服务质量不齐、技术经纪人数量少、从业难，各种法律、法规、制度不健全等严重制约技术市场的发展。缺乏对培养技术转移专业人员相应的制度和扶持政策。

（五）数据要素市场化配置存在问题

一是市各部门开展业务应用所建的系统由各行业领域主导，核心业务系统间的资源整合还不够到位，需要由相关业务主管部门协调解决各类数据资源整合及共享，积极创造条件扩大共享范围。缺乏相关制度规范，部门数据开放意愿不强。

二是专题库目前收集数据较少，且优秀的数据开发利用案例较少，专题库数据利用率不是很高。目前暂无直接使用专题库完成数据支撑的应用。数据纠错方式尚未完全实现电子化、流程化，纠错方式效率较低；所编制的目录质量有待提升，且存在尚未信息化的数据资源。

三、对策建议

（一）推进土地要素市场化配置

1. 建立健全城乡统一的建设用地市场

加快出台我市土地管理法实施条例相关配套制度，适时制定农村集体经营性建设用地入市实施意见，探索可用于商品房开发建设的路径办法，建立同权同价、流转顺畅、收益共享、公平合理的农村集体经营性建设用地入市增值收益分配制度。全面推开农村土地征收制度改革，深入实施《厦门市土地征收工作程序暂行规定》。进一步扩大国有土地有偿使用范围，鼓励采取出让、租赁等有偿方式供应土地。建立公共利益征地的相关制度规定，规范土地征收范围，合理界定公共利益用地范围，探索制定“成片开发”标准，维护被征收农村集体经济组织和农民的合法权益。

2. 深化产业用地市场化配置改革

实施长期租赁、先租后让、弹性年期供应、作价出资（入股）等灵活的工业用地供地政策。在符合国土空间规划和用途管制要求前提下，调整完善产业用地政策，创新使用方式，推动不同产业用地类型合理转换，探索增加混合产业用地供给。统筹地上地下空间开发利用管理，编制地下空间综合开发利用规划。

3. 鼓励盘活存量建设用地

在符合国土空间规划和改造范围的前提下，充分运用市场机制采取协议收储、增资扩产、建筑功能临时变更、用途合理转换等方式盘活存量土地和低效用地，建立低效用地退出机制。研究完善促进盘活存量建设用地的税费制度。以多种方式推进国有企业存量用地盘活利用。深化农村宅基地制度改革试点，完善农民闲置宅基地和闲置农房政策，探索进城落户农民在本集体经济组织内部自愿有偿退出或转让宅基地。深入推进建设用地整理，结合集体经营性用地入市政策探索乡村振兴项目用地模式，支持乡村旅游休闲旅游等产业项目用地需求，用足用好设施农用地政策，保障设施农业用地需求，为乡村振兴和城乡融合发展提供土地要素保障。

4. 完善土地管理体制

完善土地利用计划指标配置方式，实施年度建设用地总量调控制度，对单独选址项目用地计划应保尽保，城镇村批次用地计划与处置存量土地情况相挂钩，增强土地管理灵活性，推动土地计划指标更加合理化。在国土空间规划编制、农村房地一体不动产登记基本完成的前提下，建立健全城乡建设用地供应三年滚动计划。落实我市跨省域调剂增减挂钩节余指标任务，规范使用节余指标，保障项目耕地占补平衡需求。加强土地供应利用统计监测，充分运用“福建省土地市场动态监测与监管系统”开展土地供应利用统计监测工作。落实国家《不动产登记法》，完善不动产确权登记机制。

（二）引导劳动力要素合理畅通有序流动

1. 深化户籍制度改革

进一步调整完善户籍政策，全面放开先进模范人物和高层次人才、高技能人才落户限制，缩短参加城镇社保年限要求，取消连续居住年限要求，适度放宽合法稳定住所（含租赁）规定条件，试行以经常居住地或就业地登记户口制度，加强向紧缺急需人才的落户倾斜，研究提出促进人才集体户落户政策，强化户籍政策对人力资源集聚的支撑作用。建立城镇教育、就业创业、医疗卫生等基本公共服务与常住人口挂钩机制，推动公共资源按常住人口规模配置，综合考虑人口落户等因素，加大对落户较多的区的财政奖励力度。进一步完善居住证制度，拓展居住登记时间认定方式、渠道，将缴纳医社保、就业登记、劳动合同、市场主体执照登记等纳入认定范围，提升居住证申领和使用的便捷化水平，确保有意愿的未落户常住人口全部持有居住证。进一步增加居住证持有人享有基本公共服务项目，率先实现城乡基本公共服务常住人口全覆盖和均等化。

2. 畅通劳动力和人才社会性流动渠道

立足闽西南协同发展，推动区域劳动力、人才流动政策衔接，完善交流合作机制，推动统一规范灵活的人力资源市场建设。营造公平就业环境，依法纠正身份、性别等就业歧视现象，保障城乡劳动者享有平等就业权利。进一步畅通企业、社会组织人员进入党政机关、国有企事业单位渠道，持续探索公务员“大职位”招考，完善国有企事业单位调任公务员实施办法，推出一批面向企业和社会组织招考的特聘公务员岗位。优化国有企事业单位面向社会选人用人机制，深入推行国有企业分级分类公开招聘，探索完善市场化劳动用工制度和职业经理人制度。加强就业援助，采取税费减免、贷款贴息、社会保险补贴、岗位补贴等措施，对就业困难人员实行优先扶持和重点帮助，鼓励开发公益性岗位托底安置大龄失业人员零就业家庭等急需就业的重点群体。完善人事档案管理服务，加快推进人事档案规范化、数字化建设。

3. 完善技术技能评价制度

创新评价标准，完善以职业能力为核心的职业标准体系。进一步打破户籍、地域、身份、档案、人事关系等制约，创造便利条件，畅通非公有制经济组织、社会组织、自由职业专业技术人才职称申报渠道。加快建立劳动者终身职业技能培训制度，加大力度实施企业员工技能培训，支持重点群体参加就业、创业技能培训，广泛开展各类劳动者技能提升培训。推进社会化职称评审，优化职称专业设置，总结推广航空维修、集成电路等产业的职称评审经验，以重点行业、核心领域为试点，逐步推动职称按行业进行评审。

完善技术工人评价选拔制度，健全以职业资格评价、职业技能等级认定和专项职业能力考核等为主要内容的技能人才评价制度，鼓励用人单位建立首席技师、特级技师等岗位，建立技能人才聘期制和积分晋级制度。探索实现学历证书与职业技能等级证书的互通衔接，推动“1+X”证书制度试点，加快推进职业教育国家“学分银行”建设。加强公共卫生队伍建设，建立适应公共卫生发展要求的医护人员职业保障和评价激励机制。

4. 加大人才引进力度

优化“海纳百川”计划，升级“双百计划”，分层分类实施“金鹭”高层次人才、“银鹭”产业骨干人才、“青鹭”青年人才、“新鹭”优秀毕业生、“飞鹭”柔性人才等五大类人才工程。加大对大数据、战略规划、人工智能等重点领域高端创新人才和团队的引进力度。加强厦台人才对接，深化两岸双创中心、青创基地建设。畅通海内外高层次人才来厦工作通道，实行更加开放便利的人才引进和落户制度。健全外籍人才管理服务体系，进一步简化、优化外国人来厦工作、居留手续，拓宽外国高端人才“一卡通”服务试点范围，完善“外国人才服务站”功能。允许符合条件的境外人员担任厦门自贸片区内法定机构、事业单位、国有企业的法定代表人。做好各类人才来厦任职、居留、就医社保、商业医疗保险、子女教育等服务保障工作。

（三）推进资本要素市场化配置

1. 完善股票市场基础制度

落实股票市场发行、交易、退市等制度，深化与沪深证券交易所、全国股转系统合作，加强上市后备梯队培育，推动上交所、深交所资本市场服务基地（处）更好发挥服务企业上市的作用。鼓励和引导上市公司现金分红。落实投资者保护制度，畅通投资者维权救济渠道，完善证券期货市场纠纷处理机制和小额快速调解机制。发挥厦门金融司法协同中心作用，为中小投资者建立便捷、高效的绿色诉讼通道。探索推进证券民事赔偿代表人诉讼制度。

2. 加快发展债券市场

稳步扩大债券市场规模，鼓励符合条件的企业积极运用短期融资券、公司债、企业债等多元化融资工具。丰富债券市场品种，推动双创孵化债、绿色债等特色债券创新，积极运用地方政府专项债券。规范信用评级行业发展，鼓励非上市公司、民营企业参加第三方信用评级机构的企业信用评级，加强对债券融资工具的应用。探索建立新的企业外债管理体制，试点合并交易环节外债管理框架，完善企业发行外债备案登记制管理。

3. 增加有效金融服务供给

健全多层次资本市场体系，加大两岸股权交易中心培育力度，争取全国性“台资板”业务试点。引导辖内银行实现差异化经营和错位竞争，优化金融资源配置。落实金融服务业市场准入的相关规定，推动区块链技术在金融资源配置上的应用。健全政银企长效对接机制，完善政策性和市场化融资增信体系，增加服务“三高”、民营、小微企业的金融服务供给，提高信用贷款和中长期贷款比重。推动社会信用大数据库建设，加强“信易贷”本地应用推广，打造全国示范站点样板。加快金融科技产业布局与安全应用，提升金融服务效率和风险管理水平。建立农村中小银行机构服务“三农”的激励约束机制。推进绿色金融创新，探索建立“厦门市绿色项目清单”。培育环境权益交易市场，完善定价机制和交易规则，开展碳金融融资产品创新。扩大环境污染责任保险覆盖面。完善金融机构市场化法治化推出机制。

4. 主动有序扩大金融业对外开放

积极争取人民币国际化和人民币资本项目可兑换创新业务在厦试点，推进辖内金融机构参与国际金融市场交易。持续推动人民币在跨境贸易投融资中的使用，扩大优质跨境人民币结算便利化的实施范围，放宽外资企业人民币资本金使用限制，争取开展人民币不良金融资产、贸易融资资产跨境转让业务试点。面向“一带一路”沿线合作国家，拓展跨境人民币代理清算群。积极争取私募基金跨境投资业务试点，推动对台人民币结算代理行成为债券托管行。支持外资金融机构与内资金融机构开展同业合作，享受同等待遇。按照国家金融开放的时间表和路线图，进一步放宽金融外资准入，重点引进未在我市设立机构的世界 500 强金融机构以及台港澳、“一带一路”沿线国家和地区金融机构。深化两岸金融合作创新，推动两岸货币市场、多层次资本市场、保险业务等金融合作，探索设立两岸“新四通”私募基金，推动设立服务台胞台企特色银行。

（四）加快发展技术要素市场

1. 健全职务科技成果产权制度

深化科技成果使用权、处置权和收益权改革，开展市属科研机构、高等院校赋予科研人员职务科技成果所有权或长期使用权试点，提高产权激励比例，建立健全职务科技成果赋权的配套管理服务制度，加大对科研机构、高等院校科研人员利用职务科技成果创业的政策支持力度。完善和细化知识产权创造、运用、交易、保护制度规则，健全技术创新、专利保护与标准化互动支撑机制，深化与“中国知识产权公证服务平台”的对接和应用，支持重大技术装备、重点新材料等领域的自主知识产权市场化运营，加快建立知识产权侵权惩罚性赔偿制度，推进《厦门经济特区知识产权促进与保护条例》立法，打造全国知识产权严格保护示范区。

2. 完善科技创新资源配置方式

深入实施《厦门市科技计划项目管理办法》《厦门市科技计划项目资金管理办法》，改革科研项目立项和组织实施方式，坚持目标引领，强化成果导向，建立健全多元化支持机制，完善项目管理机制。聚焦生物医药、智能制造、集成电路等我市重点产业领域，推动以行业领军企业为主导、政府基金引导、高校院所提供技术支持，共同建设开放共享的科技成果转化中试基地，推动政府引导基金在孵化等前端环节更好发挥支撑作用，强化中试放大、成果转化、验证测试等环节中试服务，持续提升厦门科技成果转化效率，鼓励科技企业广泛开展科技成果路演。加强与国家相关部门的对接，组织辅导有条件的企业积极申报、承担国家重大科技项目，落实国家项目配套资金。建立市场化社会化的科研成果评价制度，研究制定我市科技成果标准化评价地方服务规范，引进培育一批高水平、专业化科研成果评价机构，推进评价机构社会化、评价业务市场化、评价方式专业化和从业人员职业化。建立健全科技咨询制度，完善科技专家库，对全市

（含行业、区域等）制定发展战略、产业结构优化调整、科技项目实施等开展前瞻性科技咨询。推动创新主体建立专利导航决策机制，提高专利布局的前瞻性和针对性，大力培育高价值专利。通过知识产权招商汇聚知识产权服务和创新资源，支持行业协会增强对海内外企业知识产权服务能力，大力引进和培育一流知识产权中介服务机构，全面加强对企业海内外专利的预警监测和适当保护。

3. 培育发展技术转移机构和技术经理人

争创国家技术转移区域中心，修订出台《厦门市促进科技成果转移转化若干规定》，积极推动国内外知名高校、研究院所、大型企业来厦设立技术转移机构，大力培育一批示范性技术转移服务机构。落实《厦门市新型研发机构管理办法》，支持科技企业与高校、科研机构合作建立新型研发机构，大力引进世界一流高校、科研院所等在厦独立或者合作举办应用型新型研发机构、学科院所。积极推进科研院所分类改革，加快推进应用技术类科研院所市场化、企业化发展。依托厦门市产业技术研究院建设国家技术转移人才培养基地（厦门），支持高校、科研院所、企业符合条件的科技人员从事技术转移工作，将科技成果转移转化领军人才纳入“双百计划”“海纳百川计划”等各类创新创业人才引进培养计划，建立健全技术转移服务激励和技术转移人才培育机制，提高技术转移专业服务能力。

4. 促进技术要素与资本要素融合发展

修订《厦门市科技成果转化及产业化基金管理办法》和《厦门市科技创业种子暨天使投资基金管理办法》，完善基金管理制度，支持天使投资、创业投资等投资科技行业，探索推动优质知识产权证券化和科技保险等业务，帮助企业拓宽融资渠道，促进科技成果资本化。落实《厦门市知识产权发展专项资金管理办法》，出台知识产权质押贷款实施细则，完善知识产权风险补偿机制，鼓励金融机构积极开展知识产权质押、预期收益质押等融资业务，为促进技术转移转化提供更多金融产品服务。

5. 支持国际科技创新合作

扩大科技领域对外开放，加快融入全球创新网络，积极组织和参与国际科技创新活动，深化基础研究国际合作，支持外资机构在厦开展科技创新活动，建立健全多层次多类型国际创新合作体系。加大抗病毒药物及疫苗研发国际合作力度，加快组织推进应急科研攻关项目。探索实施科研物资等创新要素跨境便利流动政策，建立科研资金跨境管理模式，发展离岸创新创业，支持本市企业在境外设立创新研发基地，推动外籍科学家领衔承担政府支持科技项目，在形式审查、立项评审等各个环节对申报项目的不同国籍人员一视同仁。发展技术贸易，加大企业技术进出口奖励力度，促进技术进口来源多元化，健全财政贴息、金融、信保、签证等促进技术出口政策扶持体系，扩大技术出口。

（五）加快培育数据要素市场

1. 推进政府数据共享开放

加快推进“智慧城市”和“数字政府”建设，完善自然人、法人、空间、信用、电子证照等六大基础数据库，按照《厦门市政务信息共享协同平台技术规范》，加快推动各区各部门间数据资源整合、共享交换及业务应用，形成一批数据共享责任清单，完善政务数据共享协同体系；建设主题数据库，推进可供开放的公共数据资源归集。提升厦门市大数据应用安全开放平台功能作用，优化厦门市公共数据开放管理机制，探索公共数据安全开放途径，逐步拓宽公共数据开放范围，促进企业登记、交通运输、气象等公共数据开放和数据资源有效流动；依托主题数据库，以“可用不可见”为基本原则，根据公共数据应用场景开放公共数据；通过举办大数据安全开放创新应用大赛、专题沙龙等方式，吸引个人、企业、高校、科研院所等大数据产业优秀智慧资源，共同参与公共数据开放利用。

2. 提升社会数据资源价值

加快培育数字经济新产业、新业态和新模式，依托国家级信用大数据创新中心、市大数据安全开放平台的建设和推广，吸纳更多平台企业（数据服务提供方）加入大数据安全开放生态圈，推动平台企业和企业用户（数据服务需求方）联合打造典型应用场景，支持构建农业、工业、交通、教育、安防、城市管理、公共资源交易等领域规范化数据开发利用的场景，培育发展新产业新业态新模式。发挥行业协会商会和龙头企业作用，探索推动人工智能、可穿戴设备、车联网、物联网等领域数据采集标准化。

3. 加强数据资源整合和安全保护

探索建立统一规范的数据管理制度，建立数据资源清单管理机制，统筹数据资源目录编制，建设数据电子化纠错系统，提高数据质量和规范性，拓展在线业务办理覆盖面，丰富数据产品。探索开展数据产权界定研究，根据数据性质完善产权性质，对数据涉及的所有权、管理权、控制权、使用权、处置权和收益权等进行合理切分，鼓励科研院所、协会商会、数据公司等第三方机构开展数据资产评估、定价、收益分配等研究。在国家数据跨境传输安全管理制度框架下，开展数据跨境传输安全管理试点，探索形成既能便利数据流动又能保障安全的机制。开展个人信息入境制度性对接，探索加入区域性国际数据跨境流动安排，提升数据传输便利性。进一步规范共享数据隐私保护制度及安全审查制度，加强数据资源使用前授权管理，完善日志功能，加大对违规收集使用公民个人信息、违法有害信息频发或信息安全责任落实不到位的互联网信息服务提供者的审查力度。落实国家数据分类分级安全保护制度，加强对政务数据、企业商业秘密和个人数据的保护。

（六）加快要素价格市场化改革

1. 完善主要由市场决定要素价格机制

定期开展城镇基准地价更新工作并及时公布，推动地价测算体系智能化、公开化，积极探索标定地价和农用地基准地价制定工作，逐步形成与市场价格挂钩动态调整机制。健全最低工资标准调整、工资集体协商和企业薪酬调查制度。落实《厦门市人民政府关于改革国有企业工资决定机制的实施意见》，鼓励、引导有营业收入的事业单位建立绩效工资与业务净收入适当挂钩机制。建立公务员和企业相当人员工资水平调查比较制度，落实并完善工资正常调整机制。继续推进贷款市场报价利率（LPR）改革，引导金融机构进一步加大 LPR 应用，按照市场化、法制化原则稳妥有序推进存量浮动利率贷款定价基准转换为 LPR 工作。

2. 加强要素价格管理和监督

引导市场主体依法合理行使要素定价自主权，按照中央和福建省定价目录，将凡是能由市场形成价格的都交给市场，减少政府不当干预，实现政府定价机制由制定具体价格水平向制定定价规则转变。构建要素价格公示和动态监测预警体系，加强住房租赁价格、劳动力市场价格、药品价格等重点领域价格监控，扩大监测覆盖面、提高价格监测频次、增加价格监测品种，完善监测信息分析、要素价格调查和信息发布制度。完善要素市场价格异常波动调节机制，编制价格异常波动应急预案，最大限度地防范和减少价格异常波动及其造成的危害，保持市场价格基本稳定，保护消费者合法权益。加强要素领域价格反垄断工作，畅通价格投诉举报渠道，建立反垄断信息咨询、维权保障服务机制，切实维护要素市场价格秩序。

3. 健全生产要素由市场评价贡献、按贡献决定报酬的机制

着力保护劳动所得，适时提高最低工资标准，以一线职工、农民工、劳务派遣工为重点，广泛开展工资集体协商，提高劳动报酬在初次分配中的比重。健全企业薪酬调查和信息发布制度，强化劳动力市场工资指导价位、工资增长指导线、行业人工成本信息引导作用。全面贯彻落实以增加知识价值为导向的收入分配政策，健全以岗位职责、能力业绩、实际贡献为导向的人才评价机制，落实科技成果转化奖励等激励措施，充分体现技术、知识、管理、数据等要素价值。

（七）健全要素市场运行机制

1. 健全要素市场化交易平台

拓展公共资源交易平台功能，动态编制《厦门市公共资源市场配置目录》，按照“应进必进”原则，推动适合以市场化方式配置的自然资源、资产股权、环境权等各类公共资源交易进平台，推进平台标准化建设，健全配置机制，推动电子交易系统与“福建省公共资源交易电子公共服务平台”“福建省公共资源交易电子行政监督平台”互联互通。健全科技成果交易平台，支持互联网技术交易平台发展，利用 5G 大数据等新一代信息技术基础设施，提高技术市场服务水平，完善技术成果转化公开交易与监管体系。引导培育大数据交易市场，构建大数据安全开放生态体系，撮合生态合作伙伴依法合规开展数据交易。支持各类所有制企业参与要素交易平台建设，提升厦门产权交易中心、厦门两岸股权交易中心、海西医药交易中心等要素交易平台治理水平，健全要素交易信息披露制度。

2. 完善要素交易规则和服务

加快健全以城乡统一的建设用地市场为方向、以不动产登记为基础的土地市场交易管理机制。研究制订《厦门市技术市场管理办法》。建立健全数据产权交易和行业自律机制。深化区块链、云计算等新一代信息技术应用，加快健全各类要素平台数字化、智能化支持系统，推进各类要素资源全流程电子化交易。推进实物资产证券化，鼓励旅游、交通、市政等领域优质项目资产证券化，建立产业投资基金、不动产基金、证券投资基金等多元化、可持续资金支持机制。鼓励要素交易平台与各类金融机构、中介机构合作，发展信用担保和信用服务、创业培训服务、市场开拓服务、管理咨询服务、价格评估服务，以及产权界定、流转交易、担保、保险、会计、税务、报关、律师、信息、投资等门类齐全、功能多样的中介服务机构。

3. 提升要素交易监管水平

打破地方保护，加强和改进反垄断和反不正当竞争执法，提升网络不正当竞争执法能力，规范交易行为，畅通 12345 政务热线，健全各部门依职责举报查处机制，防止发生损害国家安全及公共利益的行为。推动修订《厦门经济特区公共资源市场配置监管条例》。加强信用体系建设，落实《厦门经济特区社会信用条例》，出台（修订）厦门公共信用信息管理、守信激励与失信惩戒等配套管理制度，更新厦门公共信用信息目录、联合奖惩行为清单和措施清单，推进各部门依法依规开展联合奖惩应用，推进符合条件的失信企业按规定进行信用修复。健全交易风险防范处置机制，加强市场风险监测和防控，依法提高违法违规成本，构建多层次的违约纠纷化解机制。

4. 增强要素应急配置能力

把要素的应急管理和配置作为我市应急管理体系建设的重要内容，加快市级应急指挥平台、应急救援队伍、应急物资储备库等建设，适应应急物资生产调配和应急管理需要，建立对相关生产要素的紧急调拨、采购等制度，建立健全多部门联合调度机制，提高应急状态下的要素高效协同配置能力。充分运用大数据、人工智能、云计算等数字技术，强化公共卫生事件监测溯源系统、应急智慧救治平台、社区综合信息平台、物流 / 车辆信息监测系统等平台功能，完善金融、交通、医疗、公共安全等领域应用场景，增强应急管理、疫情防控、资源调配、社会管理等方面处置能力。

【参考文献】

[1] 刘翔峰 . 要素市场化配置改革研究 [J]. 全球化，2020(01).

[2] 厦门市政府 . 关于大力建设金融强市打造金融科技之城的意见 [Z]，2019-11.

[3] 厦门市政府 . 关于印发深化公共资源交易平台整合共享工作方案的通知 [Z]，2020-06.

[4] 厦门市政府 . 关于印发做强做大生物医药产业三年行动计划（2020-2022）的通知 [Z]，2020-08.

[5] 农业农村部 . 关于积极稳妥开展农村闲置宅基地和闲置住宅盘活利用的通知 [Z]，2019-11.

课 题 组 长：姚厚忠
课题组成员：兰剑琴　黄光增
课 题 执 笔：姚厚忠

第二十三章 厦门城市更新模式选择和机制创新研究

推进厦门城市更新，是深入贯彻落实习近平总书记对福建、厦门工作重要指示批示精神，实施“提升本岛、跨岛发展”战略、推进岛内大提升的具体举措，是破除厦门自身发展瓶颈，化解发展难题，进一步补短板强弱项惠民生，提升群众幸福感安全感获得感的内在要求。通过厦门城市更新，高效集约利用土地资源、优化空间配置，实现城市升级、产业转型，促进经济、社会和环境协调发展，进一步提升城市功能和品质，推动厦门建设高素质高颜值现代化国际化城市。

一、发展情况

（一）总体情况

近年来厦门市城市更新取得了显著的成效。截至2020年年底，完成“批而未供”土地处置421.81公顷，完成闲置土地处置54宗391.9公顷，处置率80.3%，闲置土地处置工作在全省排名首位。土地房屋征收实现“双增长”，全市累计完成土地征收72717.68亩，同比增长27.57%；累计完成房屋征收1081.84万平方米，同比增长56.08%。完成各类土地供应431宗，面积1891.76公顷，同比分别增长13.42%和34.16%，成交金额637.06亿元，同比增长32.49%。其中，划拨用地354宗，面积1437.75公顷，同比分别增长13.46%和28%；出让用地77宗，面积454.01公顷，同比分别增长13.24%和58.28%，有力保障了产业招商、民生和基础设施项目建设。列入城市更新计划项目共9个（高林—金林片区、湖边水库片区、湖里体育公园片区、五通金融商务片区、蔡塘片区、五缘湾营运中心二期片区、五缘湾北片区、何厝片区、岭兜片区）。

城市更新不仅缓解了厦门发展空间不足压力，有效促进了产业转型升级，而且落实了一批幼儿园、中小学、综合医院等公共配套设施，初步实现了更新城区公共服务质量的提升。

（二）更新机制和模式

厦门城市更新由市、区两级政府主导，采用“政府主导+国企运作+片区平衡”的模式、“市指挥部+开发主体企业+属地区街配合”的片区开发运作机制。市、区属国企参与清理盘活全市低效利用的工业用地和厂房，运作实施片区征地拆迁、安置房和公建配套设施等各项工作，其中涉及收储的职能，由土地储备机构厦门市土地发展中心办理。如，湖里区东部片区按照“整村、整体一次性拆迁改造”的思路，采用“指挥部 + 街道 + 国企 + 社区”机制，推动旧村整体一次性改造。在湖里区老旧工业区改造过程中，联发集团作为湖里区老工业区的国有企业，与湖里区共同注资成立厦门联发天地园区开发有限公司，着手对老工业区进行改造升级。

（三）相关更新政策

老工业区改造政策。出台《厦门市人民政府办公厅印发厦门市推进工业（仓储）国有建设用地改造试行方案的通知》(于 2017 年废止)，推动老工业区升级改造，优先保障文化、体育、教育、医疗、养老、保障房、公园等补齐民生短板类和科技研发类及商业类用途变更。2018 年出台《全市工业用地控制线》方案，引导全市产业转型升级和城市功能更新，对工业用地控制线范围外的不符合产业规划发展政策、不符合环保要求的低效、老旧工业用地实施政府收储，实施城市更新改造，补齐城市民生短板项目。

老城区改造政策。出台《厦门市老旧小区改造提升工作意见》《厦门市“城市双修”工作方案》等政策，推动老城区、历史文化名城、名镇名村、历史文化街区、历史建筑等加快改造升级，初步形成 55 个“双修”基础项目库。

旧村（城中村）改造政策。出台《厦门市人民政府办公厅关于印发厦门市集体土地上房屋征收与补偿管理办法的通知》等政策，提出厦门市旧村改造补偿安置方案。

二、存在问题

（一）管理体制有待创新

厦门城市更新面临管理“滞后性”。一是组织化欠缺。没有成立专门的城市更新管理机构，实际工作中，容易出现多头管理、推诿扯皮现象。二是实际运作案例不多。更新实施平台缺乏，城市更新的协商过程时间长、工作烦琐，缺少政府、组织实施机构、更新主体、相关利益人等多方有效的沟通平台。三是更新碎片化明显。各区城市更新职能部门会考虑同一地区不同项目之间的统筹，各市场主体较少考虑与周边项目进行协调，它们之间缺乏有效的功能联动、产业协同与配套互补，呈现出“碎片化”的状态。四是审批程序有待进一步优化。涉及城市更新的部门审批程序存在重复、矛盾或空缺等问题，部分需要严格审批和监控的环节也未能得到规范。城市更新管理涉及多个部门，部门之间未能建立高效的衔接机制，审批程序有待进一步优化。

（二）更新政策有待完善

城市更新实践面临法律法规和技术“滞后性”。城市更新需求日益多元，更新改造缺乏系统的法律法规体系和系统性技术指引，存在更新行为“无章可循”的现象。在法律法规体系方面，缺乏类似《深圳市城市更新办法》和《深圳市城市更新办法实施细则》等法律法规。在技术体系供给方面，国内现行的技术标准、规范大多形成于计划性城市建设背景下，必然存在适用性局限。

（三）资金来源渠道单一

一是更新奖励机制缺乏。厦门市城市更新由政府出资建设，征迁工作委托区里实施，土地出让收入则由市、区按体制分成。这种模式下，微观市场主体作用没有充分发挥，资源配置效率不高，使得社会资金参与城市更新的渠道缺乏有效的激励机制，缺少如深圳通过实施财政补贴、税费减免、容积率奖励等政策吸引社会资本投入城市更新的奖励机制。

二是融资结构仍显单一。更新资金直接融资的比重较小，仍以财政投资和银行贷款为主。参与城市更新的开发企业 60% 以上的资金来自银行贷款；另外，由于金融市场的不够完善以及相关法律法规不健全，尚未形成能够完全满足不同城市更新项目资金方式的融资方式，基金、信托市场等融资方式不成熟。

（四）公众参与有待加强

厦门城市更新仍是以政府为主导“自上而下”的运作和管理模式，虽有利于在大区域范围内提升城市功能、激发都市活力，但对于市场和公众的需求考虑有所欠缺，相关制度安排滞后于公众参与意愿的有效组织与实现，特别是在城市更新项目认定评估和城市更新实施计划阶段等城市更新环节，公众参与城市更新的体制机制有待进一步完善。

三、发展展望

《中共中央关于制定国民经济和社会发展第十四个五年规划和二〇三五年远景目标的建议》提出，要实施城市更新行动，推进城市生态修复、功能完善工程，统筹城市规划、建设、管理，强化历史文化保护、塑造城市风貌。《中共厦门市委关于制定厦门市国民经济和社会发展第十四个五年规划和二〇三五年远景目标的建议》提出，要大力实施城市更新行动，保护历史风貌，优化发展空间，提升产业能级，完善城市功能品质。这为厦门推动城市更新提供了重要战略机遇，有利于厦门进一步纵深推进城市更新工作，形成城市更新新发展格局。

2021 年厦门将全面贯彻中央城市工作会议精神，践行习近平总书记“人民城市人民建、人民城市为人民”的城市治理理念。通过厦门城市更新和二次开发，打破土地资源限制和发展空间约束。积极开展各类旧区综合整治，稳步推进以城中村、旧工业区为主要对象的拆除重建，探索历史文化地区保护活化，逐步实现厦门空间布局优化、产业转型升级、居住环境改善，提升公共配套水平，提高基础系统支撑能力与城市安全保障能力，实现城市有机更新，促进城市有质量、有秩序、可持续发展。2021 年厦门将提供增量建设用地 1200 公顷、存量建设用地 800 公顷，供应建设用地面积达 2000 公顷，土地出让金 600 亿元，用海面积 1000 公顷，用林面积 196 公顷，新增市级储备用地面积 944 公顷，推广 1~2 个生态修复和保护示范项目，重点打造 1~2 个更新片区，推动整个城区产业空间和城市功能全面优化提升。

四、模式选择

结合厦门城市更新实际，借鉴广州、深圳、南京、宁波、上海等城市更新模式，提出厦门城市更新模式选择，推动厦门城市有机更新。

（一）城中村更新模式

在厦门城中村更新中，采用以市场需求为导向的“政府引导、市场主导”城市更新模式，统筹运用拆除重建和综合整治等更新方式。

1. 拆除重建

通过引入全新的商业模式和生活方式，融入“智慧交通、智慧社区、智慧城市”的发展理念，以多元复合的新型都市社区模式，致力打造集商务办公、休闲购物、文化旅游、健康养老、居住教育的智慧型社区，展现未来多元化都市活力的新型社区。重点引入科创、文创、金融产业和总部经济等产业，实施“升级物业＋教育培训＋运营支持＋现代产业”的产业升级路径。均衡配备公共设施，结合公共绿地配置公共设施，形成环境宜人的大型邻里中心，均衡布局教育及其他设施，为村民和居民提供机会均等的享用权利。

2. 综合整治

以完善配套和改善环境为目标，积极引入物业管理，同时加大提供住房、商业、教育等公共配套服务设施。政府负责城中村的综合整治，主要包括公共安全环境硬件提升。一是打造新型综合公共服务设施，合理开发利用现有建筑空间。二是加强安全整治，全面完善楼宇外的消防、安防、监控、供电、供水、供气等基础设施，进行城中村地下综合管廊试点建设，重新铺设房屋内电气管线，增加烟感、灭火器等消防设备，提升城中村安全系数。三是打造城市界面新形象，利用艺术手法实现立面分区改造。企业负责统租运营和物业管理。将从村民手中租赁的村屋改造为长租公寓，并引入专业物业管理团队，提供高品质的管理服务；同时，统一进行业态规划和招商管理，根据实际需求引入产业办公、社区教育等配套业态。

3. 公开透明选择合作主体

涉及集体资产的城市更新项目须通过公开招标选择合作主体。原农村集体经济组织继受单位应在区政府监督下，以公开透明、体现村民发展意愿为原则，合理设定合作主体选择的基本门槛，保障一定数量的、有实力且有开发经验的企业应标，并科学制定合作主体选择的综合评分标准、筛选条件，保证优质的开发企业中标。招标过程应全过程公开，杜绝少数“村官”与开发企业操纵集体决策，保证村民真实意愿得到体现。

（二）旧工业区更新模式

在厦门旧工业区更新中，采用以政府推动为导向的“政府主导、国企运作”城市更新模式。建立以市、区政府为主体，以规划为引导，以产业升级为目标，以企业、社会、政府利益共享机制为核心的存量工业用地盘活机制，统筹运用拆除重建、综合整治、功能改变等更新方式，综合采取商业地产、类住宅、产业运营等开发模式，重点引入文化创意、研发设计、总部经济等产业，发展新型产业用房、配套商业、配套公寓等多种物业形态。

1. 大力推进产业更新

强化产业园区载体建设，推进一批闲置和低效工业、仓储用地进行二次开发，加快盘活存量空间，促进业态提升。做强创新创意产业，要以科创、文创、金融产业为重点，促进优质资源要素集聚。加快构建战略性新兴产业集群，以 5G、区块链、人工智能、工业互联网等新技术为引领，围绕产业链、价值链、创新链的高端环节，加快发展知识技术密集、空间利用集约的新业态，打造科技创新高地。在做优火炬产业园、软件园二期和湖里创新园等基础上，高标准建设开元创新社区等。做优总部经济，在做强鹭江道、观音山、五缘湾、两岸金融中心、会展等总部片区的同时，大力推进滨北总部建设，积极引进国内外知名企业总部和功能性机构落户，支持建设标志性总部大楼，设立研发、结算、管理等区域中心。

2. 创新政策措施

旧工业区出于消除安全隐患、完善产业及配套功能、改善空间环境品质等目的开展综合整治，可增加面积不超过现状建筑面积 15% 的电梯、连廊、楼梯等辅助性公用设施。

已签订土地使用权出让合同或已经办理不动产登记且符合相关规定的产业用地，可在维持原土地用途不变情况下综合运用加建、改建、扩建等手段提高容积率，具体按照市规划和自然资源主管部门出台的产业用地节约集约利用相关规定执行。

建立产业升级类更新项目事前、事后的产业监管体系，强化产业升级更新项目全流程监管。事前监管应在现有监管要求基础上，进一步根据产业发展需求，明确改造后的物业自持比例、限制分割转让。事后监管应指定监管主体，探索传统监管与智能监管相结合，及时发现问题，完善违约惩罚机制，支持实体经济发展。

（三）老城区更新模式

在老城区更新方面，采用以公众需求为导向的“政府推动、公众主导”城市更新模式。根据“保护与改造并重”的原则，在城市更新中更加注重老城区控量提质和老旧小区空间改造与历史文化传承、产业升级和社区治理优化的有机结合，引导老城区更新从单纯的物质空间拆修转向城市空间的微改造、微更新与有机修补，促进老城区人居环境的改善。

1. 着力完善功能品质

完善市政设施，以解决老旧小区设施老化、存在安全隐患问题为目标，围绕优化社区人居环境，重点改造“三线（电力线、通信线、有线电视线）”和“三管（供水管、燃气管、排水管）”，完善老城区的消防配套及安全设施。适当提高容积率，借鉴深圳等国内先进地区的经验，适当突破现有容积率指标限制，加强和促进土地节约集约利用。推动人口有序疏解，通过产权调换等方式，有序缓解老城区常住人口。引进国内外优质教育资源，科学规划、合理建设一批中小学、幼儿园项目。建设健康社区，针对老年人口比重较大现状，加快发展社区养老产业，积极引导房企、险企、国企布局社区服务养老，建设一批特色医疗设施项目，打造综合医养社区。通过老旧小区改造，完善居民生活配套，提升城区功能品质。

2. 着力挖掘历史文化内涵

分类推进历史文化遗产保护和活化。加强城市更新单元规划中的历史文化保护专项或专题研究，在规划指导下推进历史文化保护和活化工作。涉及文物保护单位和未定级不可移动文物的，应落实文物主管部门相关要求。涉及历史建筑和历史风貌区的，应在行业部门指导下，鼓励在保护的基础上，开展活化研究，保护传统肌理和特色风貌，提炼历史文化遗产的核心要素，并与周边城市建设相融合，实现物质文化遗产和非物质文化遗产的同步活化与传承。做好鼓浪屿历史国际社区品质提升工作，深入实施“全岛博物馆”计划。深入推进中山路片区改造提升，推动厦港（沙坡尾）片区、高崎渔港片区及旧村特色风貌改造。

3. 以城市更新促进智慧城市建设

落实智慧城市要求，鼓励利用城市更新契机适度超前布局智能基础设施，运用智慧路灯、智慧井盖、智慧泊车等数字基础设施改造市容市貌，建设宽带、融合、安全、泛在的通信网络和智能多源感知体系，为厦门智慧城市管理提供智慧基础设施和智慧信息支撑。

五、创新体制机制

加快推进已经明确的重大片区更新改造项目，并抓紧谋划下一步急需推进的重大片区项目，研究创新以下几个方面内容：

（一）创新管理体制

1. 组建专门的领导机构

学习借鉴深圳、广州等城市更新管理经验，组建专门的城市更新领导机构，实行城市更新领导小组领导下的城市更新管理机构负责制。领导小组由市主要领导担任组长，相关分管副市长担任副组长，各相关部门和辖区政府主要负责人担任成员。领导小组主要负责审议城市更新配套政策，审批准于入库的城市更新项目和年度实施计划等。领导小组下设办公室（办公室挂靠厦门市自然资源和规划局），由各成员单位业务骨干组成，负责厦门土地整合运作和城市改造更新工作，具体包括制定城市更新配套政策、编制城市更新工作方案与计划、组织城市更新项目实施与监督、审核城市更新项目方案、统筹资金平衡等。

2. 建立市、区两级高效管理体系

建立市、区“两级运作、上下互动”的高效管理体系。市城市更新领导机构负责战略部署、统筹决策，研究拟定城市更新的相关规划、政策法规和技术规范，指导、协调和监督各区城市更新改造工作和重大城市更新事务，组织开展与各职能部门沟通协调的联席会议。区城市更新领导机构负责任务分解、具体落实，主抓项目推进，对上通报联系、对下协调统筹，积极发挥区统筹机构在牵头实施、目标分级、决策参谋、督察推进和目标考核方面的作用。

（二）完善法规和规划体系

1. 完善法规体系

参照深圳、南京、宁波、广州等城市经验，充分利用经济特区的立法权，结合厦门城市更新的历史问题、现实要求和实践经验，尽快研究制定《厦门市城市更新条例》等城市更新法律，以界定城市更新与城市发展其他建设行为的关系，规范城市政府在城市更新中的行政行为，明确城市房屋、土地权利人、投资者在城市更新中的权利、义务与法律责任，切实保障各方面的利益。同时要建立一套以“地方性法规 + 实

施细则 + 操作办法”，内容涵盖规划、土地、房屋拆迁、建筑设计、施工、物业管理等的城市更新法规体系，以准确完整、稳定的法律法规代替临时、应急性的政策措施，营造城市更新良好的法制环境。

2. 健全规划体系

结合厦门实际情况，明确更新范围，并对更新项目的权属信息、地类、面积、使用现状、闲置情况进行摸底调查。按照宏观、微观两个层次，编制一套“上下贯通、衔接紧密”的城市更新规划体系。一是宏观层面，结合《厦门市国土空间总体规划（2020–2035 年）》，编制《2035 年城市更新策略指引》，明确老城区、旧村庄、旧厂房改造的总体战略、目标以及分区管控措施。二是微观层面，制定厦门城市更新三年行动专项规划，提出三年厦门城市更新任务和策略，明确各类型城市更新规模、分区管控及时序等。编制年度实施计划，提出年度老城区、旧村庄、旧厂房改造的规模、项目清单和改造时序，并下达各区。各区根据年度实施计划开展项目申报，并推动申报项目实施。编制城市更新单元规划编制技术规定、审批操作规则、容积率审查等技术规范。

（三）拓展投融资渠道

1. 创设“城市更新基金”

设立“城市更新基金”，为重大城市更新项目提供中长期资金支持，老城区、城中村和老厂房改造政府盈余主要用于补充城市更新基金。充分发挥基金的撬动作用，广泛吸纳社会各类资金，不断扩大城市更新基金规模。对城市更新中难以实现平衡的项目，经市政府研究认定后，通过城市更新基金以资本金注入、投资补助、贷款贴息等方式给予支持。合理利用一定比例政府专项债券资金增加项目资本金，发挥好政府专项债券资金的引导、撬动作用。

2. 探索发行信托基金

可参照房地产信托基金 (REITs) 模式发行城市更新信托基金。建议依托厦门国际信托、光大信托、安信信托、中融信托等机构发行厦门城市更新项目的信托计划，从合格投资人处募集资金，通过信托贷款、股权投资、混合型投资等多种方式投资到城市更新项目。各信托系下属企业同时设立城市更新投资母基金或融资平台公司用于承接信托资金投资城市更新项目。

3. 探索发行建设债券

大力推进直接融资，积极利用债券市场，选择部分区位好，价值预期高，有稳定回报的项目发行城市更新建设债券。债券期限不宜过长，回报率略高于同期银行定期存款利率。发行债券筹集的资金用以解决建设项目中、长期流动资金。

4. 建立 PPP 模式专项资金

根据《厦门市人民政府办公厅关于推广政府和社会资本合作 PPP 模式试点扶持政策的意见》，对符合条件并运用 PPP 模式的交通、市政、环保、保障性安居工程、医疗和养老服务等城市更新建设项目，按厦门市现行政策优先安排专项补助。鼓励符合条件的 PPP 项目运营主体在资本市场通过发行公司债券、企业债券、中期票据、定向票据等市场化方式进行融资。鼓励PPP项目公司发行项目收益债券、项目收益票据、资产支持票据等，优先支持发行城市停车场、城市地下综合管廊等城市更新专项债券。鼓励各类创业投资、产业投资等股权投资基金参与厦门市PPP项目合作，扩大PPP项目资金来源渠道，符合厦门市股权投资类企业条件的，可享受厦门市股权投资类企业相关扶持政策。

5. 探索新型融资机制

根据“政府主导，市场参与”的原则，广开资金渠道，利用土地开发权、投资回报等多种手段，探讨对于不同主体参与城市更新改造的利益共享机制：市政府与各区、村集体的出让收益分成；市政府与社会投资主体的利益分配方式等。探索政府购买服务模式，实现市场化运作模式，建立并完善社会谈判引资模式。充分调动各方参与城市更新的积极性，实现土地资产保值增值。

（四）创新土地利用机制

1. 实施差别化土地供应政策

为了兼顾城市更新中各方利益，鼓励参与城市更新，应针对不同地区、不同类型的城市更新项目实施差别化土地供应政策。对不同土地用途分门别类确定其土地供应方式和土地供应价格，从土地供应源头上保证城市更新中公共利益与参与城市更新企业利益的共同实现。如探索制定部分区域集体土地流转为国有土地相关政策，明确村庄的土地房屋权属。

2. 促进土地用途合理转换

借鉴深圳经验，支持在符合国土空间规划要求的前提下，推进二三产业混合用地。城市更新项目经依法依规批准，可以协议方式办理用途变更手续；用途变更后的土地使用权年限可在法律规定的最高年限范围内确定，补缴批准改变时新土地使用条件下相应年限与原土地使用条件下剩余年限地价总额的差额；符合划拨用地目录的可以办理划拨用地手续。

3. 支持工业用地复合利用

借鉴深圳经验，支持盘活利用存量工业用地，探索解决规划调整、土地供应、收益分配、历史遗留用地问题。鼓励工业园区适度集中建设生产服务、行政办公、生活服务设施，面积可以合并计算。企业利用存量工业用地及厂房发展国家支持的产业、行业的，可享受在一定年期内不改变用地主体和规划条件的过渡期政策，现有过渡期以5年为上限；过渡期满需要办理用地手续的，可以按新用途、新权利类型、市场价以协议方式办理用地手续。

4. 加大地价政策支持力度

争取上位政策支持减免土地出让金。旧工业区更新的地价标准予以一定的优惠扶持，如新建的辅助性公用设施部分可免缴地价，普通工业厂房按照相应公告基准地价的10%计收地价。属于新型产业用房或产业配套设施的，按照相应公告基准地价标准的50%计收地价。城市更新地价测算逐步纳入全市统一的地价测算体系。鼓励原业主单位自行改造，通过补缴地价方式让业主全程参与土地开发，补缴地价款可延缓缴纳。城市更新项目地价可不计息分期缴交。

5. 设定合法用地比例

合法用地的权属比例是调节城市更新计划规模的重要方式。制定更新改造和利益分配方案时需明确土地范围内的合法物权归属。对于已取得建设工程规划许可证但部分尚未完成建设的工业仓储用地，按照建设工程规划许可证审批的计容建筑面积认定为合法物权。建议合理设定合法用地比例。申报拆除重建类城市更新计划的城市更新单元，合法用地比例应当不低于 60%。为鼓励旧工业区进行升级改造，应适当放宽合法用地的比例至 50% 以下，只要进入更新环节后能通过用地处置和违法建筑处理政策理清权属的，就可以申请更新，以充分释放旧工业区的改造需求。

6. 建立容积率奖励制度

制定容积率有关规范。出台《厦门市城市更新容积率奖励实施办法》和《厦门市城市更新单元规划容积率审查技术指引》，确定厦门城市更新项目规划建筑面积包括基础建筑面积、转移建筑面积、奖励建筑面积。以转移建筑面积和奖励建筑面积的方式，确定城市更新的激励机制。

鼓励适当提高开发强度。在片区规划总量控制的前提下，在满足片区现有承载力的基础上，鼓励提高开发建设强度，允许开发主体在不影响原有建筑物结构安全和消防安全的前提下，加建、扩建最高可至宗地规划容积率的上限。属于空地扩建的，扩建范围内新批准的容积率不超过所在宗地原容积率的 2 倍；属于局部拆建的，拆除范围内新批准容积率不超过所在宗地原容积率的 2 倍。

7. 创新地下空间开发机制

成立跨部门的地下空间总体规划负责小组，推进地铁、地下商业街、地下停车场、地下管网系统、地下储存库等地下公共空间开发利用。鼓励连片式利用，共同开发地下商业空间、开放式停车空间，形成地下交互式活动空间。

（五）健全公众参与机制

1. 优化公众参与流程

增强公众在更新治理中的作用，把公众参与贯彻于一系列政策制定及后续管理的城市更新环节，形成多方互动、上下结合的工作机制。在城市更新项目认定评估阶段，需征询社区公众对于区域发展需求和民生诉求，切实保障城市更新能有效完善地区公共要素配置。在城市更新实施计划阶段，鼓励社区公众与开发主体共同参与方案制定，保障公共要素实施的合理性和可操作性。同时，创新党建工作思路和模式，按照“开放、集约、共享”的工作思路，坚持“交流、服务、凝聚、引领”四大理念，建设城市更新党群服务站，打造集服务、管理、展示、教育于一身的开放式、多功能的城市更新党建工作综合平台，为推动城市更新提供组织支撑和动力保障。

2. 提供专业咨询服务

积极探索“事前征询”制度，在项目实施阶段对改造规划方案、拆迁补偿与安置方案、改造前后土地收益分配方案等一系列操作性的环节实行全面、深入的公众参与，体现更新实施中的公平、公开与公正。试点“社区规划师”制度，为社区居民提供城市更新专业咨询服务，协助社区公众参与更新决策，全面推动利益主体、社区公众、多领域专业人士共同参与城市更新，实现多方共赢。

（六）完善监督与考核机制

1. 健全动态监管与计划清理机制

加强更新项目的动态监管，搭建常态化的计划清理机制，各区政府按规定对符合清理条件的项目采取调出措施，建立项目实施的倒逼机制。

2. 完善更新实施绩效考核机制

根据城市更新任务分工、进度要求，落实各区及各部门责任，实施年度考核，并将考核成绩纳入年度绩效。一是完善考核内容，建立年度分配规模和年度实施率“双考核”机制，实现各区项目实施率与新增更新计划规模相挂钩。二是实现数量考核和质量考核并举，将综合整治项目、重点更新单元、公共利益项目推动情况一并纳入考核目标。

3. 完善定期通报机制

主管部门定期统计各区更新工作推进情况，优化城市更新通报平台，督促各项更新目标与任务落实，并定期向市城市更新工作领导小组报告。

【参考文献】

[1] 厦门市建设局 . 社会资本参与老旧小区改造试点方案 [Z].2020-09.

[2] 厦门市人民政府 . 厦门市人民政府工作报告 [R].2021-01.

[3] 匡晓明 . 上海城市更新面临的难点与对策 [J]. 科学发展，2017（3）:32-39.

课 题 组 长：张振佳
课题组成员：彭朝明　戴松若　林　红
　　　　　　梁子升　董世钦　黄彩霞
课 题 执 笔：张振佳　林　红　董世钦

第二十四章　提升厦门城市治理智慧化水平对策建议

当前，随着经济社会的加速转型升级，大力提升城市治理智慧化水平已成为推进国家治理体系和治理能力现代化战略的重要组成部分和核心任务。加强新型智慧城市建设，设立城市大数据平台，做强做优城市大脑，提升城市治理智慧化水平，这些都是未来各地政府提升社会治理能力的重要方向。厦门经济特区历经 40 年破浪前行的改革开放时期曾经创造了辉煌的特区城市文明，如今能否把握住新一代信息技术革命机遇，创新发展城市治理的新高点，实现新时代城市文明发展史上的超越，一定程度上折射着厦门建设高素质高颜值现代化国际化城市宏伟事业的成功与否。因此，加快推进城市治理智慧化建设具有深远的现实意义。

一、城市治理智慧化的内涵

（一）内涵

当前，城市治理智慧化是研究与实践的一大热点。所谓城市治理智慧化，是指以信息技术为基础、以多元主体协同创新为动力，通过感知化、网络化、数据化、智能化等手段，推动公共权力边界调整与“互联网 + 管理服务”方式创新，打造一种信息互联互通、多元主体协同、政民互动通畅、民生服务精准、公共管理智能的现代城市治理模式，实现城市更加宜居宜业、政府服务更加精简高效、经济更具活力、生态更加良好以及社会更加和谐。

城市治理智慧化的本质是从技术到人，即从信息技术出发，动员一切力量让城市更好、让生活更好、让未来更好。信息技术是城市治理智慧化最重要的前提和基础。城市治理智慧化价值就是社会成本最小化、治理能力高效化、政府服务精准化以及城市发展现代化。其核心理念是智慧、善治、创新、绿色。

城市治理智慧化是一项重要的创新课题，具有很强的逻辑关系与时代精神，具体脉络如表 24-1 所示。

表 24-1 城市治理智慧化的逻辑关系与脉络

逻辑关系	具体内容
背景	☆信息社会迅猛发展，数字化时代快速到来，国家亟须推进治理体系和治理能力现代化； ☆“城市病”的集中爆发，带来诸多亟待解决的城镇化问题； ☆市场经济体制日益完善，公众参与社会公共事务意识不断增强； ☆民生服务需求趋向个性化、多样化等。
基础	·信息技术的快速发展，为实现个性服务与精准管理提供支撑； ·智慧城市理论的发展与创新实践经验的积累； ·信息资源深度整合，共享经济的快速发展； ·服务型政府建设及市民公共管理服务参与意识的不断增强等。
根本	以人为本，以现代信息技术为支撑，创新治理模式与服务方式，加强城市治理资源科学分配与利用，推动个体意愿和政府意愿交流互动，提高决策的准确性和适用性，实现城市治理能力的现代化。
核心	充分运用现代信息技术，倒逼政府体制机制改革，促进城市组织架构优化，形成高效、可持续的城市管理新模式。
价值观	智慧、善治、创新、绿色。

（二）特征

互联网时代信息技术的广泛应用以及商业模式的不断创新，使城市治理模式发生重大变化，呈现出城市感知智能化、公共管理精准化、民生服务便捷化、网络空间规范化以及参与主体多元化等特征。

1. 城市感知智能化

即通过互联网、物联网及各种智能终端等手段，实现人与人、人与物、物与物之间的互联互通与全面感知，实时掌握城市各方面运行的状态，为实施精准管理与个性服务提供支撑。这是实现城市治理智慧化的重要基础。

2. 公共管理精准化

即通过信息技术应用与依法治市，促进信息共享与城市组织协同，同时改变政府自身条块化的管理服务方式，打破部门与区域间的界限，实现城市治理的一体化与精准化。这不仅是体现城市治理智慧化的关键，也是治理智慧化的重要特征。

3. 民生服务便捷化

即通过 "互联网 +" 模式方法及平台化的共享策略，全面整合服务资源与服务渠道，打造以人为本的智能化政务服务及城市公共服务体系，推动社会共治共享，为市民提供宜居宜业的良好环境，不断增强人民的福祉。这是城市治理智慧化的核心目标。

4. 网络空间规范化

即通过不断完善网络空间管理的法律法规及建立网络安全管理机制、舆情监测体系及网络市场管理体系等，推进网络空间的规范化发展，其不仅是城市治理智慧化的重要特征，也是评价现代城市管理水平的重要指标。

5. 参与主体多元化

即通过体制机制创新及依法治市措施的全面实施，有效界定政府权力与智能，充分利用互联网手段畅通市民参与渠道，积极鼓励多主体参与城市治理，加强政府、企业、市民及不同利益主体间的互动交流，提高社会各主体参与城市治理的获得感。

二、发展情况

（一）发展现状

1. 信息基础设施建设日趋完善

一是宽带通信网络建设成效显著，目前互联网骨干层级已达到省中心定位和水平，IP 城域网出口带宽达到 1.26T，IDC 出口带宽达到 2.0T。互联网用户普及率达 168.19%，固定宽带家庭普及率达 92%，4G 用户普及率达 120%，5G 商用试点加速推进，建成 5G 基站 1500 余个，鲲鹏超算中心（一期工程）建设完成并投入使用。二是窄带物联网建设加快推进。实现岛内全区及岛外主城区的全面连续覆盖，在智慧医疗、智能抄表、车联网等多个领域开展了 200 项物联网应用，连接用户突破 100 万。三是城市基础大数据库日益完善。建成人口、法人、交通、信用、证照、空间等 6 个基础资源库。截至 2020 年底，市民基础数据库覆盖厦门 100% 人口，数据总量达 5 亿多条；法人基础数据库覆盖全市 100% 企业，数据总量近 600 万条；空间库数据汇聚了各类地图图层 175 个；电子证照共享库共登记 35 个部门，发布 430 类证照。

2. 智慧城市建设成绩显著

近年来，厦门加快推进智慧城市建设，智慧化对于社会经济发展的支撑和引领作用进一步增强。根据《中国城市治理智慧化水平评估报告》，厦门荣获 2018 中国城市治理智慧化综合奖。2019 年厦门入围中国智慧城市十强，荣获 2019 中国智慧城市创新示范奖、“数字政府特色评选 50 强——数字政府示范引领奖”。“i 厦门服务体系建设实践”获全国惠民服务项目第一名，被评为“2018-2019 新型智慧城市建设评价典型优秀案例”。i 厦门领导小组办公室、厦门市工业和信息化局、厦门市民数据服务股份有限公司获得 2019 数字政府特色评选 50 强数字政府示范引领奖，厦门市信息中心、厦门市海沧区社区治理联动中心获得 2019 数字政府特色评选 50 强数据应用领先奖。2020 年 5 月建成“5G+ 无人驾驶赋能智慧港口”，厦门远海码头成为全国首个 5G 全场景应用智慧港口。2020 年，厦门软件园获商务部批复建设国家数字服务出口基地；获评工信部 2019 年国家新型工业化产业示范基地发展质量总体水平“四星级”。3 家企业入选中国软件和信息技术服务竞争力百强（全省 6 家）；4 家企业入选中国互联网企业综合实力百强（全省 6 家）；22 家企业入选福建省互联网企业 30 强；26 家企业入选福建省数字经济领域创新企业。新增 8 个国家级大数据、工业互联网领域优秀案例；5 个省级工业互联网 App 典型应用案例。成功举办第十三届厦门国际动漫节。

3.“互联网 +”运用领域不断拓展

在全国率先建设大数据安全开放平台，通过政策支持、法律护航、技术保障等为企业发展创造充足的市场空间。“互联网 +”赋能政务，让企业和群众办事像网购一样方便。目前，厦门在公安、人社、教育、卫健、住房等惠民便企事项实现“掌上办”，户政、社保、企业登记、公积金、交通运输等高频事项 60% 以上办件量“全程网办”。至 2020 年末，“i 厦门”平台共整合 50 多个政府公共服务系统，集成 348 项应用及服务，在线可预约办理事项超 3000 项，覆盖 14 大类便民服务领域，以小程序形式入驻闽政通后，已整合的应用服务超 60 个，为市民和企业提供政务、生活、健康、教育、文化等全方位在线服务；市民卡 App 已对接 16 个部门，提供 32 类事项、60 种功能，实现 12 张卡的虚拟化接入，不断深化“一码多用”“多卡合一”“虚卡实用”的服务模式。同时充分运用互联网力量，支撑疫情常态化防控。“厦门市口罩预约登记服务系统”入选工信部“支撑疫情防控和复工复产复课优秀大数据产品和解决方案”。

（二）存在问题

1. 数字化基础设施仍存在短板

目前，厦门仍缺少一流的数据中心、超算中心等产业基础条件平台，数字化基础设施与中心城市需求不相匹配。而且厦门还不是全国互联网骨干直联点，网络带宽质量受限。同时，数据资源共享开放仍存在壁垒。厦门除海沧区建立“海沧区数据资源开放平台”外，还未建立全市统一的政务数据开放接口平台，部门间信息资源互联互通、协同处理缺乏机制，政府各部门及公共服务单位的数据没有实现全市范围数据的汇聚和互通共享，存在着一定的“信息孤岛”、“信息烟筒”等，相互割裂的数据与条块未融合为一个有机整体。

2. 城市治理仍不够高效精细

目前厦门的城市治理智慧化体系建设整体上还处于初步构建阶段，缺乏顶层设计，城市大脑的统筹规划建设较为滞后，以新理念集中打造城市治理智慧化体系的举措还比较少，智慧应用场景和更高的治理效能未能体现，城市治理智慧化主体协同水平仍较低，政府的网上公共服务水平与市民的期望还存在一定差距，市民对城市治理智慧化建设体验度不强，城市治理的数字化与高效精细化需要进一步加强。

3. 城市大脑应用场景建设尚未启动

城市大脑是支撑城市运行生命体征感知、公共资源配置优化、重大事件预测预警、宏观决策指挥的类脑系统。与杭州、上海等地通过实施城市大脑建设让城市更聪明一些、更智慧一些的措施相比，厦门在城市大脑规划、建设方面较为滞后。

4. 城市治理智慧化共建生态尚未形成

城市治理智慧化建设是一项政府引导、全民参与、政企合作、多方共建的系统工程，发挥市场配置资源决定性作用、鼓励社会多元参与成为城市治理智慧化可持续发展的关键。目前，厦门仍存在着社会资本参与城市治理智慧化建设不足，社会力量参与治理不够，未引进任何第三方机构开展城市治理智慧化运营管理等亟待解决的问题。

三、基本思路

（一）总体思路

以习近平新时代中国特色社会主义思想为指导，全面贯彻党的十九大和十九届二中、三中、四中、五中全会精神，坚持新发展理念，顺应新一轮信息技术和科技革命发展浪潮，聚焦智慧政府、智慧社会、数字经济等，全面推进城市治理智慧化建设与城市发展战略深度融合，更高水平满足人民对美好生活的向往，更高质量助力经济转型创新发展，更高效率提高城市管理和社会治理水平，着力优化体制机制、完善体系架构、加强顶层设计，统筹规划、建设、管理和生产、生活、生态等各方面，发挥政府、社会、市民等各方作用，聚焦统筹规划城市大脑架构、推动城市大脑在各领域应用、建立城市大脑建设协同推进机制，把城市大脑建设作为数字赋能城市治理的主要抓手，全面提升城市智慧化水平，不断增强城市治理智慧化对经济社会的支撑引领作用，为厦门高水平全面建成小康社会、加快建设高素质高颜值现代化国际化城市提供有力支撑。

（二）建设目标

推动全市“一盘棋、一体化”建设，更多运用互联网、云计算、大数据、5G、人工智能、区块链等信息技术手段，推进城市治理制度创新、模式创新、手段创新，提高城市科学化、精细化、智能化管理水平。力争到2025年，科学集约的“城市大脑”基本建成，城市大脑在经济、政治、文化、社会、生态文明等领域实现全方位、全市域的综合应用，形成对城市整体状态的即时感知、全局分析和智能处置，推动公共资源高效调配、城市运行效率大幅提升，城市治理能力和治理水平不断提高；数字经济活力迸发，新模式新业态创新发展；新一代信息基础设施全面优化，网络安全更加可控和坚韧可靠；城市综合服务能力显著增强，成为辐射闽西南协同发展区、打造中国影响力的重要引领，将厦门建设成为区域城市治理智慧化的排头兵，城市治理智慧化建设整体水平保持国内领先，进入全国智慧社会、智慧政府、智慧美好生活创新城市的前列。

四、对策建议

（一）着力建设“城市大脑”

1. 统筹规划城市大脑架构

强化顶层设计，以城市大脑建设统筹各行业各领域智慧化建设应用计划，倒逼政府改革、资源整合、社会治理方式变革，将城市大脑打造成为深度链接和支撑智慧经济、智慧社会、智慧政府协同联动发展的城市智慧化治理综合基础设施，打造成为城市治理体系和治理能力现代化的重要平台，让城市更聪明一些、更智慧一些。着力推动人工智能、大数据、云计算、区块链、物联网、5G等前沿技术在中枢系统融合应用，构建城市大脑中枢架构，加快形成智慧赋能城市治理现代化的数字系统解决方案。

2. 推进数据汇聚共享

将数据作为“城市大脑”的核心资源，依托市大数据中心，优化公共数据采集质量，加强数据治理，打破数据孤岛，实现公共数据集中汇聚，建立健全跨部门数据资源互通共享机制，推进部门政务信息系统整合，并与平台对接，实现信息共享、业务协同，形成全市数据汇集枢纽。建立“重大疾病防控库、个人健康信息库、法人健康信息库”三大信息库，拓展“一人一码”公共服务，推动厦门健康码与医疗健康、电子社保、养老服务等公共服务深度融合，将应急治理效能固化为常态治理机制，全面推动城市各类数据加速向城市大脑汇聚。

3. 强化系统集成共用

以大网络大系统大平台建设为导向，按照门户集成、接入管理、用户管理、授权管理、资源管理、安全防护“六个统一”要求，推动各部门、各区专用网络和信息系统整合融合，实现跨部门、跨层级工作机制协调顺畅。优化政务云资源配置，重构优化各类政务系统，促进政府管理和服务规范高效。加快城市大脑在城管、医疗、房管、应急管理、市场监管等领域的数字化应用。推动城市管理、社会治理领域跨部门系统建设，联手破解城市治理难点。以“一键审批”结果为导向，探索打造“指尖上的行政服务中心”，推进涉企服务事项全部一站通办、一键直达、一次不跑。

4. 推进应用场景建设

聚焦社会信用、医疗健康、普惠金融等领域，推行解决方案供应商和创新产品目录，建立大数据联合创新实验室，形成开放应用示范。在惠民服务、精准治理、网络安全等领域，打造一批社会化典型应用。推进城市大脑 App 和官网平台、“亲清在线”数字平台建设，建成集惠企便民服务、民意直通、信息推送、应用评价等功能于一体的数字界面，一屏呈现城市大脑全部应用场景。提升场景应用的广度深度，推广停车、就医、旅游等具体理念的新实践，深化智慧党建“1+10”场景；建立以用户黏合度为导向的场景建设应用评价机制，形成城市大脑惠企便民场景全流程质量管控体系。

（二）夯实智慧化建设基础

1. 加快新型基础设施建设

加快 5G 网络、大数据、区块链等新型基础设施建设，按照集约化建设需求，推进全市电子政务外网整合升级，优化网络结构。大力推动部署北斗时空网络，深化 IPv6 应用，推动“云、管、端”协同建设。加快建设新型互联网交换中心，提高通信连接速度、国际出口带宽和计算存储能力。建立高性能计算设施和大数据处理平台，建设面向人工智能的算力和算法中心。打造物联、数联、智联三位一体的新型城域物联专网，部署城市神经元节点及感知平台，构筑“城市神经元系统”，助力“城市大脑”功能拓展、服务延伸。

2. 构建立体感知体系

加快构建面向全市的大数据、人工智能、云计算、区块链、5G 和物联网基础服务体系，完善城市运行实时感知手段，推动万物互联，统筹推进各类传感器、RFID 等设施的规模部署，实现城市全要素动态感知监测，形成全面感知物理社会和网络空间运行态势的感知体系。建立健全全市统一标准地址库，以标准地址关联人、房、企、事件等基本元素，实现对城市运转全要素的协同感知、一体治理。大力推广新型智能终端应用，支持在社区、公共场所、办公楼宇等部署智能服务终端。深化基层网格建设，推动乡镇（街道）“基层治理四平台”向下延伸，贯通条与块的服务管理，形成市域治理的全量信息视图。

3. 建设共性技术支撑平台

围绕新型智慧城市各领域对新一代信息技术应用需求，统筹建设共性技术赋能平台，推进应用开发环境建设，建设数据智能平台，面向城市数据挖掘、分析和应用提供各类大数据共性应用、基础工具和模型算法，开放人工智能应用服务接口，拓展定制化、个性化的区块链服务。制定统一的数据接口规范、技术规范和流程规范，建立开发工具集和微服务框架，形成标准高效的应用开发模式，提升各领域共性技术应用水平。

（三）推动城市治理高效精细化

1. 推进政务服务“一网通办”

学习借鉴上海的经验做法，一是推动政务流程革命性再造，从以政府部门管理为中心向以用户服务为中心转变，梳理优化部门内部操作流程、办事及处置流程，简化优化办事环节，实现高效办成“一件事”；二是不断优化“互联网＋政务服务”，建立健全“一网通办”总门户功能，将“企业服务云”作为企业服务“一网通办”重要组成，完善全流程一体化在线服务平台，全力打响“一网通办”政务服务品牌；三是建设国际贸易“单一窗口”平台，进一步提升厦门国际贸易“单一窗口”服务能级，推动“互联网＋外贸＋金融”的深度融合，优化跨境贸易营商环境，促进贸易便利化，提升口岸通关智慧监管水平，为率先打造全国口岸公共信息生态圈、打造厦门跨境贸易金融服务生态圈奠定良好基础；四是着力提供智慧便捷的公共服务，聚焦医疗、教育、养老、文化、旅游、体育等重点领域，推动智能服务普惠应用，持续提升群众获得感。加强文化艺术市场智能化服务水平，支持数字演艺等文娱活动，扩展文化服务丰富性。整合区域商业、文化、旅游公共资源，打造“一部手机游厦门”示范项目，拓展城市体验感、感知度。

2. 推动城市运行“一网统管”

学习吸收上海的经验做法，一是一体化建设城市运行体系，紧扣“一屏观天下、一网管全城”目标，依托电子政务云，加强各类城市运行系统的互联互通，全网统一管理模式、数据格式、系统标准，形成统一的城市运行视图；二是提升快速响应和高效联动处置能力水平，打造信息共享、相互推送、快速反应、联勤联动的指挥中心，增强城市综合管理的监控预警、应急响应和跨领域协同能力，实现高效处置“一件事”；三是深化建设“智慧公安”，高标准推进平安厦门建设，打造国内智慧警务标杆；四是建设运行应急安全智能应用体系，在公共卫生、食品药品安全、消防、防灾减灾、安全生产、危险化学品管理等城市安全重点领域，实现全环节全过程预警监管处置，全面提升城市运行安全保障能力；五是优化城市智能生态环境，加强对水、气、林、土、垃圾处理、地质灾害、噪声和辐射等城市生态环境保护数据的实时获取、分析和研判，提升生态资源数字化管控能力；六是提升基层社区治理水平，加强党建引领，建设“社区云”，推进街镇、居村各类信息系统归集，推进社区治理共建共治共享。

3. 促进社会服务精细化

坚持以人为本的治理理念，创新以“互联网 + 社会服务”为核心的治理模式，全面提升社会服务水平，建立线上线下一体化社会服务平台。充分拓展“互联网 + 社会服务”渠道，充分利用数据资源，建立综合信息服务平台，精准掌握各行各业的信息数据，挖掘和利用信息数据的潜在价值，提出有效的社会问题解决方案，促进政府治理由“粗放式”向“精细化”变革。比如，通过车辆数据资源，结合交通承载力，为游客提供合理的出行路线方案，既能缓解道路拥堵问题，也能降低游客出行的成本。

4. 推动隐患治理超前化

充分利用数字化广泛覆盖的信息网络，借助先进的科学技术，建立风险模型进行分析、精准预测，增强对重大安全事故、烈性流行病、网络安全等问题的防范能力，防患于未然。同时，加强社会治理共同体建设，发挥群团、社会组织、行业协会、志愿服务者和基层自治组织作用。深化社区居委会、业委会、物业公司三方协同治理，探索城市小区精细化治理新模式。进一步完善城乡社区居民自治的组织架构，合理确定其管辖范围和规模，促进基层群众自治与网格化服务管理有效衔接。推进社会矛盾纠纷调处化解中心向镇街和村社延伸，积极预防化解各类苗头性趋势性问题。

（四）探索高效稳定运行机制

1. 筑牢安全防护网

建立健全数据分级分类安全保护等制度，加快形成涵盖采集、传输、存储、处理、交换全生命周期的数据安全保障体系，防止数据泄露。围绕城市运行、企业经营、市民生活等层面的数据安全保障需要，构建关键基础设施和数字系统目录体系，提高重点领域数据安全水平。建立健全第三方安全审计、实时监督机制，加强对云数据存储及应用场景、数字驾驶舱开发运维过程的安全管控，确保核心数据绝对安全。提升网络硬件设施和要害系统的安全标准，加固中枢系统、数字驾驶舱和应用场景的安全堤坝，集成运用数据加密、分级保护、灾难备份等安全技术与措施，确保城市治理智慧化运转安全、高效。深化网络安全应急管理，科学编制应急预案，常态化开展应急演练，提升城市大脑应对网络攻击的能力。

2. 制定负面清单

充分保护公共利益和个人隐私，按照合法、正当、必要、适度的要求，采集使用有关数据。对涉及国防建设和武装力量活动中的秘密事项、国民经济和社会发展中的秘密事项、科学技术中的秘密事项、维护国家安全和追查刑事犯罪中的秘密事项等，一律不得以城市治理智慧化的名义采集使用。需采集使用个人数据的，应明确采集使用的目的、种类、数量、频度、方式、范围等规则，一律不得在规则之外采集使用数据。已在城市治理协同使用的数据，一律不得在履行行政管理职能过程中重复采集。

3. 推动长效运维

创新城市治理体制机制，合理定位政府在城市治理中的职能，建立协同管理机制，不断优化多元主体参与城市治理环。加大新技术、新产品的开发开放力度，打造以行业龙头企业、知名研发机构为引领、大中小企业协同的产业联盟和创新联盟，推动关键技术协同攻关。发挥企业在城市治理智慧化中的技术、人才优势，加强城市治理智慧化领域的基础数据采集与资源挖掘，建立多主体治理模式。加强与杭州、上海、深圳等先进城市交流合作，借鉴其经验做法推动城市治理智慧化建设模式创新、技术创新、应用创新。

五、保障措施

（一）加强统筹建设

成立由市领导挂帅的城市治理智慧化建设领导小组，强化城市治理智慧化建设的统一领导，抓紧出台相关发展战略和配套政策，统筹推动市级有关部门各自工作职责的落实。加大对城市治理智慧化重点项目的资金投入力度，强化对数字化项目的全生命周期管理，全市性的智慧应用项目原则上采用一级开发、多级使用的模式进行建设运维，避免重复建设。探索“政府主导 + 社会参与”的建设运营模式，鼓励社会资本和专业机构参与投资建设智慧化应用项目，探索采用政企合作、特许经营、购买服务等方式，推进 PPP 等模式应用，提升城市治理智慧化的投入、建设、运营效能。同时，扶持本地企业、科研院所带方案、带技术、带团队，参与推动城市治理智慧化建设。

（二）强化法治保障

围绕数字驾驶舱、应用场景在城市治理中的普及应用，推进相关技术标准和管理规范制定，积极参与国际、国家标准和规则的制定修订。制定出台厦门城市大脑赋能城市治理智慧化的地方性法规，探索开展数据权益保护、个人信息保护、数据安全等地方立法，推动城市治理智慧化建设在法治轨道上长效运行。研究制定深化城市治理智慧化建设的配套政策，加强城市治理智慧化建设项目立项、运维管理、资金运作、商标专利等方面的制度建设，做好与其他政策的协调衔接。

（三）加强人才支撑

瞄准城市治理智慧化建设的未来方向，大力引进新型智慧城市建设相关“高精尖”人才。加强与高等院校、研究机构的合作与交流，支持高等院校设置数字经济、智慧城市等相关专业，加强新型智慧城市领域专业化、复合型人才培养，鼓励通过挂职锻炼、短期工作、项目合作等方式，柔性汇聚专业人才，为新型智慧城市建设提供智力支持和人才保障。加强党政干部数字赋能城市治理的专题培训，增强城市治理智慧化的领导能力。建立新型智慧城市建设专家智库，为提升城市治理智慧化水平提供高端决策咨询。

（四）营造良好氛围

完善鼓励创新、宽容失败的机制，让城市智慧化建设者敢于探索、勇于突破。全方位、多渠道对厦门城市治理智慧化建设成果进行宣传报道，增强公众对厦门城市治理智慧化建设的认知度和参与度。建立专家咨询和听取市民代表意见机制，推动城市治理由“动员型”参与转变为“自觉型”参与，继续完善城乡社区居民自治的组织架构，合理确定其管辖范围和规模，促进基层群众自治与网格化服务管理有效衔接。举办城市治理智慧化展会和高峰论坛，推动厦门企业参与国内外治理智慧化建设，全面展现厦门城市治理智慧化建设成果。

【参考文献】

[1] 厦门市工业和信息化局，厦门市发展和改革委员会，厦门市统计局．调研资料 [Z].2020.

[2] 刘剑，许云林，杨鹏飞，等．我国智慧城市发现状与规划建设研 [J]. 农村经济与科技，2019，30(04):195+197.

[3] 胡秀荣．建设智慧社会推进治理现代化 [J]. 中国党政干部论坛，,2019(02):13+1.

课 题 组 长：欧阳元生

课题组成员：彭梅芳　许　林　黄榆舒
　　　　　　黄彩霞　姜耘时

课 题 执 笔：欧阳元生

第二十五章　地铁开通对厦门商圈格局影响分析

一、地铁商圈发展情况

目前，厦门地铁 1、2 号线已开通运营，地铁 3、4、6 号线正在加快建设中，其他线路正在规划中，到 2022 年，厦门地铁累计总建设里程达 224 公里。厦门地铁把新城和老城连成一片，有利于集聚商圈人气，提升商圈品质和辐射力。

（一）厦门地铁商圈发展现状

厦门地铁连接厦门的“旧城”与“新城”，串联起中山路商圈、火车站商圈、SM 商圈、厦门北站商圈、五缘湾商圈、湖边水库商圈、湖滨北路商圈、海沧阿罗海商圈等，加快促进资源配置及整合，使沿线的传统商圈重焕生机。

中山路商圈。找准文化与商贸产业发展的契合点，不断提升文化内涵、丰富文化业态，形成高、中、低端业态有机搭配，国际名品、老字号品牌主导的特色商业街区。拥有中华城、华联商厦等商业设施，依托老旧骑楼街区建筑群，吸引名店、名品、特色店、特色商品入驻商圈，形成集聚效应，已成为集厦门城市历史、商业、休闲、时尚、艺术文化五大元素于一体的商圈。

火车站商圈。厦门火车站单月客流量突破 250 万人次，巨大的客流量促进了周边商业的繁荣，也促使火车站商圈成为岛内人气最旺的商圈之一。商圈以周边居民和旅客为消费群，购物中心、百货、商超、商业街区等商业类型多样。囊括万象城、罗宾森、世贸商城、中闽、华星大厦的友谊商场、梧村华联商厦、假日商城等购物中心，特别是体量 15 万平的万象城，42% 进驻品牌为首进厦门，超 30 个国际一线品牌进驻，成为厦门乃至福建奢侈品 + 时尚潮流的新地标，火车站商圈已成为厦门最旗舰、最体验、最特色的黄金商业区。

SM 江头商圈。地处厦门几何中心，接老市区和东部新区的中心地带，集中了 SM 城市广场购物中心、台湾街家居建材街区、吕岭路数码手机街区等专业市场。涵盖 SM 百货、沃尔玛、屈臣氏、优衣库、海底捞等品牌。商圈 3 公里辐射半径内常住人口达到 50 万左右，流动人口 30 万左右。

集美嘉庚商圈。将岛内岛外连通，拥有优越的区位交通优势、优质海景，以及集美大学、集美中学等教育资源，外迁居住人口数量大。有 BRT 岛外枢纽站、4 万平方米嘉庚体育馆，拥有集美万达广场、新华都以及 16 万平方米国贸·美岁天地。

厦门北站商圈。厦门北站汇集了动车、BRT、公交、高速公路、地铁五大交通体系的城际交通枢纽点，未来将成为集商业、贸易、交通、居住等功能为一体的新城区。福厦、厦深、龙厦、鹰厦四条铁路，以及沈海高速、厦安高速、324 国道、海翔大道等多条重要公路在厦门北站片区汇聚，BRT 快 1 线及多条公交线路均直通厦门北站，位于厦门北站西南侧的后溪长途汽车客运站则是岛外最大的汽车站。拥有以国际茶港城、王府井生活广场、万科广场所组成的商业设施，给厦门北站商圈的发展奠定了基础。

五缘湾商圈。是岛内唯一一块集水景、温泉、植被、湿地、海湾等多种自然资源于一身的生态绿地，堪称厦门宜居宜业宜游的“新名片”。建发中央湾区、国贸天琴湾、国贸新天地等多个新兴高端人居社区辐射周边三十多万居民。拥有厦门五缘湾乐都汇、厦门建发湾悦城、天虹等购物中心，使得五缘湾片区商业配套愈加完善。

湖边水库商圈。地处新老城区交界处，享有岛内最大湖畔资源，聚集万科湖心岛、世茂湖滨首府、万科金域蓝湾、建发上东美地等高端住宅项目，拥有厦门宝龙一城、万达广场、蔡塘广场等购物中心，高端消费潜力大。

湖滨北路商圈。湖滨北路是厦门的政务中心和金融中心，周边配套完善，交通、购物、餐饮、娱乐、休闲方便，拥有咖啡一条街、酒吧一条街、厦门海上世界商业综合体、厦门邮轮中心商业综合体，商业配套加快完善。

海沧阿罗海商圈。拥有阿罗海城市广场、天虹百货、悦实广场等购物中心，大润发已入驻海沧，海沧跟岛外其他区相比，在商业配套上拥有很多“第一”，岛外的第一家沃尔玛选择在海沧，岛外第一家天虹也是全市最大的天虹也在海沧，岛外首家星巴克落户海沧等，海沧的商业配套越来越完善，让海沧变得越来越有实力，也更具有潜力。

（二）主要问题

1. 未挖掘商圈特色

对于商圈的历史文化背景、优势资源禀赋的利用不够到位，商圈内部建筑、景观小品、商业店铺的标识等方面的设计与商圈文化特色契合度不够深，商圈之间在建筑风格、景观小品的设计上大同小异，缺乏特色，商圈内未做到差异化经营，消费主体较固化，功能和发展方向大同小异，品牌重合度高，经营缺乏特色，因为市场定位趋同与产品重合度高而进行激烈的恶性价格战。

2. 商圈业态过于单一

商圈内的不同业态间多处于单打独斗的零散状态，没能形成有效的分工协作，互利共赢的局面。各业态之间缺乏突出有效的联系纽带，合力效应不突出。没能通过完善的业态结构搭配很好地彰显出商圈特有的魅力，不利于商圈品牌的塑造。同种业态之间没能做到有效的差异化经营。商业企业主要依靠价格战等手段进行的恶性竞争仍很激烈，商业企业没能真正做到对目标市场的有效细分，注重捕捉市场的消费盲点，细分消费者需求，区别对待，满足消费者阶梯化、多元化的需求，针对性的培养不同消费层次客群的忠诚度。

3. 商圈空间结构不合理

大、中、小型商业设施等级分布不合理。大部分的商业网点分布在厦门本岛内，而本岛内的商业网点又聚集在思明区，存在商业空间结构不合理、布局不均衡的问题。而厦门本岛内的商业发展水平较高，岛内商圈的大型商业设施增长过快，大型商业业态密集，商业供给相对过剩。相对于岛内，岛外的商业发展较为落后商业网点相对不足，发展规模较小，密度较低，商业业态的质量和水平亟待提高。岛外面向社区的中低端商业网点建设滞后，服务功能单一，不能满足居民的日常消费需求。

4. 商圈基础设施配套不完善

地铁的开通给中山路商圈、火车站商圈和 SM 商圈增加交通压力，步行系统和停车系统急需改善。岛外商业总量小，交通基础设施配套不完善，公交线路太少，路网不完善决定了岛外商圈的客流辐射能力较小，绿化环境市政配套不完善注定了岛外客流的黏性较差。

5. 商圈辐射能力不强

厦门只有中山路商圈、火车站商圈和 SM 商圈等日均客流量超过了 10 万，属于优质高能级商圈。其他商圈的日均客流量都不到 10 万，对周边的辐射能力和辐射范围小，目前不足减轻中心城区商圈的压力。

6. 新冠肺炎疫情对地铁商圈的冲击

今年以来爆发的新冠肺炎疫情，限制了人们的出行，地铁因空间密闭，地铁客流明显减少，地铁商圈的客流量明显减少。另一方面，网上零售、电子商务快速发展，地铁商圈实体店经营方式受到较大冲击，再加上疫情的叠加影响，很多商铺无法承担店租成本，对于地铁商圈的形成和发展极为不利。

二、地铁开通对商圈格局的影响

（一）对商圈客流量的影响

地铁缩小岛内外商业半径，地铁带来的客流红利将更大程度释放，地铁对商圈的客流量提升将更加明显。地铁运载的庞大人流聚集到地铁站点周边，能有效带动沿线人气的聚合，地铁商圈把“乘客流”转化为“顾客流”，把地铁的人流量优势转化为消费优势。

地铁开通后，中华城变得更加繁荣，带动中山路商圈客流量提升，中山路商圈日均客流量增加 6 万人以上，日均客流量达到 35 万人。罗宾森、世贸商城客流分流严重，带动华润万象城繁荣发展，火车站商圈日均客流量增加 5 万人以上，日均客流量达到 30 万人。SM 江头商圈吸引了大量岛外客流，增加了 SM 城市广场客流量，SM 江头商圈日均客流量增加 4 万人以上，日均客流量达到 25 万人。通过把客流转为商流，提升了国际茶港城、王府井生活广场、万科广场等商业设施的客流量，厦门北站商圈日均客流量增加 5 万人以上，日均客流量达到 10 万人。提升厦门宝龙一城、万达广场、蔡塘广场等购物中心客流量，湖边水库商圈消费潜力巨大。积极吸引岛内区域客流到海沧阿罗海商圈消费，阿罗海城市广场、天虹百货、悦实广场等购物中心客流量稳中有升。依托集美区本身客流以及岛内客流消费，提升了集美万达广场、新华都等客流量，集美嘉庚商圈日均客流量稳中有升。

（二）对商圈分化的影响

在厦门地铁发展起步阶段，由于缺乏完善的交通网路支撑，地铁对商圈的辐射影响，主要分布在各站点步行 5～10 分钟的周围以内，形成串状化布局特征。随着地铁线路的增加，加上换乘系统的逐步完善，地铁对沿线商圈的影响趋于平均化，商圈发展沿轨道沿线呈现出带状布局特征；远期交通不断完善，地铁形成一个四通八达的快速交通网络，加上便捷的换乘系统，商圈呈现出网络化布局特征。对于普通地铁站点，促进面向社区的商业业态发展，加快形成社区商圈。对于换乘枢纽站点，发展出有潜力的地下地上立体商业空间，地铁与公交换乘站会产生购物中心、商业步行街和商业综合体，加快形成高端优质商圈。

对于高端优质商圈，地铁开通会吸引更多的客流，提升商业辐射力，业态更加高端，消费购买力总量加速增长。

对于传统中心城区商圈，地铁开通缓解了地面交通的矛盾，增强商圈的客流集散能力及商业客流容量，扩大了商业服务范围，为商圈的改造升级提供了契机。

对于中低端商圈，地铁开通会使商圈客流会出现分流，推动中低端商圈提升品质内涵，加快转型升级步伐。

（三）对岛外新商圈形成的影响

地铁开通后，集美新城、马銮湾新城、翔安新城、环东海域新城、翔安空港新城将会产生大量与地铁连通的商业综合体项目，通过多种业态的集聚和联动效应，在扩大辐射半径同时，发挥对周边开发的辐射带动作用，将吸引其他区域居民到新商圈消费。

集美新城商圈。地铁 1 号线和 6 号线交汇，地铁站点提高了住宅的入住率并促进了周边楼盘的开发，常住居民数量增多，由此吸引了大量商业设施的进驻并新建了部分社区配套商业空间，加快形成区域性商业中心。

马銮湾新城商圈。地铁 1 号线和 4、6 号线交汇，地铁站点将为商业空间带来了大量交通客流，商业和人口聚集到一定规模后，将吸引大型商场、公共设施入驻，在围绕站点发展形成区域性商业中心。

翔安新城商圈。地铁 3 号线和 4 号线开通后，新体育中心、新会展中心将带动翔安新城开发建设，在地铁站点会出现地铁商业综合体项目，带动大型购物中心进驻，吸引人流集聚。

环东海域新城商圈。地铁 6 号线开通后，通过产业和交通带动，商业和人口聚集到一定规模后，将吸引大型商场进驻，吸引岛内、集美区、同安区和翔安消费客流，有利于形成区域性商业中心。

翔安空港新城商圈。地铁 6 号线开通后，翔安国际机场带动空港新城人流集聚，将购物、文化、旅游、商务结合，把未来体验融入消费生活，吸引千万客流。

三、对策建议

紧紧抓住厦门地铁快速发展的有利契机，结合地铁设施布局，整合地铁站点周边土地资源，挖掘地铁沿线土地开发潜力，统筹商圈发展，创新 TOD 综合开发模式，推动地铁沿线各商圈的差异化发展，推动地铁与沿线商业的联合开发，优化地铁商业的空间布局，加强对地铁沿线商业业态的引导，推动地铁与土地利用协调发展，实现厦门地铁沿线土地价值最大化和地铁商圈发展一体化，提升地铁商圈的综合效益。通过地铁商圈的土地开发增值反哺地铁建设、持续推进厦门地铁建设，创造厦门地铁与商圈建设双赢局面。通过地铁和商圈的协同发展，全面提升厦门城市品质、为厦门在更高起点上实现更高水平发展提供有力支撑。

（一）高质高效推进 TOD 综合开发

以 400~1000m（5~10 分钟步行路程）为半径，通过对地铁物业及地铁附属资源的合理规划和深度挖掘，综合开发地铁上盖空间、站点及沿线周边资源、围绕站点打造高密度的商业空间。让地铁上盖商业物业、车站地下商场与地铁出站口做到无缝连接，形成“一站式”购物模式。实现地铁站口与居民区、商业区的有效衔接，使得地铁商业能够拥有更多的客源，带动沿线商业网点的配套。

推动分级开发建设。以“统一规划定位、统一推广招商、统一建设标准、统一验收管理”为原则，按照中心城区级、片区级、组团级、一般站点等四级分级体系。完善 TOD 站点开发体系，避免不同站点 TOD 综合开发的均质化，基于各 TOD 功能类型对用地开发强度进行能级划分，确定各 TOD 站点周边土地功能混合开发模式。强化 TOD 新形态设计，注重公共功能设计，使之成为集聚人气、商机勃勃的生活消费场景。推动由注重片区的功能定位向注重片区的形态设计、由单体项目内部平衡向片区综合平衡的“两个转变”。

加强枢纽站点纵向空间的开发利用。招大引强，将各类地面区域商业服务功能延伸至地下，形成地上和地下连贯一体、规模集聚、综合集约的商业商务服务体系，开发建设各大类型的百货中心、地下超市、餐饮娱乐场所等地铁商业区

加强枢纽站点横向空间综合利用。距离地铁站点半径 30m 范围以内，设置为供行人活动的开敞空间。距离地铁站点半径 200m 范围以内，进行高强度的物业开发，重点发展高效益的商业、办公、零售等商业物业。实施中、高强度的开发，应距离地铁站点半径 800m 范围以内。实施低强度的开发，应距离地铁站点半径 800m 范围以外的地带，重点建设学校、医院、公园等配套设施。

推动枢纽多站点一体化开发建设。树立整条地铁路线多个站点一体化布局的理念，突破单一站点 500m 半径范围的发展局限，充分发挥多个站点因地理位置毗邻的集聚优势，通过沿线相邻的多个站点各种城市功能的组合搭配，赋予居住、交通、商务办公、娱乐休闲等城市功能的整条线路上多个站点进行综合布局和有效组合，小型综合区域连接成地铁交通沿线的一个整体，从而实现各站点之间的优势资源共享互补，不断延伸促进商圈的综合性。

大力发展过道经济。引导并切实提升商业企业、业主对与地铁站点互联互通、便捷引入人流物流进入或直接进行消费的认识，促进相邻地铁站点与商业商务写字楼的通道连接，立体化步行交通系统将在上盖建筑物与车站之间、上盖各建筑物彼此之间以及上盖建筑物地上地下各层之间统一形成，并通过拓宽地下通道，在两侧发展购物、餐饮、休闲等“过道经济”，拓展地下通道的商业价值。

加快地铁商业综合体建设。通过地铁吸引人流、物流、信息流，“城市综合体跟着地铁走”，通过规划对商业配套合理定位，在集美新城、马銮湾新城优先布局地铁商业综合体，加快形成新商业副中心

（二）推动地铁沿线各商圈的差异化发展

推动商圈实行差异化的定位和经营理念，在品牌设置上有所不同，避免同质化，形成互补格局。

中山路商圈。深入挖掘中山路商圈历史文化，打造开放式街区等新商业空间，增加各类休憩、体验公共配套，推动中山路商圈向都市文旅商圈升级。

火车站商圈。提升交通枢纽、观光游览、住宿餐饮、休闲会友、娱乐购物等复合城市服务功能，实现

人流快速疏散与驻留消费功能相结合，推动火车站商圈向一站式购物商圈升级。

SM 商圈。走精品潮流路线，大力发展首店经济，推动 SM 商圈向引领时尚型商圈升级。

五缘湾商圈、湖边水库商圈和湖滨北路商圈。走白领路线，以中高端商业为主导，加强商圈现代、时尚、创意、新潮等特色商业风格和生活方式魅力塑造，加快集聚人气，打造融汇购物、休闲、美食、娱乐等元素的时尚活力购物休闲商圈。

厦门北站商圈。走实惠路线，积极鼓励和扶持商家引进和运作独有品牌、自有品牌，推动商圈向旅游商业商圈升级。

集美嘉庚商圈。深入挖掘嘉庚文化历史内涵，打造慢生活体验街区，推动集美嘉庚商圈向商业文化型商圈升级。

海沧阿罗海商圈。走实惠路线，积极吸引岛内客流和旅游客流，大力发展体验式消费，推动海沧阿罗海商圈商旅商圈升级。

集美新城商圈，马銮湾新城商圈，翔安新城商圈，环东海域新城商圈。随着消费能力较强的群体会越来越多迁居新城，以中高端消费为主，先建商圈，以商圈促进新城建设，利用周边现有人气保证商圈成形，再以商圈的人气带动新城的人气，加快推动新城商圈向休闲购物商圈升级。

空港新城商圈。以翔安国际机场为契机，吸引有实力的商家如万达、沃尔玛等大型商家进驻，鼓励投资商和开发商多发展商业综合体、写字楼、商务 、酒店宾馆、餐饮娱乐等业态，结合商贸产业发展一些复合型的业态，例如：展贸型和商贸型业态，形成规模和集合效应，加快建设商旅文商圈。

翔安马巷商圈。加大闽南古镇文化的挖掘，加快商业配套的完善，推动沿街商铺业态升级，提升翔安商业广场，新华都购物广场、苏宁电器，龙翔峰景等的人气和规模，推动马巷商圈向文化休闲购物商圈转型。

同安商圈。提升苏宁、国美同安店、沃尔玛等规模和水平，将松柏林街—大横街—同新路—中山路一线的商业圈和双溪公园、南门桥旁的铜鱼池、黑脸妈祖广场、同安古城墙、同安孔庙连成一片，加快形成特色文化旅游商贸带，提升以旅游、休闲、商业为一体的“岛外中山路”城市步行街的业态水平，扩大消费能级。加快大型商业综合体建设，完善商业配套，提升业态水平。推动同安商圈向文化旅游购物商圈转型。

（三）提升地铁沿线商圈业态

结合地铁沿线人口规模、居民消费需求等因素，组合现有商业网点、旅游景点、交通站点、公共服务设施等功能，实行商业商圈规模总量调控，提升地铁沿线商圈业态。

提升核心商圈业态。做大做强中山路商圈、火车站商圈和 SM 商圈等核心商圈，鼓励业态：商业综合体、大型购物中心等一站式服务的综合型业态；高端百货、精品店、国际品牌店、文化体验店、品牌专卖店等高端业态；体验店、概念店、买手店、游击店等创新性商业业态；特色餐饮、休闲娱乐、高端酒店、金融邮电等配套业态。

提升新区域级商业中心商圈业态。优化提升五缘湾商圈、湖边水库商圈、湖滨北路商圈、厦门北站商圈和海沧阿罗海商圈和集美嘉庚商圈等商业业态，以商业综合体、商业大街、生活超市、百货、金融为重点业态。鼓励业态：商业综合体、大型购物中心等提供一站式服务的综合型业态；高档百货、高端精品店、品牌旗舰店等高端大型业态；专业买手店、体验店、概念店等创意零售业态；高档餐饮、艺术文化、娱乐休闲、保健等服务业态。

推动地铁枢纽站点附近商业业态提升。对于途经商业中心地段的地铁沿线各站点，鼓励地铁站上盖物业以商业综合体或大型购物中心建设为主，并利用地下空间发展速食食品等方便流动人口购买的商业业态。对于非商业中心地段的地铁沿线各站点，若是位于居民住宅密集区，地下空间和地上空间均可发展便民性的商业业态，体现社区商业服务的便捷性。若周边无居民住宅区，但地面条件较好，商业用地预留充足，则可以发展以大型超市为主体的休闲业态配套的商业综合体，培育厦门新的商业热点，吸引居民和旅游者前来购物休闲。注重特色商业在行业、业态、商品和服务、营销、其他配套设施等各方面的特色性，以特色购物、美食生活为特色，提升地铁枢纽站点附近商铺形象，提高商业网点档次，突出商旅文结合，以体现特色商品的专业店、专卖店或特色餐饮服务、文化休闲服务业为主，包括餐饮、服饰、酒吧、创意商业、老字号品牌、各类专业用品等业种，适度设置相关配套服务设施。

（四）完善地铁商圈配套设施建设

发挥地铁的带动效应，加快完善地铁沿线周边交通、市政、公共服务设施等配套，推进地铁沿线商圈建设及其功能提升。

完善交通基础设施配套。以公交发展为核心，重视公交便利，步行和自行车友好条件预留。完善地铁线站点周边集疏运道路体系，加强公共交通配套线路和换乘设施建设，强化地铁站点与公共交通的便利衔接，实现“零距离”地铁与公交换乘。同时，在大型商圈的地铁站点周边建设共享单车换乘点和公共停车场，方便市民换乘。

完善市政基础设施配套。加快推进地铁沿线市政道路提升改造、市政管网提升、加强地铁沿线环境整治，打造地铁景观线，通过市政基础设施配套环境的改善增强厦门地铁的吸引力，吸引更多人绿色出行。

加快建设大型停车场设施。充分考虑到地铁枢纽站点周围停车场的需求量，选取岛外合适的地铁枢纽站点位置建设大型停车场，实行优惠定价收费，引导驾车者换乘公共交通工具进入厦门市中心城区，减少厦门中心城区道路交通压力。

完善公共服务设施配套。加强厦门地铁枢纽上盖及周边存量开发过程中高品质公共服务体系支撑，配套建设医疗、教育、休闲、娱乐等场所和设施，增强生活服务功能。

【参考文献】

1. 方向阳，陈忠暖. 城市地铁站口零售商业集聚类型划分的探讨——广州为例 [J]. 经济地理，2005，25(4):525-527.
2. 林耿，张小英，等. 广州市地铁开发对沿线商业业态空间的影响 [J]. 地理科学进展，2008，06:104-111.
3. 毕斗斗，方远平. 国际大都市地铁沿线商业开发的经验及其启示 [J]. 特区经济，2009，07:100-101.
4. 陈玮，应联行. “地铁时代”杭州市商业布局的重构 [J]. 浙江建筑，2013，02:1-6W1.
5. 崔霁. 地铁商业的发展趋势及政策建议——上海为例 [J]. 中国房地产，2011，07:23-26.

课 题 组 长：刘飞龙
课题组成员：戴松若　林汝辉　陈国清
林永杰
课 题 执 笔：刘飞龙

第五篇　民生幸福篇

第二十六章　2020年厦门加快卫生健康发展的对策建议

厦门市委市政府始终高度重视我市卫生健康事业发展，特别是新冠疫情以来，厦门坚持有力有效遏制境内疫情在本地的蔓延，境外疫情输入始终得到有效阻断。厦门市医疗卫生健康发展时刻聚焦在拓展医疗资源总量、提升医疗卫生和公共卫生服务质量、深化医药卫生机制改革、打造健康厦门之城等重点工作，着力构建与城市发展定位相适应、与居民健康需求相匹配的优质高效的医疗卫生服务体系，不断增强厦门市人民群众卫生健康获得感、幸福感。

一、发展情况

（一）健康厦门建设迈入新阶段

一是推进全面实施健康厦门行动。积极落实高水平健康之城的“健康厦门”建设目标和17个具体行动，厦门已成为全省唯一实现省级以上慢病综合防控示范区全覆盖的城市。深入开展居民健康素养促进行动，全市居民健康素养水平达29.6%。2020年全市居民人均期望寿命81.04岁，孕产妇死亡率3.65/10万，婴儿死亡率1.9‰，5岁以下儿童死亡率2.89‰。人口主要健康指标连续多年保持全国、全省领先，达到发达国家较好水平，群众健康获得感进一步增强。

二是重点人群服务保障逐步完善。提升妇幼健康服务水平，免费开展妇女“两癌”筛查服务，推动厦门特色的乳腺癌筛查模式成形。加强出生缺陷综合防治，全市现有4家产前诊断技术服务机构，1家产前筛查技术服务机构。新建规范母婴设施60余家，基本实现公共场所全覆盖。推进普惠托育试点工作，建成6个婴幼儿照护服务和普惠托育服务试点，至少提供630多个普惠婴幼儿照护服务托位。健全老年健康服务体系，全市现有医养结合机构38家，医养结合机构床位数9550张。11家二级以上综合性医院和1家中医医院开设老年医学科门诊。扎实开展职业健康监管工作，开展职业病危害现状调查，提高职业病防治管理水平。

（二）医疗卫生事业补短板成效明显

一是大力推进岛内外医疗资源均衡发展与水平提升。推进建设川大华西厦门医院、马銮湾医院、环东海域医院及岛外血站分中心等一批岛外医疗机构项目。重点支持厦大附属第一医院、中山医院和市中医院建设高水平医院。厦门大学附属第一医院成为全国首家同时通过“艾力彼星级医院”五星级认证和智慧医院 HIC7 级认证的综合性医院。推进建设基层医疗卫生设施，全市已创建 2 个国家级卫生乡镇，5 个省级卫生乡镇。2020 年全市医疗卫生机构总数达 2171 个，医疗机构实有床位总数 19470 张，分别比去年提高 2.84% 和 3.65%；执业（助理）医师数、注册护士数、全科医生数分别达到 1.61 万人、1.69 万人、1038 人。

二是加速改善医疗服务水平。推进全国区域医疗中心建设发展，复旦中山厦门医院入选国家区域医疗中心首批试点；市妇幼保健院成为“国家级儿童早期发展示范基地”和“国家级儿童健康管理示范基地”；厦门大学附属第一医院实现我省医院承担国家级临床医学研究中心 GCP（药品临床试验管理规范）平台项目零突破。加强医疗卫生学科建设，5 个市医学领先学科建设项目进入中国医院科技影响力专科百强榜；全市获批 2020 年国家级继续医学教育项目 19 项、省级继续医学教育项目 78 项，新增 7 家教学医院，临床教学管理质量和水平进一步提升。

三是加强医疗卫生人才队伍建设。推动建成名医工作室，柔性引进创新国家级名医新平台，13 家三级以上医院设立 36 个名医工作室，柔性引进 200 余位国内知名专家。厦门在全国率先批准台湾地区服务提供者设立个体诊所，加快推进在厦台湾人才申报卫生专业技术服务任职资格认定，已有 73 名在厦台湾医师取得证书。

（三）医疗卫生体制改革持续深化

一是公立医院综合改革各项措施推进有力。出台《厦门市关于全面推广“三明经验”深化医药卫生体制改革的意见》《厦门市市属公立医院累计盈余管理办法》等医改相关文件，重点推进紧密型医共体建设，深化综合医改。全面落实党委领导下的院长负责制，公立医院绩效考核指标体系和薪酬分配制度改革有序开展。全市公立医院均纳入推进现代医院管理制度建设试点，厦门市中医院入选现代医院管理制度国家级试点探索实践专家治院模式，厦门大学附属第一医院、厦门市仙岳医院入选现代医院管理制度省级试点。

二是分级诊疗制度建设持续推进。构建“1+1+N”家庭医生签约服务厦门模式，为居民提供“多快好省”品牌服务。通过“厦门 i 健康”App 搭建医生与居民互动交流平台，实现电子签约与服务管理。2020 年，全市家庭医生签约服务 84.34 万人，户籍人口签约覆盖率 33.13%，重点人群中 65 岁以上老年人签约服务 16.6 万人，签约覆盖率 71.07%，签约居民对签约机构的综合满意度达 95.08%。

三是“三医联动”改革持续深化。厦门成为“4+7”国家药采试点工作首个落地实施的城市，药品集中采购和使用试点工作得到孙春兰副总理充分肯定，“厦门经验”在全国推广。“点数法”纳入 2020 年国家医保工作要点，每年节约医保基金支出约 5 亿元。贫困人口全部纳入基本医保、大病保险和医疗救助等制度保障范围。

（四）公共卫生服务能力逐步增强

一是公共卫生体系保障有力有效。结核病、艾滋病、病毒性肝炎等重大传染病得到有效控制，并成为全国艾滋病综合防治示范区。加强疫苗管理，翔安区率先实现疫苗流通接种信息的智能化采集和全程可追溯。全市儿童疫苗预约接种比例超过 85%，免疫规划疫苗接种率达 90% 以上，免疫规划针对传染病发病率控制在较低水平。印发《厦门市国产 2 价 HPV 疫苗接种实施方案》，在 2020−2022 年为全市适龄在校女生提供国产 2 价 HPV 疫苗并实施自愿免费接种。推进闽西南协同发展区儿科医联体建设，完善闽西南协同发展区突发公共卫生事件应急处理机制。公共卫生防治能力进一步加强，厦门成为继深圳市后全国第二个拥有高等级生物安全实验室的副省级城市。

二是卫生突发事件应急处置能力持续提升。推动将市传染病医院建设为省级重大公共卫生事件区域医学中心。完成 4 家综合性医院院前院内互联互通，实现视频数字化查房和远程查房。推动各区疾控机构建设启用新冠病毒核酸检测实验室，全市 20 家医疗机构和 11 家第三方检测机构新型冠状病毒核酸检测能力日最大可达近 5 万人份，厦门可开展核酸检测的第三方机构数量和总检测能力均居全省第一。在市疾控中心、厦门大学附属中山医院建设公共检测实验室，提升核酸检测能力，完善应急储备物资目录。

三是新冠肺炎疫情防治工作有力有序。第一时间启动应急响应机制，做好入境人员全流程闭环管理，创新开发新冠肺炎监测溯源系统，形成利用大数据平台信息实现社会治理层面联防联控的“厦门模式”。加强医疗卫生机构发热门诊规范化管理，严密防范院内感染。构建疫情防控和经济社会发展工作相互协调机制，期间我市企业复工复产各项指标均为全省第一。认真落实疫情防控应急援助任务，援鄂医疗队获得国务院专家组充分肯定。厦门位居有关大数据综合评估全国重点城市疫情防控能力榜首。

（五）中医药服务体系建设取得新进展

一是中医药传承工作加快推动。建成 3 个全国名中医传承工作室，7 个市名老中医传承工作室，1 个福建省学术流派传承建设项目——“厦门康氏肝病学术流派传承工作室”；我市有 8 名全国老中医药专家学术经验继承工作指导老师，并拥有 5 名省级名中医。加快推进重点中医学科建设，形成 6 个国家级中医临床重点专科，10 个省级中医重点专科。

二是中医药服务能力迈上新台阶。厦门市中医院成为“福建省名优中医院”建设单位，与北京中医药大学深化合作共建，并作为建立健全现代医院管理制度国家级试点探索实践专家治院模式。全市社区卫生服务中心、镇卫生院百分百能够提供 6 类以上中医药技术方法，97.4% 的社区卫生服务中心和乡镇卫生院建成中医馆。基层中医药服务能力进一步提升。开发厦门市中医智能信息系统，探索发展“互联网 + 中医药”新型医疗服务模式。

（六）卫生健康智慧化水平不断升级

一是人口健康信息化建设实现新突破。建成厦门市健康医疗云平台，实现信息资源集约化管理，我市电子健康卡建设获评全国电子健康卡普及应用优秀案例，并成为目前唯一通过国家“医疗健康信息互联互通标准化成熟度”最高等级测评的地市级城市，2020 年全市 39 家基层医疗机构有效管理居民电子健康档案 346.93 万份，建档率 82.12%。

二是“互联网 +”健康医疗服务取得新进展。推进互联网诊疗咨询服务，建设千名医生“在线问诊系统”。开发中医智能信息系统，探索发展“互联网 + 中医药”新型医疗服务模式。推动一批互联网健康医疗信息化平台建设，建设专科医生专病管理服务平台，加强家庭医生和专科医生互动；建立全市门诊统一预约平台，等候时间缩短 2/3；建立全市医疗就诊支付平台，极大改善群众便捷就医体验。厦门市被确定为国家首批 4 个健康医疗大数据中心和产业园建设试点城市之一。

三是健康产业发展创造新动能。生物医疗与健康产业自主创新能力提升明显，生物医药领域万泰沧海的国产首支二价宫颈癌疫苗已成功获批上市；英科新创产品在全国血站系统中的市场占有率居第一；功能性食品领域金达威的辅酶 Q10 全球市场占有率达到 50% 以上；健康器材领域奥佳华已经成为国内最大的按摩保健器具企业。

二、存在问题

（一）公共卫生应急管理体系急需完善

公共卫生服务设施条件薄弱。全市急救分中心、急救洗消中心、疾控检验检测、采供血等公共卫生机构缺乏，一旦受台风等自然灾害影响，难以实现岛内外协同指挥和应急策应。传染病资源配置不够均衡，岛内外差异较大，普遍存在传染病医院少、床位少的问题。

（二）医疗服务保障能力相对滞后

医疗卫生资源总量及布局合理性有待提高。二级以下医院与专科医疗机构床位相对不足，高水平社会办医医疗机构不多，难以满足群众持续增长的多元化、多层次医疗健康需求。医疗卫生资源分布不均，呈现出本岛拥挤、岛外稀少，旧城密集、新区不足等问题。岛内外医疗服务水平差异较大，缺乏高层次医学人才和全科医生的引入和培育机制。

（三）医疗卫生体制机制改革有待深化

医改工作进入深水区，各项改革举措推进缓慢。医保基金监管形势严峻、收支压力加大。公立医疗机构改革需进一步深化，特别在控费及绩效考核等工作有待加强。分级诊疗服务工作推进较慢，家庭医生签约率增速放缓。医疗行业综合监管体制机制还不够健全。

（四）健康产业发展提升空间较大

医疗健康信息化发展尚在起步阶段，特别是急需加快发展云计算、大数据、人工智能、互联网 + 等数字信息技术，目前我市在健康管理、健康医疗类智能设备、精准医疗、基因技术等数字健康发展空间较大。

三、发展展望

（一）影响因素

一是“健康中国”战略的深入实施开拓了卫生健康事业发展广阔空间。党的十九大将维护人民健康提升到国家战略的高度，做出“实施健康中国战略”的重大决策，先后发布、实施了《健康中国 2030 规划纲要》《健康中国行动（2019-2030 年）》，对新时代卫生健康事业高质量发展做了明确部署。厦门市委、市政府高度重视人民健康和卫生健康事业，将国家战略化为具体行动实践，大力推进健康厦门建设，发出“建设高水平健康之城是使命所系”的时代强音，明确了健康厦门行动中长期目标、路径，厦门卫生健康事业将迈上高质量发展超越的快车道。

二是卫生健康消费能级跃迁促使医疗健康产业成为国民经济支柱重要条件。《健康中国 2030 规划纲要》提出，2020 年健康服务业规模将超过 8 万亿，预计 2030 年健康服务业规模将达到 16 万亿。新冠肺炎疫情下，厦门健康消费也在加速释放，健康服务业成为建立内需主导、内外需相互促进经济发展新格局的重要动力。同时，卫生健康服务消费市场细化成为趋势，医疗服务、健康管理与促进、健康保险等相关服务进一步渗透医疗药品、医疗器械、保健用品和健身用品等领域。医疗卫生与养老、旅游、食品、健身休闲等行业深度融合，为厦门催生出更多健康新产业、新业态、新模式。

三是新一轮科技革命为医疗健康领域发展带来巨大推动力。互联网、云计算、大数据、人工智能、5G等为代表的新一代信息技术迅速发展，为卫生健康领域的变革和升级注入新动能，推动疾病预防、检测、诊断和治疗模式朝着个性化、精准化、智能化方向发展，发展健康体检、可穿戴设备、智能健康电子产业和健康医疗移动等健康行业已是大势所趋，为大幅提高厦门卫生健康服务的可及性和公平性，促进卫生健康事业创新发展、实现弯道超车提供了有利时机。

（二）展望目标

2021 年是“十四五”规划实施的开局之年，厦门以建设高水平健康之城为目标，把保障居民身体健康和生命安全放在首位，统筹卫生健康事业发展，稳步提高居民健康水平，构建强大公共卫生应急管理体系，进一步完善优质高效整合型的医疗服务体系，切实推进卫生健康供给侧结构性改革。逐步将人口主要健康指标达到副省级城市领先水平，建立与厦门经济社会发展水平相适应的多层次健康保障体系，为维护人民健康提供有力保障。

四、对策建议

（一）打造防治结合的公共卫生体系

1. 加强公共卫生疾病防控救治能力

推进市、区公共卫生疾控网络建设，探索各区级疾控中心以区为主、市区共管的管理模式，加强与国内知名高校共同协作机制。推进城乡传染病救治服务网络建设，打造省级重大公共卫生事件区域医学中心。加强重症监护病区和负压病房、检测实验室、现场流行病学实训平台等设施建设，全面提升市疾控中心在重大传染病救治、检验检测、流行病学调查等方面能力。完善医疗急救网络，推进独立设置的岛内急救分中心建设。提升发热门诊收治筛查能力，制定医疗机构发热门诊、肠道门诊、隔离留观病床建设标准，推进定点发热门诊改扩建或新建。

2. 提高公共卫生突发事件预警处置能力

建设覆盖全市的突发事件卫生应急管理与指挥决策信息系统，健全重大公共卫生专家咨询委员会及突发事件的应对流程。提高公共卫生风险监测预警能力，完善覆盖全市大、中、小学校和幼儿园的传染病症状监测系统，构建覆盖全市传染病专科医院的传染病动态监测系统。提升卫生应急救援处置能力，完善队伍培训演练制度，提高层突发事件先期处置能力。推动国家级航空医学救援基地建设，构建全市立体紧急医学救援网络。推进独立设置的岛内急救分中心建设，提高城市公共卫生应急保障水平。

3. 强化公共卫生信息化网络建设

健全公共卫生信息管理体系，加强公共卫生信息体系精细化、规范化管理。加快构建危急重症急救网络，推动胸痛中心、卒中中心、危重孕产妇救治中心、儿童和新生儿救治中心的急救信息互通协作。推进重大疾病、传染病等公共卫生事件监测预警和溯源系统建设。加快构建儿童血液病、恶性肿瘤病例个案信息库，实施个案跟踪和家庭医生签约管理。完善严重精神障碍信息系统，及时掌握精神疾病动态。建立健全疫苗、消毒餐具饮具等可追溯信息化管理体系，完善食源性疾病信息报告系统，提高食品安全风险监测预警能力。

（二）加快医疗卫生服务高质量发展

1. 优化医疗资源配置

优化医疗资源空间布局，提升岛内外医疗资源均衡化水平，加快环东海域医院、马銮湾医院等一批岛外医疗卫生重点项目建设。促进医疗机构服务功能均衡发展，深化“市校合作、高位嫁接”，积极引进知名高校及其附属医院优质医疗资源，加快培育一批高精尖品牌医院、医疗机构和专科名医。加强厦门血液中心基础设施建设，增强突发公共事件供血保障能力。加快形成多元办医格局，鼓励支持社会资本举办医疗机构，将社会办医统一纳入医疗服务和医疗质量管理控制及评价体系，促进社会办医持续健康规范发展。

2. 提升医疗服务水平和质量

加强国家区域医疗中心建设，持续推进复旦大学附属中山医院厦门医院区域医疗中心建设试点，推动厦门市儿童医院、四川大学华西厦门医院等积极与国家高水平医院合作，提高区域内疑难病症诊治能力。做优名院做强重点专科，推进复旦中山厦门医院、复旦儿科医院厦门分院、四川大学华西厦门医院等重点医院建设，带动提升医疗服务质量整体水平。加强市医疗质控中心建设，鼓励三级医院所有病房开展优质护理服务。推进市级医疗废物处置设施“扩能提质”“补缺口”，促进医疗废弃物源头减量和处置市场健康发展。

3. 加强基层医疗卫生服务体系建设

完善基层卫生服务功能，健全基层医疗卫生机构建设标准。优化基层医疗服务机构网点布局，打造“十五分钟健康服务圈”。推进基层医疗机构建设发热哨点诊室和留观室，强化发热患者的源头管理。拓展基层卫生服务功能，继续做好重点人群签约服务，强化家庭医生对签约居民全生命周期的健康管理服务。推进基本公共服务均等化和慢性病综合防治，确保人均基本公共卫生服务经费不低于国家和省级补助标准。建设具有厦门特色的重点慢性病综合防治体系，强化早期筛查和早期发现，注重康复早期干预。

4. 打造高水平的卫生人才队伍

加快引进聚集高端医学人才，重点引进一批拥有国际先进或国内一流科技成果的高层次卫生人才团队，实施更加开放、灵活、高效的人才引进政策。深化“名医工作室”“双主任制”等柔性人才项目建设。加大高层次人才和基层人才培养培训，推动三级医院医生到基层医疗卫生机构坐诊，充分发挥医联体人才流动优势。加快紧缺急需领域人才队伍建设，及时更新紧缺急需人才指导目录，完善多渠道培养全科医生的体制机制。推动儿科学、妇产科学、康复医学、婴幼儿护理等专业设置，合理降低准入门槛。

（三）全面推进健康厦门行动

1. 提升全民健康素养

开展健康促进行动，加快市级健康科普专家库和资源库建立，开展多种形式的健康科普活动及培训工作。全面推进控烟履约工作，推进无烟环境建设，推动控烟立法。倡导全民健康生活，加强健康教育，完善健康教育体系，普及合理营养、合理用药、科学就医和灾害自救互救等知识。推进“体医融合”，健全全民建设公共服务体系，广泛开展全民健身运动，补齐全民健身设施短板。

2. 加强妇幼健康保障

提升妇幼健康服务质量与水平，加强婚前、孕前、孕产期、新生儿期和儿童期、青春期、妇女更年期保健等健康服务。完善产前筛查（诊断）网络建设，防止出现严重出生缺陷病例。加强危重孕产妇和新生儿救治保障能力建设。提高妇女“四癌”筛查率，加强对特殊时期妇女心理关怀。推动儿童早期发展均等化，加强新生儿救护和儿童医疗救治网络建设，加快建设儿童早期发展服务体系，完善婴幼儿照护服务和残疾儿童康复救助制度。

3. 健全老龄健康服务

实施老年健康促进行动，开展老年健身、老年保健、老年疾病防治与康复等教育活动。推进实施老年人心理健康预防和干预计划，加强对老年严重精神障碍患者的社区管理和康复治疗。推进医养结合，推动综合医院、中医医院、基层卫生服务机构开设老年医学科、康复科，增加老年病床位数量，设置临终关怀病区或床位。推动基层卫生服务机构开展上门巡诊、设立家庭病床，为老年人提供指导居家护理。鼓励养老机构、居家社区养老服务照料中心等内设医疗机构。

4. 推动职业健康发展

完善职业病防治技术支撑体系，加快各区疾控中心职业病防治科室建立，推动企业职业健康管理队伍建设。加强职业健康监管体系建设，重点加强区、镇、街道的基层执法力量及装备建设。建立完善工作场所职业病危害因素检测、监测和职业病报告网络，利用监测和专项调查等手段推进职业病危害严重的用人单位进行技术改造和转型升级。

5. 促进人口家庭稳定发展

完善人口监测制度和监测体系，强化人口监测机制，充分利用人口监测基础数据，加强人口发展分析研究。贯彻实施国家全面两孩政策，加强生育配套措施推进力度，营造生育友好、家庭友好的社会环境。积极推进母婴设施建设，确保公共场所和用人单位基本建成标准化母婴设施。推动婴幼儿照护服务发展，培育和打造一批龙头企业或社会组织开展运营婴幼儿照护服务机构及设施。加大对普惠性托育服务政策支持力度，推进普惠托育服务试点工作。

（四）持续深化医药卫生体制改革

1. 加快推动公立医院综合改革

持续完善财政投入补偿机制，控制医药费用不合理增长，优化医院收入结构。健全医改绩效考评机制，使资源向临床一线、关键岗位、重点学科专科倾斜，体现多劳多得、优绩优酬。推行按病种付费为主的多元复合式医保支付方式，全面落实预算管理、全成本核算与控制等经济运营管理制度。

2. 进一步完善分级诊疗制度

不断健全我市以三甲医院为龙头，其他医院为骨干，基层医疗卫生机构为基础的分级诊疗体系，促进优质医疗资源下沉。完善双向转诊程序，建立健全转诊指导目录，重点畅通慢性病患者、康复期患者等向下转诊渠道。发展专科医联体、跨区域医联体等多种医联体模式，推进高水平医院与基层医院建立责任、利益、服务和管理共同体，组建专科联盟。

3. 深入推进“药价保”联动改革

持续推动“药械采购流通、医疗服务价格、医保收付费改革”三要素深度融合。巩固并推广“4+7”国家组织药品集中采购和使用试点工作成果，建立动态医疗服务价格调整机制，进一步降低药品、耗材价格。强化“合理用药监管系统”“ 医保基金智能监管平台”等信息化支撑，提高医保基金使用效率，打击各类骗保行为。

（五）增创中医药服务优势

1. 加强中医药服务体系建设

鼓励三级中医医院牵头组建多种形式医联体，二级甲等以上区级中医医院可牵头组建紧密型区域医共体，加强资源整合和统筹使用。鼓励有条件的区级中医医院建立区域中药饮片供应中心和共享中药房。加强中医医院治未病科、康复科建设，发挥中医药在疾病预防和康复中的重要作用。开展中西医协同攻关，综合应用中医医疗技术和现代科学技术，提高“急危重疑特”疾病临床疗效。

2. 推进中医药传承与创新

加强我市省级中医学术流派建设，推动学术流派传承保护。做好全国名中医、省名中医等名老中医的学术传承，继续开展市级中青年中医后备人才培养和中医专家基层师带徒工作，新增一批中青年中医后备人才和中医专家基层师带徒继承人。加快推进中医药科研创新，推动中医药学科建设。

3. 加强中医药人才队伍建设

加大力度培养中医药人才，提高临床类别医师中医药知识和技能水平，探索临床类别医师通过考核后提供中医服务，参加中西医结合职称评聘。构建符合中医规律的学术评价、人才评价、疗效评价、成果评价等中医药评价体系，改革完善中医药专业人员职称评聘制度，推动中医药良性发展。

4. 发挥中医药防治疾病的作用

坚持中西医并重、中西药并用，将中医药防治方案纳入突发公共卫生事件应急救治，推行传染病中西医结合诊疗方案，完善中西医联合救治机制。鼓励医疗机构为重点人群提供中药预防方服务，发挥中医药在疫病防控、疾病康复、健康促进方面的独特作用。

（六）强化医疗卫生信息化智慧化建设

1. 打造高质量的卫生健康科技创新系统

完善医学科技创新制度与平台，推进国家和省级临床医学研究中心建设，开展重点实验室提升建设，加强国内外协作交流，提高行业疾病诊疗水平和服务能力。推进医学科技攻关与发展前沿技术，促进精准医学研究发展，加强公共卫生人才培养和公共卫生领域科研攻关能力建设。促进医学科技成果转化与应用，推动形成一批具有自主知识产权的成果，并实现临床转化应用与推广。

2. 加快“互联网＋医疗健康”融合发展

加强全民健康信息化平台支撑体系建设，夯实医疗云专业网络基础。推进区域全民健康信息平台建设，加强平台数据质控和标准化建设，完善平台安全防护体系建设。推动全人群、全生命周期的市民电子健康档案和电子病历等基础数据库建设，推进健康医疗信息在区域医疗机构、政府各部门之间互联互通。加强医院信息化建设，鼓励各医疗机构参加国家区域医疗信息平台互通互联成熟度测评，加快“智慧医疗示范医院”成形。

3. 提升“互联网＋智能监管”水平

构建全民健康信息综合监管平台，实现监管数据在平台的统一归集，推动形成全市综合管理“一张网”。完善市属公立医院、基层医疗卫生机构等运营监管，推动实现对公立医院机构人、财、物的全面监管。推行医保智能监控系统建设，强化医护人员执业行为监管。推进医护人员执业信息公开渠道建立，加强防范无证行医。

4. 促进健康产业快速发展

壮大“互联网＋健康”产业，加快推广健康领域大数据、健康物联网、人工智能等信息新技术综合场景应用，全面发展远程医疗、慢病管理、健康评估等个性化健康管理服务业，围绕生命健康形成一批人工智能辅助医学影像、可穿戴健康设备、健康管理系统智能健康产品。加强健康医疗大数据与生物医药、养老、健身健体等产业融合发展，加快培育一批健康医疗大数据开发应用产业化示范项目，构建全产业链健康产业体系。推动健康医疗大数据科学科研平台建设，提升信息化医学科研及产业化应用效能。

【参考文献】

[1] 孟立联."十四五"卫生健康发展新要求初探 [J]. 中国农村卫生事业管理，2020（40）
[2] 王荣荣，张毓辉，王秀峰，等. 我国健康产业发展现状、问题与建议 [J]. 卫生软科学，2018（32）
[3] 厦门市发展研究中心课题组. 厦门市"十四五"卫生健康事业发展专项规划 [R].2020

课 题 组 长：姚厚忠
课题组成员：曾　峰　黄光增　兰剑琴
　　　　　　龚小玮
课 题 执 笔：姚厚忠　曾　峰

第二十七章 进一步提升厦门生态文明建设水平研究

一、建设情况

(一)污染防治攻坚战扎实推进

一是空气质量保持全国前列。组织开展三轮“2020 年守护蓝天百日攻坚”专项行动。加强移动源污染防治,在全省率先开展非道路移动机械编码登记,开展高排放机动车限行工作。强化固定污染源管控,完成省市两级大气精准治理项目 47 个,整治一批“散乱污”企业。实施“五步工作法”,加强工地扬尘联防联控。牵头组织第四次厦漳泉大气污染联防联控联席会议。2020 年,全市空气质量综合指数 2.53,同比改善 16.1%,在全国 168 个重点城市中排名第 4;空气质量优良率 99.7%,同比改善 2.2%,全国排名并列第 3;PM2.5 平均浓度 18μg/m^3,全省并列第一。

二是水环境质量达近年最好水平。加强河道生态建设,成立全国首个厦门河长制研究院,完成入河、入海排污口整改,河道“四乱”问题清理整治率 100%,79 个安全生态水系建设项目基本建成。加强海域保洁,新增海域保洁面积 52 平方公里。创新小微水体治理,率先全省将小微水体治理纳入河湖长制监管,出台《厦门市小微水体治理工作指南》,召开全市小微水体治理现场会议,成功打造翔安怀远湖等样板工程。2020 年,全市水环境质量 100% 达标;厦门近岸海域水质优良面积比达 82.4%,同安湾水质由劣 IV 类上升为Ⅱ类。

(二)生产生活加速向绿色转型

一是产业发展更加绿色。召开新经济、总部经济、海洋经济等产业发展大会,千亿产业链增至 9 条。引入高能时代、资生环保等优质环保产业项目,助力全市高端环保产业集聚发展。设立首期规模 30 亿元的技改服务基金,实施技改奖补政策,全年累计发放技改奖补资金达 4 亿元,有效推动企业转型升级。开展 34 个固投项目节能审查,预计可核减能源消耗 1.13 万吨标准煤。完成国家“城市矿产”示范基地和集美(杏林)台商投资区园区循环化改造等项目建设。2020 年,我市培育发展战略性新兴产业、促进工业稳增长和转型升级成效明显获国务院表扬。

二是城市建设更加绿色。发展绿色交通,轨道交通 3、4、6 号线建设进展顺利;新增新能源汽车超

19000 辆、公共领域充电桩超 2100 根，超额完成老旧车辆淘汰工作。打造绿色港口，海港岸电接船累计时长达 184.6 万小时，空港桥电使用率达 90%，均走在全国前列。推广绿色建筑，奖励主动执行绿色建筑标准并取得运行标识的存量土地的民用建筑，全年发放绿色建筑财政奖励共计 1.46 亿元。建设低碳城市，思明区东坪山片区成为全省首个近零碳排放区示范工程。

三是居民生活更加绿色。出台《厦门市开展绿色生活创建行动计划》，在全市范围内开展节约型机关、绿色家庭、绿色学校、绿色社区、绿色出行、绿色商场、绿色建筑等七个领域的绿色生活创建行动，引导全社会形成绿色低碳生活方式。持续加强生活垃圾分类，印发《厦门市生活垃圾分类设施设备配置导则（试行）》，垃圾日产量增长趋缓，吨垃圾焚烧发电量提高 30% 以上，全市垃圾分类知晓率达 100%，参与率 90% 以上，准确率 80% 以上，自 2018 年以来，在住建部对全国 46 个垃圾分类重点城市工作情况历次通报中持续保持第一。

（三）生态保护修复不断加强

一是生态保护修复法律规章更加完善。制定《厦门经济特区筼筜湖区保护办法》，修订《厦门市砂、石、土资源管理规定》，审议通过《厦门市环境保护条例（草案）》和《关于加强九龙江流域水生态环境协同保护的决定（草案）》，基本实现生态环境监管领域规范行政处罚自由裁量权全覆盖。印发《厦门市国土空间生态修复三年行动计划（2020–2022）》，组织开展《厦门市国土空间生态修复专项规划》编制工作。

二是海洋生态保护修复持续加强。严格实施海岸线分类管控要求，自然岸线保有率达到 18.16%。完成海域超规划养殖问题整改和全面彻底清退工作。开展鳄鱼屿、大离浦屿等 6 个无居民海岛垃圾整治、清理。下潭尾二期红树林湿地公园、角屿西侧岸线生态修复等沙滩修复和红树林种植工程进展顺利。2020 年，我市成为唯一一个“蓝色海湾”综合整治行动项目和海岸带保护修复工程项目同时申报成功的城市，申报工作得到省主要领导表扬。筼筜湖综合治理工程和下潭尾滨海湿地生态公园案例入选自然资源部第二轮生态修复典型案例名单。

三是陆域生态保护修复稳步推进。出台《厦门市天然林保护修复工作方案》，推动天然林生态系统得到有效恢复。完成植树造林 4381 亩、森林抚育 29085 亩，森林蓄积量预计为 325 万立方米，森林覆盖率达 41.72%，获评国家生态园林城市。综合治理水土流失面积 1 万亩，全市水土流失率下降到 5.44%。推进 8 处矿山复绿治理工作，完成翔安区小光山矿区一期复绿工作。推进农村生态环境治理，海沧区东孚街道洪塘村、同安区汀溪镇顶村村和集美区灌口镇田头村 3 个村庄获得“福建省森林村庄”称号。

（四）生态治理能力现代化水平不断提升

一是生态改革创新能力不断提升。出台《厦门市构建现代环境治理体系行动方案》。持续丰富“智慧环保”平台功能，“三线一单”应用系统在第三届数字中国建设峰会“数字生态分论坛”上展示推广。同安区埭头溪下游生态产品市场化改革项目列入全省生态产品市场化改革试点。五缘湾片区生态修复和综合开发案例被自然资源部作为全国 11 个生态产品价值实现案例之一进行全国推广。筼筜湖综合治理、五缘湾生态修复、多规合一、垃圾分类和海上环卫机制等五项改革入选国家生态文明试验区改革举措和经验做法推广清单，在全国地级以上城市中最多。

二是生态监督监管能力不断提升。出台《厦门市生态环境监管能力建设三年行动方案 (2020–2022 年)》，策划投资 1.95 亿元实施 48 个项目。依托生态云、智慧环保等大数据平台，推广工地扬尘、海漂垃圾、入海入河排污口等多领域无人机使用，精准发现环境违法问题。施行网格监管，建成环保网格化平台二期。健全信访投诉办理机制，采取驻厂蹲点、环保体检等方式对重点环保投诉问题进行化解。2020 年，12369 平台共受理投诉件 1597 件，同比下降 71%。

三是生态风险防范能力不断提升。修订突发环境事件应急预案，承办全省突发环境事件应急演练，在全省首次组织跨市域演练。抓好危险废物等安全生产专项整治三年行动，推动风险源企业环境风险隐患问题按时整改，全年未发生突发环境事件。运用福建省危险物品“一体化”安全监管平台，对平台放射性物品单位进行全面检查，隐患预警信息 100% 清零。新采购应急指挥车、应急车卫星通信、无线调度基站等，提升市、区两级环境应急能力。

四是生态投入保障能力不断提升。加大财政投入力度，安排 1.79 亿元补偿资金对汀溪水库、莲花水库库区村庄村民进行补偿，下达各区森林生态效益补偿 2050 万元。发展绿色金融，建设绿色金融项目库和绿色企业清单机制，辖内绿色信贷余额达 395.3 亿元，同比增长 61.9%；环境污染责任强制保险累计为 459 家企业提供 7.21 亿元风险保障。储备排污权保障中航锂电 A6 项目、电气硝子三期等重点项目需求和 95 个其他排放项目。

五是生态基础设施建设水平不断提升。加快前埔、高崎、马銮、集美、前场、澳头等 6 座在建污水厂建设，全市污水处理能力达 150 万吨 / 日以上。完成新建污水处理厂配套管网 100 公里，雨污水管网溯源排查面积约 207 平方公里、管网长度 8784 公里。累计完成 375 个自然村截污纳管，673 个自然村建成分散式污水处理设施 536 座。建成投用东部垃圾焚烧发电厂二期，我市生活垃圾非填埋日处理能力达 5650 吨，率先全国实现原生生活垃圾“零填埋”。后坑、海沧两座发电厂被授予国家“AAA 级生活垃圾焚烧发电厂”，率先全省在该领域实现“零”的突破。

二、存在问题

一是绿色产业还不够发达。缺乏体量大、竞争力强的绿色环保龙头企业，绿色产业体系还不健全。人才、科技、资金等优势资源要素投入到生态文明领域较少，市场主体积极性不高，创新驱动力不足，普遍综合服务能力偏弱。在推进污染第三方治理、合同能源管理、环保第三方服务等过程中容易发生纠纷，环境治理市场化机制有待完善。

二是生态环境治理难度加大。大气治理进程中，主要污染源减排遇到瓶颈，2020 年主要污染物之一的 SO_2 浓度不降反升，同比上升 20.0%，凸显汽车尾气、工业废气等治理依然任重道远。水环境治理方面，筼筜湖、杏林湾等水域水质仍需进一步治理提升，雨污水管网溯源排查面积大、任务重，小流域、黑臭水体治理需要持续巩固，水环境治理总体比较困难。

三是系统协调治理有待进一步加强。生态文明体制改革落地落实仍需下大力气推进，各类涉及生态文明建设的规划、政策、制度还需进一步统筹衔接。跨部门生态数据共建共享不足，生态环境大数据平台建设进展滞后。闽西南生态跨区域联防联控有待持续加强。

三、发展展望

从国际看，发达国家纷纷将绿色发展作为经济复苏和转型的重要战略，出台措施助其成长。美国出台了《美国清洁能源和安全法案》；欧盟公布了应对气候变化、推动可持续发展的“欧洲绿色协议”；法国公布了《绿色法案》；日本制定了推动可再生能源与节能产品的“绿色发展战略”；韩国公布《绿色增长国家战略和五年计划》。与此同时，一些发展发展中国家也意识到，绿色低碳发展是实现可持续发展的必然要求，并根据各自国情，制定本国的促进绿色发展的目标和政策措施。世界同筑生态文明之基、同走绿色发展之路，全球“共同建设美丽地球家园”的意愿与行动持续增强，将为厦门开展生态文明交流合作，借鉴国外经验做法提供良好外部环境。

从国内看，近年来，在以习近平同志为核心的党中央坚强领导下，国家相继出台《关于加快推进生态文明建设的意见》《生态文明体制改革总体方案》，不断完善生态文明顶层设计和制度体系；制定和修改环境保护法、环境保护税法以及大气、水污染防治法和核安全法等法律，对环境污染和生态破坏界定入罪标准，加大惩治力度，形成高压态势；大力开展中央环境保护督察，成为推动地方党委和政府及其相关部门落实生态环境保护责任的硬招实招。习近平总书记多次为推动生态文明建设做出重要指示批示。2018 年，在全国生态生态环境保护大会上，总书记强调，生态兴，则文明兴；生态衰，则文明衰，要坚持绿水青山就是金山银山，全面推动绿色发展。2019 年国家层面关于生态环境保护、绿色技术创新、生态综合补偿试点等一系列意见出台，进一步健全了生态文明建设的政策体系。2020 年，习近平总书记在浙江、陕西、山西等地考察期间，均调研当地生态保护建设情况，并提出具体要求。2021 年，中央经济工作会议将碳达峰碳中和作为八大重点工作之一，凸显了国家绿色发展的决心和信心。党中央、国务院对生态文明建设的高度重视和系列部署，为厦门推进生态文明建设营造了良好的外部环境，也提供了根本遵循和行动指南。

从厦门看，2021 年是“十四五”规划开局之年。《中共厦门市委关于制定厦门市国民经济和社会发展第十四个五年规划和二〇三五年远景目标的建议》《厦门市国民经济和社会发展第十四个五年规划纲要》，已经为新时期深化生态文明，建设美丽厦门提出了具体目标，明确了任务要求。把握国内外生态文明建设良好环境的外部机遇，借助建设高素质高颜值现代化国际化城市的东风，厦门生态环境质量将继续保持全国前列，绿色发展水平将进一步提高，国家生态文明试验区建设有望形成若干项可供全国复制推广的改革成果，形成具有厦门特色、系统完整的生态文明制度体系。

四、对策建议

（一）打造绿色产业体系

1. 培育绿色产业新动能

致力构建绿色产业结构，重点发展科技含量高、资源消耗低、环境污染少的高端制造、智能制造，培育壮大平板显示、生物医药、新材料、氢能源、新能源汽车等产业；大力发展研发设计、科技服务、信息咨询、现代金融和软件信息等服务业；着力培育以绿色种苗业、花卉苗木业为主的生态农产品市场，加快发展生态旅游文化产业。发展壮大绿色经济，规划建设厦门高端环保产业园，推动绿色产业集聚发展。完善再制造行业标准，发展再制造产业。积极培育绿色企业，牵头绿色标准制定，形成更多绿色产品、绿色工厂、绿色园区、绿色供应链示范企业，建设若干绿色制造系统集成体系。加强节能环保产业招商，大力引进一批国际一流节能环保技术和产业龙头项目，推动项目尽快落地建设、投产达效。

2. 推动现有产业绿色化改造

推动传统产业智能化、清洁化改造，以电力、轻工等主要耗能行业为重点，组织实施锅炉、窑炉、余热余压利用、能量系统优化等节能低碳改造，促进产业能源利用改造升级。大力发展绿色农业，加快发展现代种苗业、休闲观光农业等现代都市农业，实施化肥使用零增长行动。不断壮大循环经济，做好国家新能源汽车动力蓄电池回收利用试点。开展固定资产投资项目节能评估和审查，实施能耗动态监管和优化管理，加速厦门市碳排放和能耗智能管理云平台在重点企业的推广应用。实施重点节能示范工程，积极推广节能低碳新工艺、新技术。倡导清洁生产，推广清洁生产示范和清洁生产企业经验。

3. 提升产业绿色发展竞争力

集聚节能环保机构，充分发挥中科院城环所、厦门大学等机构作用，着力引进一批新型节能环保科研机构，建设一批节能环保院士工作站、博士工作站。整合各类节能环保创新资源，发挥各自优势，围绕重点领域开展科技攻关，突破一批关键共性和配套技术。以行业协会、产业联盟为主体，探索设立节能环保产业链协同创新中心，打造绿色环保产业技术研发、产品检测、设计咨询、知识产权等公共服务平台。深化产学研合作，建设节能环保创新成果转移中心展示平台和节能环保众创空间示范基地创新创业中心，鼓励科研机构和人员采取技术转让、成果入股、共同开发等形式，推进绿色环保高端技术和科研成果转化。加大对企业绿色技术创新支持力度，不断提升节能环保企业创新能力和科技水平。

4. 完善产业绿色发展政策体系

加大财税支持力度，落实好环境保护和节能节水项目企业所得税、资源综合利用企业所得税和增值税、节能节水和环境保护专用设备企业所得税，以及合同能源管理、污染第三方治理等税收优惠政策。加大绿色金融支持力度，积极发展绿色信贷，支持符合条件的节能环保企业发行绿色债券，探索将用能权、碳排放权、排污权、合同能源管理未来收益权、特许经营收费权等纳入融资质押担保范围。建设国际性环保产业公共服务平台，服务绿色“一带一路”建设。发挥厦门市中小企业信息服务中心、厦门市节能监察中心等平台作用，畅通信息沟通反馈机制，做好节能环保产业政策宣讲，营造助推节能环保企业发展的良好氛围。

（二）构筑绿色生态城市

1. 构建紧凑型城市形态

按照紧凑型城市要求，进行城市疏密有度规划，构建城市长远绿色框架，实现功能紧凑、规模紧凑和结构紧凑，推动城市可持续发展。通过加快疏解非核心功能，有序推进“三旧”改造，对老城区开展“以留为主、改拆为辅”有机更新，对城中村实行整村拆迁或更新提升，加快旧厂房改造，加大“工改工”更新力度，切实提升本岛，做强城市主核，实现中心城区动能再造。加快岛外马銮湾新城、环东海域新城等基础设施建设，打造以中心建筑群、绿色开放空间和美丽滨海岸线相结合的城市景观，塑造全新城市形象。同时，以产城融合发展为目标，合理布局城市功能，不断优化优质教育资源配置，扩增医疗卫生资源，有效分流中心城区人口，形成就近工作、就近生活的绿色发展模式。

2. 打赢污染防治攻坚战

落实河湖长制，全力推进高崎一期、前场一期、集美四期等污水处理设施高质量高标准建设，力促年度新增污水能力 25 万吨 / 日；完善污水管网，加快补齐全市污水收集、处理短板；持续推进全市入河入海排污口整治，强化“散乱污”工业企业废水排放监管；建设蓝色海湾综合整治工程，加强海岸带生态修复，巩固近岸海域养殖清退成果，全面提升全市水环境质量。实施清洁油品行动，加快淘汰高排放老旧车辆，大力提高汽车纯电动化比例；加快绿色海港和绿色空港建设，着力提升船舶高压岸电和空港桥载电源使用率，强化翔安新机场绿色建设服务保障；调整优化能源结构，强化能源消费总量和强度“双控”，从源头削减大气污染物排放，持续保持高水平空气质量。开展土壤风险评估，建立土壤环境数据库，补齐医疗废物、危险废物收集处理设施短板；加大行业企业监管力度，更新完善土壤重点行业企业名单，推动重点企业风险源隐患排查及土壤自行监测；推动东部垃圾焚烧发电厂三期、同安垃圾焚烧厂、生物质再生资源项目等项目建设，实现土壤环境质量稳定。深化环保体制改革，加强新一代信息技术和智能技术在城市生态建设中的运用，提高空气质量预警预报、水环境监测预警、生态遥感监测、生态环境舆情分析等能力，构建现代环境治理体系。

3. 打造多元花园城市格局

实施增绿添园，新建一批综合性公园，改造提升一批城市公园，利用边角地、插花地等建设一批街心公园，完善公园游憩和服务设施，提高公园绿地服务半径。推进植物园、园博苑创建 5A 级景区，加快东坪山整治提升，打造一批国际一流的城市中央森林公园。开展植树造林和森林抚育，落实天然林停伐管护补助，维护天然林区稳定。改造提升道路绿化，补植冠大荫浓乔木，完善绿化及景观设计，提高道路绿地率和绿化覆盖率，形成布局均衡、城绿相生的城市绿化网络。大力提倡墙体绿化、桥体桥栏绿化、阳台绿化、屋顶花园等各种立体绿化，不断升级城市彩化香化美化，精致保护管理园林绿化。在机场、火车站等重要场站，鼓浪屿、厦禾路等重要节点打造特色园林景观，建设一批特色花园街巷，构建“间绿透绿、显山露水”的城区风貌，成为“近者悦、远者来”的花园之城。

4. 提升智慧城市建设水平

支持电信运营商加快推动 5G 网络试点和布局建设。发挥教育云、医疗云等既有云平台功能，推进政务数据中心整合工作，进一步完善 i 厦门一站式线上政务服务平台，提升政务信息化基础设施集约化建设水平。推广使用远程办公、无纸化办公、智能楼宇、智能运输等技术。结合新城建设和片区开发，大力推进马銮湾新城、环东海域东部新城等片区综合管廊城市建设。加快建设生态环境大数据平台，推进智慧环保平台功能完善及应用场景创建，完善生态环境监测网络。促进大数据、物联网、云计算等现代信息技术与城市管理服务融合，提升社会治理和城市管理精细化水平，实现城市管理绿色化、智能化。

（三）深化生态文明改革

1. 构建全域生态格局

加快编制《厦门市国土空间总体规划（2020–2035 年）》，优化重大基础设施、重大生产力和公共资源布局，形成全域全要素、陆海统筹的规划“一张图”。严格国土空间用途管制，促进土地集约高效利用，全面实施国土空间监测预警和绩效考核机制，形成均衡协调和高质量发展的国土空间开发保护新格局。立足资源环境承载能力，统筹山水林田湖一体化保护和修复，构建“一屏一湾十廊”全域生态格局。

2. 加强生态制度供给

科学谋划“十四五”时期厦门生态文明建设目标定位，抓紧编制实施《厦门市“十四五”生态文明建设专项规划》《厦门市“十四五”生态环境保护专项规划》《厦门市国土空间生态修复专项规划》等规划。制定我市2030年前碳达峰行动方案，明确达峰的目标和技术路线，谋划一批达峰重点任务和重大工程，并做好与能源、产业、交通、建筑等相关“十四五”专项规划的衔接。健全中央、福建省生态环境保护督察反馈意见整改常态化制度化工作机制。强化生态补偿动态激励机制，引入目标考核与奖惩制度，依据不同区域生态保护修复目标难度，设定差异化的补偿金标准，并根据修复保护目标完成进度兑付补偿金，突出生态补偿差异化管理和精细化管理。

3. 抓好生态改革落地

理顺部门职责，加强部门统筹协调，优化整合制度和政策体系，全面抓好已出台制度的贯彻落实，重点深化自然资源产权制度、国土空间规划及用途管控制度、生态保护红线、生态系统价值核算、生态司法改革和厦门湾污染物排海总量控制等项目改革。设立试点区域开展生态产品价值及其配套机制的探索与创新，争取形成价值核算、产品定价地方标准，打通价值实现路径，形成在全国可复制可推广的改革经验。

（四）建设生态文明社会

1. 引导居民绿色出行

大力发展绿色交通，全面提速轨道交通工程，加快轨道3、4、6号线建设，同步完善周边公交等服务配套，推动构建衔接顺畅、无缝换乘的公共交通体系。持续优化公交线网和车辆能源结构，继续推广公交直达专线、社区公交、定制公交等差异化服务，加快完善公交枢纽站、首末站和配套工程的建设。推动在进出岛通道两端规划建设公交换乘枢纽。开展智能交通系统建设，加强共享单车管理，加快充电桩等设施建设，促进节能环保型汽车的发展。进一步完善全市慢行系统，推动建设南北向健康步道以及滨海慢行道二期、三期，串联起本岛健康步道、铁路公园等慢行道，打造“增颜值、惠民生、促文明”的民生步道。

2. 加强生态文化建设

加强生态文明宣传教育，增强市民生态环保意识。中小学结合课堂教学、专家讲座、实践活动等将生态文明融入素质教育体系。党政干部教育培训要开设污染防治攻坚战、绿色发展等生态文明系列专题课程，提升领导干部践行绿色发展的能力和水平。着力创建一批绿色校园、绿色社区。大力发展新能源汽车、绿色建筑、清洁能源，推广绿色产品，推行绿色节能办公。持续深化生活垃圾分类，构筑餐厨垃圾、生活垃圾、建筑垃圾等资源综合处理及再生利用体系。着力推进绿色消费，推动形成简约适度、绿色低碳的生活方式。推动形成内需扩大和生态、生活环境改善的良性循环。

3. 营造生态共建氛围

开展绿色环保志愿服务活动，以社区环保公益文化宣传为先导，创新服务模式，积极探索“行动＋宣导”“政府部门＋公益组织”“志愿者＋居民”等多种组合模式，聚合政府部门、社区、企业、学校、媒体等各方力量，扩大绿色环保志愿服务的公众认知度与社会影响力。完善绿色环保监督体系，构建由党内监督、人大监督、民主监督、行政监督、司法监督、审计监督、社会监督、媒体监督构成的监督体系，不断健全环保督察体制机制。推动生态民主制度化，完善生态信息公开制度、企业生态环境“红黑名单”制度，保障公民的知情权、参与权和监督权。推动形成全民参与共建绿色城市、共享绿色生态的良好局面。

【参考文献】

[1] 厦门市人民政府．厦门市第十五届人民代表大会第六次会议政府工作报告 [EB/OL].2021-01.

[2] 厦门市人民政府．中共厦门市委关于制定厦门市国民经济和社会发展第十四个五年规划和二〇三五年远景目标的建议 [EB/OL].2020-12.

[3] 厦门市人民政府．关于 2020 年度全面加强生态环境保护坚决打好污染防治攻坚战工作情况的报告 [R].2021-01.

课 题 组 长：董世钦
课题组成员：戴松若　林　红　张振佳
课 题 执 笔：董世钦

第二十八章　健全厦门公共卫生应急管理体系研究

一、概念内涵

公共卫生事件传播速度快、影响范围广，公共卫生应急管理具有社会性、长期性、技术性特点，是新时代国家治理体系和治理能力现代化的重要内容。健全公共卫生应急管理体系，对于有效应对突发公共卫生事件、保障人民群众生命安全和身体健康、维护社会稳定和国家安全具有重要意义。本报告认为，完备的公共卫生应急管理体系由应急指挥体系、监测预警体系、疾病预防控制体系、应急医疗救治体系、应急保障体系、社会治理体系等六大体系以及平战结合机制、快速响应机制、联防联控机制、群防群控机制、精准防控机制等五大运行机制构成，见图 28-1。

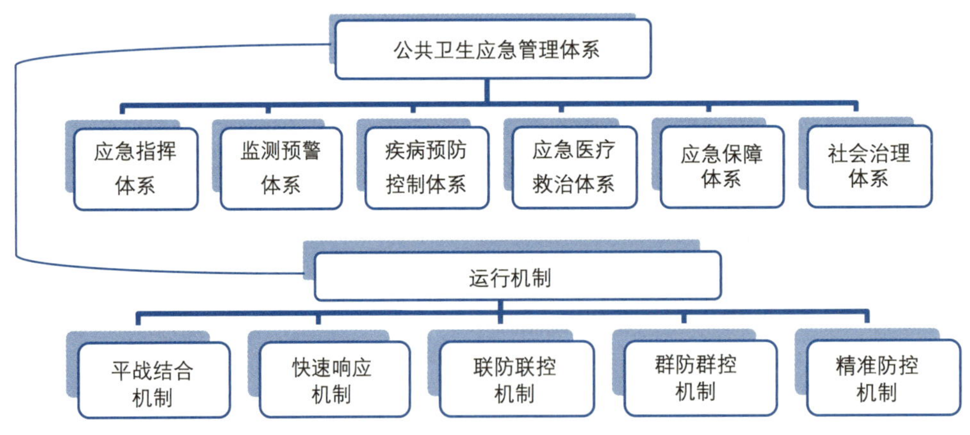

图 28-1　公共卫生应急管理体系

二、发展现状

（一）发展基础

近年来，厦门公共卫生应急管理体系逐步完善“一案三制”（应急预案和应急管理体制、机制、法制），2017 年制定了《厦门市突发公共卫生事件应急预案》（下简称《预案》），建立了由卫生健康部门牵头、30 多个部门参与的应急管理工作机制，在组织建设、监测预警、应急处置、医疗救治、物资保障、科技支撑等方面能力大幅提升，连续 23 年蝉联“国家卫生城市”称号。

应急组织机构方面，根据《预案》，厦门市突发公共卫生事件应急处置领导小组办公室设在市卫计委（现为市卫健委）。突发公共卫生事件发生后，市卫健委根据事件性质，向领导小组提出成立现场指挥部的建议。现场指挥部成立后，可启动《厦门市人民政府突发公共事件总体应急预案》中的 15 个基本应急组的若干组，及时参与处置工作。应急预案中细化了事件分级标准及分级响应方案，明确由市卫生行政部门牵头成立市突发公共卫生事件应急专家委员会。

监测预警方面，卫生行政部门负责全市突发公共卫生事件监测、报告和预警工作，厦门三级医疗机构均建立了传染病登记报告制度。

疾病预防控制方面，2003 年在原市卫生防疫站基础上组建市区两级疾病预防控制中心，负责全市疾病预防与控制、突发公共卫生事件应急处置、疫情报告及健康相关因素信息管理、健康危害因素监测与干预、实验室检测分析与评价、健康教育与健康促进等，2020 年上半年其 BSL-3 实验室获得国家卫健委开展肺炎疫情相关的新型冠状病毒实验活动的批复。

应急医疗救治方面，2020 年全市公共卫生机构床位数 754 张，医疗急救站点 22 个，全市 19 家三级医院大部分设立了应急后备医院和传染病区。可开展核酸检测的第三方机构数量和总检测能力均位居全省第一。

应急保障体系方面，市卫生行政部门按照国家规定提出卫生应急物资储备目录建议和储备计划，市经信部门负责组织落实，市财政部门负责储备经费保障。2019 年市卫健委新修订《厦门市卫生应急队伍管理办法》，应急队伍主要由卫生应急管理人员、医疗卫生专业人员、技术和后勤保障人员构成，并配备不少于半数后备队员。

（二）应对成效

2020 年 1 月国内暴发新冠肺炎疫情，2020 年 2 月厦门市迅速成立了应对新型冠状病毒感染肺炎疫情工作指挥部，市委书记、市长任总指挥长，下设综合协调组（办公室）、疫情防控组、医疗救治组、交通防控组、市场供应监管组、医疗物资保障组、宣传与舆论引导组、社会稳控组、社会捐赠组等 9 个工作组，各工作组组长均由相关市领导担任。制定了《厦门市应对新型冠状病毒感染的肺炎疫情应急预案》，全市上下总动员，织密织牢疫情防控网络，新冠疫情防控阻击战取得重大成果。2020 年厦门累计确诊本土新冠病例仅 35 例，未发生新冠肺炎二代病例，未发生疫情蔓延扩散，是全国最早实施公共场所管控的城市之一。依托“健康医疗大数据应用开放平台”实施精准管理，统筹推进疫情防控与经济社会发展，有关机构利用大数据对全国重点城市新冠肺炎疫情防控能力进行综合评估，厦门在 33 个直辖市、省会及计划单列市中位列榜首；百度城市人口迁徙指数测算“城市满血指数”，厦门仅次于上海位居第二；新华网发布的春节后部分城市复工率指数，厦门位列第五。

（三）存在短板

1. 疾控机构能力建设亟须提升

疾控机构建设薄弱，与人口总量不匹配。按照国家相关部委核定的比例，到 2020 年，厦门疾控人员数量应达到 719 人，但目前的编制数仅 297 人，缺口较大。且市区两级疾控中心人员力量呈现倒金字塔型结构，区级承担了大量基层防控工作，但人员编制主要集中在市级。市区两级疾控中心专业能力不足，人才流失严重，突发公共卫生事件监测预警能力、实验室研究能力、综合检测能力亟待提升，作为突发公共卫生事件的前哨，其作用和地位未充分发挥。

2. 医疗救治硬件设施建设不足

传染病防治领域存在短板。厦门并没有传染病专科医院，厦大附属第一医院杏林分院是厦门唯一的传染病人集中收治机构，设置床位 250 张。按照国家要求，到 2021 年，原则上 100 万 ~500 万人口传染病床位数设置要达到 100~600 张。现有传染病医治主要针对已知传染病，难以有效应对未知重大疫情。综合医院缺乏“平战结合”能力，发热门诊设置规范性有待提升，传染病区、重症监护床位数有待扩充。

急救站点、中心血站配套建设不足。根据《厦门市医疗急救中心专项布局及近期实施项目选址规划》，到 2020 年，全市规划布局 32 个急救设施，尚有 4 个急救分中心和 6 个急救站、近百名急救人员的短缺。岛内外急救力量不均衡，同时智慧急救平台建设未能较好发挥作用，难以应对突发公共卫生事件暴发后的急救需求。

3. 公共卫生应急保障较为薄弱

2019 年设立的厦门市应急管理局，主要承担应对安全生产类、自然灾害类等突发事件和综合防灾减灾救灾应急管理工作，未包括公共卫生类应急管理，公共卫生专项应急管理体系与综合应急管理体系没有有机结合，卫生应急的综合保障能力不足。

应急物资保障方面，公共卫生应急物资保障未纳入全市统一的应急物资供应保障网，突发公共卫生应急医疗防护物资如医用防护服、口罩、护目镜等储备不足，市级应急物资储备在国药控股公司，不利于第一时间调配使用。医疗应急物资无固定的储备仓库，无法满足应急处置和医疗救治工作的需要。

应急队伍保障方面，主要以卫生系统内的专业技术人员为主，力量来源单一，未调动全社会力量尤其是民间机构力量参与。基层装备配备和保障能力薄弱，缺乏处置突发公共卫生事件的一线力量。

应急产品方面，目前厦门生物技术和公共卫生领域产品主要为日常民用产品，研发应急产品的企业较少，技术创新也较为缓慢，在民用产品和应急产品的兼顾使用上还存在很大的提升空间。医疗废弃物处置技术与装备制造也有待加强。

4. 多元参与的社会治理体系建设滞后

各部门协调联动以及群防群治工作机制有待加强。此次新冠疫情前期处置中，在防疫物资调度有效性、人员排查管控灵活性、基层社区治理精细化等方面有待改进。大数据监测溯源系统研发和社区数字化管理滞后。公共卫生事件发生后重事后处置，轻事前预防，医防结合还不顺畅。公众的公共卫生素养不高，公众和社会组织参与公共卫生管理程度低，社区防控力量不足。

三、发展展望

当前，国外疫情持续蔓延扩散，国内疫情多地出现反弹，厦门作为重要口岸城市，“外防输入、内防反弹、人物同防”的压力持续加大，公共卫生应急管理形势依然严峻复杂，任务十分艰巨。因此，厦门公共卫生应急管理必须紧跟防控形势的新发展、新变化，强化“底线思维”，实施“主动防疫”，以更严标准抓好疫情防控，有效防范化解公共卫生冲击导致的各类衍生风险，为推动经济高质量发展营造良好环境。

在2021年1月发布的《中共厦门市委关于制定厦门市国民经济和社会发展第十四个五年规划和二〇三五年远景目标的建议》中指出，厦门要健全公共卫生事业投入机制，加大疾病预防控制体系改革力度，加强疾控中心建设，完善重大疫情防控体制机制，健全公共卫生应急管理体系，创新医防协同机制，提升公共卫生设施建设水平，完善公共卫生服务体系。面对未来较长一段时间疫情的不确定性，厦门将着力补短板、堵漏洞、强弱项，进一步提升疫情监测、疾病救治、物资保障、科研攻关等能力，推动建立统一高效、平战结合、科学精准、保障有力、多元参与的现代化公共卫生应急管理体系，加快推进公共卫生社会治理体系和治理能力现代化，推进厦门成为国内公共卫生最安全城市之一。

四、对策建议

（一）建立高效统一的应急指挥体系

完善公共卫生事件应急指挥体制，建设厦门市公共卫生应急指挥中心，明确相关部门职责，加强卫生健康部门与应急管理部门协同联动，构建统一领导、权责匹配、权威高效的包含公共卫生在内的大应急管理格局。

进一步修订完善突发公共卫生事件应急预案，并对照预案定期开展应急演练，结合实际需要对预案进行动态调整。建设多数据、全方位、广覆盖的市级公共卫生应急指挥信息系统，建立疫情联防联控大数据智慧决策平台，实现当前态势全面感知、医疗卫生资源统筹调度、重大信息统一发布、关键指令实时下达、多级组织协同联动、发展趋势智能预判。完善公共卫生风险监测与预警、信息报送与公开、应急处置与救援等相关标准。

（二）改革完善疾病预防控制体系

完善公共卫生重大风险研判评估决策防控协同机制，推动赋予疾控机构必要的行政监督执法权限，提高工作权威性。

做优做强疾病预防控制中心。强化市疾病预防控制中心专业技术指导服务职能，遇有重大传染病疫情发生时充分发挥职能作用，会同传染病定点医院和市卫生监督所等开展疫情分析研判、病例报告、统计分析和监督指导等工作。推进市、区两级疾病预防控制中心标准化建设，并根据需要适当提高设备配置标准。加强疾病预防控制中心专业人员编制配备，提升检验检测、流行病学调查、应急处置等能力。整合市区资源，建立区域公共卫生检测检验中心，推动疾控中心建设 P2 实验室。加强流行病学实训平台建设。

加强医防协同联动。健全疾控机构和城乡社区联动工作机制，加强社区卫生服务中心疾病预防职责，建立人员通、信息通、资源通和监督监管相互制约的机制，促进医防协同发展。强化医疗机构公共卫生职责，二级以上综合性医疗机构设置独立的公共卫生科，形成医疗机构与疾病预防控制机构之间的信息推送、会商分析和早期预警制度。完善基层监测哨点布局，建立健全多渠道监测和多点触发预警机制，提高公共卫生风险监测预警能力。

完善疾控中心激励机制。优化整合区疾控中心及基层医疗机构的职能和人员，允许区疾控中心人员保留原有专业身份，更多参与基层临床、公共卫生服务等日常工作；提高疾控机构中高级专业技术职称比例及防疫津贴标准；建立绩效激励机制，如实施重大公共卫生项目及科研课题奖励、营业性收入可提取增量绩效等。

（三）加强平战结合的应急医疗机构建设

强化公共卫生体系建设“平战结合”，“平时”以落实预防为主，“战时”做到快速响应、有效应对。

加快传染病医院建设。依托第一医院杏林分院并整合院区北侧医疗用地，设立独立建制的厦门市杏林医院，推进传染病专科医院建设前期工作，以“小综合、大专科”为特色，重点做强传染病专科，传染病床位数不少于 600 张，并作为全省重大疫情救治基地。加强公立医院可转换传染病区、可转换 ICU 收治能力、传染病检测能力建设。按照床位 5%–10% 的比例设置重症监护病房，并加强负压病房和传染病核酸检测设备配备。

加强应急医疗救治设施建设。协调项目用地，加快岛内急救分中心建设和市中心血站岛外分站项目选址和建设工作。在三级综合性医院增设急救站点，推进智慧急救平台建设，实现患者信息院前院内共享。制定大型公共建筑转换为应急设施预案，以及临时可征用的公共建筑储备清单。新建大型公共建筑要兼顾应急救治和隔离需求，预留转换接口。

推进医院和基层卫生机构的发热门诊标准化建设。依据规范化诊疗流程全面改造提升医疗机构发热、呼吸、肠道门诊，建设集预检、分诊、筛查等功能并配备相关设备设施于一体的发热门诊。推动老旧社区卫生服务中心新址建设，完成禾山、东孚、梧村、开元社区卫生服务中心新址建设和禾山行政服务中心卫生服务站 5 个社区卫生服务站点工程建设。

（四）健全统一的应急物资供应保障体系

坚持平战结合、采储结合，加强应急生产保障能力建设，完善应急征用体系和即时响应机制，统筹各级各部门物资保障资源。

建设公共卫生应急储备中心。制定卫生应急物资管理制度和应急调用机制，建立物资储备信息共享机制，构建以重点医疗物资生产企业产能储备为基础，以医疗卫生机构实物储备、社会捐助捐赠和家庭储备为补充的应急物资储备体系，对卫生应急物资实行集中管理、统一调拨、统一配送。对于无法快速生产采购的物资，加强实物储备并建立轮换使用机制。鼓励居民家庭储备适量应急物资。发挥国家物流枢纽城市优势，新建改扩建一批应急物资综合储备库，提升应急物资储备能力。

推动公共卫生应急产业发展。加强公共卫生科研平台建设，推动高校、科研机构、企业开展公共卫生领域科研攻关，依托厦门大学国家传染病诊断试剂与疫苗工程技术研究中心，省部共建分子疫苗学和分子诊断学国家重点实验室，与省内医疗、疾控机构和相关企业协同开展传染病检测技术和疫苗新药研发。依托厦门宝太生物、艾德生物、安普利生物、石地医疗、致善生物等生物医药相关企业，加强重点实验室建设和疫情防控技术研发，加大重要应急医用防护物资，如医用呼吸机、心电监测仪、防护服、防护面罩等的生产以及上下游企业配套生产，支持开展标准体系和质量体系建设，扩大兼顾常规使用和应急保障的应急产品和服务供给。支持医疗废弃物处置技术研发和装备生产。加强区域协同，在闽西南协同区内布局建设公共卫生应急物资的研发、生产、物流全链条产业集群，加强区域应急物资生产保障的互济互助和产业链协同联动机制。

（五）以智慧城市为抓手推动应急管理数字化

强化公共卫生数字化建设，依托厦门智慧城市架构开发适合公共卫生应急管理的支持系统，使智慧城市日常运营与应急处置有机结合起来。

深化大数据等新技术应用。在保护个人隐私的前提下，发挥大数据、云计算、5G 等新技术作用，推进电子病历、化验检查、药品处方、健康档案等信息集成与共享，建立疫情监测分析、病毒溯源、高危人群、防控救治、资源调配等统一平台，开展公共卫生安全相关场所、人员、行为、物流等应用场景特征分析，推进公共卫生精细化、智慧化管理。推动央地之间、市级部门与企业以及医疗卫生机构之间相关数据协同应用，建立与信息、公安等部门及电信运营商的协同机制，在重点人群追溯管理等方面加强数据信息互联互通和共享使用。

加快“互联网＋医疗健康”发展。加快“智慧卫监”、疫苗药品追溯监管、互联网医疗救治管理等平台建设。巩固提升“人工智能＋医疗卫生”能级，全面深化医疗卫生领域人工智能场景开放，探索建立公共卫生数据开放应用机制和规范，全面提升医疗卫生智能硬件、数据、算法、算力的综合水平。发展互联网医疗，提供慢性病门诊服务、网络咨询、就诊指导和科普教育。开展跨区域远程诊治合作。加快推动厦门二级以上医院数字化和数字化医院建设，健全覆盖公共卫生、医疗保障和综合管理业务的大数据应用体系，促进健康数据融合共享和智能应用。

（六）完善多元参与的公共卫生治理体系

完善联防联控、群防群控机制，加强社会力量参与公共卫生应急管理，构建多方参与、各司其职、功能互补、相互协调的治理架构。

完善联防联控机制。完善全市公共卫生工作联席会议制度，建立跨部门、跨层级、跨区域信息整合机制，形成防控工作合力。充分发挥厦门作为区域医疗中心的地位和作用，在闽西南协同发展区合作框架下，推进区域内公共卫生应急预案对接、信息互联互通、防控措施协同。加强国际卫生检疫合作和国际疫情信息搜集与分析，提升口岸卫生检疫技术设施保障，筑牢口岸检疫防线，共同防范全球公共卫生安全风险。

完善群防群控机制。加强社区公共卫生工作力量，结合实际配备具有公共卫生专业背景或工作经历的工作人员，同时加快培育公共卫生领域社会组织和专业社工、志愿者队伍。有计划地定期组织开展不同风险情景的公共卫生培训演练。加强爱国卫生和健康促进机构建设，完善爱国卫生群防群控工作模式，创新群众动员方式方法，推动专业防控与群众参与有机结合。发挥基层党组织、基层群众自治组织、群团组织、社会组织以及小区业委会、物业公司在公共卫生管理中的作用，打通基层治理“末梢神经”。建立群众举报奖励机制，调动全社会群防群控积极性。

推动全民公共卫生科普运动。把健康教育和文明生活方式教育纳入国民教育和精神文明建设体系，建立健全突发公共卫生事件健康科普体系，加强专业机构、科普队伍和工作机制建设，利用新媒体拓展健康教育新渠道，完善健康资讯传播网络，提高市民公共卫生防控意识和素养。把公共卫生安全纳入中小学教学内容，充分发挥医疗卫生机构、学术团体、医务人员、教师、媒体在健康科普中的重要作用，建立全社会参与健康促进与教育的工作机制。

五、保障措施

（一）组织保障

加强党对公共卫生应急管理工作的领导。进一步转变政府职能，强化公共卫生责任，完善公共卫生管理体制，细化横向纵向事权和职责划分，形成公共卫生改革发展合力。把加强公共卫生应急管理体系建设纳入国民经济和社会发展相关规划。加强督导评估，建立督导、考核以及履职尽责监督问责机制，把公共卫生工作纳入地方和部门领导干部绩效考核，加强公共卫生政策落实、重大项目建设、资金物资使用等审计监督。

（二）法治保障

贯彻落实国家相关法律法规，全面加强公共卫生和应急管理领域法治建设，按照法定程序，认真评估、及时制定修订传染病防治、公共卫生应急、野生动物保护等方面的地方性法规、政府规章和规范性文件。制定《突发公共卫生事件应急条例》。完善信用体系，强化失信惩戒，落实公民责任。加强卫生健康部门与应急管理、公安、市场监管、药品监管等部门联动执法，加强执法车辆、现场快速检测设备、单兵装备配备，推进执法队伍专业化建设。建立首席卫生监督员制度。依法严厉打击抗拒疫情防控、暴力伤医、制假售假、哄抬物价、造谣传谣等违法犯罪行为。

（三）投入保障

完善政府投入、分级负责的公共卫生经费保障机制，持续加大公共卫生安全保障投入力度。重大疫情防控和公共卫生应急管理所需基本建设、设备购置、信息化建设等经费，由政府根据公共卫生事业发展需要足额安排；所需人员经费、公用经费和业务经费，根据人员编制、经费标准、服务任务完成及考核情况，由政府按照相应预算管理方式予以保障。医疗机构承担重大疫情防控和公共卫生应急处置所需经费，由财政按照相关规定，根据工作量和考核情况给予补偿。动员社会多元投入，强化国有企业社会责任，加强对疫情防控和公共卫生应急投入的支持。

（四）人才保障

加大公共卫生人才培养力度。强化医教协同，鼓励厦门医学院、厦大设置并加强公共卫生与预防医学、传染病相关专业学科建设，支持厦门大学建设高水平公共卫生学院。在全市医疗卫生机构加强呼吸、重症、感染及流行病学、检验检测等重点专业专科建设项目，支持设施设备更新、人员技术培训、国外学习交流、创新性研究和成果转化等，提升相关学科能力和水平。建立首席公共卫生科学家制度。

充实疾控和基层卫生机构力量。根据厦门经济社会发展和人口基数变化，统筹考虑疾控、急救、血站、社区卫生服务中心等公共卫生部门的人员配备。按每万人口 1.75 人的比例核定疾控机构编制，对基层公共卫生机构医护人员职称评审、职级晋升在全市卫生系统中实行单列，高级职称申报对学术论文不做硬性要求，更加注重考核传染病防治、检疫、隔离等公共卫生应急处理能力。建立医疗机构应急救治人员储备机制，各区加强综合类紧急医学救援队伍建设。每季度对社区卫生服务中心（卫生院）及社会医疗机构医护人员开展疫情监测、流调、密接管理、采样和个人防护等相关培训。

建立薪酬激励制度。加大公共卫生应急领域人事薪酬保障力度，实施年薪制、项目工资、协议工资等灵活薪酬分配方式，增强公共卫生岗位吸引力。建立“柔性”引才机制，大力引进国内外公共卫生领军人才。

（五）救助保障

健全重大疾病医疗保险和救助制度，健全应急医疗救助机制，在突发疫情等紧急情况时，确保医疗机构先救治、后收费。探索建立特殊群体、特定疾病医药费豁免制度，有针对性免除医保支付目录、支付限额、用药量等限制性条款，减轻困难群体就医就诊后顾之忧。加强市、区两级精神卫生机构和社区心理咨询室能力建设，通过政府购买服务等方式，鼓励社会资本举办精神专科医院，完善心理咨询热线和网络系统，建立居民心理问题档案。

【参考文献】

1. 中国上海门户网站 . 上海市健全公共卫生应急管理体系的若干意见 [EB/OL].2020-04.

2. 中共北京市委办公厅，北京市人民政府办公厅 . 加强首都公共卫生应急管理体系建设三年行动计划（2020-2022 年）》[R].2020-06.

3. 李雪峰 . 健全国家突发公共卫生事件应急管理体系的对策研究 [J]. 行政管理改革》，2020(04).

4. 龙海波 . 健全公共卫生应急管理体系的几点思考 [J]. 重庆理工大学学报（社会科学）2020，34(06).

课 题 组 长：林　红
课题组成员：梁子升　张振佳　董世钦
林　敏
课 题 执 笔：林　红　董世钦

第二十九章　厦门建设国家区域医疗中心的对策建议

早在 2016 年，中共中央、国务院《"健康中国 2030" 规划纲要》提到"依托现有机构，建设一批国家级医学中心和区域医疗中心、国家临床重点专科群，基本实现优质医疗卫生资源配置均衡化"。国家建设区域医疗中心主要是为了解决医疗资源总量不足、优质医疗资源短缺、医疗资源分布不均衡、医疗服务体系不完善且集中在经济较发达的省份和城市、患者向大医院集中及跨区域就诊等供给侧结构性问题。

一、建设模式

厦门近几年持续高位嫁接优质医疗资源，先后与复旦大学、北京中医药大学、四川大学等合作。厦门在实践中形成了以复旦中山厦门医院为代表的全运营模式和以厦门市儿童医院为代表的委托经营模式，医院在管理体制、人事制度、补偿机制、科研创新等方面进行了积极探索。

（一）管理体制方面

管理原则为统一管理、资源共享，独立经营、分开核算。输出医院向输入医院输出技术人员和管理模式，培养一支专科领域骨干专业医护人才和管理人才队伍。输入医院建立所有权、决策权和监督权分立的现代医院治理结构：输入医院是独立的法人单位，享有独立的经营管理权，实行财会独立核算与管理；业务主管部门为输入省、市卫健部门，依法对输入医院的执业状况和服务质量进行监督，行使对医院的监督权。在医院内部实行党委领导下的院长负责制以及集体领导和个人分工负责相结合的制度。

1. 全运营模式

一是组织架构。输入医院院长、执行院长由输出医院院长、副院长兼任。输入医院临床及医技科室主任由输出医院相应科室主任兼任，输出医院选派的业务科室执行主任具有副高以上职称且具有较好的科室管理经验。输出医院行政职能部门的负责人是输入医院相应部门的第一责任人，承担相应的管理和指导责任。

二是运行机制。输入医院由输出医院全面运营管理，输出医院享有独立的人员聘用权、薪酬制定权和财务管理权。以视频联动方式每周召开院长办公会、每月召开中层干部大会。业务科室主任（双主任）每月来厦参与科室管理，并全方位指导医、教、研等工作的开展。业务科室执行主任和柔性流动人员常驻厦门，确保输入医院日常医疗业务平稳运行。名医工作室团队的专家成员每周来厦坐诊、手术、查房、开展继续教育等项目。建立院士工作站，保障疑难重症患者的本地治疗以及优势学科的发展建设。

三是信息管理。输出医院采用了和输入医院基础架构一致的信息化系统，确保两地数据互通和兼容，在临床教学查房、疑难病例讨论、临床讲课、远程门诊、会诊及远程 MDT 等方面实现视频互联。

2. 委托经营模式

一是组织架构。输出医院院长兼任输入医院院长，设立执行院长 1 名，输出医院分管医疗和科教的副院长同时兼任输入医院副院长。输出医院的医务部、门诊部、护理部、财务科、人力资源部等重点部门的负责人兼任输入分院相应职能科室的学术主任。

二是运行机制。两院建立每周院务会机制，就医院的行政管理、学科建设、人才引进与培养、业务发展等问题进行讨论和决策。学术主任每月来厦，从规章制度、诊疗常规、工作流程、医疗质量控制及风险防范体系、人才培训与考核机制、不良事件管理及应急预案等医院管理的核心内容进行指导和推进。输出医院选派专家队伍常驻输入医院，分别担任院长助理、护理部负责人、内外科主任 / 护士长等职务，协助建立管理架构，制定管理制度，优化服务流程。特聘主任带领输入医院在短时间内打造出相应学科高度。名医工作室传承输出医院名医的学科血脉。

三是信息管理。输入医院利用远程医学平台共享输出医院优质资源，逐步开展呼吸、消化、泌尿外科、感染等 MDT。探索建立以病房为单位的两地双向信息互联互通。

（二）人事制度方面

厦门市根据医院规模核定并解决人员编制，用于学科带头人、骨干人员的引进，其他人员向社会招聘。纳入事业单位编制内的人员参加国家机关事业单位养老保险；非编人员按照厦门同级同类公立医院的政策执行；所有在职人员均参加厦门市职工基本医疗保险和补充医疗保险。建立以服务质量、数量、患者满意度和经营业绩等为核心的管理目标绩效考核体系。创新执行医师多点执业管理办法，来厦医生只需备案即可在厦执医。对急需紧缺高层次人才和团队引进给予政府财力支持。对符合申请条件的职工，按政策申请集体宿舍型公共租赁住房或申购保障性商品房，解决落户、子女入学、配偶工作问题。

1. 全运营模式

一是聘任。输出医院享有充分的人事管理自主权，实行自主招聘、自主考核、自主调整、自主淘汰，按照省级相关政策可以自主选择实行编制备案制和岗位聘用制。厦门协助输出医院开展人员招聘、人才引进和人事管理。医院院领导干部以柔性引进与直接引进两种方式选用，由输出医院任免，任命前征求福建省、厦门市政府意见；行政职能部门的负责人由输出医院负责任命。医院党委、纪委以及团委、工会等群团组织由输出医院按程序组建，具体人选在任命前征求厦门市政府意见。通过双主任制、名医工作室、院士平台、执行主任制、下基层医疗队等模式柔性引进输出医院的高层次人才，有重点地扶持学科发展；同时开展自主招聘，对外选拔优秀人才。

二是培养。输入医院的所有医、护、药、技及管理人员等均需在输出医院接受一定年限的培训，其中：住院医生要在输出医院参加 3 年的住院医师规范化培训，护理、药学、医技等专业员工也需在输出医院进行 2 年左右的培训。

三是激励。优先保证输出医院管理和技术人员的优厚待遇，输入医院在岗职工薪酬待遇参考厦门同类医院的水平确定。输出医院派驻人员在厦门工作期间薪酬待遇不低于输出医院同类岗位同期薪酬标准的 130%；输出医院派驻人员因输入医院工作往返两地和在厦门食宿的相关费用由输入医院承担。

2. 委托管理模式

一是聘任。输入医院院长由输出医院推荐，或确定任职条件后向全国公开招聘由厦门市卫健委考核任命，每届任期 5 年。执行院长由院长推荐，厦门市卫健委考核任命。

二是培养。选派输入医院招聘的应届毕业生至输出医院进行住院医师规范化培训和专科医师培训，培训时间 1−3 年。完成住院规培和专科规培的医师返回厦门后联系专科医师导师继续培养。选派各专业的业务骨干到输出医院进修学习先进的业务技术，同时充分利用输出医院专家来厦指导工作机会，选派优秀的业务骨干作为专家工作助理，跟随专家坐门诊、做手术等。选派职能部门负责人及部分重点重要岗位骨干人员赴总院相应职能部门进修；由总院选派院领导和相关科室负责人每年为输入医院中层干部进行 2 次培训。

三是激励。编内编外实现同工同酬。

（三）补偿机制方面

厦门市筹资投入输入医院的基本建设、设施设备配置，还足额安排前期开办经费、人员培训费用，以及开业 5 年内进行设施设备优化和调整等主要经费的开支，确保输入医院迅速投用。

1. 全运营模式

输出医院每年可按输入医院医疗收入 4% 的比例提取同质化运营专项经费，前五年每年不低于 1000 万元，不足部分由厦门市补足。设立输入医院事业发展基金及人才引进特别基金用于学科建设、临床医学研究能力培养以及人才储备和建设，开业后前 5 年，每年可按医疗收入 10% 提取不低于 5000 万元的经费，若按此比例提取不足的部分由厦门市补齐。若输入医院运营期间因不可控因素出现亏损，厦门市给予财政补偿。输入医院基本医疗服务按照厦门市医疗服务价格实行收费；同时适当提高特需医疗服务比重，特需医疗服务的项目和价格由输出医院自行拟定，报备厦门市医保局和厦门市卫健委。

2. 委托经营模式

输出医院每年提取基础管理费和绩效管理费，基础管理费为固定数额，绩效管理费按输入医院医疗服务收入的 7% 提取。按照“两个允许”，医院业务收支结余按规定提取绩效奖金和福利基金后，剩余部分全额转入累计盈余。

（四）科研创新方面

在福建省政府的政策支持和协调下，第一时间将输出医院开展的新技术、新方法、新材料引入到输入医院。输出医院人员在输入医院工作期间发表的学术论文、获得的科技成果奖励和申请的专利等科研成果，以输出医院为第一完成单位，输入医院为第二完成单位；主要依托输入医院的人力、经费、数据等资源的科研成果，以输入医院为第一完成单位，输出医院为第二完成单位。输出医院人员在输入医院工作期间，以输入医院为依托单位申请的科研项目，所获成果的第一完成单位为输入医院。符合条件的区域医疗中心科技创新项目纳入市级科技发展资金。

二、建设成效

复旦中山厦门医院成为全国首个区域医疗中心试点，国家发改委、卫健委在厦门召开现场会，推广“厦门经验”。

复旦中山厦门医院于 2018 年 1 月正式投入运营，截至目前已开放 506 张床位（编制 800 张床位）、44 个临床医技科室。复旦大学附属儿科医院厦门分院于 2014 年 6 月开业，已满编开放编制床位 500 张、41 个临床医技科室，完成内外科二级分科，每千名儿童的儿科医师数从 0.26 提升到 0.69，具备三级甲等儿童专科医院的规模和学科水平。

（一）医疗技术水平有所提升

复旦中山厦门医院依托输出医院 18 个国家级重点专科，重点建设心脏、血管、肝、肺、肾和胃肠等学科；通过组建院士工作站、名医工作室等，20 余项“塔尖”技术平移厦门医院，50 多项创新技术填补厦门乃至福建医疗领域空白。市儿童医院开放输出医院儿童创伤医疗中心等 10 个医学中心，其中新生儿医学中心能开展国内顶尖儿童医院新生儿科所有技术项目，达到国内先进水平；还被列为国家先天性结构畸形救助项目定点医疗机构。

（二）群众外出就医负担降低

复旦中山厦门医院运营第一年门诊量即达到 20 余万人，现已初步建成区域综合性疑难重症诊疗中心，三四级手术占比达 68%，多个优势学科高难手术占比超 90%。厦门市儿童医院日门急诊量突破 2600 人次，已成立厦门市新生儿及儿童疑难病诊治中心，住院患儿数居闽西南地区首位。

（三）区域辐射带动作用增强

复旦中山厦门医院联合闽西南地区 20 余家医院，共同成立了“沪闽心脏大血管联盟”，合力会诊和处置疑难杂症，整体提升闽西南地区心脏大血管疾病治疗水平，来自厦门以外全国 20 多个省市地区的患者约占就诊人数的 40%。市儿童医院建设由 24 家医疗机构共同组成的闽西南儿科医联体，开通远程医学平台；接受闽西南地区医院 24 名医务人员进修学习；开通空中救援项目，主要用于转运闽西南偏远地区、病情危重患儿；45 家闽西南地区的医院 5000 多名危重新生儿转入新生儿医学中心，转运成功率 100%。

三、存在问题

（一）改革创新有待进一步突破

虽然早在 2013 年，厦门就已经在国内医疗资源富集地区寻求合作伙伴，近几年在区域医疗中心建设中有不少探索，但对照国家的试点工作方案，在人事薪酬制度改革、医院补偿机制、鼓励创新药物和技术使用、提高可持续发展能力等方面，还有很多环节仍未取得突破。

（二）国家和省层面的政策有待破解

厦门市在科研、教育、医保、特定药械使用和购置等方面没有决策权，相关权限在省甚至在国家层面，如研究生招生和住院医师规范化培训生名额、医生专业化培训基地的资质、医生跨省异地就医的医保衔接、新技术新项目的资质引入、自制试剂跨省调拨使用、大型医疗设备采购论证等政策。

（三）厦门的推动机制有待优化

医疗卫生工作，既是一项重要的民生工程，也是优化营商环境、增强发展优势的关键环节。各地近几年都在积极引进北上广优质的医疗资源，地区竞争日趋激烈。厦门目前尚未成立推进建设国家区域医疗中心的领导小组，推动力度有待加强；尚未颁发《厦门市区域医疗中心建设方案》，推动过程缺乏制度保障。

四、发展展望

为全面推进健康中国建设，进一步推动优质医疗资源扩容和区域均衡布局，国家正在推动第二批区域医疗中心试点和省级区域医疗中心遴选建设。厦门应紧抓住机遇，积极推动市儿童医院、四川大学华西厦门医院、市马銮湾医院和市环东海域医院纳入试点范围，在管理体制改革、深化人事薪酬制度改革、完善医院补偿机制、鼓励创新药物和技术使用、提高可持续发展能力等环节取得突破创新，为全国发挥示范作用。

五、对策建议

积极争取国家、福建省支持，加快推进优质卫生健康资源培育。通过“市校合作、高位嫁接”方式，有序、有效引入国内双一流高校其附属医院等优质医疗资源；通过托管现有医疗机构或合作新建等方式，建设一批能高水平临床诊疗、高水准临床科研创新、培养高层次人才的国家区域医疗中心，以提高区域内疑难病症诊治能力，使闽西南广大地区人民群众就近享有高水平优质医疗服务，减轻群众远赴北上广等大城市就医负担。

（一）建设重点

1. 加强医学人才培养和引进

一是提升厦门医学院校水平。把厦大医学院和厦门医学院的建设发展列入全市整体建设和社会发展的总体规划，共建直属附属医院，新设本地需求专业，市、校共同引进医学高端人才。二是加快医院科研教学楼建设。加快推动复旦中山厦门医院教学用地的选址及方案的确定工作，加快推动厦门市儿童医院科研教学楼的项目土地划拨、工程立项、项目投入等工作。鼓励临床科室将输出医院的优质继教教育项目平移到厦门。三是深化薪酬制度改革。逐步建立以体现岗位价值为主的薪酬结构，降低绩效薪酬比例，实行岗位薪酬制、目标年薪制、协议薪酬制等多种方式。探索将住院医师规范化培训合格证视同于硕士专业学位证，在入职、晋升、岗位聘用、工资待遇等方面同等对待。允许区域医疗中心医务人员在完成岗位任务前提下，通过多点执业、开办诊所等获得合理薪酬。

2. 促进医教研产融合发展

一是搭建科研创新平台，完善奖励机制。鼓励临床科室开展科研工作。积极推进医院组织样本库、实验室、图书馆、数据库平台等的建设，并针对院内学科发展情况组织成立和申报不同级别实验室。二是加强与相关单位的横向合作。实现与知名大学和企业等的合作，共建科研平台并开展相关临床与基础研究，以生物基因及其临床转化为中心，以人工智能和互联网为载体，实现交叉互补，并加快科研成果的使用与转化。三是加强规范化培训同质化。平移输出医院规范化培训的管理模式，打通输出医院和输入医院的培训通道，成为输出医院规范化培训体系的协同单位。建立继续医学教育学分管理系统，严格三基三严的培训与考核，进一步规范和完善规范化培训相关工作。

3. 完善医院补偿机制

一是合理制定和动态调整医疗服务价格。进一步理顺医疗服务比价关系，体现技术劳务价值，优化公立医院收入结构，合理提高医疗服务收入占医疗收入的比例。二是建立医保经办机构与医疗机构之间的集体协商机制，合理确定、动态调整医保基金总额预算指标、按病种收付费标准等。三是积极推进医保支付方式改革。改革门诊结算办法，施行以医疗服务能力分值法为基准编制本年度的门诊总额预算，并动态调整。优化住院医疗费结算办法，采用在年度住院医保基金支出预算总额下，按病种分值量化，健全“结余留用、超支合理分担”的激励和风险分担机制，并调整病种分值和机构系数。

4. 开展“互联网 + 医疗健康”服务

一是积极推进 5G 网络的建设工作。加快区域医学远程会诊平台、区域远程影像诊断平台和物联网医院建设，全方位进行下一代的网络建设的规划与更新，利用互联网长臂优势，扩大诊疗辐射范围；并利用物联网技术，完善医院物资管理建设。二是打造智慧型医院。开展输入医院常见病及多发病等的科学研究，打造专科化 AI 诊疗辅助工具，辅助患者“智慧”就诊，辅助医生“智慧”行医，辅助领导“智慧”决策。建设智慧后勤，不断提高医院后勤信息化水平，推进“一站式”后勤服务。三是筹建互联网医院。加强与知名高校的合作与交流，筹建复旦中山厦门医院互联网医院，为区域医疗中心覆盖范围内复诊的慢病患者提供高质量的长期随访。加快推动微医（厦门）国际数字医疗中心建设。四是持续打造厦门健康医疗大数据中心。通过智能导诊、统一支付、专病智能服务、智能慢病一体化管理、分级诊疗等平台共同搭建的健康云服务平台体系，结合互联网 + 大数据的应用，重塑医疗健康生态圈。

（二）拓展领域

1. 推进各类医联体建设提质增效

一是进一步完善各类医联体规划布局。全面启动城市医疗体网格化布局，形成以三级医院牵头、基层医疗机构为基础，康复护理等其他医疗机构参加的医联体管理模式。二是健全组织运行机制。明确各级各类医疗机构功能定位，完善医联体各成员单位间分工协作机制和双向转诊机制，落实分级诊疗制度，实现发展方式由“由治病为中心”向“以人民健康为中心”转变。三是建立共担机制。院办院管模式的医疗集团（如复旦中山医院集团）、紧密型医共体试点（同安区总医院）及各类专科联盟（如市儿童医院牵头的儿童专科联盟），基本建立服务、责任、利益、管理共担机制和协作机制，区域医疗服务能力协调发展，资源效率有所提升。

2. 鼓励社会办医力量参与

一是规范和引导社会力量举办康复医疗中心、护理中心、健康体检中心等医疗机构和连锁化、集团化经营的医学检验实验室、病理诊断中心、医学影像中心、血液透析中心等独立设置医疗机构，加强规范化管理和质量控制，提高同质化水平。各级医疗机构可通过购买服务等方式与上述专业机构实现资源共享。二是鼓励社会办医疗机构向健康管理领域拓展，加快发展健康养生、深度体检、体质测定、营养咨询等新业态，逐步形成覆盖全生命周期的专业化服务模式。三是完善现有医师执业注册办法，建立人才流动机制。不断完善医疗机构分类管理政策，在准入、税收、价格、土地、监管等方面，逐步形成按照营利性和非营利性分类管理的行业政策。四是在不改变用地主体、规划条件的前提下，市场主体利用闲置商业、办公、工业用房经必要改造后可用于举办医疗机构。

3. 进一步支持商业健康保险发展

一是鼓励商业保险机构参与区域医疗中心建设，针对我市人口特点、健康状况开发多样化、个性化健康保险产品，允许职工使用健康账户余额购买经市银保监会审核批准的与基本医疗保险相衔接的、不具有理财投资性质的商业健康保险。二是提升商业保险服务能力。商业保险机构参与基本医疗保险经办服务基础上，可拓宽经办服务领域。规范商业保险机构承办城乡居民大病保险服务工作，提高基金使用效率。支持商业公司信息系统与医疗信息系统对接，为商业保险机构承办的大病医疗保险的参保人员就医提供一站式直接结算服务。三是鼓励医疗机构参加医疗责任险、医疗意外险等多形式商业保险。

4. 推进疾病预防控制体系建设

一是加大对疾控体系的支持。综合考虑厦门城市定位和公共卫生需求，加强学科人才培养和专业队伍建设，实现市、区两级疾控机构人员数量达到国家标准要求。加大对市疾控中心实验室建设的投入，提升检验检测能力。支持市疾病预防控制中心打造成为省内领先、国内一流的疾控机构。加强市、区两级精神卫生机构和能力建设。二是提升医疗机构传染病发现和救治能力。进一步加强重点市级综合性医疗机构感染科的医、教、研整体能力，规范配置隔离诊室和检测仪器设备，规范储备应急处置装备、药品和试剂耗材，确保配备足够数量的负压病房，在发生重、特大突发疫情时可随时有效启用。在医疗机构绩效考核评价机制中，重视疾病预防控制工作，在考核结果同等次的基础上，确保综合性医院感染科医师收入不低于所在医院同级别医师平均水平。加快推进市公共卫生中心（市传染病医院）建设。

（三）建设保障

1. 加强组织领导

建立由政府主管领导牵头，市发改、卫健、医保、财政、编办等相关单位参加的“建设国家区域医疗中心”工作联席会议制度，加强统筹协调，鼓励改革创新、提供政策支持、打造合作平台、构建服务网络，督促落实各项任务，形成建设国家区域医疗中心的长效机制。相关部门各司其职，密切配合，形成合力，解决工作中的重大问题，总结推广成果经验。

2. 做好建设规划

进一步扶持国家区域医疗中心试点医院——复旦中山厦门医院改革创新，着力解决医务人员、药械、大型医疗设备跨区域体制机制问题；积极推动厦门市儿童医院申报国家第二批区域医疗中心试点，着力解决发展空间问题，增加床位数以达到国家区域医疗中心 1000 张的要求；加快推进川大华西厦门医院、马銮湾医院、环东海域医院项目建设，加强岛外优质医疗资源配置；支持厦门大学附属心血管病医院、厦门市仙岳医院对接国内一流医院建设心血管病学科和精神医学学科，支持厦门市中医院对接北京中医药大学高水平临床医学院建设中医学学科。加快出台《厦门市区域医疗中心建设方案》。

3. 向上争取政策

一是人才类。为支持区域医疗中心建设，给予输入医院一定程度的倾斜和照顾，比如研究生招生名额、国家级继续医学教育学习班名额、住院医师赴输入医院规范化培训名额、更高级别人才计划和科研课题名额等。二是药械类。允许输出医院自制制剂能够在输入医院跨省调拨，或简化并加快自制制剂跨省调拨的审批。输入医院与输出医院同质享有医学装备、卫生耗材、药品等准入和采购政策，尤其新技术（ECOM）的耗材和罕见病救命药品。乙类以上大型医疗设备配置许可。三是医保类。针对输出医院长期派驻厦门的职工在异地就医无法使用医保的问题，推进门诊等两地医保同时直接结算服务。区域医疗中心在省内医保结算的互联互通问题。新医疗技术和服务纳入当地医保目录，比如基因、串联质谱、外周血循环肿瘤细胞 ctc 等检测。四是资质类。允许输入医院在一定的标准认定的基础上平移输出医院已有的各类资质，比如人体器官获取组织（OPO）的资质申请及服务范围的划定、培训基地的资质平移、文明单位资质的平移和申请等。支持平移国家儿童医学中心研究院、儿科学院 / 儿科研究生院和儿科临床模拟教学中心落户厦门市儿童医院。

【参考文献】

[1] 国家发改委，等 . 关于印发《区域医疗中心建设试点工作方案》的通知 [DB/OL].http://www.gov.cn/xinwen/2019-11/10/content_5450633.htm,2019-11-10.

[2] 赵要军 . 新时代推进国家区域医疗中心建设的理论探讨 [J]. 中国医院管理，2019(03).

[3] 相海 . 复旦中山厦门医院——国家区域医疗中心的建设样板 [DB/OL].http://med.china.com.cn/content/pid/166912/tid/1016/iswap/1，2020-03-26.

[4] 汪燕妮 . 厦门市儿童医院 : 建设国家儿童区域医疗中心 [DB/OL].http://epaper.xmnn.cn/xmwb/20190604/201906/t20190604_5283149.htm，2019-06-04.

课 题 组 长：兰剑琴
课题组成员：彭朝明　姚厚忠　黄光增
姜耘时
课 题 执 笔：兰剑琴

第三十章　推动厦门体育发展的对策建议

一、发展情况

（一）体育设施规划建设层次得到提升

一是稳步推进大型体育场馆规划建设。开工建设新市级体育中心，统筹提升学校体育设施层次，规划建设理工大学、医学院、城市职业学院体育馆等。

二是基层体育健身设施网络逐步完善。初步建成了市、区、街道（镇）、社区（村）四级公共体育设施网络，截至 2020 年 6 月底，全市近 70% 的镇街建有小型全民健身中心或广场。集合政府、社区、企业等各方力量，创新建设全省首个厦门体育智慧健身房（育秀试点工作站）。各区利用储备用地和闲置用地建设小型体育设施，2020 年共投入 1000 余万元，配建 13751 平方米。健身路径基本普及到公园和社区，健身设施与公园、绿地、山地等有机结合，打造集体育、休闲、旅游于一体的城市绿道网，促进了马拉松、自行车、轮滑等特色项目的发展；市区两级投入专项资金用于健身器材与设施进社区、进乡村、进公园、进机关、进军营，体育设施覆盖面不断扩大，有效解决了群众健身场地设施不足问题；据统计，全市健身步道 1100 多公里，共有各类体育场地 12180 个，体育场地面积 1076.93 万平方米，人均体育场地面积达到 2.62 平方米，居全省首位。

三是大力推动公共体育设施对外开放。不断完善公共体育场馆免费或低收费开放补助政策，逐步加大扶持力度，已实现 98.5% 公共体育设施免费或低收费向社会开放，已免费开放 50 所学校体育场地设施，确保公共体育设施为大众健身服务。截至 2020 年 10 月，全市共有 93 万名市民注册，累计进校健身人数 22.5 万人次。

（二）社会体育组织网络体系不断健全

一是市、区两级体育社会组织在推动全民健身中的主力军作用日益凸显。体育总会建设不断加强，已建立市级体育总会及思明区、海沧区、集美区、同安区四个区级体育总会。截至 2020 年 10 月，我市共有体育类社会组织 278 家，较 2019 年新增 15 家，其中，市级 139 个（含民非组织 66 个），区级 139 个（含民非组织 16 个），单项体育协会共 246 个。市、区两级实现人群体育协会、单项体育协会全覆盖。

二是体育社会组织发展不断规范，承接全民健身活动的能力不断提升。落实社会力量办群众性赛事奖励政策，评选出 20 家体育协会和办赛企业，发放 148 万元奖励，进一步激发社会组织办赛积极性。成立社会体育指导员志愿服务队，建设社会体育指导员服务驿站，举办社会体育指导员技能大赛，进一步发挥社会体育指导员的功能和作用。截至 2020 年 10 月，全市共建成全民健身站点 739 个，足额配备 2 名社会体育指导员的站点比例为 83%，全市社会体育指导员数达 8120 人，按常住人口每万人拥有社会体育指导员 23.4 名，超全国平均水平，位居全省第一位。

（三）全民健身活动丰富多彩

一是线上线下、市区联动相结合。积极探索疫情防控常态化情况下群众性赛事活动的新路子，将传统赛事活动与线上赛事活动有机结合，线上线下覆盖各年龄层的各类赛事相继开展。推动开展居家健身运动会、厦门马拉松线上跑，市青少年科技体育模型线上竞赛，线下的青少年体育舞蹈锦标赛、厦门（海沧）天竺山徒步大会、农村篮球赛等赛事。市级全民健身季和全民健身运动会示范引领，带动各区举办全民健身运动会、全民健身节，吸引众多健身爱好者参与。利用全媒体进行科学健身指导和宣传，与厦门日报、厦门电视台等媒体合作，开设体育专版和体育栏目等形式，发挥主流媒体在科学健身普及和推广中的积极作用；利用市体育局官方网站、“厦门体育”微信公众号，定期向社会发布健身活动赛事信息、科学健身知识。

二是积极开展国民体质监测。建立市级、区级和街道（镇）国民体质测定点组成的“国民体质监测三级网络体系”。市国民体质监测中心设立专家咨询服务点，组织专家为 200 余名慢性病患者开具“运动处方”并实施监测，为参加体质监测的市民提供有针对性的健身方案，2020 年为市民提供体质监测服务超 4000 人，健身咨询服务超过 1 万人，体质监测合格率超 91%。积极开展“体医融合”试点，探索了慢病干预治疗新模式，建立全省首个“体医融合示范社区”，已挂牌成立 3 个“体医融合”示范站点、社区及科学健身指导站，探索形成“政府监管—居民参与—科学运动—医疗监督”的体医融合新模式。

三是实施“居家健身”行动。积极倡导和发动广大市民居家科学健身，推出运动战“疫”系列举措，组织专人新编啦啦操、肩颈操等居家科学健身项目，积极推广国家体育总局科学健身 18 法、厦门市工间操、八段锦等，在全国率先创新举办首届厦门市居家线上运动会，充分发挥了体育的健康教育和健康促进功能，参与市民约 1.2 万人次，抖音平台话题点击率超过 240 万人次，极大丰富了疫情防控期间群众的精神文化生活。

四是创新老年体育活动。开展老年人“居家健身抗击疫情”线上交流展示活动；创新组织健身秧歌、健身球操等 9 个老年体育项目线上培训活动，积极参与中国老体协组织的线上健身活动，巩固“老年人健身康乐家园”创建成果，推进“老年人体育健身示范点”建设，创建率达 81%，位居全省前列。

（四）竞技体育争创新优势

一是提升竞技体育发展水平。加大田径、游泳、羽毛球等 8 个优势项目的建设管理的经费支持力度。做好谌龙、邓薇重点项目运动员的备战东京奥运会服务保障工作。鼓励社会力量承办市级运动队，已有 2 支社会力量通过评审。指导特房羽毛球俱乐部做好中国羽毛球俱乐部超级联赛参赛工作，2020 年获得全国第 3 名。

二是推进竞技体育后备人才可持续发展。出台《厦门市引进优秀竞技体育后备人才专项经费使用管理办法》《厦门市社会力量承办市级运动队资助及奖励经费管理办法》《厦门市竞技体育后备人才培养基地校管理办法》等政策，进一步调动基层培养和输送运动员的积极性，鼓励社会力量与政府共办竞技体育，培养和输送更多优秀后备苗子。业余训练规模不断扩大，我市及各区都已设立体育运动学校，市、区两级加大了对业余训练的投入力度，截至 2020 年 10 月底，在训运动员达 4796 人，建立 58 所市级体育传统校，其中包括 1 所国家级、34 所省级体育传统校，在全市创建 40 所竞技体育后备人才培养基地校，扩大基层业余训练网点的规模。积极开展青少年儿童科艺创意大赛、线上亲子体育活动等多项青少年赛事，组队参加省中学生体育联赛（三大球项目），推荐 18 家青少年社会俱乐部参与“福建省星级青少年社会体育俱乐部”评选，促进青少年俱乐部健康发展，为参加 2022 年省运会青少年社会俱乐部组比赛打下良好基础。

三是全力推动足球运动发展。出台并实施《厦门市足球改革发展方案》，推动足球运动在我市的普及、推广和提高。积极筹备 2023 亚洲杯足球赛，成立了以分管市领导为主任的亚洲杯厦门赛区筹备办公室，建立工作周报制度，顺利完成新体育中心项目招标工作、场馆命名征集工作、设计方案提交亚足联评审工作以及亚洲杯筹备办来厦考察的接待和汇报等工作。大力推进社会足球场地建设，截至 2020 年 10 月底，建成社会足球场地 61 片。推进职业足球俱乐部建设，指导趣店集团注册成立了厦门趣店足球俱乐部有限公司，并组建足球队征战中冠联赛。成功举办市青少年足球锦标赛，创新设置社会俱乐部组和学校组赛事，共有 67 支队伍参赛，超过 3500 人次参与，取得良好社会影响。

（五）体育产业稳步发展

一是积极培育引进品牌赛事。成功举办 2020 厦门马拉松赛，连续 13 年荣获世界田径“路跑金标赛事”，积极打造“爱心厦马”，提升厦马美誉度和城市知名度。培育新的品牌赛事，围绕环东海域滨海浪漫线策划举办了半程马拉松赛、俱乐部杯帆船挑战赛、趣跑系列赛等自主 IP 赛事；筹备 2020 首届厦门铁人三项公开赛，打造厦门本土全铁赛事。推进意大利巴科拉纳帆船赛、CBBA 全国健美健身锦标赛落地，CBBA 全国健美健身锦标赛已成功举办。

二是大力促进体育消费。积极发动我市体育服务业企业参与“乐动八闽·全民乐享消费券”活动，招募入住商户 771 家、门店 1142 家，位居全省首位。积极筹备“全城欢动·运动一夏”体育消费节活动。以智慧体育服务平台为依托，联合全市各大体育场馆、健身场所等，开展优惠促销，市民不出家门即可完成场馆预订、健身培训、赛事报名、免费运动体验等活动。举办厦门马拉松线上跑、棋类、模型等线上比赛，激发市场活力。

三是积极推动体育项目招商引资。建立了市区联动、政企互动的招商机制，推动体育产业孵化器项目、普体娱项目、体育文化产业园、中国帆船帆板运动协会南方基地等体育项目招商引资。

四是打造体育 + 互联网新模式。开发建设了全省首个“智慧体育”服务平台——“Ai 运动”，平台集体育场馆预定、赛事活动报名、体育培训报名、协会注册、新闻推送等功能为一体，跨越 App、小程序和官网三大平台的综合性体育服务平台，目前注册用户已突破 10 万人。

二、存在问题

（一）健身场地供给存在不足

我市岛内外健身设施建设不均衡的现象依然存在，老城区体育用地紧张，空闲用地和老旧厂房利用率不高，部分老场馆设施陈旧，镇村体育设施建设滞后，新建住宅小区没有按标准配建体育设施，不能较好满足老百姓健身的需求。

（二）发动社会力量有待加强

我市各类体育社会组织实力较弱，作用发挥不明显的问题依然突出。体育社会组织准入门槛过低，在走向市场过程中，部分体育协会自身“造血”能力有限。社会体育指导员的作用并没有充分发挥出来，针对社会体育指导员的有效培训持续性不够，在调动社会体育指导员开展健身指导服务方面还缺乏激励措施，组织推动力度不足。

（三）体育人才储备需要重视

人才不足，在竞技体育领域尤为明显，高水平运动员引进较为困难，教练员队伍老化，复合型教练团队建设有待加强，这些都需要向上争取更多的政策或资源支持，职业体育俱乐部较少，职业化、市场化程度不高，作用仍不明显。此外，各区缺少青少年体育工作者，政策执行、工作落实较为困难。

（四）体育产业集聚仍需发力

尚未形成产业园区，产业结构有待优化，体育用品及相关产品制造业增加值占全市体育产业增加值的比重较高（达到 52.9%），体育服务业增加值占比仅为 46.8%，与国家提出的 2022 年体育服务业增加值占体育产业增加值的比重达 60% 的目标存在较大差距。体育竞赛表演业不够发达，市场开发不够充分，群众关注度不够高，除厦门马拉松赛外，缺乏在国际、国内有影响力的品牌赛事。

三、发展展望

2021 年，将围绕把厦门建设成为高水平健康之城的目标，着力推动群众体育、竞技体育、体育产业等全面提升，为厦门体育事业“十四五”规划的顺利实施开好步、起好头。

一是公共体育服务体系更为完善。公共体育设施进一步完善，全民健身活动不断丰富，群众健身意识和身体素养加快提升，人民群众获得感和满意度切实提高。

二是竞技体育发展基础进一步夯实。竞技体育后备人才建设显著加强，运动训练设施条件得到改善，体教融合进一步推进，青少年联赛参赛规模和影响力有效扩大，亚洲杯足球赛筹备工作有序推进。

三是体育产业提质增效持续推进。体育产业规划布局进一步优化，体育招商引商取得积极成效，品牌赛事体育进一步健全，体育消费活力不断激发。

四是体育对外交流合作不断深化。体育对外交流合作空间加快拓展，体育文化的时代内涵进一步丰富创新，体育文化感召力、影响力、凝聚力进一步提升，优秀传统体育文化保护与传承更有成效。

四、对策建议

（一）着力构建便民惠民的公共体育服务体系建设

一是完善体育和城市建设高度融合的公共体育设施网络。积极推进新体育中心“一场两馆”、青训中心、网球中心、翔安体育中心等一批大型体育场馆的建设。推进体育设施进公园、社区、农村、机关，推动各区完善“五个一”健身工程，以及利用储备用地或闲置用地资源改造建设体育设施，每个区试点建设至少 1 家无人值守健身房，满足居民多样化、便利化健身需求。推动更多学校体育设施向社会开放。

二是持续开展全民健身活动。不断丰富全民健身季系列活动的形式和内涵，打造全民健身的品牌和标杆赛事活动，全民健身季活动覆盖范围上不断向镇街、村居延伸。加强部门协作和市、区联动，统筹推进青少年、成年人、老年人及社区居民、农民、妇女、少数民族、残疾人等人群体育活动均衡开展，增加体育赛事活动供给。落实《厦门市社会办群众性体育赛事活动奖励办法》，进一步激发社会力量举办全民健身赛事活动。推动争创省级全民运动健身模范区活动。加强老年人体育场地设施建设。推动新建居住区和社区按政策标准配备老年人体育健身相关设施。结合乡村振兴建设，改善村级公共文化体育设施条件。

三是优化群众体育健身指导。加强全民健身站点建设，完善国民体质监测站点网络。继续开展体医融合，推动每个区至少建设一个“体医融合”试点。大力开展社会体育指导员培训，壮大社会体育指导员、全民健身志愿者队伍，指导社会体育指导员志愿服务驿站日常运营，引导、服务、规范全民健身活动健康发展。出台社会体育指导员志愿服务激励机制，调动社会体育指导员进行科学健身指导服务的积极性和主动性。

四是健全完善体育社会组织网络。推动体育社会组织向均衡化、规范化、社会化、专业化发展，加快培育发展在基层开展体育活动的城乡社区社会组织。提高体育社会组织专业化水平，充分发挥裁判员、知名运动员、社会体育指导员、业余教练员在各单项体育社会组织中的作用。通过政府购买服务、以奖代补形式，扶持和引导基层体育组织承担更多的体育赛事活动组织和服务职能。

（二）全面提升竞技体育综合实力

一是夯实竞技体育发展基础。推进竞技体育后备人才培养基地校建设，做好我市竞技体育后备人才选拔和培养工作。推动市运动训练中心田径体操馆、水上运动中心帆船帆板训练基地项目建设，为竞技体育后备人才提供更优质的训练场所。持续推动社会力量办市级运动队，做好政策宣传、落实经费补助。用好运动员引进政策，积极引进优秀竞技体育后备人才，大力引进有培养前途的优秀苗子，增强各训练单位人才储备。积极探索竞技体育后备人才培育与俱乐部、协会、企业的合作，将社会能承接的传统项目特别是新兴项目的训练、竞赛任务交由其承担，按照项目的类别、影响力、建设投入及任务完成情况给予奖励和经费支持。

二是推进体教融合深度发展。积极构建以省级（龙头）、市级（骨干）、区级（基础）体育传统项目学校发展体系。做大做强区级业余体校，探索“市队校办”“市队区办”的新模式。发挥省、市级体育传统项目学校在竞技体育后备人才培养工作中的积极作用。办好 2021 年厦门市青少年三大球（足球、篮球、排球）联赛，扩大参赛规模和影响力，提高竞技运动水平。开展我市 2021 年“阳光体育”活动，组织相关学校参加全省中小学联赛，提升青少年身体素质。广泛开展青少年体育夏（冬）令营活动，鼓励学校与体校、社会体育俱乐部合作，共同开展体育教学、训练、竞赛。

三是积极做好亚洲杯筹备工作。完善筹备工作会议、联络竞赛组织等各项制度。开展持续、广泛、生动地宣传工作，全方位展示 2023 亚洲杯为厦门足球带来的促进作用。抢抓亚洲杯机遇，以专业足球场建设为依托，创建国家级青训中心（足球学校），着力开展青训工作，提高足球青训水平。

（三）持续推动体育产业提质增效

一是优化产业发展布局。加快编制厦门市体育产业规划，结合全市体育资源分布，加强各区分工与协作，努力形成特色鲜明、布局合理、优势互补、协同发展的体育产业发展格局。以新市级体育中心为核心，推动打造集体育健身、竞赛表演、旅游休闲为一体的体育会展综合体；以环岛路、环东海域滨海浪漫线、马銮湾为依托，推动打造满足群众多元健身需求的运动休闲产业带；以天竺山、莲花山、北辰山、香山、大帽山为干线，推动建设徒步、骑行、登山、越野等运动休闲基地。以体育企业总部为目标，打造观音山、湖里高新区、环东海域等体育运动品牌总部经济区。

二是培育赛事经济。加快发展体育竞赛表演业，打造国际品牌赛事、自主品牌赛事、体育职业赛事、特色品牌赛事、全民健身系列品牌赛事的赛事体系，鼓励各区引进国际重大赛事，支持体育社会组织兴办国内外品牌赛事、社会资本投资创建具有自主知识产权的体育竞赛表演品牌。提升健身休闲产业能级，普及推广适合公众广泛参与的健身休闲项目，推动运动项目产业化，加快发展徒步、游泳、足球、篮球、排球、乒乓球、羽毛球等普及性广，帆船帆板、赛艇、高尔夫球等市场空间大，以及跆拳道、击剑、模型体育、攀岩、房车露营、汽车越野等时尚体育项目。大力培育场馆服务、体育经纪、体育培训等服务业态，推动体育广告与展会、表演与设计服务、体育传媒与信息服务等新兴服务产业发展，延伸产业链条。积极推动“互联网 + 体育服务”发展，围绕健身休闲和体育竞赛表演业等体育本体产业，开发以移动互联网、大数据、云计算技术为支撑的新商业模式。加大招商引资力度，积极推进策划项目尽快落地，推进体育中心孵化器项目、厦门体育文化产业园区及托普体娱等项目尽快落地生成。鼓励社会资本、金融机构等参与投资体育产业项目。鼓励体育企业转型升级，增强体育产业国内国际双循环能力。

三是促进体育消费提质升级。发挥体育消费试点城市优势，探索培育体育领域定制、体验、智能等消费新热点以及互联网 + 体育等消费新业态。拓展运动康复、体育观赛、运动休闲等领域高端消费载体。大力发展节假日体育消费，激发全天候体育消费潜力，拓展夜间特色体育消费，拉动体育消费。丰富群众性体育赛事活动，发挥体育明星和运动达人示范作用，激发居民体育消费需求。培育体育消费新模式，鼓励企业利用大数据、云计算、人工智能、5G 等新技术，培育数字体育、直播健身、线上培训等新业态，打造线上线下联动的消费新场景，大力发展“互联网 + 体育服务”消费模式。优化体育消费环境，推动公共体育场馆延长开放时间，鼓励开发健身产品、发展体育培训服务。鼓励体育金融消费品开发，推动体育消费便利化。

（四）加快数字体育建设，创建智慧体育示范市

一是夯实智慧体育新型基础设施。进一步完善市级智慧体育平台服务功能，推动公共体育服务、竞技运动训练、体育产业等领域业务、数据、技术融合，构建管理高效协同，服务普惠便捷，技术数据共享的智慧体育服务体系。

二是推进全面健身智慧化发展。推进智慧体育社区建设，加快智慧健身路径、智慧健身步道、智慧体

育公园建设。加快国民体质监测信息化建设，促进健身指导科学化、智慧化。完善全民健身信息服务平台，提升智慧化全民健身公共服务能力。

三是提升竞技体育智能化水平。推进智慧体育场馆建设，构建满足大众健身、赛事承办、运营管理等一体化、智能化场馆环境。探索智慧赛事新模式，营造高质量赛事生态圈。深化大数据、人工智能等新技术应用，增强竞技训练科技支撑力。

（五）深化体育对外交流合作

一是积极拓展国际体育交流合作空间。加强与国际体育组织的交流合作，以承办 2023 年亚洲杯足球赛为契机，巩固和加强与国际奥委会、国际单项体育组织等国际体育组织的友好合作关系。积极承办国际高端品牌赛事，持续扩大厦门马拉松赛、铁人三项赛等品牌赛事的国际影响力，培育和引进规格更高的沙滩排球、帆船、高尔夫球、拳击等国际高端赛事。深化与海丝沿线国家和地区、金砖国家以及厦门市国际友好（交流）城市的体育交流与合作，积极举办“一带一路”马拉松、帆船、足球、篮球等系列体育赛事，打造“一带一路”精品体育旅游赛事和线路。充分发挥厦门在外华人华侨的桥梁纽带作用，加强与海外侨团合作，不探索体育国际交流合作新路径。引导、支持和鼓励体育类社会组织、体育明星、大众媒体、体育企业、海外华侨等在体育对外交往活动中发挥作用。积极支持社会力量积极参与国际赛事交流，支持社会力量引入国外高水平俱乐部青训体系，开展青训、互访、办赛等各方面合作。

二是深化港澳台和区域体育交流合作。创新两岸体育合作交流的体制机制，拓宽两岸体育交流领域，依托海峡论坛、厦金海峡横渡、海峡杯帆船赛等两岸各类文化、体育活动平台，推动厦台羽毛球、乒乓球、武术、马拉松、游泳、帆船、跆拳道、棋牌、棒垒球等优势项目的交流与合作。加强厦门与闽西南地区体育合作，加强体育资源调度与优势互补，建立互惠互利互通的体育产业发展联动机制，鼓励社会力量组织跨区域体育赛事和业余联赛，联合开发拓展体育品牌赛事。

三是推动交流合作创新。创新丰富体育交流层次内容，推动竞技体育、群众体育、学校体育、体育产业、后备体育人才培养、体育场馆设施、赛事培育与运营、体育科技等多层次多领域对外交流合作。加强足球对外交流，积极开展与足球发达国家和地区的交流合作，加强校园足球国际交流，吸引国际足球组织或知名足球企业在厦门设立办事处、分支机构，吸引海内外高水平足球人才来厦工作。充分发挥“中国围棋之乡”的优势，推动围棋等中国传统体育项目的国际化发展，鼓励本土原创品牌赛事“走出去”，扩大厦门体育国际影响力。

【参考文献】

[1] 厦门市政府 . 厦门市人民政府办公厅关于促进全民健身和体育消费推动体育产业高质量发展的实施意见 [Z].2019-11

[2] 厦门市体育局 . 厦门市竞技体育后备人才培养基地校管理实施办法 [Z].2020-03

[3] 厦门市体育局 . 厦门市社会办群众性体育赛事活动奖励实施办法 [Z].2020-03

[4] 厦门市体育局 . 厦门市体育事业发展 2020 年工作总结 [R].2020-11

[5] 厦门市体育局 . 厦门市体育设施规划 [R].2020-08

课 题 组 长：姚厚忠
课题组成员：兰剑琴　黄光增　曾　峰
课 题 执 笔：姚厚忠

后记

2020年，厦门市发展研究中心以习近平新时代中国特色社会主义思想为指导，贯彻落实中央的战略部署和省市的工作要求，紧紧围绕市委、市政府的中心工作和发改委的重点工作，扎实开展“深化大学习、提振精气神”专项活动，推动全面从严治党主体责任落深落细落实，以“十四五”规划研究为工作的主题主线，群策群力、善作善成，切实履行智力库、信息库和人才库职责，高质量完成了各项任务。本书汇聚2020年度研究中心部分研究成果，评述2020年厦门经济社会发展状况，展望2021年发展前景。

在编撰本书的过程中，我们得到了厦门市市直部门及高新区、自贸区管委会及各区发改局等单位的大力协助，在此谨表示衷心的感谢！

本书观点仅代表研究中心对相关领域、相关问题的思考，用于学术交流和讨论，不代表政府的决策观点和政策倾向，书中涉及的统计和调查数据，因来源不同，可能与实际有出入，2020年全年的实际数据仍以厦门市统计局正式公布的数据为准。由于时间和水平有限，书中难免存在疏漏和差错之处，敬请读者指正并见谅。

编　者

2021年3月